儿童博物馆建设运营之道

美国儿童博物馆协会　编著
中国儿童博物馆教育研究中心　编译

科学出版社

北京

图字：01-2019-5357号

内 容 简 介

《儿童博物馆建设运营之道》既是一本指导手册，也是一本启发新思路的工具书。它的内容包括了儿童博物馆行业的实操和标准，以及一些前人的成功案例。这些由专业人士撰写的文章所提供的方法，稍加调整就可以满足具体的需求。尽管建立儿童博物馆并没有唯一的正确途径，但仍有一些专业实践值得每位创建者参考。

本书既为正在筹备的新建儿童博物馆所写，也同样适用于那些已经运营了一段时间此时正在思考未来发展方向的场馆。

图书在版编目（CIP）数据

儿童博物馆建设运营之道 / 美国儿童博物馆协会编著；中国儿童博物馆教育研究中心编译. —北京：科学出版社，2019.9
书名原文：Collective Vision: Starting and Sustaining a Children's Museum
ISBN 978-7-03-061997-6

Ⅰ. ①儿… Ⅱ. ①美… ②中… Ⅲ. ①博物馆 – 运营管理 – 研究
Ⅳ. ①G268.9

中国版本图书馆CIP数据核字（2019）第158792号

责任编辑：樊 鑫 曹 伟 / 责任校对：邹慧卿
责任印制：肖 兴 / 封面设计：北京博睿美展示设计有限公司

科 学 出 版 社 出版

北京东黄城根北街16号
邮政编码：100717
http://www.sciencep.com

中国科学院印刷厂 印刷

科学出版社发行 各地新华书店经销

*

2019年9月第 一 版 开本：720×1000 1/16
2020年3月第二次印刷 印张：23 1/4
字数：452 000

定价：138.00 元
（如有印装质量问题，我社负责调换）

前言与致谢

———————————

童年时总有那么一瞬间，通往未来的大门被打开了。

——格雷厄姆·格林（Graham Greene）

美国青少年博物馆协会[①] 及其成员致力于改变孩子和家庭的学习环境。随着儿童博物馆聚合影响力的日益突显，协会的会员机构以各种方式引领整个博物馆行业提供让访客有效参与的学习体验。既然社会各界普遍认为儿童博物馆在为孩子进行创新性的工作，那么新建场馆在追求卓越的过程中向行业标准看齐就显得至关重要。《儿童博物馆建设运营之道》一书恰为这些新场馆提供了基础框架，帮助它们以此为起点探索自身成功的模式。

本书既是为正在筹备的新建儿童博物馆所写，也同样适用于那些已经运营了一段时间此时正在思考未来发展方向的场馆。它既是一本指导手册，也是一本启发新思路的工具书。建立一家儿童博物馆就像抚养一个孩子，没有适合所有场馆的操作步骤，一切都要在实践中学习摸索，因此本书也不会提供具体的操作方案。

就在本书即将出版的时候，正有一百多个筹备委员会、志愿者团体和个人在为创建自己的儿童博物馆而四处奔走。我们见证了这一领域的飞速发展，看到了美国青少年博物馆协会的会员机构从 1980 年的 25 家扩展到如今的 160 家以上。协会每天都能收到来自世界各地儿童博物馆创建团队的电话、传真和邮件。在组建专业团队开始正式运营的最初两年，协会一共收到一千多通寻求筹

———————————

① 译者注：后更名为美国儿童博物馆协会。

建技术支持的电话。为了解决这些需求，协会特地向美国博物馆和图书馆服务学会的"专业服务项目"提交了一份申请，希望获得资助，推出一份创建场馆的指南文件。本书的面世过程历经十八个月之久，在那段时间里，我们研究选题、联系作者、与委员会成员反复讨论，编辑了八十多篇文章并确定了实用的内容框架。

《儿童博物馆建设运营之道》一书的内容既包括行业实操及标准，也加入了一些前人的成功案例。这些由专业人士撰写的文章所提供的方法，稍加调整就可以满足具体的需求。尽管我们一再强调建立儿童博物馆并没有唯一的正确途径，但仍有一些专业实践值得每位创建者参考。本书的部分章节开篇摘录了美国青少年博物馆协会的《儿童博物馆行业标准》。这些行业标准是整个儿童博物馆界的同人在 1992 年合力总结出来的，被广泛应用于对场馆成功与否的评估中。那些在策划阶段就已将这些标准纳入考虑和实践范围的团队，往往在正式创建和运营前就已打好了基础。

许多富有创造力的专业人士为这本书的出版做出了贡献，我很高兴能借此机会向参与这个项目的每一个人表达感激之情。

美国青少年博物馆协会感谢《儿童博物馆建设运营之道》的编辑——玛丽·马赫（Mary Maher）女士，作为期刊《手牵手》（Hand to Hand）的编辑和弗吉尼亚探索博物馆的创建人之一，她是领导编订本书的不二人选。玛丽为这本书投入了大量的时间和精力，我们向其致以无限的感激。

协会同时要感谢为本书撰写文章的作者们。他们能感受到人们对这本书的迫切需求，因此积极贡献自己的力量。他们的支持再次向人们展示了他们对这一领域的专业奉献精神。

本书的编辑委员会成员包括：来自得克萨斯州奥斯丁市奥斯丁儿童博物馆（Austin Children's Museum）的黛博拉·爱德华（Deborah Edward）；来自田纳西州孟菲斯市的顾问珍妮·菲南（Jeanne Finan）；来自内华达州拉斯维加斯莱尔儿童博物馆（Lied Discovery Children's Museum）的苏珊娜·勒布朗（Suzanne Le Blanc）；来自亚利桑那州梅萨市亚利桑那青少年博物馆（Arizona Museum for Youth）的芭芭拉·梅尔森（Barbara Meyerson）；来自科罗拉多州博尔德市拼贴艺术儿童博物馆（Collage Children's Museum）的艾莉森·摩尔（Alison Moore）；来自加利福尼亚州索萨利托市湾区探索博物馆（Bay Area Discovery Museum）的邦妮·皮特曼（Bonnie Pitman）；来自威斯康星州密尔

沃基市贝蒂布里恩儿童博物馆（Betty Brinn Children's Museum）的玛丽·艾琳·沃登（Mary Ellyn Voden）；以及美国青少年博物馆协会的员工莎朗·威廷（Sharon Witting）和瓦莱丽·波登（Valerie Borden）。他们在儿童博物馆领域为促成本书面世贡献了大量的精力和专业知识，在此谨对他们为本书做出的贡献致以诚挚的谢意！

美国青少年博物馆协会同时要感谢来自莱尔儿童博物馆的苏珊娜·勒布朗，是她和包括亚利桑那青少年博物馆的芭芭拉·梅尔森、迈阿密青少年博物馆的芭芭拉·左曼在内的顾问委员会一道为本书撰写最初的目录。

我们还要特别感谢协会的首任助理玛丽·克莱西·哈克（Mary Clancy Haack）。她曾与协会会员进行了无数次的交流，深入挖掘这些新兴组织的关注点和需求，并将这些信息提供给协会的准会员。

《儿童博物馆建设运营之道》一书的创作和出版一定程度上得益于美国博物馆和图书馆服务学会的资助。这个联邦机构致力于促进博物馆和图书馆惠及更多的普罗大众。在此，美国青少年博物馆协会向这家机构认真而专业的员工致敬，向他们的支持表示感谢。

最后，美国青少年博物馆协会的历任理事会成员都应得到褒奖，因为他们把本书的出版列为协会的头等大事，并提供了巨大的支持。

美国青少年博物馆协会将着力拓展儿童博物馆的能力，扩大儿童博物馆的视野。我们不仅为会员提供服务，也致力于向所有的博物馆提供支持，帮助博物馆更好地服务孩子和家庭。我们谨代表美国青少年博物馆协会理事会、员工和所有会员机构，衷心地祝愿您在改善社区孩子学习环境的道路上取得最大的成功。

美国青少年博物馆协会执行主席

珍妮特·赖斯·埃尔曼（JANET RICE ELMAN）

1996 年 12 月

推荐序

————

　　这本书是一群对儿童教育充满激情的理想主义者共同撰写的篇章，当它在您的案头徐徐展开时，您将收获的不仅是建设运营儿童博物馆的经验和方法，还有每篇文章背后饱含的智慧和勇气。儿童博物馆人的共同愿景是构建一个尊重不同儿童学习和成长方式的世界。从您选择踏入这个行业之日起，您的心中就已对您将要服务的儿童许下了这样的承诺，无论遇到多少困难、碰到多少阻力，无论犯过多少错误、有过多少误解，只要能把这份承诺谨记心间，您就会和其他脚踏实地的理想主义者一样，在行动中为无数儿童开启那扇通往未来的大门。

　　《儿童博物馆建设运营之道》英文原书的面世用了十八个月，而中文版却历时近六年、审校不下五次才最终完成。起初，这本书经过中国儿童博物馆教育研究中心（以下简称研究中心）团队的翻译后，一直作为内部资料，用以指导工作。后来为了正式出版，研究中心专门请外部的职业译员协助审校译文。随着研究中心专职翻译于雯在 2013 年 11 月到任，本书中文版的出版工作被正式列入议事日程，随后开始了对 30 万字英文原书的新一轮翻译和审校。按照于雯的说法，她最初的翻译审校基本相当于重新翻译，然而在出版前最后一次审校自己的译稿时，其中大部分内容又历经了推倒重来的过程。如此反复，背后的原因是对儿童博物馆由浅及深的理解。几年间工作的浸染使她真正领悟到每篇文章字里行间的深意。在研究中心中文文案刘鑫的润色下，本书的文字力求达到既能承载英文原意，又符合中文表达习惯的出版标准，这个过程中所花费的心思和努力或许只有亲历者才能体会。为了让本书更符合中国儿童博物馆人的实际需要，研究中心对英文原书收纳的文章进行了多轮筛选和精心整理。

无论是英文原书还是中文译著，《儿童博物馆建设运营之道》一书都饱含了儿童博物馆人对这个行业的信仰和珍视，当您翻阅本书并以此为鉴时，期待您能感受到这份信仰和珍视，并与我们一道躬身践行。

如果说儿童博物馆行业有且只有一个标准，那这个标准就是服务儿童的初心。这份初心蕴含在建设运营儿童博物馆过程中的每一次决策和每一个行动中。在这一举一动之间，您向儿童传达了这个世界对他们的尊重，而他们也会带着这份尊重，去创造人类共同的未来。

本书得以面世离不开内蒙古老牛慈善基金会多年来对北京师范大学在研究中心项目上的资金支持，同时也要感谢张丽娟、付德娟、李红宵、廖婧、聂榠、尚媛、陆思培等在过去五年间先后为本书付出的时间和努力。最后，借本书出版之际，我也想代表研究中心感谢这些年来一直支持中国儿童博物馆事业发展的各界朋友，因为有你们的支持，我们才有机会为中国的孩子构建更美好的未来。

北京师范大学教育学部

中国儿童博物馆教育研究中心

张　旎

序　言

就像我人生中做的其他事情一样，创建这家儿童博物馆也是从下面这样简短而普通的对话开始的。

"你想做这件事吗？"

"嗯，当然，看上去挺有意思的。"

然而事实上，无论是写这本书还是建立儿童博物馆，我对自己究竟想做什么都没有很明确的概念。但幸运的是，有时候我竟然一边享受这种略微茫然的状态，一边朝着新的方向不断探索和前行。我猜所有着手筹备一个新机构的人都会感同身受。

筹建一家儿童博物馆是项艰巨的任务，它要求参与这一过程的所有人都拥有卓越的创业技能，投入巨大的精力，并坚持不懈地为之努力。一些先驱的探索堪称后辈的典范，他们不仅拥有创建一家新场馆的勇气和洞察力，而且更重要的是，他们还开创了一种全新的博物馆类型。这种新型的博物馆在很长一段时间里并不受重视（甚至很多人认为它根本就算不上真正的博物馆！）。直到现在，它才受到传统博物馆界和娱乐产业的关注甚至效仿。我无比崇敬这一领域的先贤们，当然，也对那些不畏艰辛仍在坚持的人们心存敬意。建立一家新场馆的确激动人心，但在很多时候，当博物馆的发展不再那么引人注目时，能够坚持下去就显得更加难能可贵了。

在本书中，我们试图找出筹建过程应注意的主要问题。在这个过程中我们发现，许多向创建团队建议的最佳实践对已开放的儿童博物馆也有借鉴价值。因此，本书也成为关于这个课题迄今为止最全面的文集。当然，在论述一些子主题时仍存在一些重叠，但我们努力将它们分别归入各章节中进行讨论，而每一章仍聚焦于那些主要的概念和方法。每章都会以一些基本的问题作为开篇，这些问题需要创建团队在经年累月的筹建过程中反复思考，然而，并不是所有问题的答案都能在随后的文章中找到。事实上，世界各地最好的博物馆至今仍在研究其中的一些根本性问题。就像我们身处的这个时代的其他领域一样，儿童博物馆的很多问题都没有完结的时候，提出正确的问题仍是保持不断超越的必经之路。

在艰苦的筹建过程中平衡所有问题是一项富有挑战的任务，起初可能会试图制订"筹建时间表"，但最终会彻底放弃这个想法，因为并不存在一个适用于所有场馆的进度安排。此外，这本书反复强调，建立儿童博物馆可以有很多好方法，并没有唯一正确的途径。如果你在寻求一种万无一失的解决方案，那么本书并不能满足你的期待，而且你可能也选错了工作领域。或许做对一件事有十种方法可供推荐，但许多创建团队却选择了完全不同甚至背道而驰的做法，但也能取得巨大的成功。对于建立一家儿童博物馆而言，人们完全有机会在借鉴他人的基础上形成自己的见解，这其中的一个重要原因，就是儿童博物馆是一个充满活力的领域。

简而言之，你需要哪些东西来创建一家儿童博物馆？为了回答这个问题，我必须总结一下这本书里大部分文章所提出的几个核心主题：①要非常清晰地知道你的博物馆想做什么，为谁服务；②要让你所在的社区充分参与到博物馆的每个阶段，确保你的场馆能满足他们的需求并汇集他们的才能；③尽可能招募最优秀的人才来运营场馆——这些人应竭诚为这个项目贡献自己的力量，对儿童和家庭学习有极大的兴趣，并且愿意为了共同的目标而奋斗。决定一家新场馆成败的最关键因素就是各个管理层的个人领导力。

读者可以从此书收录的文章中找到中肯的建议、一些非常具体的指导甚至很多有趣的故事。这本书汇聚的经验来自很多儿童博物馆、其他类型博物馆乃至相关领域的专家。读者可以将本书作为入门书籍，然后按图索骥地找到更多有益的资料。

我要感谢志愿加入本书创作团队的 77 位作者，他们为本书撰写文章贡献了宝贵的精力和专业知识。没有他们就不会有《儿童博物馆建设运营之道》。这些作者中的很多人不仅为本书写作，他们在过去的几年里也一直在为期刊《手牵手》供稿。本书中的很多文章就转自那本刊物。这些作者的聪明才智和慷慨大方让我赞叹不已。能够与这些乐于奉献的优秀人才一起共事，令我感到非常荣幸和愉快。

除了作者，还有很多人为本书的出版贡献了力量。虽然珍妮特·赖斯·埃尔曼已经在前言中向他们中的大部分人表达了谢意，但在这里我仍要向他们致敬。过去几年，在理事会的稳步指导和珍妮特的卓越带领下，美国青少年博物馆协会取得了长足的进步。这对于正在筹建和已经建成的儿童博物馆而言都是一个重要的资源，并且对于整个博物馆领域也是一个值得欣喜的有益补充。能加入这个组织，我感到非常自豪，我也非常感激珍妮·菲南（Jeanne Finan）当初邀请我加入协会，以及参与另外两家儿童博物馆的工作。

最后，我还要特别感谢一个小团队，他们是我从事儿童博物馆工作的最大动力——那就是我的三个孩子。当他们降临于世时，我并不清楚未来要做什么，但是我渐渐地学会了透过他们的眼睛去不断发现新的世界。

很多儿童博物馆都是由像我这样的人创建的，他们可能是家长，也可能是社区中希望为自己的孩子提供最好的一切的人们。对于那些深陷筹资活动、展项规划和预算困境的读者，我希望你们的脑海中能浮现出这样一个画面：一个孩童——可能是你的孩子——满心期待或许还有些拘谨无措地走进，或者被领进甚至坐着婴儿车来到儿童博物馆，当他们踏进大门的那一刻，瞬间就像回到了家里一样。这正是你们创建一家儿童博物馆的初衷，也是我们出版此书的目的。

编辑：玛丽·马赫（MARY MAHER）

1996 年 12 月

目　录

第一部分

儿童博物馆的教育理念和理论基础

第一章
儿童博物馆的历史和理念

———————

迈克尔·斯波克：回首过去的 23 年

芝加哥大学查宾儿童中心

迈克尔·斯波克（Michael Spock）

我回想起入职的第一天，所有人都怀疑地看着我，琢磨着我是谁、我要做什么。在受雇之前，我经历了理事会成员的一系列面试。我记得自己挥舞着手臂，慷慨激昂地说我们可以做这做那，各式各样的想法在脑子里层出不穷。入职那一天，我要了些东西，秘书送进来后，把办公室的门关上，等着我说些什么。我在桌旁坐下，打开所有抽屉看过之后，问自己"那么，接下来该怎么做？"我完全不知道自己下一步要做什么，一点想法都没有，这或许是因为此前我从未经营过什么机构。

就连"儿童博物馆是什么"这种最基本的问题，对于当时的我来说都是一个谜。那时大家都开玩笑说儿童博物馆就是陈列儿童布娃娃的场馆。毕竟有艺术博物馆、科学博物馆和历史博物馆，所以儿童博物馆应该是关于儿童的（事实上，的确有一些儿童博物馆展示了不同世代人们的童年）。所以在很长一段时间里，我其实是在摸索，试图找到方向。

在 1908 年建立之初，波士顿儿童博物馆曾是一所教师中心，五年后，该中心转型成了博物馆。创建波士顿儿童博物馆的这些教师认为，当地那些传统博物馆没有发挥对教师和父母的教育功能。这些教师的想法和当时盛行的做法完全相悖，他们想建立一个完全不同的博物馆。我认为这一初衷正是众多儿童博物馆的驱动力，甚至时至今日，许多儿童博物馆的创建也源于这样的动机。

直到 20 世纪 60 年代初，博物馆界才开始意识到要发挥自身的教育作用。那时还根本没人注意到儿童博物馆，也没人在意我们在干什么。在大家都开始教育之前，我们过了几年开心的日子。那时我们可以不受限制地做任何事，即便做错了也会受到欢迎，因为至少看起来有变化。

在回顾历史时，我们很容易遗忘一路走来遇到的困难。今天的波士顿儿童博物馆看起来整洁有序，有面积不小的场地、有专业尽责的员工、有内容充实的展项，等等。所以我想告诉你们一些过去的事，这些过去的问题和观察非常有意思，也非常值得反思。

观众

我们花了七八年的时间才弄清楚作为一家"儿童博物馆"（不管是否叫这个名字）应该做什么。我刚到波士顿儿童博物馆时，它看起来和任何一家其他博物馆并无二致。所以我用了很长时间来探索为什么我们要叫儿童博物馆，而不仅仅是一座规模较小的成人博物馆。如今看来显而易见、不言自明的事情，在当时却并非如此。有一天当我们明白儿童博物馆有别于其他博物馆的关键之处在于它是为了某些人，而不是关于某些事时，我们终于迎来了（关于名字中"儿童"这两个字）突破。这个以客户为中心的理念指导了大量的日常工作，包括管理结构在内的很多事都开始变得非常清晰。我们名字中的另一部分——"博物馆"的由来是儿童博物馆里的展品。我知道，很多儿童博物馆并不是收藏机构，但这个基于展品的特性是波士顿儿童博物馆名字中非常关键的一部分。

出乎我们意料的是，在各家儿童博物馆的访客中有一半竟然是成年人。这意味着什么呢？当然，儿童到馆需要成人开车送来是一个重要原因，但其实一个成人开车就能送来五个孩子，那为什么还会出现成人访客和儿童数量差不多的情况呢？我们发现（这些发现很多都是我们在场馆到处游走、观察、推测和顿悟而来的，就像 19 世纪博物学家做的那样）：与孩子数量相当甚至更多的成人选择到馆的原因在于，儿童博物馆是个能让并不熟悉博物馆的人感觉舒适的地方。很多博物馆使成人望而却步，因为它们给人一种必须具备基础才能进入的感觉。而儿童博物馆则适合于初学者或那些不想承认自己对某些事一无所知的人。

尽管我们的机构叫作儿童博物馆，但我们的互动设计必须考虑到成人和孩子在这里共同学习时的情况。因此，尽管孩子不太会阅读展品说明，但仍必须撰写展品说明的一个重要原因是，家长需要一些信息来帮助他们和孩子一起学习，他们需要根据文字、图表等信息提前了解展项主题。而这一点在最初时我们并不了解。

最深刻的一点发现或许是，同一个孩子在不同的情境下来馆，会变成不同的观众。比如，作为学校班级的一员时，或作为附近社区的小孩放学后跟兼职员工一样没事就来，又或者作为家庭的一员来馆时，他们的表现是完全不同的；再比如从时间上看，同一个孩子 5 岁时来馆，和 10 岁时再来馆时也是不一样的。因此，你制订的每个计划（再次强调以客户为中心）在不同情况下带来的结果会非常不一样。很多博物馆都强调他们的观众是成人、孩子或游客，但他们并没有意识到，当观众组合和访问类型发生变化时，他们也需要应对随之而来的改变。

展项筹备过程

当你开始要求自己成为一家以客户为中心的机构时，你就必须更加严肃地看待评估，必须要考虑评估是否有效的问题。我们很快意识到在项目完成时才做的评估几乎毫无价值。因为当某个新展项的开发即将结束时，基本上钱已经花光了，不管你从评估中认识到什么，也无力做出更多改变；即使你一直谨慎，省下些资金预算，但那时的你已经为此投入了大量精力和感情，身心俱疲，就想喘口气歇一歇，根本不想再改变什么了。因此，项目进行过程中的评估非常重要，它能更有效地帮助你了解什么可行、什么不可行。

然而在儿童博物馆还要面对这样一个事实，那就是，数年以后还会不断回过头来修改同一展项。麦克·桑德（Mike Sand，他现在自己经营着一家咨询公司）最初开发了我们的西洋镜展项（通过旋转鼓里的纸条就能做出电影）。该展项在 25 年里做过 10 次改造。每次我们重新改造时都会发现还需要精修的地方。当我们做改造时，因为现在参与改造的人并没有参与早期的设计，所以常常会忘记一些很关键的信息。这就像同一件毛衣每次被重新编织时都会被拆开其中的一部分。

举个例子来说，最初西洋镜展项的鼓外面是黑色的，我们觉得看起来太沉闷了，所以把它改成了紫红色。之后当我们转动它，满心期待地往里看时，却什么也看不到——反射太多，外部光线过于充足，所以很难通过缝隙看到背景。这就是为什么当初要把它涂成黑色，19 世纪的人们就知道这一点，我们却忘记了。旧金山探索博物馆（The Exploratorium）出版的《展项制作手册》解决了这个问题，它通过分析展项制作的关键点，帮你在自主设计或重新开发展项时避免遗漏一些关键的环节。

儿童博物馆是一项严肃的事业，需要注重质量和标准，对员工的智识水平要求很高。在开发展项时必须要有一个概念性的框架，能一直遵循这个框架并将其应用于展项内容和方法中并不容易。有些展项经过长期艰难的探索才得以实现，但看起来却如此简单。你看到时或许会说："噢，我也可以做这个。"科学家对于这种"我可以做"的东西有一个专门术语——"简约"。以睿智、清晰但又简单的方式来表达之前看起来极其复杂的问题，就是"简约"。简约意味着非常经济实用——能用、有效、方式极简却可以实现多种功能。实现"简约"需要投入大量脑力并且保持非常严谨的开发过程，而不是出于"噢，我们来做个展项吧"这种随意的心态。

与刚开始建立博物馆的同行沟通时最困难的一点，就是告诉他们展项开发过程远比最终成品重要。如何精心策划整个过程决定了最终结果。很多时候，把一个想法变成展项的过程也会受到人为因素的影响。因为尚难确定、还未完成的东西会令人感到无所适从，所以人们通常会急于得出解决方案或发明某种能够缓解焦虑的方法。当你急于得出解决方案时，一旦你自以为对最终结果心知肚明，就无法头脑冷静地看到展项开发过程中哪些可行、哪些不可行。所以，展项或活动开发过程中由不确定性带来的紧张感是非常关键的，这种紧张感会让你在工作最终完成时感到心满意足。令人遗憾的是，展项筹资过程（比如向联邦政府申请拨款时需要提交展项说明等）迫使你在不知道最终展项是什么样子时就对它们加以描述。场馆的领导需要尽力保护那些还不知道正确答案但认为自己必须马上回答的员工。这是个两难困境……我也不知道答案，但作为馆长，我必须承担起这个责任，告诉那些倍感压力的员工不必在乎最终的形式，完全没有必要有任何压力。这是每个人都要注意的问题。

作为一个喜欢创新并且近期新想法不断涌现的人，我越来越意识到展项最初的创意其实并没有那么重要——想法本身其实没有价值。事实上，我们应当警惕那些看上去能立刻实现的想法，尤其是那些容易令人兴奋不已的想法。更可怕的是，你的想法或者所谓创意不过是被其他博物馆深思熟虑后设计出的展项所激发出来的。但实际上，要实现这些想法，你必须拥有经验丰富、创意无限的展项开发人员来寻找解决方案。通常，这些想法会特别诱人，最终导致你误入歧途。死守着一个想法通常会蒙蔽你，使你看不到也不能理解所处的状况。

"探索秘密"

我在波士顿儿童博物馆开发的第一个展项叫作"探索秘密"。这个展项的想法来源于 20 世纪 60 年代初我在《博物馆学家》中读到的一篇文章。这篇文章写到，纽约州一家博物馆的负责人在驾车带着 8 岁女儿长途旅行时，被女儿问到各种各样的问题。他跟女儿说，如果东西能被切开两半，就能看到里面有什么了。女儿建议就此做一个展项，他也认为这是个好主意。据我所知，那家博物馆真的做了一个包括 10 种或 20 种东西的展项，比如灭火器什么的，展示这些东西里面是什么。我觉得这个主意简直太棒了。

我当时正在寻找一个合适的主题，能让我们不再把展品放进展示柜里（当时的访客体验基本就是这样）。我觉得能激发访客的反应是件很有意思的事情，因为从这些反应中能看出展品对访客起到的作用。所以对我来说，设计互动展项是为了获得反馈，这一目的与激发孩子的兴趣同样重要。

该展览中有一个效果很好的项目是摆在桌上的真的剑兰花。桌上同时还准备了一些印有剑兰花不同部分的纸张。孩子们可以把花揪开，将对应的部分粘到纸上来观察每部分有什么不同、属于哪个位置。

此前，我们的场馆会遭到不少人为破坏。孩子们带着螺丝刀，把展示柜上的螺丝拧掉。所以我想，即使勤加维护，"探索秘密"展项也会在六个月之内被耗损殆尽。出乎意料的是，它坚持了五年，并且基本上完好无损。这个展项的巨大成功，完全改变了我们的想法，我想它也改变了所有人的想法。从那时起，我们开始更加勇敢地去做尝试了。

"互动"

我想要谈谈"动手"的概念。当我们在 20 世纪 60 年代初开始设计"探索秘密"这样的互动展项时，很多博物馆已经有一些"互动"展项了。但是，它们的做法通常是通过按钮来启动展示柜里的一些机械装置，或者打开一盏灯，或者触发某个东西动起来。机械装置的动作基本都是提前设定好的，无论启动什么东西，所经历的过程都是固定的，直到停下来。除非展项坏掉了，否则都是一样的结果。

有许多关于坏掉的展项的趣事，其中最有意思的一件发生在（美国）中西部一家健康博物馆里。该馆在 20 世纪 40 年代做了一个关于牙齿健康的动态展项：一个人体模特的上半身，有一只手臂，手里拿着牙刷，张着嘴。当有人按动按钮时，手臂会伸出来沿着正确的方向刷牙。但由于手臂长时期处于错位状态，所以牙刷无法刷到正确的位置，反倒把人体模特下巴上的漆都刷掉了。

旧金山探索博物馆的弗兰克·奥本海默（Frank Oppenheimer）心里最清楚为什么通过按按钮启动重复功能对理解科学原理或者其他任何事物毫无帮助。如果把一个变化所能产生的结果仅仅限定在一定范围内，你便无法彻底理解事物运转的真实规律和驱动力。你需要有足够的机会，去自由操作展项，并观察每种操作所能产生的反应（而且要包括那种能通过操作不让反应出现的情况）。这种类型的探索才有意义，才能让你开始真正理解事物，这也是为什么按钮并不是所谓的"动手"操作。

另外，互动是一种智力游戏，需要用脑思考。人的感知和运动是通过大脑传递给手臂的。手正在做什么很重要，但同时大脑在思考什么也很重要。人类拥有想象力，能通过想象让自己进入另一个场景。这使得我们可以借助符号或图形随意创作。当你看到一个迷你房屋模型时，你可以通过想象走进该场景进行互动。这种互动和动手是一样的。

我想，"互动"比"动手"更能准确地描述我们在做的事。

组建团队

博物馆界同仁说我"在这儿做了件伟大的事"，对于这些褒扬，我总说"这是因为我有非常优秀的员工。"但人们又会说："是的，是的，但实际上还是你。"当然，我并不否认我所发挥的作用（和其他员工非常不同的作用），比如为展项开发人员提供保障、作为领导者为机构制定方向。但从真正意义上来说，过去 23 年中波士顿儿童博物馆发生的一切都要归功于团队的努力。我们是一个拥有共同语境和相同思维方式的团队，我们对于一项事业拥有共同的目标和承诺。这让我们能够迅速解决核心问题。然而，我们自己却感觉发展极为缓慢。偶尔我们也有机会跳出来看看，特别是当来访的同行说我们和三年前如何不同时，我们都会感到很惊讶，因为身在其中，我们很难体会出来。

这种团队的感觉需要经过一段时间才能形成。在波士顿儿童博物馆，因为在很长一段时间里都在纠结同样的问题，我们才形成了这样的团队。作为一个刚刚成立的组织里的员工，他们不应急躁或焦虑，而是要意识到，团队的组建并没有那么快，团队是在必要的能力和眼光不断提升时自然形成的。那些经历了领导或骨干成员更迭的博物馆员工应当清楚，重新调整一个现有团队，使之形成全新风格是非常耗时的。这些转变很艰难，却非常非常重要。

在博物馆界，领导的更换通常比较频繁，同一位馆长一般只待三到五年时间。在 20 世纪 60 年代到 70 年代初，人们热衷于讨论《未来的冲击》[①] 以及加速变革步伐，如果你在同一个地方待了七年以上，你会有种失败感。如果你待在原地不动，就是在给博物馆增加负担，因为你所有的想法都已经用过了，你只是在虚度光阴。那时，你要做的是扫清障碍、寻找新的领导来重振场馆。我想大多数情况下那是对的，在某些情况下甚至可以带来很大好处，但在组建团队时，情况却未必如此。

创始人

创始人的问题似乎是新场馆或在建场馆面临的最棘手的问题。在初创阶段，创始人通常既是员工，也是理事会成员。但最终会在某个时间点，创始人不得不聘请一位跟他 / 她想法不一样的馆长，然后退居二线，不参与日常管理，只担任理事会成员，或者不得不离开理事会，只做一名受雇于理事会的馆长。我想我们应当共同面对这个非常困难和痛苦的过渡阶段，并认真探讨如何处理它。这似乎是每个机构都要经历的。

建造场馆

当决定搬迁波士顿儿童博物馆时，我坚定地选择改造一栋旧建筑，而不是建造新场馆。后来我意识到，改造旧建筑的一大好处是把不确定性置于可控范围内，避免自己被太多的不确定性困扰。现有建筑已存在既定格局，你只需不断在其中做出调整。

即使你手握一份完美的建筑方案，建造新馆也是项可怕的任务，需要耗费大量的时间和精力。印第安纳波利斯儿童博物馆是第一家从头兴建的儿童博物馆。该馆时任馆长米莉·康普顿（Millie Compton）曾说过，人一辈子只够搬迁一次博物馆。她说得很对，我已将这句话视为一条经验法则。

---

① 译者注：美国未来学家阿尔文·托夫勒（Alvin Toffler）的著作 *Future Shock*。

第二个领悟是，当场馆开业剪彩的那一刻，乐队演奏、市长致辞、众人欢呼，仿佛一切大功告成，而事实上，即使你非常幸运，你的项目至此也才刚刚完成一半。大量的工作还在后面，你需要静下心来确保一切运转正常、完成各项工作、重新调整某些展项、为超支部分进行筹款，等等。

组织结构

我们之所以热衷于这一事业，源于场馆的项目、观众以及所有特别"有趣"的事情。而我们所做的大多数重要工作似乎与这些事情都没有关系。预算、筹资等管理工作其实才是关键。我不是说只要收支平衡就可以，而是指做事的方式会决定预算的结构。举个例子来说，以访客为中心的机构或许应该制订一种预算，把不同访客和相应项目作为核算中心，对应的管理结构也要体现这一点。这时当你再看各个核算中心的收支时，你就能发现有趣的规律。某些核算中心不仅能自给自足（如门票等自营收入），而且还能有所盈余。如果采用这种预算结构，你也会意识到，针对低收入社区和访客开展的外部推广活动永远无法靠访客获得足够收入。因此，你就可以制订一个整体策略去重点关注这一问题。你不再是为克服赤字（这会令捐赠者很扫兴）而筹资，相反，你在积极为没有能力支付场馆服务的那部分访客去筹资（这对于那些捐赠者来说是很容易理解的）。这一点我们用了 15 年的时间才搞清楚，因为这 15 年里，我们筹资的目的一直是克服赤字。

新的战略告诉我们，外部推广将是一项常态化的工作，我们要为此付出长期的努力。每个机构都想做出类似的社会承诺，而制订这样的外部推广活动总能获得资助。那么接下来该怎么办？我们意识到，我们需要在全州建立一套筹资机制，打通本州的所有机构。在经历了 8 年的时间之后，该机制终于得以实施。

结论

波士顿儿童博物馆在 20 世纪 60 年代末曾经历过一次重大转型，对组织架构进行了重新调整。当时我们面临严重的赤字，濒临倒闭。

我最初的管理理念是民主、共识和协作，即让每个人都能参与到每件事中。我本以为这种方式能够催生创造力，但随着博物馆越来越壮大，筹资越来越困难，我发现这种方法慢慢变得不可行了。员工团队太大，导致无法有效决策。最后，我们请来了管理咨询公司，帮我们建立起全新的管理系统——岗位描述、沟通汇报关系、预算和财务管理等。最终形成的全新的、清晰的结构和职责，在当时的我看来是等级森严、很不民主的。然而，事实上，它营造出一个激发创造力的环境，并且还建立了保护机制，也就是我之前提及的让大家都敢于试错的机制。

我认为，那些将波士顿儿童博物馆视为典范的人是出于对场馆各种项目的喜爱。他们看着展项，以为这就是故事的全部。他们没有意识到，组织结构、流程以及稳定的骨干团队是多么重要。组织和管理看起来与孩子或创新的动手理念毫无关系，但这才是真正改变了波士顿儿童博物馆并使之创造出今日成就的根源所在。

迈克尔·斯波克曾于 1962～1985 年担任波士顿儿童博物馆馆长。他是美国青少年博物馆协会颁发的"儿童挚友"奖项的首位获奖者。其现任芝加哥大学查宾儿童中心非正式学习项目负责人。

儿童博物馆：家庭学习的地方

孟菲斯领导力学院

安·列文－贝纳姆（Ann Lewin-Benham）

什么是儿童博物馆？

传统博物馆

传统博物馆就像图书馆一样，访客在这里只能用眼睛看，通过间接体验来学习，从中获得乐趣。但与图书馆中的书籍不同，传统博物馆里的展品不允许访客取下来浏览翻阅。在众多视觉艺术作品中，最适合通过触觉来体验的是 20 世纪的雕塑，它们"渴望"被我们触摸，但我们却不敢。博物馆展出各历史时期的物件，其目的是帮助我们理解技术是如何发展的。但仅仅用眼睛去看，观众根本无法了解它们的功能和使用方法，今天的观众与先辈之间的距离也因此被拉大。我们可以通过观察来欣赏不同时代器具的细致工艺，但如果不亲自使用，我们就无法了解它们的精妙之处、逐步完善的过程，以及曾经发生的那些看似微小但却非常重要的变化。想要真正了解一件东西，就必须亲自动手使用，因此科技馆当前所采用的展示方式对访客理解展品有促进作用，但这种方式在传统博物馆里却几乎是不可能的。

儿童博物馆

儿童博物馆与传统博物馆的主要区别可以概括为以下四个方面，而这些恰恰是儿童博物馆最重要的特点。

1. 直接的动手体验

儿童博物馆将各种抽象的概念用具象的方式呈现出来，让各年龄段的访客都有机会运用真实、立体的教具来学习，这些教具包括整座房屋、警帽、大型积木、电脑、活体动物等。家长也可以借助这些工具为孩子讲解一些其他方式难以描述的概念。

儿童博物馆的展品已超越了物件本身的文化、科学和艺术价值，它们被用来满足儿童的发展需求，而不是被收藏、保护和展览——这些传统博物馆的主要功能。儿童博物馆的展品可以由观众来操控，这符合皮亚杰等（1947，1969）所阐释的儿童发展心理学理论：学习的发生是人与环境互动的结果。因为访客在儿童博物馆中主要通过动手操控展品来探索，所以儿童博物馆通常也被称作"动手体验馆"。

2．以空间为框架组织学习体验

与学校从时间的维度来组织学习活动的方式不同，儿童博物馆作为非正式学习环境，以空间为框架组织学习体验。访客可以在自己注意力能够集中的时间内，根据自己的兴趣去探索，而不是在人为设定的时间段内学习。访客在场馆中学习时，没有嘀嗒作响的时钟，也不会被下课铃声打断。以空间为框架的学习环境非常重要，因为它让学习者的专注力和其他技能有机会得到自然发展。这实际是一种全新的学习环境组织形式，它不仅有助于培养儿童的专注力，也为学习提供了情境。

3．基于情境的学习

儿童博物馆最有效的展示方式之一是将展品的使用与真实的情境结合起来，让观众能够在有意义的环境中体验展品。场馆按照儿童的身高比例来营造环境，为他们提供包罗万象的迷你世界。置身其中，他们可以思考、漫步、探索、尝试，甚至是品尝。例如，华盛顿首都儿童博物馆的国际展厅用八种不同的场景展示了异域国度墨西哥的一些特点。在城市展区，访客可以使用真实的电话、加油泵和汽车；在瓦哈卡[①]厨房展区，访客可以自己动手研磨巧克力，饮用自己制作的饮料；在杂货店展区，访客可以将各种真实的货品从货架上取下来，称重并计量；在塞拉[②]小木屋展区，访客可以将面团（用玉米面、水和柠檬混合而成的生面团）揉成小圆饼，烤制成墨西哥玉米饼，自己吃掉——在每种场景中，访客使用的都是真实的墨西哥厨具和餐具。

随着脑科学领域研究的发展，我们对大脑如何存储信息有了更多了解，这使得我们渐渐明白了学习是要基于情境的。近期的研究表明，信息是以情境为框架存储在大脑中的，这个框架包含了与某种体验相关的所有东西。这与学校的学习方式形成了鲜明的对比。在学校里，学习内容被打包成不同的碎片，没

---

① 译者注：墨西哥东南部的一个州。
② 译者注：西班牙语，意为"山地"。

有具体的情境，与孩子在学校以外的体验毫无关联。在儿童博物馆里，学习内容与某个完整情境中的真实体验联系在一起，儿童可以将这个情境与自己从其他地方了解到的信息，或通过书籍、电影、电视和杂志等媒介获得的认知联系起来。儿童博物馆的展项所涵盖的学习内容几乎涉及所有领域——艺术、科学、人文、技术——只有在真实世界的情境中，所有学科的知识才有可能融合到一起。

4. 激发情感回应的展项

在儿童博物馆中，一件好的展项可以通过调动情绪，或营造复杂、真实、漂亮，甚至是可怕的环境来激发孩子的想象力，促进记忆。

小时候，我就见到过这样的环境。我最喜欢的展项是纽约大都会艺术博物馆埃及藏品区的"木乃伊展项"。当你穿越入口处用大型积木堆建而成的狭窄通道时（就像卢克索坟墓里的通道一样），你会看到通道一侧的展示柜里有一具枯槁的木乃伊，被腐烂的平纹细布包裹着。我记不太清那个展示柜后面是什么。当时我怀着既害怕又兴奋的心情走近一点。我能看吗？它会抓住我吗？它死了吗？我那时只有三四岁，很怕死的东西。每次去这家博物馆，我都要下很大的决心，硬着头皮穿过那个入口，走过木乃伊的展示柜。我不记得从何时起自己不再害怕。最近我又去过这家场馆，看到了改造后的埃及藏品区，狭窄的入口变成了宽阔的通道，两旁排列着很多明亮的展示柜，而那个木乃伊被移到了其他区域。很难想象一个孩子在这里会感到害怕，或者有任何感觉！新展项可能更适合成人，但没有了原来的宝贵情境，现在家长无法再告诉孩子古埃及坟墓是什么样的了。它已经成了策展人的展项，虽然它在展示和保护展品方面做得无可挑剔，但对儿童来说，它不是教育体验。

在美国自然博物馆里，当我走近印第安人的圆锥形帐篷时，经历了同样的恐惧心情。在那顶帐篷里，围坐在火堆旁的巨型人看起来就像真人一样。即使妈妈就在旁边，我的恐惧也丝毫没有减少。直到40年后的今天，这顶帐篷的每个细节、印第安人穿的衣服、他们使用的工具和他们的表情依然在我脑海中清晰可见。

总之，儿童博物馆最重要的特征是生活。在儿童博物馆里，展项设计的基础和原动力是访客的发展需求，而不是成人对展品的诠释。儿童博物馆不仅为学习环境的设计提供了新思路，同时也为传统博物馆能做的事情增加了新的维度，它让这些历史悠久的机构有机会进入儿童的生活并发挥重要作用，让博物馆成为一种强大的家庭体验和鲜活的艺术形式。

儿童博物馆在 20 世纪七八十年代的蓬勃发展

首批儿童博物馆

布鲁克林儿童博物馆诞生于 1899 年，不久后波士顿儿童博物馆也开馆了。在早期发展过程中，这些场馆的藏品是儿童特别感兴趣的一些东西：娃娃屋、印第安人的手工艺品、鸟类和乌龟形象的毛绒玩具。

然而，直到 20 世纪 60 年代中期，也就是半个多世纪以后，这些场馆才变成我们今天所熟知的儿童博物馆的样子。

如今的儿童博物馆最早是由迈克尔·斯波克在 1964 年创立的。作为儿科医师本杰明·斯波克（Benjamin Spock）的儿子，迈克尔当时刚刚被任命为历史悠久的波士顿儿童博物馆的馆长。他引领的这场变革使全美的儿童博物馆如雨后春笋般迅速发展起来。他撤掉了场馆原有的玻璃展示柜，将藏品收起来，重新组织整个场馆，为访客提供了支持"动手"学习的各种模型。他制作了各种儿童可以动手体验的道具，以促进他们的认知发展。到了 20 世纪 70 年代中期，波士顿儿童博物馆的道具包括一个两层的攀爬塔，各种活体动物（儿童可以观察并在工作人员的协助下与它们互动），祖母的阁楼（精准地重现了 1880 年左右的历史环境，儿童可以在这里试穿那个年代的服饰，使用那个年代的东西），一个可以倾斜、摇摄、变焦和对焦的电视摄影机，一个可以观察摄影机效果的显示器，20 世纪 70 年代的各种电子设备，手工艺品专区等。

布鲁克林儿童博物馆诞生于 1899 年，被认为是世界上最古老的儿童博物馆。场馆从一开始就允许访客动手触摸藏品，目的在于利用这些藏品为儿童提供学习体验。场馆为儿童准备了各种乐器、洋娃娃、国内外的文化展品、岩石和昆虫，让他们可以在讲解员温柔地引导下触摸这些东西。到了 20 世纪 60 年代，纽约市政府给场馆批了一块新场地，供场馆长期使用，于是布鲁克林儿童博物馆建造了一栋壮观的新建筑。场馆用各种工艺品做成了攀爬设施；用波纹金属材质的下水管做成了水区装置，整条管道还配有漂亮的小彩灯，水流沿着管道从四层楼高的地方缓缓流下，孩子们可以在这里玩各种与水相关的游戏。1977 年 3 月，这家拥有近百年历史的场馆作为新型儿童博物馆的代表重新对公众开放。

儿童博物馆得以蓬勃发展的原因

儿童博物馆能够广泛、快速地传播和发展，主要有以下几个原因。首先是榜样的力量。到了 20 世纪 70 年代中期，包括波士顿儿童博物馆和布鲁克林儿童博物馆在内，美国共有 8 家儿童博物馆。其中一家是位于佛罗里达州的杰克逊维尔儿童博物馆，馆长桃瑞丝·惠特莫尔（Doris Whitmore）在场馆里再现了各种漂亮真实的场景，比如馆里有一艘船，儿童可以在船上扮演船长和船员。而德克萨斯州的科珀斯克里斯蒂博物馆则为访客提供了梦幻般的巴纳姆表演，其中包含了各种稀奇古怪的东西，比如无头骑士头颅的基座。场馆还提供了非常丰富的自然展区，儿童可以在这里研究蛇皮、各种动物的毛皮、贝壳、岩石、骨头、羽毛和其他标本；另外还有一个"以物易物"区，儿童可以用一小片珍贵的树叶或树枝去换取同等价值的指甲或贝壳。在特别会讲故事的馆长阿尔伯特·海涅（Albert Heine）的引导下，交换而来的"宝贝"可能会激发孩子的终身兴趣。

另外两个机构也影响了儿童博物馆的发展。由物理学家、教育家弗兰克·奥本海默（Frank Oppenheimer）创建的探索博物馆于 1969 年在旧金山对外开放。由于他个人坚信普通人也能理解科学原理，所以他在科技馆的展示方式上进行了创新。在他的场馆里，所有展项分布在光、波、声、电四个不同区域。这些展项尝试以不同的方式呈现同一概念，让访客可以通过动手参与来体验各种现象的科学原理。他还设计了各种实验，让访客通过做实验来学习自然和物理知识。他开创性地将复杂的机器和电子商店交给艺术家设计，并创造了后来风靡世界的科学展项，比如"每个人都是你和我"、"柴郡猫"和弹珠机。

不久后，安大略科学中心也开馆了。安大略省出资 2300 万美元建造了这座宏伟的四层建筑，里面装满了各种精巧的动手展项。尽管这超出了大多数博物馆的预算，但安大略科学中心重新定义了科技馆的参与方式，同时提供了丰富的经验供儿童博物馆参考借鉴。

另外两家科技馆的展项——一个是芝加哥科学工业博物馆的"煤矿"展项，它让访客可以乘坐一辆真实的矿车下到模拟矿井深处；另一个是费城富兰克林科技馆的"跳动的心脏"展项，访客在这里可以听到自己心跳的节奏，并跟着这个节奏步行穿过一个二层楼高的人类心脏模型。如果有人问你什么是儿童博物馆，你可以给他们描述这两个展项，他们很快就能明白了！

然而，富兰克林科技馆从 1935 年起就有了"跳动的心脏"展项，"煤矿"展项在 1933 年就已面世。除了这些榜样，还有很多其他原因促进了儿童博物馆的发展。20 世纪 70 年代，在社会、心理、经济和文化因素的共同影响下，许多见过儿童博物馆的人都下定决心，回到家乡创建自己的儿童博物馆。

新型的"大家缝活动"①

从建国初期开始，美国就以开拓精神闻名于世，这成为促进儿童博物馆发展的社会因素。大篷马车和边境生活代表了美国早期生活，而 DIY② 项目则成了现代生活的象征。在媒体和众多面向房主和 DIY 爱好者的新杂志的大力宣传下，DIY 风潮在 20 世纪 70 年代达到了顶峰。再加上当时人们有大量的闲暇时间和可支配的收入，这一切都为具有开拓精神的人们提供了动力，他们发现儿童博物馆是非常好的 DIY 项目。

作为美国的另一项传统，社区项目与 DIY 运动结合了起来。创建儿童博物馆成了 20 世纪 70 年代版的建谷仓③ 和"大家缝活动"。像那些活动一样，创建一家儿童博物馆需要的不只是单个家庭的努力。社区项目历来就有众邻拾柴火焰高的传统，于是人们从这一悠久的历史传统中，为自己创建儿童博物馆的迫切需求找到了支持。

因家庭变化而产生的需求

全职妈妈、居家奶爸、单亲家庭、大龄父母、代际间的地理分隔，所有这些因素都对儿童博物馆的创建起到了推动作用。特别是当你刚刚离婚、恢复单身、孤独而失去方向时，创建一家儿童博物馆能使你的精力得到释放，为你的生活提供方向，让你感觉自己在与一群志趣相投的人一起做一件大于小我、有意义的事。很多刚离婚的成年人都加入到了亟须劳动力的儿童博物馆中，成为志愿者。20 世纪 70 年代中期，有三家儿童博物馆（分别位于佛罗里达州的劳

---

① 译者注：指妇女聚在一起缝棉被的聚会。
② 译者注：自己动手做。
③ 译者注：帮助邻居建谷仓的聚会。

德代尔堡、密歇根州的东兰辛和华盛顿特区）都是由刚刚离婚或即将离婚的女性创立或领导的。很多由于主客观原因而延迟生育的高龄产妇，都将自己的才能和经验投入到新建场馆中。这些人暂时赋闲在家或仅有兼职工作，他们没有孩子但又希望通过从事与儿童相关的工作来获得满足感。新晋单亲妈妈或单亲爸爸是儿童博物馆现成的观众，因为他们在轮到自己探视的日子时，需要为孩子寻找有益身心的活动。

美国东西两岸的文化交流

美国人喜欢旅行。在 1974 年石油危机之前，美国流行一家人开着汽车或房车长途自驾游。假期时，东西两岸的家庭经常互相拜访，这让很多人有机会去到离家很远的地方。石油危机之后，在美国建国两百周年纪念活动"初见美国"（See America First）的感染下，这种度假方式得以延续。到了 20 世纪 60 年代末 70 年代初时，由于美国的经济状况，富人家庭能够乘坐飞机旅行，加之当时外汇汇率并不划算，所以人们更多地选择在美国国内旅行。正因如此，很多来自美国西部、南部的家庭在度假时参观了波士顿儿童博物馆和布鲁克林儿童博物馆，而来自东部、北部的家庭则看到了旧金山探索博物馆。20 世纪 70 年代，旅行成了儿童博物馆理念在全美得以迅速传播的最重要途径。

对新教育模式的迫切需求

旅行途中到访过儿童博物馆的人都很希望自己的社区也有人创建儿童博物馆。很多人经历过美国在苏联成功发射斯普特尼克卫星之后实施的教育改革。到了 20 世纪 70 年代，这次改革已经偃旗息鼓；而到了 1975 年，曾在 20 世纪 60 年代席卷全美的开放教室、新式学校和其他创新教育模式也纷纷以失败告终。20 世纪 60 年代，约翰·霍尔特（John Holt）、赫伯特·科尔（Herbert Kohl）、乔纳森·柯佐尔（Jonathon Kozol）和乔治·伦纳德（George Leonard）的著作不仅让我们认识到传统教育的弊病，也激发了我们对新教育模式的渴求。家长在美国各地建立了蒙特梭利学校、尼尔的夏山学校、费城的百汇项目（Parkway Project），以及各类开放式学校。但到了 70 年代中期，这其中的很多学校都不复存在了，仅存的一些也陷入了困境；很多人指责这些学校的教室里一片混乱，家长担心自己的孩子在学校时并没有学习。最初被寄予厚望的正式教育改革就此结束。

但人们依然渴求新的教育模式以及能够激发想象力、滋养好奇心的新方法。随着脑科学研究的迅速发展，智能即将成为前沿课题。20 世纪 60 年代正式教育改革失败后，其中大部分的教育力量在 20 世纪 70 年代末转投到儿童博物馆的建设和发展中。这些人开始重新思考如何提供促进大脑发育的学习环境。教育改革在席卷学校之后，开始进入新兴的儿童博物馆领域。家长和其他非专业人士没能持续影响正式教育，于是转战非正式教育领域，而儿童博物馆恰好为他们梦想的实现和精力的释放提供了现成的渠道。

开始创建儿童博物馆

20 世纪 70 年代初，人们成群结队地横跨美国，寻找范例、想法、文字描述和创意图片——总之任何能带回自己社区并用于创建儿童博物馆的东西。在华盛顿特区，从全国各地乃至外国慕名而来的人让我们应接不暇。他们听说我们在创建一家儿童博物馆，有几个问题想要请教我们。几个问题最终变成了几个小时的刨根问底：如何建造展项？去哪里找创意？如何筹资？场馆和学校是什么关系？理事会包括哪些成员？场馆如何才能获得免税资格？这些问题深入到组织筹建过程中的具体细节，而提这些问题的人却从来没听过联邦税法 501（c）（3）、博物馆章程、筹资、展项设计师、专项资金、经审计的财务报表，以及其他一些对创建和运营一家儿童博物馆来说非常重要的事情。截至 1984 年，我们记录了来自美国 47 个州和其他 40 个国家的人所提出的 531 个请求，所有这些请求都是咨询我们如何建立儿童博物馆的。在不到十年之后，也就是 20 世纪 90 年代初，仅美国青少年博物馆协会[①]记录在册的美国儿童博物馆就已超过 200 家。

同一主题的不同表现形式

1977 年，首都博物馆与美国总统办公室国际儿童年委员会签署了一个小的咨询服务协议，并根据协议要求编制了一份当时全美的儿童博物馆名录。可该名录刚刚出炉就成了隔年皇历。

这份咨询服务协议的另一个内容是对纽约和波士顿两座城市之间每一个自称"儿童博物馆"的机构进行深入调查。波士顿儿童博物馆位于康涅狄格州曼

---

① 译者注：后更名为美国儿童博物馆协会。

彻斯特南部，起初只是一座农舍的地下室中的一个房间。这里摆放着胶合板材质的狂欢节人物形象，访客可以从板子上预先留好的位置伸出头来拍照留念。此外，它还为访客提供了一些可以试穿的服装以及各类艺术活动。这里的所有展项都是由住在楼上的家庭制作，女主人会怀抱孩子接待访客。另外一家场馆则在昏暗凌乱、空荡荡的房间里堆放了破旧的幼儿园积木和儿童玩具房的各种家具。显然，不同儿童博物馆之间的差异很大，这不仅说明人们还不太了解运营场馆到底需要什么，同时也反映出公众对儿童博物馆缺少最基本的概念。然而，儿童博物馆的迅速发展，体现了人们对新教育模式的渴望，他们希望新模式能够彻底取代原有模式，就像用橡皮擦掉铅笔的痕迹一样。皮亚杰的理论强调，直接体验是儿童建立认知的基础。正当儿童博物馆蓬勃发展之时，人们不仅普遍熟知皮亚杰的这一理论，而且在一定程度上已经领悟到其中奥义。该理论为儿童博物馆的设计提供了理论依据。然而，儿童博物馆仍然处于起步阶段，博物馆从业人员也很难说清楚儿童在场馆里学什么、怎么学。有人会说，教育展项的设计比艺术的产生更偶然。我们还不知道如何才能达到自己想要的结果，而且实践的结果往往与我们的初衷相违背。然而，正是由于一定程度上的不完美，儿童博物馆才更显真实生动。想象一下，当我们找到儿童博物馆实现最佳学习效果的方法时，它将会变得何等重要！正是因为儿童博物馆现在还不完善，思考如何让它成为更重要的非正式学习资源，并在亲子教育中发挥更大作用，才更具挑战性。

儿童博物馆在家庭生活中的作用

家长在改变教育过程中所做的贡献

教育是否合理有效对家长来说非常重要。从女性杂志到学术期刊，都在不断讨论教育问题。这些文章有时只是枯燥无味的喧嚣，有时却成了气候，发出了强有力的呐喊，比如1984年美国教育部发表的题为《岌岌可危的国家》的报告。这些文章展现了众多专家在认知发展、学校教育、家庭教育以及相关论题上所持的不同观点，但它们只提供了少数零散的信息，既没有结合社会背景，也没有以人们广泛理解和接受的人类发展理论为依据。然而，与没人敢指挥医生如何切掉自己肾脏不同的是，似乎每个人都认为自己有资格在教育改革的问题上指手画脚。有些理论流行起来，并最终影响了我们对正式教育的要求。美国的家长对学校的管理、课程大纲和政策的制定都产生了重要影响，他们在这些方面的影响力要比其他国家的家长大很多。家长通过加入各类教育委员会或家长教师协会、与教职员工会谈等方式来改变学校的教育体验。总体而言，儿童博物馆还没能吸引家长如此广泛地参与，因为它们还没有成为儿童教育中的主导力量。当家长对如何利用儿童博物馆的教育资源有了更清楚的了解后，场馆将发挥更大的作用。

家长如何利用儿童博物馆

儿童博物馆最重要的作用或许是为家庭提供与众不同的闲暇活动。现在人们闲暇时可以选择阅读、游戏、野餐，或者去图书馆、游乐场、博物馆；更现代的活动包括看电视或录像、去嘉年华一类的主题公园或购物中心、去电子游戏厅或看电影，以及最近才有的参观儿童博物馆。

儿童博物馆让家庭有机会在有益身心的非商业环境中共度亲子时光。它们提供了大量有创意的教具，家长和孩子可以利用这些教具一起学习。儿童博物馆让家长感觉自己能够在教育孩子方面有所作为。随着家长对儿童博物馆的价值有了更深的认识，当他们初到某地或在旅行途中去到某地时，会主动寻找当地的儿童博物馆，就像过去寻找公园和动物园一样。但我们同时也观察到一些令人不安的行为：比如孩子正在聚精会神地玩某个展项，家长却硬要把他（她）拉走，让他（她）去玩另一个展项。家长的目的是让孩子"体验所有的展项"，但却忽视了孩子学习时的专注。再比如，家长可能没有认识到展项的教育目标，因此无法用展项来激发孩子对相关学习内容的兴趣。还有些家长和老师脾气暴躁，抱怨场馆太过拥挤，"纵容"自己的孩子暴力对待展项。另外一些家长则体现了我们社会中最令人不快的一些特征：他们总是匆匆忙忙，根本没时间仔细体会场馆的体验。最让我们难过的是看到一些孩子被毫无尊严地当众打骂和嘲笑。

挑战

儿童博物馆面临的挑战是：帮助家长适当掌握孩子的参观节奏，引导孩子在选择展项时先动后静；让家长了解自己是否应该介入孩子发起的游戏；帮助家长以恰当有效地方式参与到孩子的活动中。儿童博物馆还不知道如何让家长参与展项设计——包括展项主题、样例、教育目标、颜色、形状、布局的决策过程。儿童博物馆很少能让家长有机会直接接触展项设计师或教育人员，也极少为家长示范如何利用展项来促进孩子的学习，更没有帮助家长进一步发展孩子被展项激发的兴趣。总之，儿童博物馆还没有找到方法帮助家长了解如何利用场馆的资源促进孩子在心智、情感、身体和社交等方面的发展。尽管儿童博物馆的潜力很大，但只有找到这些方法，才能充分发挥自身的作用。

儿童博物馆真正开始发展不过 30 年，还处于发展初期。我们要加强教育界的领导者、研究学习的专业人士、敏感的评估人员与场馆员工之间的交流。这些领域的代表应组成团队，审核针对家长的教育活动，确保这些活动成为家庭访客必不可少的场馆体验。儿童博物馆想要做到这一点并不容易，最终能否成功可能取决于场馆能否在利用计算机控制和互动视频等电子技术上有所突破和创新。

让我们来想象一下：爱丽丝把一个 45 磅重的煤渣砖从平地拉到一个比较陡的斜坡上。在此过程中，有个类似时钟的装置记录了她所用的时间。随后，她又将另一个同样重量的煤渣砖拉到一个相对平缓的斜坡上。摄像机记录了她在此过程中的全部动作。"为什么这次这么容易？"她问道。她的爸爸无法给出简单明了的解释。但在展项旁，摆放着计算机、光盘和显示器。爸爸输入爱丽丝的名字，点击斜面的图片。屏幕上开始播放爱丽丝拉煤渣砖的视频，同时显示"斜面是古人发明的一种工具，它能使人们的工作更加轻松"。爸爸点击问号的图标，爱丽丝的图片上立刻出现了三个问题。他点击第一个问题："为什么在不同的斜面上拉煤渣砖的感觉不一样？"

屏幕上变成爱丽丝拉煤渣砖上陡坡的照片。提示窗口显示出两个斜坡，其中短斜坡的轮廓在闪烁，一旁配有文字"上陡坡需要比较大的力量，但距离比较短"。随后，屏幕上又变成爱丽丝拉煤渣砖上缓坡的照片。在提示窗口中，长斜坡在闪烁，并配有文字"上缓坡需要的力量比较小，但距离比较长"。

随后，电脑发出提示音："让爱丽丝跟你比赛，看谁先把煤渣砖拉到斜坡上。"爱丽丝使用的是陡坡，尽管她比较弱小，需要更使劲，但她还是率先将煤渣砖拉到了坡顶。爱丽丝笑着对爸爸说："我赢了！"

爸爸点击问号的图标，选择下一个问题："为什么煤渣砖先到达陡坡的顶端？"。

答案是："这里的任务受到距离和力两个因素的影响。因为爱丽丝使用的是陡坡，虽然比较费力，但是距离比较短。"此时，提示窗口显示煤渣砖在两个斜坡上分别被拉动的过程，两个时钟分别记录了每个斜坡上所用的时间。时钟指针标出了具体时长，突显煤渣砖在两个斜坡上走过了不同距离。

爱丽丝和爸爸还可以了解更多古往今来使用斜面的例子，比如金字塔的建造过程，动画人物利用斜坡将巨大的方砖移动到所需位置；除此之外，还有斜面在工业和家庭中应用的实例。该展项所包含的简单机械装置还提供了其他类似的互动活动，这么多有趣的内容足够爱丽丝和爸爸玩一个多小时。

儿童博物馆的时代已经到来。在拥有儿童博物馆的城市里，它们已经成为家庭生活的重要组成部分，因为它们如及时雨般在家庭最需要的时候出现了。如何充分发挥自身的作用，是儿童博物馆面临的长期而艰巨的挑战。

本文原载于《婚姻与家庭评论》（1989 年，第 13 卷第 3-4 期合刊），之后转载于《手牵手》1989 年年刊。

20 世纪 70 年代中期，安·列文-贝纳姆在华盛顿特区创立了首都儿童博物馆。1984 年，该馆扩建成国家学习中心，并新增了两所全日制学校。列文-贝纳姆现居田纳西州孟菲斯市，负责运营管理孟菲斯领导力学院，偶尔也会为一些学校提供咨询服务。

彼得·史特林：关于儿童博物馆如何引领社会变革的几点思考

印第安纳波利斯儿童博物馆

彼得·史特林（Peter Sterling）

不论美国国内还是全世界范围内，儿童博物馆的数量都在飞速增长，其受欢迎程度也越来越高。同时，不仅儿童博物馆所在社区对场馆的兴趣日渐浓厚，其他国家也注意到了这种趋势，甚至有的国家已经开始尝试去复制美国的场馆了。

我想，人们尊重并认可我们的工作，主要是因为儿童博物馆正在解决一些非常严肃的问题。社会大众和博物馆行业对我们的认可，将会影响到儿童博物馆未来的发展和在公众眼中的形象。

在公众眼中，我们已不再是只为学校团体服务的场所，这里同样也是家庭学习的空间。很多家庭都在努力寻求高质量的学习体验。许多家长意识到公共教育体系并不能完全满足教育需求，孩子学习如何理解快速变化的世界要比掌握"死知识"更加重要。这时候人们突然发现，儿童博物馆能够帮助孩子更加清晰地认识世界，更何况这里还非常好玩，随处可见欢声笑语和相互分享。

博物馆领域也越来越关注儿童博物馆在做的事情。我想，我们的影响力已经令同行无法小觑。最有意思的是，不仅那些想了解怎样创建儿童博物馆的人来向我们寻求支持，美国乃至世界各地的艺术博物馆、历史博物馆和自然科学博物馆的专业人士也慕名而来。他们看到了儿童博物馆的飞速发展和对学习的促进作用。由于这些博物馆有大量的家庭访客，因此他们想知道为什么人们更愿意到我们的场馆，以及如何将互动体验的方法（不一定是动手体验，也可以是动脑体验）应用到他们的场馆中。

我们正影响着传统博物馆的做事方法，同时也变成其他博物馆的学习榜样，这种影响可能超出了我们的预料。我们为博物馆如何促进学习树立了典范，因而成为引领社会变革的强大力量。

帮助儿童做好迈向 21 世纪的准备

在由正式教育和非正式教育共同组成的教育系统中，儿童博物馆只是其中的一个组成部分，但它所要解决的问题却是连正式教育也才刚刚意识到的社会责任。确切来讲，这些问题关乎我们该怎样去引领孩子们迈入 21 世纪，帮助他们做好准备，去应对这场在全球范围内加速进行的文化变革。等到现在幼儿园里的孩子大学毕业时，已经是 21 世纪了，因此我们这里谈论的并不是遥不可及的未来。我们不仅要让孩子们做好应对各种变化的准备，更要让他们认识到生活中唯一不变的只有变化本身。我们期待今天来馆的孩子能引领未来社会的变革，也希望场馆能帮助他们掌握足以应对未来一切变化的独立思考能力和创造性解决问题的能力。

博物馆不是我们给予孩子的，而是孩子们自己的

作为儿童博物馆的从业人员，我们所有人都在思考如何改变自己的机构，如何在员工内部、理事会、所在社区和资助机构中引领变革。我希望我们能与孩子们同心协力，一起经历这些过程。

我们渐渐将儿童博物馆看作孩子自己的空间，而不是我们为他们设计的场所。当这里是孩子自己的空间时，我们和孩子是同事，与他们交流互动，帮助他们改变我们的场馆。而当这里只是我们为孩子设计的场所时，情况就变成了我们替孩子做决定，之后再把改好的场馆呈现给他们。越来越多的儿童博物馆已经将儿童纳入管理和决策中，比如成立儿童顾问团。通过参与场馆变革的过程，儿童能够真正了解成人如何应对各种变化。对他们来说，成人不仅是导师，也是合作伙伴。而在现实社会中，孩子很少有机会真正成为成人的合作伙伴。

"我们给孩子的博物馆"和"孩子自己的博物馆"是两个完全不同的概念，二者有着非常不同的运作过程。孩子自己的博物馆需要场馆投入更多的资源（人员、金钱和时间）来与孩子交流互动。你需要拿出诚意来让孩子带领你开辟一条全新的道路，敞开怀抱，以全新的方式看待问题。

儿童可以通过很多其他方式参与场馆的工作。在印第安纳波利斯儿童博物馆，任何一个展项的开发都少不了孩子的参与，很多展项都是由他们自己制作的。他们策划的展项与专业人士开发的展项非常不一样。场馆增加一个艺术展，把艺术作品挂起来，邀请学校团体在指定时间内参观，这很容易做到；相

比之下，让一群孩子去研究艺术作品的象征意义，让他们决定展出哪些作品和展品说明的内容，则难得多。当场馆激发孩子们说出"我能行，我可以带来改变，有些事我也可以做得很好"时，才真正做到了为儿童服务，这远比提供这样或那样的展览更有意义。

数百名儿童参与了印第安纳波利斯儿童博物馆的儿童志愿者计划。在这里，他们成了小历史学家、小科学家、小讲解员和小演员；我们要为儿童提供当老师的机会，这一点很重要。如今世界的一些事情，家长可能不甚了解，孩子却能说得头头是道。我们对不同年龄段孩子认知能力的理解正在发生巨大的变化，博物馆的呈现方式也会随之改变。在 25 年前，小学六年级的孩子就比四年级的孩子更有见识，但如今，通过电视及各种信息传播的渠道，小学四年级和初中二年级的孩子对离异家庭子女、吸毒、酗酒、艾滋病等问题的了解可能完全相同。在我的成长过程中，情况可不是这样的。

所有场馆都应该想尽办法让儿童参与到场馆的工作中来。

日益交融的全球文化

儿童博物馆的另一个作用是帮助儿童理解周围的世界，这里所说的"世界"是指全球，不只是他们所在的社区。地球的空间藩篱正在改变，"地球村"的概念即将成为现实。今天的孩子们要跳出地域的限制，尝试理解国际意义和国际关系。举个例子，印第安纳州的人均进出口总额在美国各州中排名第五。我想，印第安纳州的很多孩子都没有意识到自己与巴西、日本和非洲等经济体有着如此紧密的联系；他们也不知道印第安纳州的玉米供应取决于全世界各地的玉米产量，而不是爱荷华州的玉米产量。我们拥有世界级的汽车产业，同时也认识到艾滋病是全球性问题。

或许因为我们的文化在世界上占据着主导地位，所以才会有人想当然地认为美国人不需要了解其他文化。这还不单单是语言隔阂的问题。儿童需要明白在这个世界上有些人的价值观和我们完全不同，我们要能和价值观迥异的人相处——甚至有时候会有人对我们的价值观很反感。如果我们的孩子在成长过程中认为美国的做事方式是唯一的标准，那么在未来的全球互动和竞争中，他们将处于明显的劣势。

儿童博物馆能够帮助孩子认识到自己努力解决的问题同时也是其他文化孩子想解决的。例如，旧金山探索博物馆里蕴藏的科学知识与莫斯科、东京、北京以及世界上其他地方的并无二致。

在印第安纳波利斯儿童博物馆里，"通往世界的护照"展项的教育目标是帮助孩子认识到看待事物的方式不止一种，并在此基础上将他们与其他文化的孩子联系起来。

倡导解决儿童社会问题

作为促进社区变革的力量，儿童博物馆的知名度越来越高、影响力越来越大，它们愈发需要对自身该如何在儿童议题上发挥作用有个清晰的定位，因为诸如青少年早孕、吸毒、酗酒、公共教育质量等问题，会切实地影响到儿童的日常生活。这些问题不仅涉及众多领域，而且非常重要，博物馆对待这些问题的态度会影响儿童对博物馆的理解，也会影响本社区、本地区乃至全国范围内的成人对博物馆的理解。同样，这也是全球性问题。

我认为，绝大多数儿童博物馆在服务青少年观众方面做得并不好，他们对孩子不够信任，认为孩子需要成人的看管和陪同，认为孩子会"捣乱"、会制造麻烦。我相信孩子们——尤其是青少年——能感受到大人的这些想法。每家场馆都应该仔细研究为什么孩子们到了九岁、十岁就不再来馆了，或者为什么家长就不再带他们来了。我想我们有责任解决那些关于青少年的重要问题。

寻求跨界合作

我们每个人都能从跨界合作中学到许多。我们应该与博物馆行业以外的人建立联系。如果我们在解决问题时把自己局限在行业内部，就未免太狭隘了。这是公共教育领域曾走过的弯路，博物馆不应重蹈覆辙。过去，公立学校在很多方面把自己孤立起来，脱离社会，现在，他们正试图调整这种孤立状态。博物馆不能把自己限定在场馆的空间里，我们要与社区交流互动，要与各个领域密切合作，进而为儿童提供有意义的活动。只有当博物馆做到了这一点，我们才不会只是个孤岛。

我认为，比起其他类型的场馆，儿童博物馆向来不怎么主动去寻求行业外的合作伙伴。举个例子，在20世纪70年代布希公园取得巨大成功之初，威廉斯堡博物馆无动于衷，视而不见，因为他们认为布希公园的"一夜爆红"没什么值得学习的。而当布希公园的访客数量达到威廉斯堡博物馆的两倍（200万人次）时，他们才开始想了解对方在做什么、提供了哪些体验。

很多人虽然看到了布希公园的成功，但也只是说："噢，那是个赚钱的地方，不过是提供些娱乐项目而已，跟博物馆没啥关系。"有趣的是，很多博物馆现在却在研究迪士尼乐园的文化（无论是好是坏），特别是迪士尼乐园与访客的互动方式。

高校和企业同样也是我们应建立联系的对象。例如，为了帮助儿童做好应对 21 世纪的准备，IBM 公司所做的努力可能比美国任何一家教育机构都多。很多儿童博物馆都与博物馆行业外的机构成功建立了合作，这些机构同样也在关注教育、青少年以及全新的合作方式。

巨大的创新潜力

我认为，儿童博物馆具有创新的潜力；想要实现创新，首先要了解观众，并从他们的视角看待问题。很多儿童博物馆已经走上了创新之路，因为我们已经找到了自己的观众群体，而且多年来一直积极回应观众的诉求。所有场馆都必须认真倾听观众的声音，了解观众对场馆的看法，进而不断调整自己的服务，以更好地满足观众的需求。不只是儿童博物馆，其他很多机构也是如此，或许儿童博物馆的很多经验能为其他机构提供帮助。

真是难以想象啊，美国如今已经有 300 多家儿童博物馆了。虽然有些场馆规模很小，甚至只是夫妻店（其实我们最初都是如此）；有些场馆可能 5 年后就不复存在了，但这恰好说明我们的行业正处在创业阶段。我们应帮助这些场馆发展壮大，让各社区博物馆萌发的创意都有机会表达。最后，我希望儿童博物馆行业不要给自己设置过多的条条框框。我们应该在有条不紊的同时，保持自由开放，并努力做到 10 年后还能保持现在这样的干劲和精气神儿。

本文原载于《手牵手》1987 年夏季刊。

彼得·史特林是印第安纳波利斯儿童博物馆的馆长。在 1982 年来到该馆前，他曾担任波士顿宪法号巡洋舰博物馆基金会会长一职长达 4 年。此前，他在威廉斯堡基金会供职的 5 年间，负责团体参观相关工作。1987～1988 年，史特林是美国博物馆协会执行委员会委员，同时也是美国青少年博物馆协会理事。

儿童博物馆：一件关于好奇心、游戏和学习的正经事

琳达·R. 艾得肯（Linda R. Edeiken）

> 如果事实是种子，可在日后产生知识和智慧，那么情感和感受就是孕育种子的沃土，而童年时光则是准备土壤的阶段。一旦情感被激发——对美的感受，对新鲜与未知事物的兴趣、同情、怜悯、赞叹或爱——我们就会想要了解那些撩拨我们情感的事物。而一旦我们了解了这些事物，它们对我们而言就多了一份恒久的意义。与其向孩子填塞他们还没有能力吸收的知识，不如为他们铺平渴望知识的道路。
>
> ——雷切尔·卡森（Rachel Carson）
> 《惊奇之心》（*The Sense of Wonder*）

儿童博物馆是启发和培养儿童终身学习的地方。儿童博物馆的根本使命是服务儿童，为儿童提供直接体验真实物品的机会，借此来滋养他们的好奇心。儿童博物馆强调博物馆的教育功能，关注访客（儿童和家庭），重视情境式的互动展项，而相比之下，传统博物馆则更看重其保护、研究、永久收藏、展陈非触摸式展品的功能。在以客户为中心的儿童博物馆中，访客以及他们的学习过程远比展品重要，场馆格外强调要给予访客接触展品并获取直接经验的机会，而不是展品的内在价值或相关知识。

尽管侧重点有所不同，儿童博物馆依然具有博物馆的一些特质。如果塞缪尔·皮尔庞特·兰利（Samuel Pierpont Langley）（他曾在 19 世纪末 20 世纪初担任史密森学会秘书长）泉下有知，一定会对儿童博物馆的发展方向表示赞同。世界上第一家儿童博物馆——布鲁克林儿童博物馆诞生于 1899 年。在随后的 50 年里，几家儿童博物馆（包括波士顿儿童博物馆、印第安纳波利斯儿童博物馆和底特律儿童博物馆）陆续创立，它们中的大多数都是在自然历史藏品的基础上建立起来的。儿童博物馆最关键的演变发生在 20 世纪 60 年代，由迈克尔·斯波克领导的波士顿儿童博物馆重新定义了儿童博物馆应有的样子。为了让访客有机会自主学习并提升他们的参与感，斯波克引入了具有里程碑意义的情境式展项"探索秘密"，为访客提供了直接的互动体验。这些互动技巧

成了当时儿童博物馆的标志性特点，进而发展出了全新的儿童博物馆。

过去 20 年里，儿童博物馆受到了社会各界的广泛关注，在美国内外都经历了前所未有的增长。一项非正式统计显示，今天的美国儿童博物馆数量比 1978 年时增加了一倍以上，达到了近 250 家，而且这其中的许多家都计划在近期搬迁或扩建。另外还有更多场馆尚在筹建阶段，预计将在未来几年内正式开馆。由于普通民众的支持，儿童博物馆成了博物馆行业增长最快的领域。人们想要建立儿童博物馆，往往是因为家长或教育工作者在其他地方见到了儿童博物馆，并希望自己社区的孩子也能享受到类似的场馆。

儿童博物馆为什么受欢迎？

（1）各类群体都对儿童博物馆充满兴趣，尤其是那些以前不太喜欢去博物馆的人，其中包括不具备专业知识的（儿童或成人）和不懂英语的人。

（2）家长想为孩子寻找高质量的活动，同时希望自己能够和孩子一起参与，享受亲子时光。

（3）在美国，很多人都对正式教育领域的一些做法感到不满；儿童博物馆为儿童提供了自主学习的机会，使他们可以主动参与学习的过程，而这是其他地方做不到的。

（4）在儿童博物馆里，我们经常在临近闭馆时看到有孩子因为不愿离开而哭闹，由此可知，他们是由衷地喜欢这里。

基本概念

想要理解儿童博物馆的本质，首先要了解以下这些概念和问题。

（1）游戏的价值、游戏是重要的学习方式——无论对儿童还是成人来说，游戏都是了解新事物的重要途径。是否会玩儿对科学探索和各种形式的创新都至关重要。儿童博物馆将游戏的理念融入学习的情境或过程中，彰显了游戏对学习的重要价值。游戏贯穿于儿童博物馆的空间、氛围、展项和活动中，这不仅是场馆广受欢迎的重要原因，也是"激发好奇心和鼓励学习"的必要条件。场馆应该重视而不是轻视游戏的价值，游戏并不会影响展项的学习价值，将游戏融入设计进而形成富含教育内容的"简洁"展项是最理想的，但却并不容易。

（2）与观众合作——儿童博物馆要敞开怀抱，倾听访客的声音，在努力扩大自身影响力的同时，真正做到兼容并包，在了解访客兴趣的基础上满足访客的需求。儿童博物馆要与儿童建立起全新的合作关系，努力打造印第安纳波利斯儿童博物馆馆长彼得·史特林口中的"孩子自己的博物馆，而不是我们为孩子设计的博物馆"。很多儿童博物馆都建立了儿童顾问团；参与青少年志愿者计划的孩子与场馆工作人员、访客并肩协作，参与展项和活动的开发、策划和实施工作；孩子们还帮助场馆工作人员了解自己对哪些东西感兴趣，场馆因此不再沿袭固有的由成人为孩子选择藏品的做法。

（3）展项相关的儿童早期发展理论——当场馆的所有展品都要服务于儿童的发展需求时，我们在特定时期对儿童早期发展的理解会影响场馆的整体策划。皮亚杰的理论强调直接体验（人与环境之间的互动）对建立认知的重要作用，这一理论不仅对现在的儿童博物馆产生了重大影响，而且成了展项开发的理论基础。"发展适宜性"已经成为展项设计的基本要义。

然而，随着我们对儿童的成长和学习的深入理解，儿童博物馆也在发生变化。场馆在策划展项时，努力兼顾多种学习方式，运用不同的展示技巧来激发霍华德·加德纳（Howard Gardner）定义的多元智能。在瑞文·费厄斯坦（Reuven Feuerstein）和维果斯基（Lev Vygotsky）的社会建构主义学习理论的影响下，儿童博物馆在策划体验时，会有意识地鼓励成人、儿童及同龄人之间的交流互动。

（4）激发情感的布展策略——激发访客对展品产生情感是学习体验的重要组成部分，儿童博物馆会非常自然地将这一策略融入展览策划中。米哈里·契克森米哈（Mihaly Csikszentmihalyi）认为，通过把物品与一个人的记忆、感受或想象联系起来，可以将物品转化成对这个人有意义的东西。这一理论在儿童博物馆中的应用体现在基于情境的展览环境上——将展品放在真实的环境中，让访客能够通过相关的事物以更加全面的方式来体验展品。儿童博物馆努力把展品的知识和其情感意义联系起来，正如本文开篇中雷切尔·卡森（Rachel Carson）所说的那样。

（5）馆校合作——作为非正式教育资源，儿童博物馆会根据学校的课程大纲来调整场馆的活动和展项，并与学校教师保持长期合作关系，为正式教育提供有益补充。很多博物馆会举办教师培训工作坊，邀请教师成为场馆的顾问。一位公立学校的教师曾说："我相信儿童博物馆会根据各年龄段的发展需求来设计展项。场馆工作人员了解小学二年级孩子的认知水平。很多支持动手体验的展项都非常符合学校的课程大纲。"

（6）内部管理——很多儿童博物馆的管理都像大学里一样，强调团队合作，尤其是与展项相关的问题。展项开发的大部分过程都由一个团队参与完成，这个团队通常由一位场馆教育人员来领导，他也负责"指导"展项设计。这与传统博物馆教育人员通常被弱化的角色形成了鲜明对比。

（7）敏感问题——很多儿童博物馆的展览都涉及敏感问题，因为场馆认为自己有责任让观众了解这些问题。儿童博物馆的工作人员经常探讨场馆的社会责任，讨论场馆在影响儿童生活的问题中应参与到什么程度。艾滋病相关的教育内容经常包含在以健康为主题的展览中；很多场馆都提供了关于回收利用和环境保护的展览。另外，还有一些展览涉及死亡、临终、大屠杀、和平、冲突、青少年相关问题（毒品、早孕、不良行为等）、家庭结构（包括同性父母）、歧视和种族主义等。

新发展

儿童博物馆领域有很多重要的新发展，其中包括：

（1）对儿童博物馆学习价值的研究——教育工作者、著名的学习理论家和儿童博物馆从业人员正联手对非正式学习展开具体深入的研究。

（2）在服务青少年——博物馆一度流失的观众群体——方面的投入越来越多，其中的成功典范包括印第安纳波利斯儿童博物馆的探索中心（该展区的内容和活动由青少年自己主导）和波士顿（儿童博物馆）的俱乐部（这里已经成了青少年周末晚上的热门聚集地）。

（3）尝试学校的组织形式——一些儿童博物馆与开端计划①建立了合作，利用场馆的资源为儿童组织课程。"青少年，动起来！"（Youth ALIVE!）一类的博物馆活动让年龄大一些的问题学生有机会进入场馆，参与各类工作，通过服务来学习。

结论

现在儿童博物馆仍是新兴事物，其特征和形式都在不断变化。一些儿童博物馆从业人员推测，待发展成熟后，儿童博物馆将成为一种独特的教育形式。

---

① 译者注：开端计划（Head Start）是美国历史上第一个由联邦政府创办的、为低收入家庭的儿童提供学前教育和健康保健服务的综合性计划。该计划的目的是追求教育公平，改善人群代际恶性循环。

首都儿童博物馆的前任馆长安·列文－贝纳姆认为，"儿童博物馆为设计学习环境提供了新的思路……它在儿童学习中发挥的作用不同于学校和传统博物馆"。博物馆领域普遍认为儿童博物馆将成为非常重要的学习资源。未来儿童博物馆将如何应对挑战，发挥自身潜力，我们还需拭目以待，但儿童博物馆带给我们的"惊奇之心"却处处可见。

本文经《策展人》（35/1：21-27）授权重新刊印。版权归美国自然博物馆所有（1992年）。本文也曾发表于《手牵手》1992年春季刊。

琳达·R.艾得肯是《手牵手》的创刊主编和发行人，现居加利福尼亚州。

不断演变的策展思路

伊莱恩·霍－曼·古瑞恩（Elaine Heumann Gurian）

儿童博物馆一直在不断发展和演变。20 世纪 60 年代末，波士顿儿童博物馆、旧金山探索博物馆、巴恩斯戴尔少年艺术中心等少数几家场馆在策划展览时首先尝试实践动手学习的理念，随后，很多其他机构也将这一理念融入场馆体验中。在此期间，几乎所有类型的博物馆都开始效仿这一布展策略。虽然效仿本身是对儿童博物馆最直接的赞美，但由于这些场馆的展览受到人们喜爱，也间接导致儿童博物馆的访客量和收入有所下降。"通过实践来学习"已经不再是儿童博物馆的专利。

此外，在美国各地，很多不同类型的场馆都通过设立"探索空间"，为访客提供用多种感官体验展品的机会和各种互动学习体验。就连传统意义上最不适合幼儿家庭参观的艺术博物馆里也设计了这样的空间。

付费游乐场以及某些连锁快餐店、机场、其他公共场所里的免费游乐设施，使儿童博物馆的访客量和收入进一步减少。这些新设施为幼儿家庭提供了体能游戏和运动的空间。当儿童博物馆晚间闭馆时，这些地方仍在开放；当天气恶劣或日落较早时，这些地方对人们更有吸引力，因为儿童博物馆通常所在的市中心既危险又拥堵，而这些地方往往地处市郊商场，拥有充足的停车位。到了冬天，人们的户外活动明显减少，这个时候本该是儿童博物馆的旺季，但现在却出现这些新场所来抢夺儿童博物馆的客源。如果这些地方还能提供免费的儿童看护服务，那竞争就显得更加激烈了。

西尔万学习中心等商业机构不仅靠自身实现了盈利，而且当地的教育部门还专门拨款，支持他们提供学校里缺失的教育服务。因此，出现了一些非常有影响的商业机构，它们抢走了过去儿童博物馆凭借自身教育价值所占有的部分市场份额。很多游乐场所，特别是迪士尼乐园，越来越倾向于提供具有启发性的教育体验。公众很难区分儿童博物馆和这类场所之间的差异。

纵观儿童博物馆近百年的历史，场馆几乎得到了教师和家长的一致认可，这是因为在其中的每个阶段，儿童博物馆都提供了其他文化机构无法提供的独特教育资源。在整个发展过程中，儿童博物馆根据每个时代的不同育儿理念和对家长需求的理解，多次改变场馆的策展思路。最开始，儿童博物馆以自然历史为主题，依据杜威的教育理念，让访客通过触摸真实的标本来探索和学习。

最初对儿童的界定也与现在不同，当时儿童博物馆的目标观众主要是小学高年级学生。第一次世界大战以后，当人们逐渐认识到"如果我们能增进彼此之间的了解，世界可能会更安全、更和平"时，文化研究慢慢受到了重视。因此，儿童博物馆也开始收集、展示和教授与文化有关的内容。到了20世纪六七十年代，随着布鲁纳提出的早期学习理论受到广泛关注，我们发现，当婴幼儿和学龄前儿童来到儿童博物馆时，他们不再是跟屁虫，而是场馆的目标受众。于是，很多儿童博物馆专门为他们设计了新的展览项目，如"游戏空间"（playspace）；儿童博物馆观众的平均年龄因此也降低了。

由于上述原因，近年来儿童博物馆感受到的经济压力越来越大。因此，每家场馆都在朝着馆长认为能够成功的模式转型。但每一次转变，无论是细微的调整，还是巨大的变革，都是脱离了大环境、在场馆内部完成的。大家都没有认真想过，现在备受追捧的"动手学习体验"有一天也可能风光不再。现在，儿童博物馆的馆长们应该举行正式会谈，共同探讨"不断演变的策展思路"，让每位馆长都有机会与面临相同处境的同行坐在一起，群策群力。

新的策展思路尚未可知，但我猜想有些馆长和理事认为，面对来自商业机构的竞争，儿童博物馆必须而且也应该发挥自身优势，成为更具吸引力的场所；而另外一些人则认为，儿童博物馆未来的发展方向应该重点关注社会及社区服务。这两种想法或许都是对的。

我们要一起展望未来，而不是哀叹过去。过去的哪些东西是我们想要继承和保留的？在新形势下，我们将面临哪些机遇？我们应该如何利用这些机遇？对于儿童博物馆来说，什么是必不可少的？我们的使命是什么？

儿童博物馆最重要的特征是以访客为中心。此时此刻，我们的访客希望从场馆获得什么？纵观儿童博物馆近百年的历史，我们可以看到，它经历了多次自我革新。因此，对儿童博物馆行业来说，变革的过程并不陌生，与我们所做的事也并不矛盾。

寻找新的策展思路是一个循序渐进的过程。大家不必担心这样做是否意味着背叛历史，因为儿童博物馆一直以来都是根据社区、儿童及其成人同伴的需求来设计活动和建设场馆的。

创建新馆时，人们将要面对的还是多年来儿童博物馆筹建过程涉及的那些基本问题：场馆所在社区为场馆建设提供了哪些新机会？儿童博物馆的根本使命是什么？新场馆如何满足周边环境的需求？

1972～1987 年，伊莱恩·霍－曼·古瑞恩在波士顿儿童博物馆担任展项中心主任一职。1991～1994 年，古瑞恩是美国大屠杀纪念馆的副馆长。在他的领导下，这家场馆从创业组织成功转变成全面发展的政府博物馆。古瑞恩现在是全球多家儿童博物馆的资深顾问。

第二章
教育理论和学习方式

―――――

了解博物馆中的学习

莱斯利大学艺术与社会科学研究生院

乔治·E. 海因（George E. Hein）博士

儿童博物馆里有很多非常有意思的展项。不论是场馆工作人员还是一般访客，都不难发现孩子们在那里操控展品；他们兴高采烈地坐在汽车里、成人的椅子上、消防车或火车头中，或是全神贯注地观察娃娃屋、显微镜和过去的家具，又或是在画画、攀爬、试穿各种服饰、阅读展品说明或通过其他方式与展品互动。然而，场馆工作人员和访客有时会想，展项是否实现了场馆预设的教育目标？场馆为什么要创建这个展项？具体而言，场馆体验能够为孩子带来哪些收获？场馆有能力营造出轻松愉快的高质量学习环境，但这并不等同于他们（或其他人）也能把儿童博物馆的学习价值清楚地呈现出来。

简单来说，判断一件展项是否成功其实只需回答几个简单的问题即可：展项能否吸引孩子们互动？展项是否经得起孩子们"折腾"？新展项或重新调整之后的展项对场馆访客分布情况产生了怎样的影响？然而，场馆工作人员还会关注另外一些更深层的问题：孩子们是在学习吗？展项对他们有吸引力和挑战性吗？我们精心设计的场馆体验是否（有可能）像我们希望的那样对孩子有所启发？

这些问题往往会把我们置于尴尬的境地。很多场馆工作人员坚信自己能够创造出"成功的"展项，但当被问到这些展项除了能吸引访客，还能对访客产生哪些影响时，无论是策展人、教育人员，还是评估人员，都很难回答。令人欣慰的是，现在已经有很多关于学习和学习效果评估的理论与实践，包括动手学习、各种类似的教育理念、杜威等的教育思想、以学生为中心的进步主义教育、将学习融入生活的教学模式、开放式教育，等等。这些理论与实践已经有近百年的历史，我们至少可以从中找到回答这些问题的基本思路。

此时去研究这些理论与实践尤为适宜。因为儿童博物馆在许多方面继承并延续了 20 世纪 60 年代开放式教育运动的基本理念和思想。在过去十年里，美国的正式教育（紧随众多其他领域）日趋保守，原本为上一代人设计的教育材料和创意通过各种途径进入儿童博物馆。现在儿童博物馆和科技馆中一些非常有创意的工作人员，最初都是受益于 20 世纪 60 年代的教育课程改革项目，才开始意识到这些材料的教育价值。现在这些场馆中的一些特色展项（彩色阴影、泡泡等），都直接来源于 20 世纪 60 年代与动手学习相关的课程设计。

由于篇幅的限制，我在这篇文章中只能重点阐述一些适用于博物馆学习的评估方法，希望这些内容能为更深入的分析指明方向，帮助我们更好地评估博物馆的学习价值。

博物馆中的学习

1．我们所说的"学习"究竟指的是什么？

倡导"通过实践来学习"的教育家们一直在强调，学习不是线性的，不是逐渐掌握某项技能的过程，而是人们在自身能力发展的基础上，将积累的技能与知识进行整合，加以应用的过程。当学习者将一系列特定的能力用于理解世界时，学习过程便自然而然地显现出来了。这些教育家着重强调了学习发生的三个要素：学习者与环境互动、学习者的主动参与以及多种感官体验。由这些理论衍生出的一系列想法和做法影响了学习效果的评估。倡导动手学习的人经常引用的论据包括儿童（和大人）通过实践来学习的案例、他们的学习成果以及一些长期跟踪研究的内容。对于秉持动手学习理念的人来说，纸笔测试，特别是封闭式问题和选择题，不能用来评估学习效果，因为这种测试方式会导致学习者被动参与。

2．时间：学习任何东西都需要花费时间

孩子看似学了很多东西，一个重要的原因是他们花费了大量时间去学习。举个最经典的例子——学说话，几乎所有人都是在没有课程、没有正式的教师、没有精心设计的学习环境中学会了说话。这个例子经常被用来说明自学的可能性，但因为学说话是在幼儿阶段发生的，我们往往忽略了它是在家长的鼓励和支持下完成的。在学说话的过程中，孩子和家长会不断重复学习的过程，学习的时间也相当长。从第一次说出完整的单词，到三四岁时流利地表达，中间经历的时间并不短，特别是每天练习的时间以及说话在孩子日常生活中所占的比重。如果我们练习说话的时间加在一起，可能跟学会小提琴或掌握一门外语所需的时间一样长。

学习任何事物——一个小装置、一种文化、一个展项都需要时间。当我们评估访客在与展项互动过程中的学习时，也要牢记这一点。有时，即使是对展项感兴趣的访客，在展项上停留的时间也不过是几秒或几分钟！此外，我们还要注意，儿童往往不太熟悉展项的整体环境。对于我们的小访客来说，滚动弹珠、维多利亚时代的玩偶或介绍当地农作物的展项，可能从各个方面来讲都是完全陌生的，包括其中使用的多媒体技术、互动环节的设计，以及展区的整体氛围。

访客需要多久才能熟悉展项、进而与之互动？大量的研究表明，不管是孩子还是成人，在与环境互动之前都需要先熟悉环境。人类学家只有在适应一种文化氛围之后，才会对该文化做出判断。我们不会在教师与孩子初次见面的几小时内就断定教师是否适合孩子。同样地，评估访客在某一展项上的学习时，也要考虑到访客需要一段时间来熟悉和适应展项，然后才能真正与之互动。

3．参与

关于儿童学习过程的评估，一个比较经典的问题是如何判断学习者是否真正参与到活动中。表面上看，孩子是否参与活动或使用展项，似乎很容易判断。我们可以看到，孩子会停下来观察、阅读、操控或通过其他方式与展项互动，或是看都不看就越过展项。如果展项启动两分钟后才开始播放幻灯片，或是球才开始沿斜面滚落，又或是展品才能完成充气过程，而孩子却在按下启动按钮后不到五秒钟就走开了，那么我们可以确定孩子并没有真正参与到展项中。

但如果访客真正参与到展项中，又会发生什么呢？不管场馆如何精心设计展项，总会有访客没有按照设计初衷去使用展项。要想评估展项的学习价值，我们不仅要清楚地描述访客在与展项互动的过程中做了什么，还要深入挖掘他们行为背后的意义。

有一种情况特别难以评估，某位访客在展项上花费的时间远远超过大部分访客，但却看似什么也没做。比如，大多数孩子在与汽车展项互动时，会爬到驾驶座上，想象自己是司机，演出各种故事；有的孩子却会安静地坐在车里，一动不动。有些孩子在幻灯片放映结束后还一直盯着屏幕，就像看电视时被"催眠"了一样。还有那些站在一旁看着别人玩的孩子（他们的家长可能会想尽办法让他们更积极地参与）。这种旁观算不算参与？他们的心思是否在展项上？如何才能找到这些问题的答案？只有对个别访客进行跟踪研究才能解答这些问题。

4．多样性

在评估动手学习体验的过程中，我们最大的收获是认识到了人类的多样性。研究人员或教师在深入研究儿童的学习时，通常会得到两个结果。一是每个孩子都有自己独特的学习方式，他们会对外界刺激做出不同的反应，也会以不同的方式呈现自己的学习过程。许多研究都显示，对于同样的环境，孩子们会给出五花八门的反应。二是在研究之后，研究者会更加尊重他们的研究对象——孩子。无论最初是如何筛选这些孩子的，研究者最后都会发现，每个孩子都是独一无二的。当我们在描述每个孩子丰富的个性和创造力时，我们找不到心理测验中的"普通学习者"。根据调查问卷结果和考试成绩评判出的"平庸者"其实并不存在，因为每个学习者在解决困难、吸取经验和应对不同实际情况时，所采取的方式和方法都不尽相同。

学习效果评估

我前面提到的这些问题对评估博物馆中的学习有两方面的意义。一方面，我们要继续运用传统方法对展项进行形成性评价和总结性评价。即使是经验最丰富的场馆工作人员，也无法确定新展项能否吸引并留住访客。理论和经验可以从某种程度上为我们提供指导，但归根结底，我们还是要通过个案来了解自己的想法与访客的想法之间有哪些异同。只有当我们的场馆和展项既能够吸引访客参与，又能支持多种方式的互动时，我们才能开始这项更加艰巨的任务——研究他们学到了什么。

另一方面，我们需要更加深入地观察一些访客。例如，我们都知道，很多博物馆都有非常忠实的访客——多次来访的孩子（不管是否由家长陪同），但据我所知，目前还没有针对这些孩子的研究，描述他们在场馆里做什么、如何分配自己的时间以及随着他们在博物馆中的成长和学习，他们的行为举止发生了哪些改变。博物馆体验对一些访客产生了重要影响，我们要找到这些访客，分析这背后的原因。

对于孩子在博物馆中究竟做什么，也很少有非常详尽的描述。我所熟悉的琳达·斯诺·多克瑟（Linda Snow Dockser）的研究中，就包含了孩子和母亲在儿童博物馆里的影像资料。对这些影像的定性分析，可以帮助我们深入了解在博物馆的环境中，孩子和母亲之间有怎样的互动。

很多研究者为了了解儿童对某些主题的理解，会对他们进行"皮亚杰任务（访谈）"。然而，对儿童在博物馆体验前后的对比研究却很少，因此我们无法建立完整的知识体系来描述展项可能对儿童认知产生的影响。总之，虽然针对某一展项的研究数据可能说明不了什么问题，但我相信，随着这方面数据的积累，我们可能会发现，一些孩子在认知上的改变至少一定程度上源于他们的博物馆体验。

最后，我们也要认识到，博物馆中的学习是一个非常复杂的新课题。人们带着不同的目的来到场馆，场馆体验之外的"学习"可能本就不在他们的计划之内。我们要敞开胸怀接纳他们，尊重他们来馆的初衷；同时也要认识到，当他们与这个世界互动时，学习就自然而然地发生了。

本文原载于《手牵手》1989 年冬季刊。

乔治·E. 海因博士是莱斯利大学艺术与社会科学研究生院项目评估和研究小组的负责人之一。他参与了很多博物馆展览和活动的评估，并发表了大量关于博物馆学习的文章。近期他刚刚就任国际博物馆协会－教育与文化行动委员会（International Council of Museums/Committee for Education and Cultural Action, ICOM/CECA）主席，任期三年。

海因近期应美国博物馆协会教育委员会（EdCOM：The American Association of Museums' Education Professional Network）的邀请，将会为"25 个目标"项目撰写一篇关于博物馆学习的专题论文。目前，他正与美国博物馆协会教育委员会前主席、博物馆教育家玛丽·S. 亚历山大合作撰写该文，文章预计将于1997 年发表。

教育理念与活动策划：如何将学习理论及相关研究成果应用到儿童博物馆中

弗吉尼亚大学

约翰·B. 邦奇（John B. Bunch）博士

教育理念与活动策划

在博物馆里，儿童如何借助展品和展项来学习？场馆应该利用哪些主题和互动展项来激发访客的好奇心？场馆可以通过哪些方式来激发儿童的学习兴趣？如何判断场馆所做的努力是否有成效？在儿童博物馆中，负责策划场馆活动和体验的工作人员经常会被问到上述问题或其他类似问题。遗憾的是，这些问题还没有确切的答案。转述当代著名心理学家、博物馆学习的倡导者霍华德·加德纳（Howard Gardner）的一段话：

> （博物馆从业人员和心理学家）就像处于两个相互隔绝的空间里。博物馆从业人员以为，对于人们如何学习以及博物馆如何促进人们学习，我们心理学家了如指掌，但其实我们并不清楚。而我们心理学家认为，对于场馆内容的设计以及所涉及的知识领域，你们博物馆从业人员有着非常清晰的规划，但其实你们也并非如此。（In Lewin，Part Ⅱ 1992：7）

如果仅从字面意思来理解这段话，难免会避重就轻，简单地把儿童博物馆看作充满活力和童趣的地方；也许还会因为"无论场馆如何设计展项，访客总会学到一些东西"而得出"场馆只需跟随主流，放心大胆地去做，时间长了自然行得通"的结论。然而，考虑到儿童博物馆的教育人员往往很有才华，同时又对孩子充满爱心和热情，他们就算仅凭直觉去设计场馆体验，或许也能成功吸引孩子探索和学习。但对于那些寻求具体建议的人来说，这个结论还远远不够。上面转述的文字并没有体现加德纳真正想要表达的含义——我们这些研究人员对人类认知并未全然了解，但我们确实对其中一部分内容颇有研究（加德纳曾就"那些我们不知道的事"撰写了多部优秀著作）。虽然在设计场馆体验时并不存在唯一确定的最佳方案，但我们依然可以从理论和研究中找到一些重要的概念和原则来指导场馆的实践。值得注意的是，本文只是抛砖引玉，目的是介绍心理学家和博物馆教育工作者公认的、与博物馆教育相关的学习理论和知识。强烈建议读者充分利用后面列出的参考文献，围绕第一手材料做更深入的研究。

对于儿童如何在博物馆中学习，教育界有两种完全相悖的研究思路。一种是传统的思路（通常是行为主义学习理论[①]），坚信博物馆教育应该效仿优秀的课堂实践，在与学校课程挂钩的同时，遵循完善的教学策略。这类研究人员认为，儿童所学习的，是那些明确教给他们的知识，博物馆要做的只是组织好学习内容，将其呈现出来，让儿童有机会实践，并在条件允许的情况下检验儿童对知识的记忆。另一种新的思路更加复杂而全面（基本符合认知心理学的观点），认为博物馆学习应该更注重激发学习者的求知欲，场馆不仅要为访客提供新鲜有趣的体验，还要支持他们的后续学习，同时要考虑学习者生活中的不同学习方式和喜好。目前这两大阵营对博物馆学习的研究尚处于早期阶段，都还在研究人们在博物馆中的学习方式和学习内容，以及游戏和讲授在儿童早期发展过程中的作用。对于想要策划展项和活动的场馆来说，目前的研究成果不仅没有给出明确的答案，还常常让他们感到左右为难。

首先，我们要从学习理论和相关研究的角度出发，了解学校和博物馆的异同。

为了与博物馆进行对比，夸张点说，学校是庞大的官僚体系下的正式教育机构。在美国历史上，学校的出现受到了多方面因素的影响，包括殖民地时期的宗教教育、19世纪40年代由贺拉斯·曼（Horace Mann）发起的普及教育运动，以及工业发展对人们读写和算术能力的需求。公立学校究竟应该提供职业教育、宗教教育、民主教育，还是社会教育或知识教育？对于这一问题，人们一直争论不休。从19世纪下半叶开始，学校已经变得像工厂一样，为了提升经济效益而扩大"生产"规模。

学校教育通常基于"教学法"的一系列假设。其中一些关键假设包括：每

---

① 译者注：行为主义学习理论又称刺激－反应理论，是当今学习理论的主要流派之一。行为主义者认为，学习是刺激与反应之间的联结，他们的基本假设是：行为是学习者对环境刺激所做出的反应。

个人都应该学习如何读写、简单的算术以及政府、历史、科学和健康方面的基础知识。只有老师讲授了这些知识，学生才能学到。学生主要通过听课、阅读纸质材料（特别是教科书）、观察和一些新的教学技术来学习。然而，学生的学习几乎完全依赖于教师的讲授和教科书。而教学内容则会按照复杂程度教授给不同年级的学生。教师负责传授和评估教学内容。每个学科的学习都遵循一定的逻辑，通常是从易到难，循序渐进地教授。大家通常认为，测试学生的语言和数理逻辑能力是检验学习效果的最可靠方法。学生的学习动机被认为是自发的，或是源于对考试不及格的恐惧。学校非常重视学习和记忆的效率，并且想尽办法让学生在同等时间内学习更多知识，或以更少的时间学习同样的内容。最后，学校根据学生的卷面成绩——能否记起所学知识——来判定学习效果。

而另一方面，儿童博物馆并没有像学校那样被套上官僚主义的枷锁。儿童博物馆的运营建立在完全不同的假设基础上，它们主要借助展览来激发儿童的好奇心和探索欲。儿童博物馆的策展前提是，只要场馆在轻松愉快的环境中提供有意思的互动展项，孩子就会被它们吸引，进而主动参与场馆体验。孩子在享受场馆体验的同时，可能学到一些东西，或至少产生继续探索的兴趣。儿童博物馆借助展品和展项，为访客提供轻松愉快的学习环境，让他们可以自主探索，不强调他们的学习任务；而相比之下，学校则更依赖教师的讲授和语言符号，坚持严格的课程安排和正式的课程大纲，为不同学科分配固定的时间，执行考试和评分制度。

这样说来，学校和博物馆像是不同类型的机构，创立目标完全不同。从很多方面来说，事实的确如此。两者在某些重要方面确实有着本质差别。因此，要求其中一方更像另外一方似乎不合逻辑。场馆教育人员不会想变得"像老师一样"，而学校教师也不应追求"像场馆教育人员一样"。然而，两者的活动和目标却又涉及同一个问题——人类的学习。虽然博物馆和学校在学习方法和目标上差异巨大，但当两者的目标出现交集时，却又可以相互借鉴。

在不违背两种教育理念的同时，既要提供自由开放的学习环境，又要让孩子们学到东西，一个折中的办法是策划融合两种理念的学习体验。事实上，过去很多博物馆都是凭直觉去这样做的。举个例子，在有些情况下，场馆教育人员应该更像学校教师那样，比如学习内容对学习者来说是完全陌生或相对复杂的，或是学习者虽然已经超过 5 岁，但对学习内容并不熟悉。在这种情况下，有组织的场馆体验能够促进孩子学习。而且这种教学方法在场馆申请资助时往往也很有必要。另一方面，在有些情况下，博物馆体验应该尽可能地保持自由开放。例如，如果访客年龄比较小（通常在 6 岁以下），或者访客虽然年龄稍大，但对学习内容比较熟悉或已经具备一定的背景知识，那么让孩子自主体验并持续参与会更有助于学习。此外，随着教育活动的增加，场馆需要在不同活动之间建立联系，让年龄比较小的访客有机会从简单游戏过渡到真正的认知参与，同时也让年龄大一些的孩子从有组织的体验上升到更高阶的自主学习活动。

确立展项互动和学习的主题

每家博物馆在建设之初都会面临同样的挑战——既要发展自身的特点，又要根据所在社区的需求做出调整。这一发展过程不仅取决于场馆教育人员的设计和规划，还会受到访客反馈的影响。博物馆的发展往往都带着创建者的基本风格和气质，最初的整体感觉和氛围对场馆有着长久而重要的影响。

设计场馆体验时，首先第一步也是最关键的一步，要搞清楚如何利用五六岁以下孩子自发的游戏来促进他们学习。研究表明，对于儿童访客来说，最理想的游戏环境应该是轻松愉快的，充满了丰富的感官刺激；孩子们可以跑来跑去、选择自己的玩伴、摆弄各种东西、重新排列和搭建。另外，还要有适合一个人的游戏（比如画画、组装、搭建、看图）以及多人参与的活动（比如沙桌、棋类游戏、角色扮演游戏）。创建这样的空间，好好布置一下，会为后续的工作定下基调。

针对年龄稍大的孩子和那些对展项真正感兴趣的访客，场馆应该基于展品和展项设计更明确的主题，让这些访客能以更高阶的方式探索和学习。想要做到这一点并不容易，通常需要在策划阶段就明确很多细节。举个例子，历史课至少可以培养出四种不同的人：一种是历史档案记录员，能够熟记所有的年代、人物及事件；一种是"说书"的，能把历史故事演绎得绘声绘色，充满趣味；一种是政治家，学习历史是为了创造历史；一种是合格公民，能够通过对历史事件的思考指导今天的行为（Gardner，1992；Gilbert，1976）。要想培养不同的人，历史老师需要采用不同的教授方法。有趣的是，尽管这些目标之间存在明显的交集，但如果有人问及历史课的目标，大多数历史老师会说自己想要培养更多合格的公民。然而，我们再看看他们在实践中的做法——大量针对历史知识的测验，显然他们在培养历史档案记录员。同样的道理，博物馆在最初创建时也要想清楚自己的目标：场馆希望年龄稍大的孩子在来到场馆之后，了解哪些知识、感受到什么、日后成为怎样的人、如何去做。在思考这些问题时，可以把历史课的经典案例应用到博物馆环境中，首先确立展项的教育目标。虽然大部分学习体验都会涉及不同领域的内容——加德纳称之为"多重立场"（1992），但访客只会对重点强调的领域印象深刻。这种观点说明，所有博物馆及其展项或者说学习体验，都在着重强调某一认知领域的同时，舍弃了其他领域。

同时，博物馆也要确定学习内容的难度（根据目标访客的年龄段来设计场馆体验）和范围（明确某类展品或知识的展示程度）。展项及相关图文材料要涵盖哪些学科的内容（比如物理或化学）、主题（如河流污染或酸雨）和变化过程（如制氧或水循环）？场馆在做出选择之前，要综合考虑硬件设施、人员的专业技能、预算以及所在社区的需求。

规划场馆时，关键是要认识到感官体验对学习的重要作用。埃德加·戴尔（Edgar Dale）在30多年的时间里一直潜心研究直接体验和间接体验对学习的作用，并在此基础上提出了"经验之塔"（图1）。经验之塔的底部由直接体验构成，中部是具体形象的视觉体验，顶部则是抽象的体验（视觉和语言符号）。学校教育通常依赖抽象的视觉和语言符号。博物馆提供的主要是位于底部的体验式学习。"经验之塔"对于儿童博物馆来说特别有意义，因为儿童博物馆不仅囊括了从直接体验到语言符号的所有体验，还非常符合发展心理学的研究结果——通过实践来学习是通过观察具体事物形象来学习的基础和前提，而后者又是借助抽象符号来学习的前提和基础。"经验之塔"每一层级的面积逐渐缩小代表着感官体验从下到上是逐级递减的。如果把金字塔的形状颠倒过来，也就是包括"阅读"在内的抽象体验占据更大面积，则更符合学习者在大多数学校的学习体验。博物馆让儿童有机会在不同的学习体验之间找到平衡。因此，博物馆和学校教育之间互为有益的补充，对儿童的认知发展和成长来说都必不可少。

规划博物馆学习体验

规划场馆体验时，建议把所有展品和展项看作一个有机整体，其中包含相对独立的组成部分（Fleming and Levie，1978；Belcher，1991）。设计展项时，

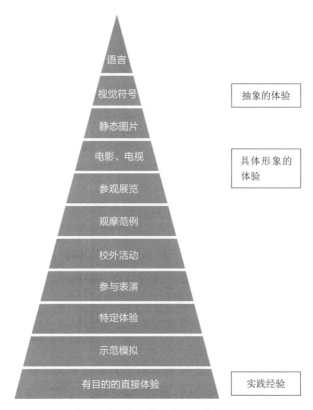

图 1　埃德加·戴尔的"经验之塔"

要考虑不同访客在认知水平、性格、兴趣和智能优势上的差异，尽量满足不同访客的需求。此外，相关研究表明，规划学习体验时，如果能做到三件事：制订明确的学习目标（不管是否告知访客）、针对目标观众设计图文信息、将学习者设定为多人组成的小群体会有效提升学习效果。

制订明确的学习目标，能够帮助博物馆在设计学习策略和活动时想清楚场馆体验能够为访客带来哪些收获。虽然场馆不需要明确规定访客的行为、具体行为的前提条件和需要达到的标准，但要将关注点从传统意义上的教学内容或场馆教育人员如何去做、如何呈现，转移到访客的收获上来。同时，场馆要从认知、心理和情感三个方面去思考访客的学习收获（Bloom，1964）。儿童访客对于场馆体验的感受，可能会对他们日后参观博物馆的态度产生深远影响。

只有深入了解目标观众并有针对性地设计场馆体验，场馆才能取得成功。这对儿童博物馆来说特别重要，因为儿童博物馆的访客在年龄和技能水平上的跨度非常大。场馆要从两个方面来了解访客的需求：首先，场馆在设计展项和活动时要了解访客的一些基本特征，包括访客的语言能力、以往的学习经历、对展项内容和博物馆学习的态度，以及普遍的技能水平。其次，场馆还要了解访客的一些重要的具体特征，包括人与人之间互动的方式和习惯、地方特色、社会经济地位、对科学和数学学习的兴趣、性别偏好（Falk，1994）。其中特别需要注意的一点是对博物馆学习的态度。孩子一般都愿意去博物馆，但这背后的原因可能是儿童以往的经历告诉他们，参观博物馆意味着学校放假，不用动脑学习。博物馆从业人员应该与家长和教师一起努力，在保证孩子对博物馆抱有积极态度的同时，把参观博物馆从单纯的"玩乐"变成"有意思的学习体验"。

就儿童博物馆而言，场馆员工须熟知学习者在不同发展阶段的能力水平。儿童所处的认知发展阶段，如皮亚杰定义的几个阶段，决定了他们能够接受的学习方式和学习内容。皮亚杰的研究最终将儿童的发展分为四个阶段。这四个阶段之间存在一些交集，但就某一阶段而言，儿童是有一些独特的学习方式和特点的。

（1）感知运动阶段（0~2岁）：这个阶段的儿童通过看、听、尝、闻等感官探索以及身体运动来学习。因此，博物馆的展项要在保证安全的前提下，为他们提供多种感官体验，让他们有机会以更多、更具挑战性的方式进行肢体运动。场馆环境应该保持自由开放，让孩子能够根据自己的兴趣和发展阶段来自主探索。

（2）前运算阶段（2~6岁）：这个阶段的儿童特别喜欢参与一些自己动手创作的游戏（积木、沙桌、黏土手工、树叶作画等），因此，博物馆应该为他们提供各种不同类型的展项，让他们不仅能够独立创作，也可以与其他小朋友相互协作，一起探索和学习。如果大一些的孩子或者成人在陪同这个年龄段的孩子时能示范如何提问，引导他们深入思考活动的内容和结果，将对他们的成长特别有帮助。

（3）具体运算阶段（6~10岁）：这个阶段的儿童能够适应更加新奇复杂的环境（但不能过分刺激），并且能在适当的引导下针对展项和活动提出问题。他们更喜欢自己动手操控相对复杂的装置，并观察随之产生的变化。博物馆应该为他们提供独立探索、多人协作以及与成人互动的机会。

（4）形式运算阶段（10岁以上）：这个阶段的儿童已经可以借助抽象符号

来思考，并且能将以往学到的东西应用到新环境中（加德纳认为，当今社会中的很多人其实并没有达到这一认知水平）。

如果想要了解如何将皮亚杰的理论应用到博物馆中，可以详细查阅一些相关著作，如格林德（Grinder）和麦克伊（McCoy）的《好导览》（1985）。这些书籍在皮亚杰研究的基础上探讨了具体的应用策略，为博物馆策划适龄活动提供了更加详细的参考建议。

关于博物馆访客的研究，另有一套新的理论认为人类具有多种智能。过去我们一直把智能狭隘地理解为"智力"，也就是智商（IQ）测试（斯坦福-比奈智力量表）的结果，但其实这个测试主要测量的是语言和数理能力。加德纳（1993）过去几年的研究表明，人类的智能组成比我们过去认为的要更加复杂。他认为，每个人天生都具有七种（或者更多）智能，但我们所表现出来的每种智能的水平却不尽相同。

（1）语言；

（2）数理逻辑；

（3）空间；

（4）音乐；

（5）身体行动；

（6）人际；

（7）内省。

儿童博物馆在策划学习体验时面临的主要问题是：如何设计不同类型的展项和活动，以支持不同的学习方式；如何根据孩子的认知能力来组织学习内容；或许同样重要的是，如何促进学习者运用不同智能来学习和表达。尽管我们无法先评量每位访客的智能，再根据结果去规划场馆体验，但总有一些方法可以使展项和学习内容能够支持不同群体的学习，达到同样的效果。这些内容我将在"基于建构主义学习理论来策划场馆体验"一节中详细讨论。另外，在阅读下文的过程中，尝试思考下面两个问题，这样做虽然有一定难度，但却非常有帮助：①如何将教育理论和相关研究成果应用到具体场馆中；②如果场馆原有的展项和学习体验是依据传统教学方法设计的，那么如何调整这些有组织的学习体验，才能满足不同学习方式、不同智能优势的学习者进行深入学习的需求。

关于访客研究的最后一点建议是，将学习者设定为由多人组成的小群体——而不是单独一个人——会更有帮助。这种方法来源于认知心理学家对社会的研究，以及我们对家庭访客的博物馆学习的了解（Falk and Dierking，1995）。前者表明，访客对场馆体验的长期记忆有一个固定的思维框架：和谁一起、做了什么，这些都是场馆体验的必要组成部分。而对于家庭访客，尤其是儿童博物馆中的家庭访客的研究，则不仅说明了家庭成员在儿童参观博物馆过程中所扮演的各种角色，还证实了孩子更喜欢和家人一起参观博物馆。与残疾学校的团体活动相比，孩子在跟家人一起参观时会更加轻松自在，因为他们不会受到老师各种要求的限制。他们可以自主选择交流互动的对象、想去的展区以及参与活动的节奏。

对感知、关注和记忆的研究

在关于学习的众多研究中，对感知、关注和记忆之间关联的研究取得了一些相对可信的结论（Fleming and Levie，1978）。其中有两项研究成果对博物馆教育特别有参考意义：①如果要形成长期记忆，首先要建立起短期记忆；短期记忆的前提是对事物的关注，而在关注之前，首先要对事物形成感性认知。②访客对场馆体验的感知不仅取决于当前体验本身，同时也会受到自己过往经历（认知和情感经验）的影响。同时，研究结果也表明，新奇的事物更容易被人们感知到，但新奇的程度要控制在一定范围内。少量新奇的元素会使人们更容易对事物形成感知，而过分新奇则会适得其反（观察结果表明，儿童在过于新奇的环境中，会变得过分活跃、行为失控）（Sykes，1994）。人们对事物的感知还会受到刚刚发生的事情的影响。以人们对"明亮程度"的感知为例：天气晴朗时，人们在室外很容易就能看出物体在阳光照射下和在阴影中的亮度差异；但相比之下，当人们从黑暗的电影院走到强烈的日光下时，感受就完全不同了。综合考虑这些与"感知"相关的研究结果，博物馆展项——尤其是访客在进入场馆后第一眼见到的那些展项——应该既包含他们熟悉的内容，让他们感到轻松自在，又包含少量新奇的事物，以激发他们的兴趣。博物馆入口的环境（灯光、信息量、音量）与场馆外环境的差异要恰到好处。不管是某一展项内部，还是不同展项之间，场馆都应该在熟悉和新奇之间找到平衡点。想要做到这一点，一个有趣的方法是设计出一个能让访客静心思考或包含了他们熟悉的体验的空间，并利用这类空间把不同的展区分隔开。

同时我们也知道，人与人之间的感知能力相差很大。有些访客很容易就能从复杂的背景中找到目标图形（如从茂密的枝叶中发现竹节虫），而另外一些访客则需要一定的提示和帮助才能做到。对于这种感知能力上的差异，加德纳多元智能理论中定义的"空间智能"给出了相关解释，而威特金对嵌入图形的研究也证实了这一点。因为场馆无法以测试的方式获知每位访客的图形–背景分辨能力，而且有些访客可能还存在一些特殊需求，所以比较合理的办法是在规划场馆体验时就尽量满足不同访客的需求。在上述例子中，场馆在展示竹节虫图片的同时，可以提供一些玻璃纸。孩子可以用玻璃纸罩在图片上，将竹节虫从背景信息中分离出来。在为能力有限的孩子设计场馆体验时，或者当展项内容比较新颖复杂时，要特别注意将目标图形突显出来，并提供适当的提示信息（箭头、指向、颜色提示等），避免无关信息的干扰。人们很容易将特写图片和插图从复杂的背景信息中分辨出来，但要注意特写图片往往会让学习者在观察其他事物时产生导向性。比如场馆提供了某个城市的放大特写图片，同时又在另一张显示更大范围的地图上明确标出了这个城市的轮廓，那么访客就很容易把放大的城市图片与它在更大范围地图上的位置联系起来。

　　无论是短期记忆还是长期记忆，前提都是对事物的关注。人的注意力具有非常强的选择性，但关键问题并不是注意力本身，而是如何让访客注意到展项设计师或场馆工作人员希望他们关注的内容。使这个问题难上加难的是，我们处于一个信息爆炸的时代。"现代生活的嘈杂"超出了我们这里讨论的范围，很多学者认为这一现象使得人们很难进行深入思考（Csikszentmihalyi, in Lewin, 1992）。在这种情况下，儿童博物馆如何做到既不加剧这种嘈杂，同时又能激发访客的兴趣？有两项研究成果可以帮助解决这个问题：第一，既然人的注意力具有选择性，那么就可以通过适当的手段来引导注意力（Fleming and Levie, 1978）；第二，关于"探索式学习"的研究也表明，如果场馆教育人员只是一厢情愿地把自己认为有意思的内容呈现出来，孩子们很可能无法理解他们的设计初衷（一个比较极端的例子是，圣诞节一大早，孩子玩的可能不是玩具，而是装玩具的盒子）。

　　博物馆中的学习体验很大程度上依赖于访客对展项或场馆人员讲述内容的理解。很多时候，场馆工作人员有必要引导访客去观察。引导的方式有两种：第一种比较直接，工作人员在引导过程中，通过一些简单的词汇（"请看""看看……如何""请注意"）或者简单的问题明确告知访客要观察什么以及如何观察，或者为访客提供纸笔，让他们描述、对比、测量或画出展品。如果为访客提供了文字信息，则可以利用观察前问题列表、观察后问题列表、提示、箭头等手段引导他们关注重要的信息或特征。第二种是间接引导，几种比较常用的方法包括采用差异化原则（比如利用聚光灯将重点微微突显出来）、首要原则以及就近原则（通过把重要展品放在首位或末位来强化记忆）。场馆人员也可以花些时间观察，展区里的访客在无人引导时会观察什么、观察的顺序如何、在每个展项上逗留了多久，通过这些信息来分析访客的行为是否符合场馆的设计初衷。

除了感知和关注，人们对促进记忆和认知的方法也进行了大量研究（Fleming and Levie，1978）。这部分我们将重点讨论如何组织学习内容，而关于影响学习过程的一些具体因素，我们将在下节中讨论。关于如何组织学习内容的大部分研究都是在实验室里完成的。在过去的实验中，记忆的内容通常包括抽象符号、成对的关联项或者其他类似结构（对于参与者来说，这些内容在实验室环境之外几乎没有任何意义）。虽然这类研究的实验环境有一定的局限性，其结论的普适性也尚未可知，但它对儿童博物馆的教育人员来说仍具有一定的参考意义。我认为这其中主要有两点：首先，从20世纪初威廉·冯特（William Wundt）开创科学心理学之后，几乎所有心理学研究都普遍存在这些局限性。尽管人们对这些研究有这样那样的质疑，但一些研究成果已经在实践中得到证实。另外，人们在为博物馆设计学习体验时已经发现，有些研究成果确实适用于一些情况，比如当学习者年龄较小或发展水平偏低时，比如学习者存在一定学习障碍，或因缺乏必要背景信息和经验而无法理解学习内容时，再有，当学习内容跟学习者过往经历相比，显得过于新颖复杂时。

很多人认为博物馆的学习体验应该是有组织的，他们给出的一个重要理由是，人类的记忆与人们对事物的感知和关注一样，场馆无法通过简单地把展品和学习内容摆在学习者面前，就能帮助他们记住这些内容。而所谓的"探究式学习"的理念认为，只要为学生提供合适的学习内容和学习环境，他们就自然会去探索和学习，挖掘出设计者所要传达的信息，并在理解之后记住这些知识。这种假设恐怕存在问题。有些"探索式学习"体验由于设计不完善也存在这一问题：把学生置于开放的学习环境中，不顾其认知发展水平，就理所当然地认为他们会自己从中学到东西（Steiner，in Lewin，1992）。

在设计博物馆学习体验时，可以适当采用下面三个原则来促进访客的记忆和学习（Fleming and Levie，1978）。

（1）有组织的信息更便于记忆。如果场馆能够以非常有条理的方式组织学习内容，则会更便于访客记忆。场馆工作人员可以利用一些非常简单的方法实现这一目的，比如为访客提供简单概括性的介绍或展项设计大纲。场馆也可以通过提问来组织学习内容，具体的提问方式可以是文字形式的，也可以包含在展项说明中，或者由场馆工作人员在展览体验的不同阶段（起始、间歇、结束）提问。举个例子，在宣传册中包含一些关于展项的问题会特别有帮助。这些方法可以帮助访客更好地理解学习内容。

下面两个原则适用于特定的知识领域。

（2）学习概念需要正反两方面的例子：在学习类似于"昆虫"这样的表示某类事物的名词或概念时，访客需要通过各种各样的昆虫（不同大小和形状）来了解这个词汇的含义（这一概念的适用范围），同时也需要借助一系列相关的例子（比如蜘蛛[①]）来判定这一概念。

（3）发展技能需要实践：与学习概念需要具体事例不同，发展心智方面的技能需要的是实践。儿童博物馆中的展览通常需要访客用到（简单的）运算或动手操作方面的技能。场馆为儿童访客提供丰富的机会，让他们锻炼这些技能，不仅能使他们做事时更有信心，还能激发他们进一步探索和学习的兴趣。

基于建构主义学习理论来策划场馆体验

在策划场馆活动时，有组织的和开放式的学习体验并非只能非此即彼。有组织的学习体验更适合某类学习者、某些年龄段以及对学习者而言相对陌生或复杂的学习内容。另外，以学习者为中心或称作"建构主义"的学习方法（帮助学习者构建自己的知识体系）也能促进访客学习。成功的博物馆应该同时包含这两种学习体验；很多时候研究成果都能应用到展览策划中。关于建构主义学习理论在博物馆中的应用，学术界的研究越来越多，尽管这些研究存在很大差异，但它们都有助于规划开放式学习体验。

当代对访客的研究表明，如果场馆工作人员可以改变自己过去对观众的理解，不再把观众看作独立个体的集合，而将他们视为由不同年龄段和不同社会特征访客组成的小群体，同时将家庭访客视作重要的观众，则将对策划场馆体验大有帮助（Dierking and Falk，1994；Sykes，1994）。

---

① 译者注：蜘蛛有 8 条腿，昆虫的关键属性是 6 条腿，因此蜘蛛不是昆虫。

　　当学习者年龄比较小或遇到完全陌生的学习内容时，他们会更喜欢一个人学习；他们希望跟随自己的兴趣去探索，自己掌控时间。当与他人协作时，他们喜欢自主选择交流互动的对象。在由多个孩子组成的小群体中，最好能包含不同年龄、不同经验水平和具有不同智能优势的孩子。从多元智能理论的角度来看，孩子们的不同智能和不同经验能够促进他们共同学习。

　　当孩子与他人协作互动时，如果成人能在一旁细心观察，小心看护，耐心引导，则会起到帮助孩子的作用（Robertson，1989）。

　　这些成人在引导孩子时，可以启发他们提出高阶问题，帮助孩子更加深入地理解学习内容。具备专业知识的人能够为学习者提供更多支持（由年龄稍长、富有经验的人分享自己对学习内容的理解，启发学习者提出一些超越自身发展阶段的更高阶的问题）。举个例子，在设计展项的软件部分时，"帮助功能"应该是直接告诉访客如何操作，还是引导访客在提出高阶问题的基础上自己探寻答案？大部分软件程序采用的是第一种方式，这导致了访客没有机会深入思考。访客在经历这种体验后只知道正确答案，或者只是完成了操作（本质上是由计算机利用内置系统完成了所有操作）。而第二种方式则与成人的支持类似，访客不仅在帮助下完成了操作过程，还通过参与更加复杂的思考过程锻炼了能力，同时也增长了见识。这种方法的深层理念是，孩子是天生的学习者，从广义上讲，他们始终在学习，他们需要"构建"自己的知识体系。在学习过程中，经验更丰富的人能够帮助孩子拓宽思考范围，尝试解决更多问题；而具有不同智能优势的人则可以启发孩子从多个角度去思考和表达。同时，这样的学习过程也能帮助孩子将学习成果应用到其他情境中。

　　引导孩子运用已有技能参与场馆体验。成人可以向孩子示范如何将某一情境下产生的认知应用到另一情境中，继而帮助孩子发展抽象思维能力。根据帕金斯和所罗门（1988）的研究，"知识迁移"是指学习者将某一情境下学到的知识应用到其他情境中，这是人类学习过程中非常重要的特点。访客把从其他地方学到的东西应用到博物馆体验中，就是一种"知识迁移"。举个例子，在博物馆中，访客会按下电子显示屏的按钮，尽管这一动作显然与访客在家里操控电视遥控器非常类似，但场馆不能因此就认为大多数访客都能注意到这种相似性。

　　考虑不同经验水平访客的需求。我们的孩子因为生长在高科技环境中而学会了很多技能，比如操控按钮、杠杆、计算机、模型等。但这些技能并不是所有孩子都具备的。有些体验对一些孩子来说可能司空见惯，但对另外一些孩子可能就是闻所未闻的，因此场馆不能理所当然地认为所有访客都具备与展项互动的能力。在确定展项设计方案之前，场馆要认真思考这样的设计要求孩子具备哪些能力，哪些孩子可能会因缺乏技能而无法与展项互动？

帮助孩子把从博物馆中学到的东西应用到生活中。博物馆要帮助访客把从博物馆环境中学到的东西抽象出来，应用到其他情境中。在儿童博物馆中，工作人员可以引导孩子思考展项中的设备和操作与日常生活之间的联系，以及其中蕴含的知识和原理。举个例子，儿童博物馆中的泡泡展项一直很受欢迎。在讲解泡泡展项的工作原理时，工作人员可以告诉孩子，甘油能降低水表面的张力，使水的表面具有一种弹性，从而形成泡泡；当干燥的空气使这种张力变大时，泡泡就会破掉。场馆工作人员也可以告诉孩子热量对空气密度的影响：当人把口中的热气吹到泡泡里时，泡泡就会上升。孩子可以把从泡泡中学到的这些概念（表面张力、弹性、气体上升与温度和密度的关系）用于理解其他事物的工作原理，比如气球或飞艇，但这需要抽象思维的能力，没有场馆工作人员的引导和帮助，孩子可能很难做到。

成人和孩子也可以成为传统意义上的师徒关系（Gardner，in Lewin，1992；Robertson，1989），这种方式也能促进孩子学习。孩子通过与展品的互动，可能会对某一领域的知识产生浓厚的兴趣。在这种情况下，孩子可以跟着该领域的专家或策展人工作学习一段时间，就像过去的师徒一样。在"师父"向"徒弟"分享知识的同时，"徒弟"也可以在研究、展项清洁和维修等方面协助"师父"。另外，"徒弟"也可以引导同龄人参观场馆，或者帮助"师父"完成一些简单的行政工作。

博物馆里的自主学习或认知学习要求学习者持续深入地参与场馆体验，学校组织的单次参观活动无法满足这一要求。相关研究强调了持续参与的重要性：尽管首次体验的经历（Jensen，1994）会让孩子印象深刻（Falk and Dierking，1995），但单次体验并不能让他们真正学到东西。学生必须在很长一段时间内多次深度参观场馆（有人强调应该是每天！），学习才能真正发生。儿童博物馆想要促进孩子学习，首先要将场馆打造成孩子喜爱的地方，为他们策划持续参与的活动或建立"师徒计划"（如前所述），并且发自内心地尊重孩子；场馆要像对待访问学者一样对待孩子，为他们提供休息的地方，让他们参与博物馆运营的讨论，把他们的名字添加到引导员名单中，为他们举办主题活动，在简报和其他宣传材料中认可他们的工作。

想要吸引孩子多次来馆，场馆还可以采用另外一些方法，比如利用一些问题或艺术形式来帮助孩子拓宽思考范围，引导他们在展项内容的基础上提出更多问题并建立自己的假设，然后向他们示范验证假设的不同方法。场馆不仅要让孩子主动参与学习过程，还要启发他们深入思考。场馆可以策划一些活动，让学习者自主设计一些东西，关键是要让他们有机会持续研究、对比和验证自己的想法，因为只有经历这样的学习过程，他们才能构建新的认知。最理想的情况是，场馆活动不仅能与学校的课程挂钩，还能与社区资源（特别是图书馆）相结合，同时场馆还会以公开展示、向他人介绍或其他方式呈现活动成果。

为了提供持续的学习体验，场馆可以在策划展项时多多思考如何将展项与社区资源联系起来。孩子们在哪里能看到其他实例？教育活动里的思想和原理在本地的自然环境和经济生活中有哪些具体体现？博物馆可以根据目标访客的年龄，在场馆中设置一个小小的区域，让他们能够研究某个主题。同时场馆也可以与本地的学校和公共图书馆合作，找到可利用的资源（例如，当场馆有新展项对公众开放时，在市立图书馆或学校图书馆举办相关内容的展示活动），帮助人们更加深入地了解博物馆的教育价值。在一项研究中，大多数受访科学家都认为（Sterling，in Lewin，1992），博物馆和图书馆对自己的早期学习产生了重要影响。据他们回忆，他们在参观博物馆时，会在某个展品或展项的启发下产生疑问，随后再去图书馆查阅资料，了解更多知识。场馆教育人员应该为访客建立一个资源列表，详细列举有哪些人、物和地方可以帮助访客继续探索和学习，并将这些内容与家庭学习联系起来。场馆人员不仅可以引导访客在日常生活中寻找展览所包含的物品和原理，还可以为家长提供一些有助于孩子学习的专业知识和技能。

除了通过展项为访客提供持续的学习体验，儿童博物馆还可以利用下面两种方法激发访客的内在学习动机。第一种方法是借助不同展项和学习内容，提供多感官的学习体验；第二种方法是基于加德纳的多元智能理论策划场馆体验，让访客有机会通过多种方式来学习和表达。在采用第一种方法时，最直接的方式就是丰富展示内容和展示方式，比如把展品放在不同情境中或脱离情境展示；展示内容可以包括模型、西洋镜、音频、图片或插画、文字说明、故事等。而第二种方法则需要以多种方式呈现同一学习内容，以便访客能够运用不同智能（语言、数理逻辑、空间、音乐、身体运动、人际和自省）参与学习体验。场馆要让访客有机会自主学习，自己控制学习的节奏、内容和方式（比如绘画、雕刻、搭建、讲述、歌唱、写诗或分享自己的想法，而不是像学校一样通过考试来验证学习效果）。场馆工作人员面临的真正挑战是，既要通过示范不同的观察和认知方式来引导访客参与，又要在同一学习群体内兼顾不同智能的访客。

为访客的后续学习提供支持

建议儿童博物馆通过以下几种方法来支持访客的后续学习。

1. 对社会产生正面积极的影响，引领社会变革

相比过去，我们现在拥有更多受教育的机会。但受制于一些文化传统观念，年龄、性别、种族等条件依旧会限定人们受教育的权利，因此，并不是所有人都能平等地享有受教育的机会。博物馆——尤其是儿童博物馆——在促进教育平等方面发挥了独特作用。在儿童博物馆里，孩子可以自主学习，这样的学习过程能够帮助他们建立自信。人们对性别的误解——比如"在学习数学和科学方面，女孩不如男孩"——也会随着孩子们自主获取知识的过程而逐渐被消除。少数族裔的孩子可以在儿童博物馆里找到自己民族的先贤，并向他们学习，在科学领域有所建树。

2. 提升场馆工作人员的专业技能，积极研发教育资源

想要策划高质量的教育活动，场馆不仅要持续提升工作人员的专业技能，还要不断优化学习策略，积极研发各种教育资源。只有在专业人员的引导下，有组织的学习体验，或以学习者为中心的教育体验，才能达到更好的学习效果。虽然场馆需要花费大量金钱和精力去提升场馆员工和志愿者的专业技能，或为员工、志愿者、教师、家长和学生设计印刷品，但这却是场馆取得成功的必要条件。简报（前文也提到过）、员工手册、家长和教师指南、场馆活动配套的文字材料以及其他参考资料能帮助访客从更多维度去体验展览，有助于提升展览的学习价值。这些材料应该介绍解读展品的方法，推荐学习活动和项目，为那些需要学生独立参与的项目提供参考和支持。

3. 与社区建立联系

场馆的教育目标和活动要接地气。想要做到这一点，场馆在反映社会普遍现象时可以采用一些本地的实例，同时也可以与本地学校建立联系，使场馆的

教育目标与学校课程挂钩。这样做不仅能使场馆更好地服务社区，也可能帮助场馆在学校团体活动上获得更多资金支持，并赢得社区的认可。

4. 帮助教师和家长了解如何利用博物馆资源促进孩子学习

如果博物馆所在社区的教师、家长和其他成人能够对场馆的教育目标有所了解，他们就可以为孩子在博物馆中的学习提供支持。除了定期向人们发放纸质宣传材料，博物馆还可以时不时地为成人举办"博物馆之夜"等活动、拜访当地学校的教师。所有这些活动的目的都是帮助成人更好地理解博物馆中的各类学习体验，包括有组织的和开放式的。在帮助这些群体了解场馆体验的同时，场馆也可以从他们身上获得宝贵的建议和其他帮助，从而进一步发展壮大自己。

5. 评估场馆活动，记录重要信息

这些记录通常包括访客的数量和类别、对展项和活动的反应，以及真实的学习效果（如能确定）。理想情况下，博物馆里的所有活动都应该由家长或教师、孩子和场馆工作人员三方一起评估。在讨论如何兼顾访客的不同认知方式和经验水平时，博物馆要记录下具体实施策略、如何使用和优化等非常有价值的信息。

除了常规的书面评估，场馆还可以培训员工观察访客与展项的互动过程。哪些东西能够吸引访客？为什么？当访客一个人或与其他人一起体验展项时，到底发生了什么？在互动过程中，谁说话了？他（她）说了什么？场馆培训员工使用的一些观察技巧，经过长期练习和积累，将对场馆产生非常巨大的帮助。这是当代心理学和博物馆研究采用的主要方法之一。除了观察访客，还有一些方法能在不打扰访客参与互动的前提下实现对博物馆学习体验的分析。场馆在利用这些方法时，访客不会明显感觉到研究人员的存在。举个很有意思的例子，一家博物馆通过统计孩子们在玻璃展柜上留下的鼻子印记的数量和高度，判定出哪些展品能吸引更多访客（Webb，1981）。

结论

总之，心理学和博物馆访客相关的研究都表明，儿童博物馆在规划场馆学习体验时，既要保证这些体验的内在联系，又要考虑不同经验水平的访客需求；场馆在提供有组织的教育体验的同时，也要让学习者有机会自主学习，深入思考，持续参与学习体验。想要做到这一点，场馆只需在基本展项的基础上，提供更加丰富的学习内容，并在营造场馆环境时，注意为访客提供更多支持和帮助，让访客有机会通过多种方式学习和表达，鼓励访客持续参与场馆体验。

约翰·B. 邦奇博士是弗吉尼亚大学的副教授，现任教育传播研究项目主席和弗吉尼亚大学博物馆顾问委员会主席。他在教授博物馆和教育课程的同时，也专注于博物馆学习方面的研究。

参考文献

Belcher M. 1991. *Exhibition in Museums*. Washington, D.C.: Smithsonian Institution Press.

Bloom B. 1976. *Human Characteristics and School Learning*. New York: McGraw Hill.

Bredekamp S. 1988. *Developmentally Appropriate Practice in Early Childhood Education Programs Serving Children from Birth Through Age 8*. Washington, D.C.: National Association for the Education of Young Children.

Bunch J B. 1986. "Aesthetic media and aesthetic education". *Journal of Aesthetic Education*, 20 (3): 81-92.

Csikszentmihalyi M. 1993. *The Evolving Self*. New York: HarperCollins.

Csikszentmihalyi M, Hermanson K. 1995. "Intrinsic motivation in museums: what makes visitors want to learn?" *Museum News*, 74 (3): 59-62.

Dale E. 1969. *Audiovisual Methods in Teaching (Third Edition)*. New York: Holt, Rinehart and Winston.

Dewey J. 1934. *Art as Experience*. New York: G. P. Putnam and Sons.

Dewey J. 1937. "The educational function of a museum of decorative arts". *Chronicle of the Museum for the Arts of Decoration of Cooper Union* 1,3: 93-99.

Dick W, Carey L. 1996. *The Systematic Design of Instruction (Fourth Edition)*. New York: Harper Collins.

Dierking L D, Falk J H. 1994. "Family behavior and learning in informal science settings: a review of reasearch". *Science Education*, 78 (1): 57-72.

Draper L. 1984. "Friendship and the museum experience: the interrelationship of social ties and learning". Unpublished Doctoral Dissertation: University of California at Berkeley. Ann Arbor, MI: University Microfilm International.

Falk J H, Dierking L D. 1995. "Recalling the museum experience." *Journal of Museum Education,* 20 (2): 10-13.

Falk J H, Dierking L D. 1992. *The Museum Experience.* Washington, D.C.: Whalesback Books.

Fleming M, Levie H. 1978. *Instructional Message Design: Principles from the Behavioral Sciences.* Englewood Cliffs, NJ: Educational Technology Publications.

Gardner H. 1988. "Challenges for museums: Howard Gardner's theory of multiple intelligences". *Hand to Hand,* 2; 4: 1, 4-5, 7.

Gardner H. 1992."Howard Gardner on psychology and youth museums: toward an education for understanding". *Hand to Hand,* 6; 3: 1, 2-7.

Gardner H. 1993. *Multiple Intelligence: The Theory in Practice.* New York: Basic Books.

Giese R N, Davis-Dorsey J K, Gutierrez Jr J A. 1993. "Evaluating the Museum Experience." *Museum News* 72; 1: 46-59.

Gilbert T F. 1976. "Saying what a subject mater Is". *Instructional Science,* 5: 29-53.

Grinder A L, McCoy S E. 1985. *The Good Guide: A Sourcebook for Docents and Tour Guides.* Scottsdale, AZ: Ironwood.

Jensen N. 1994. "Children's perceptions of their museum experiences: a contextual perspective". *Children's Environments,* 11; 4: 300-324.

Katz L G, Chard S G. 1989. *Engaging Children's Minds.* Norwood, NJ: Ablex Publishing.

Lewin A W. 1992. "Conversations about teaching and learning in museums. part I : research that supports informal learning." "part II : discussion on science". *Hand to Hand,* 6 (2): 1-7, 11-13.

Lewin A W. 1992. "Conversations about teaching and learning in museums. part III : discussions about the nature of children's museums". *Hand to Hand,* 6 (3): 8-13.

Perkins D N, Salomon G. 1988. "Teaching for transfer". *Educational Leadership,* XX: 22-32.

Robertson M O. 1989. "Common ground between museums and schools: developmentally appropriate practice". *Hand to Hand*, 3(2-4): 4, 10.

Salomon G. 1993. *Distributed Cognition: Psychological and Educational Considerations*. Cambridge: Cambridge University Press.

Sykes M. 1994. "Research Review on Museum-Based Leaning in Early Childhood". Research Monograph. Philadelphia: Please Touch Museum.

Webb E J, et al. 1981. *Unobtrusive Measures: Nonreactive Research in the Social Sciences*. Boston: Houghton Mifflin.

儿童博物馆与传统教育

孟菲斯领导力学院

安·列文－贝纳姆（Ann Lewin-Benham）

环境决定行为

大多数公共场所在为人们提供服务的同时，也会要求人们遵守一定的行为规范。演讲厅里的座位、电影院里的灯光、餐厅里的布置以及博物馆里的展示，都暗含了对人们行为的要求。表现得体的人如同与该场所签订了一份合约，保证自己在获得信息、娱乐、食物或其他服务时遵守一定的行为规范。这些场所的功能和用途取决于它们所提供的服务，而人们想要获得这些服务，就要按照要求来约束自己的行为。

行为决定环境

儿童博物馆的创立不是为了约束访客的行为，而是为了满足孩子的行为需求。孩子与生俱来的行为方式是儿童博物馆整体规划及展项设计的基础。儿童博物馆通过为孩子的行为发展提供支持来促进孩子的成长。

对儿童发展的最新研究告诉我们：在儿童早期，我们就要让孩子感受到这个世界的善意、友好和安全；我们要培养孩子对环境的安全感，因为只有当他们感觉安全时，才能安心地探索和学习；他们越感到安全，就越有可能进入新的环境，尝试新的体验。

大多数人都认同直接体验（与环境互动）对儿童认知的重要作用。儿童博物馆中的展项能够为孩子提供非常丰富的直接体验。它们可以是洞穴、消防员的头盔、爱斯基摩人的护目镜、印度皮影、水车，或是精心设计的问题或讲解内容。家长可以利用这些展项来促进孩子学习，孩子也可以借助它们来自主学习，掌握某一现象背后的原理。

现在我们认识到，儿童的认知发展建立在直接和间接体验的基础上；间接体验是价值观传承的重要途径；当孩子能够在不同情境中灵活运用所学知识时，就代表他已经掌握了这些知识。我们知道，只有当孩子达到一定的认知水平时，他们才能发展出高阶思维能力；他们学到的东西越多，就越有可能充分发展自己的潜能。我们知道，学习贯穿于每个人的一生，虽然人类的学习有一些普遍的规律，但每个人的学习过程都是独一无二的。

这些研究成果对教育环境和教育界的实践都产生了重要影响。鲁文·费尔斯坦（Reuven Feuerstein）指出，对新鲜复杂事物的探索是人类的基本需求。儿童博物馆很好地满足了这一需求，它们为孩子提供了一系列具有挑战性的学习体验。

霍华德·加德纳认为人类具有七种不同的智能，其中一种是空间智能。儿童博物馆为孩子提供了不同的环境——安全的角落、只有一个出入口的通道、低矮的天花板、柔和的色调、封闭的区域和狭小的空间，这些环境不仅能激发孩子的想象力，还能帮助他们发展空间思维能力。例如，孩子可以在这些空间里寻找自己的方向，探索不同方向和视角之间的关系。很多心理学家的理论也证实了儿童博物馆在促进儿童发展方面的重要价值。

学校环境

学校很少能做到与时俱进，它们仍然按照时间的维度来组织学习活动：课桌固定摆放，学生整齐就座，教师谆谆教诲；孩子的大脑就像是"空瓶子"，老师使劲往里"灌输知识"。按部就班的课后作业要求学生必须死记硬背。

学校不会把不同学科的内容整合在一起，提供完整的学习体验。在游戏过程中，孩子在扮演杂货店里的店员和顾客时，不会把数出 20 便士的过程与"算术"联系起来；在为杂货店设计标识时，他们也不会认为"这是艺术"。正式教育将学习内容划分为不同的学科，在 16 年的学校教育中，各学科之间的界线越来越分明，这不仅阻碍了知识的融合，也割断了情感与理智之间的联系。因此，科学家不了解自己创造的技术会对社会产生哪些影响，而人文学家也无法理解和控制这些技术的潜在破坏性。查尔斯·斯诺（Charles Peroy Snow）将这种现象称作"二元文化"——人文文化和科学文化，并认为两者之间缺乏交流，没有共同去思考未来。

传统博物馆环境

很多学校和传统博物馆没有为儿童的自主学习提供任何支持。在参观博物馆时，多少孩子一脸疲惫或不情愿地被拖着走？多少青少年不再参观博物馆？多少学生在沉闷的课堂上乱写乱画、做白日梦或消磨时间，只盼着下课铃响的那一刻？无论是传统博物馆还是学校，都没有为学生营造自主学习的环境。

传统博物馆提供了种类繁多的复杂体验，信息量过大，导致孩子无法持续参与。研究表明，访客平均在每件展品上停留的时间只有20～35秒。博物馆里的展品就像一堆大杂烩，摊在孩子面前，让他们感到无从下手。场馆也没有为父母或其他成人提供引导孩子学习所需的必要支持。

儿童博物馆有哪些独特之处？

与传统博物馆不同，儿童博物馆体现了很多新的研究成果。布鲁克林儿童博物馆前馆长劳埃德·希西家（Lloyd Hezekiah）曾说，儿童博物馆巧妙地将表演与教学整合在一起，为孩子的学习提供了"舞台"。最棒的是，儿童博物馆能够激发孩子的好奇心，满足他们对多种学习方式的需求。通过提供丰富的学习体验，儿童博物馆让孩子有机会运用加德纳定义的多种智能来学习和表达。

同时，儿童博物馆中的学习体验与摩尔（O. K. Moore）的文化模型理论也非常吻合。该理论认为，学习的发生源于四类活动：第一类是通过动手操作才能找到解决方案的活动，这类活动的解决方案是确定的，但并非显而易见的（如拼图游戏）；第二类是通过改变才能找到解决方案的活动（如轮盘游戏）；第三类是既需要动手操作又需要改变的活动，这类活动的解决方案同时包含了确定性和灵活性（如国际象棋）；第四类是无法量化解决方案的活动（如艺术表达和科学发现）。这些理论在下面几家儿童博物馆的展项中得到了很好的体现。

密歇根州兰辛市的五感印象儿童博物馆（Impressions Five）在场馆地板上绘制了一幅巨大的消化系统图。孩子在参与体验时，通过回答关于营养和膳食的问题，了解食物从食道到结肠的消化过程。波士顿儿童博物馆提供了一条"生产线"，让孩子完成"产品"的包装和称重，并把它们放在传送带上。这两个展项都要求访客按照特定的顺序完成一系列动作，从而达到既定目标；通过让访客参与流程中的各个环节来帮助他们了解事物的运作。根据加德纳的多元智能理论，参与这些活动需要学习者运用数理逻辑智能。

波士顿儿童博物馆在场馆里铺设了一条巨大的绿色地毯，让孩子们把它当作记事本，并特别为他们制作了比实物大 12 倍的电话、铅笔、纸张、尺子、回形针和 5 美分硬币。孩子在摆弄这些东西时，身材与它们的尺寸形成了鲜明的对比，仿佛孩子们都来自"小人国"。在布鲁克林儿童博物馆里，有两个巨大的塑料材质的透明雕塑，它们展现了蛋白质分子和肥皂泡的晶体结构。场馆希望它们能够帮助孩子了解，在看似由单一线条组成的世界里，很多事物都包含了如此丰富的结构。这些展项促使孩子从全新的角度去感知自己熟悉的事物，并且运用了加德纳多元智能理论中的空间智能。

许多儿童博物馆都把肥皂泡做成了艺术。访客可以把窗帘杆放入肥皂液里，拉起巨大的肥皂泡薄膜，吹出硕大的泡泡；或是用细长的金属线拉出巨大的泡泡，展现水的波动和表面张力。首都儿童博物馆（华盛顿特区）的"简单机械"展项用非常有意思的方式呈现了一系列物理现象。访客可以利用滑轮、杠杆和斜面等工具提起 45 磅的重物。孩子在使劲提起重物的过程中，不仅可以学习基本的机械原理，还能锻炼身体的运动智能。在这一过程中，剧烈的肌肉运动会使孩子对时间、距离和能量等概念之间的联系产生深刻印象，这是任何教科书都无法做到的。

在宾夕法尼亚州兰霍恩市的"芝麻街乐园"里，加拿大设计师埃里克·麦克米兰（Eric McMillan）在"游泳池"里填满了棒球大小的海洋球。当孩子运用身体运动智能徜徉在海洋球池里时，他们能够意识到自己身体的移动，因为在空气和水中的体验非常不一样。随后，很多场馆都复制了这一展项。

印第安纳州的曼西儿童博物馆建造了一座真正"着火"的房子，并为儿童访客精心设计了多种逃生方式。场馆在确保环境安全可控的前提下，让孩子有机会经历充满危险的真实体验。

在一些儿童博物馆中，孩子可以躺在医院的病床上，熟悉诊断设备和其他医疗器械，以及一些例行检查，这让孩子有机会在安全的环境中练习如何应对可怕的就医过程。

儿童博物馆在哪些方面做得最好？

相较于学校和传统博物馆，儿童博物馆在儿童的学习过程中扮演着完全不同的角色。它们将分散的知识整合起来，在学校课程内容以外，提供更加丰富的活动和体验。儿童博物馆涵盖的学习内容非常广泛，呈现方式灵活多样，这是学校和图书馆凭借自身资源无法做到的。儿童博物馆能够帮助孩子把自己无法言明的想法表达出来，同时也为孩子提供了相对自由宽松的环境，让他们不怕失败。儿童博物馆不仅有助于激发孩子的学习兴趣，同时也会让他们对新的知识领域产生兴趣。通过提供真实的体验和其他有意思的活动，儿童博物馆让孩子有机会充分发挥自己的潜能。在儿童博物馆里，成人有机会以多种方式与孩子相处——与孩子一起面对新问题，帮助孩子解读展品而不是滔滔不绝地灌输自己的想法，和孩子一起学习，而不是好为人师地在一旁指指点点。儿童博物馆像一座巨大的宝库，里面包含了丰富的内容、资源和方法，它在激发孩子好奇心的同时，鼓励他们去探索和学习。儿童博物馆里的呈现方式五花八门，只有人们想不到的，没有他们做不到的。只要在策划时目标明确，任何东西都可以成为儿童博物馆里的教育资源。

同时，儿童博物馆也让传统博物馆重新思考场馆工作人员应发挥的作用。在传统博物馆里，教育人员很少参与展项的开发和设计，他们只是基于已有的展项为访客策划活动。而儿童博物馆的教育人员不仅负责策划展项，同时也参与展项的设计工作。在儿童博物馆里，可能根本没有藏品登记员和策展人的岗位。儿童博物馆的人员配置为传统博物馆提供了新的参考。

儿童博物馆为博物馆应有的样子开辟了新的可能性，它令这些历史悠久的机构有机会与儿童的生活建立紧密联系，有机会为家庭访客提供学习体验，有机会为自身增添一抹富有活力的艺术魅力。

儿童博物馆和学校还需要在哪些方面做出努力？

关于人类如何学习，目前教育界普遍接受的是社会建构主义理论。该理论最早由维果斯基提出。他认为社会交往是学习发生的关键。也就是说，儿童与环境中的物品、符号，特别是其他人之间的互动是学习发生的必要条件。这一理论在所谓"新皮亚杰学派"的推动下发展壮大，代表人物有鲁文·费尔斯坦（Reuven Feuerstein）教授、罗切尔·格尔曼（Rochel Gelman）、劳伦·雷斯尼克（Lauren Resnik）和维拉·约翰·施泰纳（Vera John Steiner）。

传统学校要求学生上课时要身体端坐，目视前方，沉默不语，这意味着孩子们无法互动交流。尽管有些学校开展了一些新项目，鼓励或要求孩子与成人或其他孩子交流互动，但这种情况还是极少数，并非普遍现象。孩子的"吵闹声"是他们交流互动时最自然的表现，但这在大多数课堂上是不被允许的。

在博物馆里（包括传统博物馆和儿童博物馆），孩子可以运用多种智能（空间、身体运动、数理逻辑）参与学习体验。但不管访客怎么做，很多时候展项的教育目标并没有与孩子的理解很好地联系起来。探索式学习（试错的过程）可能帮助儿童完成一次心智上的飞跃，但更有可能发生的情况是，孩子在儿童博物馆里的胡乱操作并没有促进认知发展。正如场馆工作人员私下交流时所说，孩子按下按钮之后，没有等待结果发生就离开了展项，因此这一过程似乎只是让孩子们学会了"按按钮"这个动作。大多数情况下，孩子需要在成人的引导下与展项互动，成人要了解孩子的认知水平，并通过提问或提示等方式把孩子和展项联系在一起，帮助孩子更好地理解和学习。

在美国的开端计划中，1980年是极具里程碑意义的一年。在这一年里，400名三四岁的孩子受邀来到首都儿童博物馆。在一个小时的游览探索之后，他们被带到场馆的礼堂里，准备在吃冰淇淋和蛋糕之前简单总结一下此次博物馆之旅。主持人走上台，问他们谁喜欢这家博物馆，孩子们争先恐后地举起了小手。他接着又问孩子们记住了什么，并叫第一排的一个小男孩回答。这孩子说："长颈鹿！"作为这家博物馆的馆长，我经过努力回想，确信场馆里并没有长颈鹿。此时我以为这孩子把我们的场馆和动物园搞混了，还为此感到很尴尬。但我突然想起来，在"度量小镇"展项里有一面12英寸宽的墙，墙上画着两只动物，每只动物旁边都有一个问题："你比猴子的尾巴高吗？""你能摸到长颈鹿的耳朵吗？"这就是孩子口中的长颈鹿。以这些孩子的年龄来看，他们很可能并不认识这些字，一定是一旁的成人把这两个问题告诉了孩子，甚至可能抱起了孩子让他去摸长颈鹿的耳朵。在偌大一座场馆里，在众多有趣的展项中，让孩子印象最深的却是这个展项，我想主要是因为成人的引导在孩子参与体验的过程中发挥了重要作用。

一位哲人说过：微小的改变往往能够带来巨大的影响。恰恰是那些看似细小的变化，为我们的生活带来了不同的色彩。

现在我们逐渐认识到，对儿童来说，社会交往过程是学习发生的关键，因此，如果成人能够在了解儿童发展水平的基础上为他们提供必要的支持，就可以促进他们的学习和发展。儿童博物馆以及学校目前面临的最大挑战是，如何帮助成人更好地促进儿童学习。如果成人能够掌握更多引导的方法和技巧，就能抓住那些看似微小的机会，促进儿童学习。想要更好地为孩子提供支持，成人需要把握住每一个"机会"，激发孩子的兴趣，促进他们的认知发展，帮助他们找到自己真正热爱的事情。

20世纪70年代中期，安·列文－贝纳姆在华盛顿特区创立了首都儿童博物馆。1984年，该馆扩建成国家学习中心，并新增了两所全日制学校。列文－贝纳姆现居田纳西州孟菲斯市，负责运营管理孟菲斯领导力学院，偶尔也会为一些学校提供咨询服务。

博物馆与学校的共同起点

——符合儿童发展水平的教育实践

玛莎·奥斯林·罗伯逊（Martha Oschrin Robertson）

现实就是这样，儿童很少出现在全国性杂志的封面上。因此，我现在还清晰地记得，当我看到 1989 年 4 月 27 日出版的《新闻周刊》封面是两个孩子搭积木的照片时，不由得多看了一眼。或许更吸引我的是其中一篇文章的标题——《孩子如何学习：专题报道》。我带着疑问开始阅读这篇文章，在等待付款的过程中，我已经看完了一半。当读到文章中突出显示的"专家倡导动手学习……"时，我如获至宝。

这篇报道指出，目前早期教育领域正在积极倡导为 5～8 岁学龄儿童提供"符合其发展水平的教育实践"。这种教育理念强调，学校要让儿童主动参与学习过程，让他们有机会与环境（包括其他人）进行互动，并且要利用项目将不同学科的内容整合起来，重视儿童的全面发展。尽管《新闻周刊》的这篇报道主要是说学校，但儿童博物馆的教育人员也应该了解这一理念背后的理论和研究。

《新闻周刊》中的这篇报道大幅引自一本由美国国家幼儿教育协会（National Association for the Education of Young Children, NAEYC）出版的手册。作为美国最大的早期教育专业机构，该协会在 1986 年出版了第一版《符合 0～8 岁儿童发展的早期教育实践》手册，该手册由休·布雷德坎普（Sue Bredekamp）负责整理编辑。尽管名字略显枯燥，但这本手册一经出版便大获成功，一年后还在新增内容的基础上再次出版。1988 年，另一个全国性组织——美国国家教育委员会（The National Association of State Boards of Education, NASBE）发布了一份报告——《好的开端》。这份报告呼吁公立学校为 4～8 岁儿童设立学前教育项目，以"弥补学校改革中缺失的部分——关注儿童如何学习与成长"（NASBE，1988：5）。此外，另外几家全国性公共教育机构也开展了一些项目，致力于提升早期教育的整体质量（Schultz and Lombardi，1989）。

这篇报道能够成为新闻，主要是因为"儿童早期"过去指的是孩子从出生到进入学前班之前的这段时间，而现在却扩展为 0～8 岁（大概小学三年级），因为人们逐渐认识到，小学低年级学生的学习方式更接近比他们年龄小的孩子（Bredekamp，1988：62-65）。因此，学校必须改变对小学低年级学生的教学方式；作业、标准化测试以及教师的讲授可能更适合（至少不会毁掉）年龄大一些的学生，但这些方法如果用在年幼孩子的身上，只会导致失败（NASBE，1988：3-4）。

上面提到的两本书的内容并不是新发现，最早倡导动手学习的是约翰·杜威（Hein，1989）。很多推崇这类方法的教育工作者都以直接或间接的方式（馆校合作）影响了博物馆行业的发展。经过对儿童发展、学校课程大纲和教学方式的多年研究（Bredekamp，1988：66），我们逐渐认识到动手学习的重要性，但对于儿童如何学习还存在很多疑问，至于他们在儿童博物馆中的学习过程则更是知之甚少。

术语解析：什么是符合儿童发展水平的教育实践？

美国国家幼儿教育协会希望通过出版《符合 0～8 岁儿童发展的早期教育实践》手册，为学校管理者、教师、家长、决策者以及其他从事早期教育和看护工作的人提供专业的指导。20 世纪 80 年代，美国的幼儿园越来越强调让孩子学习知识，为了阻止这一发展势头，美国国家幼儿教育协会想要告诉人们，"越来越多的研究证实，儿童只有通过以游戏为主的动手实践活动才能更好地学习……"（Bredekamp，1988：1）。显然，儿童博物馆是这种教育理念的践行者，他们让访客有机会在以游戏为主的环境中，借助各种真实的物品和材料来学习。

符合儿童发展水平的教育实践，最关键的是亨特（Hunt）所说的"满足需求"（Bredekamp，1988：Ⅳ），也就是说，学校创建的学习环境和体验要满足特定儿童群体的发展需求。所谓"符合儿童发展水平"是指学校不仅要了解各年龄段儿童的普遍发展水平，也要认识到每个孩子都是独一无二的。优秀的教师既要见森林，也要见树木。儿童的身体、情感、社交和认知能力的发展是紧密相连的，因此，学校的课程应覆盖各个领域，提供完整的学习体验，而不是为了提高学生在标准化测试中的分数，孤立地教授各项技能，这就是所谓的"促进学生全面发展"。

要做到这一点，其实很难。在面对同一年龄段的学生时，教师如何兼顾他们的不同发展水平，确保学习活动恰到好处地满足每个学生独特的发展需求？

而课堂实践对博物馆从业人员有什么意义？事实上，课堂实践中面临的一些挑战对儿童博物馆的内容产生了直接影响。

《新闻周刊》中的报道列举了一些案例，介绍了一些教师是如何为学生提供丰富的学习环境并鼓励他们动手参与的。康涅狄格州的学生利用钟摆来学习时间的概念。另外一个班的学生在一辆真实的校车上学习了解所有零件的功能，讨论交通法规，并利用纸板等材料自己动手制作了一辆校车。在学习过程中，这些孩子不仅了解了这辆黄色大校车相关的知识，也锻炼了写作、算术、解决问题以及团队协作能力。几年前，我还是一名幼儿园教师，在第一堂课上，我把酸奶盒放到沙桌上，让孩子们在上面打孔。在接下来的几个月里，孩子们利用这些材料陆续尝试了各种实验，通过动手探索学习了表面张力、气压、水压、浮力及材料科学方面的知识。

美国国家幼儿教育协会在手册中是这样描述的：符合儿童发展水平的教育活动"不仅考虑了各年龄段儿童群体的普遍发展水平，同时也满足了更广泛的兴趣和发展需求"（Bredekamp，1988：4-5），教师非常了解儿童的思维发展过程。除了上面提到的例子，学校还可以简单地提供多种活动，如拼图、游戏、书籍供学生选择，或者采用一些相对复杂的方式，比如让不同年龄段的学生相互协作，以及由多名教师共同完成教学过程（NAYEC，1988：12）。

无论采用哪种课堂组织形式，学校都可以利用项目制学习的方法来"满足需求"，把不同学科的内容通过某一主题整合到同一项目中。在《引导儿童深入思考》一书中，凯兹（Katz）和查德（Chard）介绍了项目制学习的具体方法，倡导小学低年级学生利用真实的材料，通过动手学习和团队合作的方式解决他们自主选择的问题（Bredekamp，1988：63）。如果让孩子自主学习，并鼓励他们发挥主动性，那么他们所选择的很可能就是非常符合自己发展水平的问题（Kamii and Devries，1978）。通过这种方式，我们能让孩子知道，我们相信他们的学习能力，这样不仅能使他们对自己更有信心（Duckworth，1973），还有助于培养他们的学习热情。美国国家幼儿教育协会指出，"在小学低年级时，激发孩子对阅读的兴趣与培养他们的阅读技能同样重要"（Bredekamp，1988：66-67）。

博物馆可以从中学到什么？

上面几段中的很多内容只需稍加调整，就可以适用于儿童博物馆。儿童博物馆为孩子提供了直接体验真实物品的机会。在儿童博物馆里，孩子能够主动参与学习过程，他们可以一起合作（或独立）解决问题；激发他们的学习热情是场馆最重要的目标之一。我们似乎已经走在了正确的道路上，但为了进一步提升场馆，我们还要思考场馆环境是否符合访客的发展水平和需求（Cohen，1989）。其实"所有展项的教育价值都取决于场馆能否根据大部分访客的发展水平来策划学习内容"（Borun，1988，作者用加粗的方式突出显示了他想强调的词）。

这也是儿童博物馆的展项开发人员面临的最大挑战之一。我们的场馆环境如何既满足所有年龄段访客的发展需求，又兼顾每位访客的独特性？而且我们并不像老师一样，能够与每个孩子建立密切的联系，持续观察他们的发展水平和需求。

儿童博物馆利用真实的物品和材料为儿童提供了丰富的直接体验，因此能够帮助他们更加深入地理解学习内容，这也是学校教师很多时候可望而不可即的（Brenner，1977）。对于儿童博物馆来说，最关键的还是如何利用这些丰富的资源。举个例子，如果我们在策划展项时能考虑提供多种互动方式，就可以让更多孩子在我们的场馆里找到符合自己发展水平的学习体验。要做到这一点，场馆可以鼓励孩子探索自己感兴趣的问题，而不是引导他们说出预设的答案（Ansbacher，1988）。我们应该让人们了解，培养孩子发现问题的能力，对他们未来的成长和发展非常重要（Hawkins，1967）。达克沃斯（1973）描述了菲利普·莫里森（Philip Morrison）在麻省理工学院为物理专业学生组织的一场考试。考试时，所有学生都拿到了同样的材料，但并没有具体题目。学生要做的是首先发现一个问题，然后努力解决它。结果表明，"学生为自己设定的问题体现了他们在掌握知识和创新能力方面的明显差异，他们最终在考试中的表现与他们发现问题的能力基本一致"。

儿童博物馆应该重视培养儿童的探究能力，但其实活动本身并不会鼓励孩子提问。正如海因（1989）所述，这或许是最令我们失望的事，同时也是我们反省最多的地方。过去我们可能认为，只要我们为孩子提供了各种"东西"，他们自然会学习和成长；但我们现在认识到，这些"东西"以及活动虽然都是必要的，但它们本身还不足以使学习真正发生。20世纪60年代，大卫·霍金斯在其著作中强调了自由开放的学习体验的重要性，很多儿童博物馆在策划场馆体验时也秉持着这一基本理念（Worthington，1997），但这只是我们学习过程的一个方面。

那么，如何策划展项和环境，才能更好地满足儿童的发展水平和需求呢？哪些展项能鼓励孩子动手实践和提问？这些展项具备哪些特点？

一些可能的答案

在思考这些问题时，人们从一些关于学习效果评估的文献中获得了启示，特别是对儿童自己产生的一些想法和错误理解的研究（见参考文献）。除了本文中提到的内容，这篇文章还提出了很多非常有意思的想法和问题。下面我简单举个例子，它很好地说明了如何利用教育理论（皮亚杰的教育理论）策划和评估展项。

1980～1981 年，芝加哥科学与工业博物馆完成了"好奇角"展区的设计和安装（Ansbacher and Aubrey，1982）。该展区是专门为 3～6 岁儿童设计的，里面包含了 29 个关于光、声、力、运动和机械的互动展项。该展区的整体目标是鼓励孩子将不同事件和物品联系起来，发现问题并找到解决办法，思考这些物品的不同用途，为认知过程奠定基础。根据展区的整体目标，每个展项应该具备以下几个特点。

（1）不同发展水平的孩子都能通过与展项互动锻炼自己的判断力和解决问题的能力；

（2）孩子能够通过不同的操作来改变展项的互动结果；

（3）孩子能够在互动过程中立竿见影地看到自己的操作所产生的结果；

（4）即使没有成人的支持，孩子自己也能与展项互动，互动方式越丰富越好。

具备这些特点的展项与符合儿童发展水平的课堂实践有很多共同之处。对"好奇角"项目的评估表明，孩子在具备所有这些特点的展项上停留的时间最长，互动的质量也最高。除了上述特点之外，能否与其他孩子互动也同样重要。如果孩子在与某个展项互动时，能有机会与其他孩子互动，他们就能参与更加丰富的学习体验。举个例子，"好奇角"展区里有个叫"双人秋千"（与首都儿童博物馆的一个展项非常类似）的展项具备上面提到的所有特点。这个展项的设计利用了天平的原理，两个秋千吊在天花板上，通过一根绳子和两个滑轮连接在一起，孩子们坐在秋千上就像天平两端的砝码。这个展项适合所有年龄段的访客，它鼓励陌生人之间相互合作，帮助孩子理解展项背后的物理原理。

　　安斯巴赫（Ansbacher）和奥布里（Aubrey）在文章最后总结道，"3～6岁的儿童显然已经能够自己发现并解决问题，他们在与开放式展项互动的过程中，能够自主探索和学习"（Ansbacher and Aubrey，1982：ii）。这两位作者已经明确阐述了促进儿童学习和发展的互动展项应具备哪些特点，这为儿童博物馆的展项策划工作指明了方向。

充分利用现有资源

　　无论是学校还是博物馆，高质量的教育体验都具备一些共同的特点。美国国家幼儿教育协会在《符合0～8岁儿童发展的早期教育实践》手册中已经详细描述了这些特点。这本手册将理论研究与实践经验相结合，为博物馆从业人员提供了非常好的参考。博物馆在为员工和家长组织培训以及向潜在资助方和公众介绍场馆使命时，如果充分利用这本手册，将会大有裨益。更重要的是，了解这些实践可以帮助场馆工作人员更加深入地理解场馆目标，认同场馆要做的事。举个例子，在下面这句话中，只要把"课程教材"换成"展项和活动"，就可以适用于博物馆：课程教材的开发归根结底是为了让教师和孩子产生自己的想法，并在此基础上探索和学习；如果有可能，整个学习过程都不需要其他人的参与和支持（Duckworth，1973：116）。

　　未来课堂可能会变得越来越像鼓励动手探索的博物馆，这种可能性让很多人激动不已。毫无疑问，加强馆校合作必将有助于提升双方的教育质量。

　　玛莎·奥斯林·罗伯逊过去是一名教师，曾在克利夫兰儿童博物馆和岩流设计公司从事展项开发工作。她在纽约的伊萨卡科学中心——世界上唯一一家由志愿者建成的博物馆的创立过程中，发挥了重要作用。目前她在一家"特殊儿童中心"负责公关工作，这是一家服务残疾儿童的机构，业务范围覆盖周边的5个县城。

参考文献

Ansbacher T. 1988. "Preschoolers and Parents as a Museum Audience". presentation at American Association of Museums conference, Pittsburgh.

Ansbacher T, Aubrey A. 1982. "*An Interactive Science Exhibit* for Preschoolers:

Development, Design and Evaluation" (unpublished report). Chicago: Museum of Science and Industry.

Association of Science-Technology Centers. 1989. "What research says about learning in Science Museums". Series of Articles Published in ASTC Newsletters.

Black L A. 1989."Evaluation in Children's Museums". *Visitor Behavior*, Ⅳ (1).

Borun M. 1988. "Native Notions and Science Learning". *Current Trends in Audience Research*, Evaluation and Research Committee, American Association of Museums, Pittsburgh, pps, 8-12.

Bredekamp S. 1988. *Developmentally Appropriate Practice in Early Childhood Programs Serving Children From Birth Through Age 8*. Washington, D. C.: National Association for the Education of Young Children.

Brenner N D. 1977. "Helping Children Consolidate Their Thinking". *Young Children*, 32 (5): 12-20.

Cohen S. 1989. "Fostering Shared learning Among Children and Adults: The Children's Museum". *Young Children*, 44 (54): 20-24.

Duckworth E. 1973. "The having of wonderful ideas". in Raph J., Schwebel M (eds.). *Piaget in the Classroom*, pps, 108-122.

Duckworth E. 1979. "Either we're too early and they can't learn it or we're too late and they know it already: the dilemma of applying piaget". *Harvard Educational Review*, 49 (3): 297-312.

Education Development Center, Inc. 1966. *Introduction to the Elementary Science Study*. New York: McGraw Hill.

Hawkins D. 1967. "I, Thou, It". Reprint of Elementary Science Study given in Leicestershire, England.

Hein G H. 1989. "Learning about learning in museums". *Hand to Hand*, 3 (1).

Kamii C. 1985. "Learning primary education toward excellence: beyond worksheets and drill". *Young Children*, 4 (6): 3-9.

Kamii C, Devries R. 1978. *Physical knowledge in preschool Education*. Englewood Cliffs, NJ: Prentice-Hall.

Kantrowitz S, Wingert P. 1989. "How Kids Learn: Special Report". *Newsweek*.

Katz L G, Chad S G. 1989. *Engaging Children's Minds*. Norwood, NJ: Ablex

Publishing.

NASBE Task Force on Early Childhood Education. 1988. *Right From the Start*. Alexandria, VA: National Association of State Boards of Education.

Schultz T, Lombardi J. 1989. "Right from the start: a report on the RASBE task force on early childhood education". *Young Children*, 44 (2): 6-10.

Worthington M. 1997. "Learning theory and its implications for museum exhibit design in 15 minutes". *Hand to Hand*, 1(3).

第二部分

关于创建儿童博物馆

第三章
关于创建儿童博物馆

儿童博物馆可行性研究

洛德文化资源规划管理有限公司

泰德·西贝伯格（Ted Silberberg）、凯瑟琳·布朗（Kathleen Brown）

当有人带着创建或扩建儿童博物馆的想法找到潜在合作伙伴（如市政府、基金会或企业）时，他们首先会被问道："你们是否做了可行性研究？"无论是筹建新馆、翻新旧馆、扩建现有设施，还是对场馆活动做出重大改变，都要事先分析项目的可行性，这是非常重要的前期准备工作。

本文简要阐述以下几方面的内容。

（1）我们对儿童博物馆可行性研究的定义；

（2）为什么需要验证项目的可行性，以及如何最大限度地提升项目的可行性；

（3）儿童博物馆可行性研究报告的基本内容；

（4）为什么需要立足现实的可靠预测。

什么是可行性研究？

对于商业组织来说，可行性研究通常由独立、客观的外部分析师负责，目的是分析某商业策划案是否能够盈利，以及具体的盈利条件。而包括儿童博物馆在内的非营利机构则不是由商业利益驱动，它们做事通常是为了实现自身的使命和目标。

儿童博物馆一般会以比较低廉的价格甚至免费为公众和学校提供服务，但这并不能反映真实成本。这些服务的成本会通过多种不同的方式来贴补，包括志愿者的无偿服务、政府和基金会的资助、捐款以及通过遗赠和捐赠基金获得的收入。正因如此，我们不能把一个场馆的可行性简单地等同于盈利能力或维持自身运营的能力。

对于儿童博物馆来说，所谓"可行"其实是指，在场馆人员和潜在资助方看来，场馆为了维持运营并实现使命，在门票和其他运营收入以外所需的资金支持是现实合理且有价值的。

这个定义中有两个彼此相关的关键概念。

（1）资金需求必须是现实合理且有价值的。评估资金需求是否现实合理，需要展开多方面的调查和研究，比如评估其他类似场馆的资金需求，精确地预测场馆的访客量、收入和支出（稍后讨论），分析筹资的可行性等。判定项目是否值得去做，需要分析社区需求。儿童博物馆一般通过组织工作坊和访谈来了解社区的整体情况。经验丰富的顾问或分析师能够帮助儿童博物馆在可行性研究阶段完善项目方案，通过增加受惠人群来提升场馆的价值。

（2）不仅场馆发起人认为项目所需投入是有价值的，潜在资助方也要这么认为。这对热情澎湃的场馆发起人来说，往往是一件比较难的事情。他们把全部心思都放在了场馆的使命上，力求为孩子提供高质量的教育体验，然而却没有从潜在资助方的视角去看问题。潜在资助方或许很喜欢"为儿童提供教育体验"的想法，但他们最终决定是否为项目提供支持可能会出于其他考虑，比如"重振市中心"、"推动科学教育"或"挽救老旧的图书馆"。因此，可行性研究要包含对儿童博物馆社会价值的分析，帮助场馆发起人了解进而满足社区需求。

在开展可行性研究的过程中，顾问或分析师要对场馆的访客量和财务状况进行独立客观的预测，同时还要估算出维持场馆运营所需的资金。因此，最终确定儿童博物馆是否可行的不是分析师，而是场馆发起人和资助方，场馆发起人会根据预测的金额来评估筹资风险，而资助方则会权衡是否值得投入。

不仅要验证项目的可行性，还要最大限度地提升项目的可行性

可行性研究的最终成果是对场馆访客量和财务状况的预测。这些预测结果会以一系列假设为基础，而这些假设则基于分析师给出的建议。分析师给出的建议越好，假设就越合理，项目的可行性也就越高。而且，如果分析师给出的

建议非常合理，（潜在）资助方也会觉得相关预测真实可信。

因此，高质量的可行性研究报告不仅要验证儿童博物馆项目的可行性，还要力求最大限度地提升项目的可行性。要做到这一点，就要想办法增加访客尤其是"回头客"和会员的数量，同时还要提升访客的满意度，延长访客在馆时间并促进其消费。所有这些目标的实现，都取决于场馆在当地市场中的定位、场馆的运营策略以及展项和教育活动对市场需求的响应。另外，场馆的空间规划（包括地理位置和内部布局）和人员配置也非常重要。

儿童博物馆可行性研究报告的基本内容

可行性研究报告通常包含以下几项基本内容。

项目背景分析

这部分内容主要是分析场馆如何在博物馆行业、文化产业乃至社会市场环境中占有一席之地。其中重点要讨论的问题包括项目如何在具体实施过程中满足社区需求，场馆面临哪些合作机会，以及通过哪些方法可以分担成本或获得外部支持。

这部分涉及的主要工作是访谈和分析。受访人员通常是该地区同类机构（比如其他场馆或主题公园）、相关社会服务机构（童子军、休闲场所、家庭中心等）、社区中心或其他可能到访场馆的机构。

在场馆规划阶段，深入思考如何利用自身优势满足社区需求，能够帮助场馆在社区中发挥更大的作用。这样做不仅可以赢得社区的支持，还可以进一步提升项目的可行性。例如，在一些社区中，家长可能很难找到儿童发展相关的知识或课程。这对儿童博物馆来说是个难得的机会，场馆可以为家长和孩子提供这方面的专业服务。儿童博物馆也可以将社区的需求与市中心的复兴联系起来，帮助周边酒店、会议中心等设施吸引家庭消费，或者与所在社区中的其他场馆或文化机构建立合作，实现双赢。

市场分析

分析市场的目的是了解潜在访客的数量、基本情况、喜好和活动规律，进而找到吸引他们的方法和途径。具体的操作方法包括搜集该区域其他儿童博物馆、博物馆及家庭服务机构的经验，查找当地居民、学校和旅游市场的相关数据，以及采访了解该领域市场的专家。分析这些数据和信息有助于定位目标市场，并据此给出推广和运营策略上的建议，最大限度地提升访客的数量，以及访客的在馆时间、消费额、满意度和多次来访的可能性。这部分重点要阐述的问题包括门票价格和种类（儿童博物馆不需要像普通商业机构那样，把成人票价定得比儿童票价高）、开馆时间、门票及礼品店收入以外的其他收入来源。想要提高项目的可行性，关键是要增加访客量和收入。

场地分析

很多儿童博物馆在最初创立时都面临选址的问题。如果地理位置能够帮助提升访客量、收入和运营效率，则会有利于场馆的长远发展。场馆在选择场地时要重点考虑以下问题。

（1）公众能否很容易看到；

（2）步行、自驾和公共交通的便利性；

（3）停车的便捷程度和成本；

（4）该区域的形象和定位；

（5）是否邻近其他吸引客流的公共设施，如商店、餐厅、其他博物馆或景点；

（6）与周边环境的协调性；

（7）场地或建筑的面积以及其他硬件条件。

虽然场地很重要，但它并不是决定儿童博物馆能否成功的最重要因素。对场馆来说，最重要的是"产品"，也就是访客体验的质量，这也是我们接下来要讨论的问题。

展项设计和活动策划

在可行性研究报告中，最关键的问题不是数字是否准确，而是假设是否合理。其中最重要的假设是与"产品"（访客体验）相关的，也就是人们到底为什么花钱进入场馆，以及有什么理由让他们愿意再来。访客体验的质量越高，场馆的口碑越好，这是最重要同时也是成本最低的推广手段。

展项和活动的规划从根本上决定了一家儿童博物馆会是什么样子，场馆的主题、故事线以及沟通方式都充分体现在场馆的常设展项、临时展项、公共和学校团体活动、外部推广等活动上。成功的展项和活动设计能够把不同的场馆体验紧密地联系在一起，形成一个有机的整体，从而使场馆体验更有价值，让人印象深刻；同时也会把场馆体验与场馆的使命和目标联系起来，有时还会与场馆所在地区的支柱产业挂钩。如果展项能够体现当地农业、工业或商业的一些特点，不仅可以使场馆体验对访客更有价值，也更有可能吸引资金和实物捐赠。在展项规划过程中，分析师最好能列出哪些展项无须专门定制即可满足场馆需求，而哪些展项则非定制不可。

另外，在规划展项和活动时，儿童博物馆可能要考虑是否需要藏品。如果需要，建议另外单独制订一个"藏品开发计划"。不过，很多儿童博物馆都没有收藏功能。

机构管理和人员配置

基于对潜在市场的了解，分析师要进一步说明场馆应该如何服务这些观众，以及为他们提供哪些活动。随后，分析师要开始考虑场馆采用何种组织结构，才能更好地支持前面给出的展项设计建议。美国有几种不同的组织结构可供场馆选择，但一般来说，儿童博物馆是联邦税法 501（c）（3）条款中定义的民办非营利组织，应该由理事会来领导。

博物馆的组织结构会因为场馆的具体需求不同而有所差异。当然，每家场馆都是独一无二的。一般来说，博物馆是由一名馆长或者首席执行官来领导，下设三到五个部门（如运营部、教育部、发展部等），员工由其所在部门的领导负责管理。在各类场馆中，儿童博物馆是最容易吸引志愿者的。在儿童博物馆建立之初，志愿者在员工中的占比往往很高。

为了更准确地预测运营成本（下文会具体讨论），分析师必须要确定人员配置需求，因为人力成本通常是儿童博物馆年度预算中占比最大的一项。

空间规划

这部分内容主要是说明儿童博物馆如何利用场馆的空间。不管是旧楼改造还是新建建筑，都需要提前规划场馆空间。如果空间太小，场馆将无法容纳吸引访客所需的展项和活动，但如果空间太大，又会导致运营成本过高。众所周知，很多儿童博物馆规模最初都很小，而后随着场馆的成功而不断壮大。

在规划场馆空间时，可以依据访客量高峰期的预测数据来确定场馆的规模和其他配置，同时还要考虑不同年龄段访客的需求，以及可创收的空间，如礼品店、生日聚会场地等。对场馆空间的规划将会影响对建筑占用成本（水、电、气等公用设施、维修保养、安保系统和建筑保险）的预测。

投资成本

建筑成本的估算可以由建筑设计师或造价咨询师（有时也称作"建筑成本估算师"）来完成。虽然这项数据对可行性分析非常有用，但有些可行性研究报告中并没有包含这一数据。同时，展项相关的费用也应该被看作投资成本，包含在项目总投资预算中。

访客量、运营收入和支出的预测

对未来的预测是可行性研究报告中最重要的内容。预测要建立在条理清楚的假设基础上，而这些假设则来自对项目最初 5 年运营状况的分析。访客量通常是按照主要细分市场（当地居民、学校团体和外地游客）以及门票种类进行预测的。预测访客量时，不仅要参考同类型、同区域其他场馆的经验，也要考虑本场馆的特点和访客体验，以及门票价格、优惠策略、额外收费、运营时间等相关假设。然而，这些预测最终还是取决于分析师的判断。我们应当清楚地认识到，预测其实是在已知信息的基础上进行合理的估算，如果预测结果显示第一年和第二年访客量分别是 36600 和 38430 人次，只能说明这份报告预估了 5% 的年度增长。根据其他场馆的实际经验估算出的数字会更有参考价值。这些数字体现了经验丰富的顾问的专业判断，他们会根据儿童博物馆的具体位置、规模、访客体验的质量、门票价格以及其他相关因素来推断场馆的受欢迎程度。

儿童博物馆的收入预测通常包括以下几个类别：

- 门票
- 教育项目和活动
- 礼品店
- 餐饮服务（如有）或生日聚会的收入
- 会员
- 其他运营收入，例如互动捐款箱、储物柜租赁、自动售货机等
- 捐款、赞助、筹资（捐助）
- 政府补贴

有时，分析师不会预测捐赠收入，尤其是未来场馆还要单独开展筹资可行

性研究的情况（在完成运营可行性研究之后再开展此类研究，效果会更好）。在这种情况下，通常会用预测的运营收入加上政府补贴，再减去运营成本，估算出场馆所需的捐赠收入。另外一种方法是，直接估算场馆想要达到收支平衡需要从政府获得的资金支持。

在预测运营成本时，会用到很多费用类别。然而，因为这些预测都是根据假设、其他场馆的经验以及分析师的判断进行的量级估算，所以比较合理的做法是将费用的类别尽量控制在易于管理的范围内。洛德公司的可行性研究报告中主要包括以下费用类别：

（1）薪酬福利；

（2）建筑占用成本；

（3）活动相关费用；

（4）藏品维护成本（如果是收藏型博物馆）；

（5）日常和行政管理费用；

（6）市场推广费用。

其他需要考虑的费用还包括展项正常更新换代以外的资金投入。在制定年度预算时，博物馆越来越意识到为更换展项预留备用金的重要性。这一点对于已经运营了几年、需要重大改变来激发公众兴趣的场馆来说尤为重要。

为什么需要立足现实的可靠预测

要想让场馆和资助方都认为预测结果是有价值的，最关键的是要给出立足现实的可靠预测。可行性研究报告中的预测结果往往过于乐观，不太现实。如果场馆手握这样一份报告，却最终没有达到预期的结果，则不免让人误以为是人手不够或运营失败导致的。

当被问到"是否做了可行性研究"时，场馆人员给出的答案最好是肯定的，同时要强调这份报告的预测结果立足现实，非常可靠，因为它不仅以合理的假设为基础，而且最大限度地提升了场馆的可行性。

泰德·西贝伯格和凯瑟琳·布朗是洛德文化资源规划管理有限公司的资深顾问。洛德公司是一家国际知名的博物馆规划公司，在美国、加拿大、英国、澳大利亚和新加坡都设有办事处。洛德公司的客户包括美国及世界各地的20家儿童博物馆。

筹建儿童博物馆：奥斯汀儿童博物馆的创立过程

奥斯汀儿童博物馆

黛博拉·爱德华（Deborah Edward）博士

　　筹建一家博物馆就像开启一段新的旅程，不仅需要兴之所至，还需要坚定的目标、对未来的期许以及调动和整合资源的能力。1983年，一群家长和教育工作者相聚在一起，想要在奥斯汀市建立一家儿童博物馆，为德克萨斯州中部的家庭和孩子提供更多的文化和教育资源。这一想法最初来自一位家长，她在为自己的孩子寻找教育资源的过程中，对创建儿童博物馆萌发了兴趣。我们这群人创建儿童博物馆的初衷只是为了孩子，最初可以依赖的也只有自己的创造力和在非正式教育领域积累的经验和理念。我们认真研究了各类家庭学习项目——包括艺术中心、"以学习者为中心的教育机构"和博物馆，最终得出的结论是，想要实现我们的目标，最好的方式是建立一家儿童博物馆。因此，我们努力为孩子打造了一个有意思的、基于真实展品的环境，鼓励他们去探索和发现。

　　筹建场馆前，我们首先确立了场馆的使命："为德克萨斯州中部的孩子、家庭以及那些和孩了一起探索这个复杂世界的人们提供高质量的博物馆体验和资源。"对于场馆未来的教育活动，我们投票选出了下面三个基本主题，这些主题在现有社区和文化项目中还没有被充分阐释。

　　（1）人们在生活方式上的差异——重点强调历史、文化和人文科学；

　　（2）人体——主要关注生理和健康；

　　（3）科学技术在日常生活中的应用。

　　在设计场馆体验时，我们将不同学科的内容整合在一起，让访客通过体验真实的展品来自主学习，同时我们也考虑了不同年龄、背景、兴趣和学习方式的访客的需求。

　　创建儿童博物馆，首先面临的挑战是确立使命、目标观众和潜在的支持方。对于儿童博物馆应该或可能是怎样的，我们创始团队的意见相对一致。但因为我们所在的社区并不了解儿童博物馆的众多可能性，所以需要一些具体的实例来帮助他们搞清楚场馆到底能做什么。我们制订了一份计划，将场馆的发展分为以下四个阶段。

第一阶段：找到潜在的支持方，包括所有愿意为实现场馆目标提供资金、建议、专业知识和时间的人。

第二阶段：策划并组织移动巡展，帮助所在社区了解儿童博物馆的价值，同时也可以为场馆培养未来的访客，赢得广泛的支持。

第三阶段：在市中心建立一个规模比较小的场馆。

第四阶段：将场馆扩建（或迁址），整合各项资源以满足整个城市的需求。

最初，我们计划在两年内达到第四阶段。然而，到了1989年——项目的第五个年头过半时，我们才刚刚迈入第三阶段，但其实我们的发展速度已经非常快了。至于第四阶段的目标，直到1997年年底才最终实现。你根本无法预知一段旅程会持续多久，特别是你航行在未知水域时。

建馆初期要做的事

筹建儿童博物馆，最重要的第一步是找到社区中各个领域内非常有影响力的人，赢得他们的支持。我们的创始团队通过以下三种方式做到了这一点。

1. 组建顾问委员会

在规划场馆时，我们找来了艺术、科学、博物馆、教育、市政、企业、儿童、社区、种族等众多领域的专业人士为场馆出谋划策。他们不仅为我们提供了宝贵的建议，还把我们与社区中的其他群体联系在一起，这些关系网对我们的成功起到了决定性作用。一家新建场馆一定要了解社区现有的"游戏规则"，对于那些可能视场馆为竞争对手的机构，要尽量与之结盟（或至少就共同关心的问题达成共识）。我们在筹建初期得到了奥斯汀青少年联盟的大力支持，这不仅使我们很快找到了资金和志愿者，还提升了我们的信誉度。同时，因为我们很早就与德克萨斯州历史委员会结盟，我们的创始团队有机会参加专业的培训，并获得了来自全州各地的博物馆专业人士的宝贵建议和支持。场馆的发展过程中，我们一直努力平衡各方支持，希望每个孩子来到场馆时，都能产生归属感。我们的任命委员会从一开始就努力确保理事会成员比例能够体现本市的种族结构，同时吸纳那些了解儿童、青少年以及社区发展需求的专业人士。

在开始建设场馆之前，我们的第一批传单已经印上了美国商会、黑人和拉美裔社区以及教育界大咖们对场馆的支持，这使我们很快有了知名度。

2．开展社区活动

在最初的 6 个月里，我们已经着手策划和组织社区活动，希望通过各类主题来展示动手学习的特点。在场馆规划的第一年里，我们为一家大型购物中心的美食广场举办了开业活动——"食物历险记"。在这次活动中，我们不仅融入了很多日常生活中厨房里的"化学实验"，还用芹菜和咖啡渣做成了美国国会大厦的圆顶，并利用废弃食物在圆顶周围建造起一座城市。另外，我们还将"泡泡节"带到了室外展会，在热闹的公园里举办了"家庭日"，其中包含很多科学、艺术和历史活动。我们的第一个展项——"神奇的脸"，最初是在奥斯汀市的一个黑人社区的图书馆里对公众开放的。一开始，我们所有的活动和展项都是免费的，但现在场馆已经开始收取门票了。为了让更多观众了解场馆，我们的活动走过了整座城市的各个角落。我们在策划每个活动时不仅考虑到场馆目标观众的特点，也融合了不同种族的风俗习惯。举个例子，"神奇的脸"面世时，本地亚裔学校的孩子们带来了一段舞龙表演作为开场，而在讲解墨西哥以及拉美舞蹈和传统时，所有基于展项的活动都带有墨西哥特色。

在最初的三年里，奥斯汀市的居民在停车场、休闲娱乐场所、商场、公园、医院病房、学校大堂、高校礼堂、多功能活动中心以及社区图书馆里都曾"邂逅"我们。我们的第一本宣传册的标语是"奥斯汀儿童博物馆——你能找到它吗？"

3．在讨论场馆发展方向时，征询社区意见

场馆不要过早定下条条框框，而要以开放的心态去面对广大观众的想法和视角。我们的理事会拥有非常强大但又相对灵活的愿景，这让我们能够敞开怀抱，积极听取其他场馆、专业顾问、不同观众和政治力量的宝贵意见。

建馆初期，最重要的决定包括：

（1）把重点放在全州还是本地（我们选择了本地）；

（2）场馆的定位是公立还是私立，是否需要与其他志同道合的机构联合创办（我们当初的定位是民办非营利组织，但正在考虑与其他机构合办的可能性）；

（3）是否限定目标访客的年龄段（我们没有限定年龄，并且承诺为残障儿童、贫困儿童以及婴幼儿家庭提供服务）；

（4）是否接受一些有争议的机构的捐助（我们决定，既然这些机构关心儿童未来的发展，就可以资助我们的活动）；

（5）是否开发和维护自己的藏品（我们接受了一套拉丁美洲面具的捐赠，但从那以后就严格限制了藏品的收集）；

（6）是否单独成立筹资和志愿者团队（我们选择不成立，因为我们认为在同一个团队里工作有助于我们时刻牢记场馆的使命和愿景）；

（7）是否在筹建阶段聘用专业人员（在最初 4 个月里，我们聘请了一名兼职馆长和策展人）。

我们的场馆发展迅速，同时也面临着对特定展项、活动和配套服务的大量需求。经过最初三年没有实体场馆的日子，我们迈入了下一阶段：寻找固定的场地，打造自己的场馆。此时我们在许多方面再次陷入抉择：是租赁还是购买？是一栋建筑还是一块地皮？是努力争取政府的支持，还是避免政府的介入？我们经过投票决定，一开始规模可以小一点，但要独立自主，同时要控制资金的投入。我们希望找到一个地方，既可以租，也可以选择购买或扩建。此时，我们不仅需要更多人的建议和支持，而且需要加速筹资。最终，我们在市中心的一栋综合建筑里，租下了 5000 平方英尺^①的空间，花了 6 个月的时间改造翻新，终于在 1987 年 10 月开馆了。场馆的设计堪称典范，同时也受到了广泛的支持和关注，这个空间似乎满足了我们最初的所有期望。大家都松了口气，感觉我们一举成功了。但其实开馆只是这段旅程的开始，随之而来的是更多艰巨的任务。

在市中心开馆后，我们进入了第三个发展阶段——巩固期。在此期间，我们不断提升场馆的活动质量，逐步发展壮大，同时也会根据场馆的历史数据预测访客量、观众构成、项目成本和筹资情况。就像大多数新建场馆一样，我们在正式运营的第二年遇到了新的挑战和问题，而且因为场馆已经称不上"全新"，捐赠收入也跟着减少了。随着理事会换届，新理事改变了场馆的规划和发展方向，希望场馆能够更加商业化。而随着员工越来越多地担负起管理场馆的责任，理事会的角色也发生了转变。此后，我们一直面临新的挑战——在场馆结构日趋复杂、场馆员工日益肩负管理工作的情况下，如何让理事会成员参与和了解场馆的运营？

我们的创始理事会只有 7 名草根成员。为了满足场馆的运营和发展需求，我们确立了新的规章制度和工作重点，理事会成员也扩展为 30 人。我们加入

---

① 1 平方英尺＝0.0929 平方米。

了美国博物馆联盟的评估计划，由同行对场馆进行评估并帮助场馆规划未来的发展。另外，在美国教育协会发展计划的帮助下，我们完成了战略规划，这使我们能够在吸取其他场馆经验的基础上逐步发展壮大，同时也建立起正规有序的数据收集、分析、评估和规划流程。

我们的理事会一直积极与员工分享场馆的使命和愿景，这使我们在面临内部管理和财务困境时能够同心协力渡过难关，在面临新机会时也能保持正确的方向。理想主义的理事会有时会有点不切实际，场馆在发展过程中曾经一度陷入财务困境，如果是更有商业头脑的理事会，或许会预见到这些困难或处理得更好。幸运的是，我们的理事会发展虽然缓慢，但也逐步具备了这样的能力，使得我们在转型阶段依然坚守着清晰的愿景。

目前（1996年），我们的场馆每年需要90万美元的预算来维持日常运营、外部推广活动以及三个特色展项的开发。场馆的收入来源主要包括私人捐赠（10%）、企业（19%）、基金会（10%）、公立机构（15%）和民间团体（1%）。运营收入主要包括门票收入（15%）、公益活动收入（9%）、各类活动和项目收入（6%）、展项和场地租赁（5%）、礼品店销售（4%）和会员费（4%）。场馆共有全职和兼职员工16人，其中包括馆长、规划发展部部长、访客服务部部长、展区服务部部长、社区活动部部长和商务经理各一名，另外还有负责市场推广、礼品店运营、活动组织、父母教育、志愿者管理、公共关系维护以及展项开发的人员。志愿者主要是暑期招募的本地大学生、高中生、初中生，以及一个比较灵活的成人志愿者团队。场馆每年接待访客约8万人次；另外，在学校、图书馆、场馆周边和社区节庆等场合组织的外部推广活动每年接待访客约3万人次。场馆的移动展项会去到各大中小城市，开展巡展活动，一年累计接待访客达25万人次。

事后想来，我们意识到场馆当初的发展或许太快了。我们的筹资能力有时根本无法满足场馆的需求，这导致备用金大幅减少，需要通过紧急筹资来渡过难关。这会使理事会心力交瘁，导致场馆无法进行长期有效的规划。或许正因为我们当初没有选择成立专门的筹资团队，场馆的筹资能力才发展得如此缓慢。我们的员工凭借高质量的项目赢得了联邦政府的资助，这为理事会提升筹资能力争取了时间。为了持续吸引更多私人捐赠，理事会近期成立了两个筹资团队，同时也显著提升了场馆利用政府公共资源的能力。

尽管很多人已经将我们的场馆看作本地文化生活的重要组成部分，并且认为我们比很多高楼大厦重要得多，但我们依然觉得自己不太成熟。现在我们仍然面临资源稀少、竞争激烈的问题，这在一定程度上是因为政府减少了对艺术和社会福利事业的资助。我们冒险尝试策划了一些收费活动，但却没有带来预期的收入，因此我们削减了这方面的投入。未来我们会再次增加收费活动，但首先要进行合理的市场分析，并与其他机构达成更加广泛的合作。如今城市的发展日新月异，我们必须能够响应新的需求，管理好人们对我们的预期，使场馆的资源和能力能够满足社区的发展需求。随着场馆的知名度越来越高，人们对场馆的期望也越来越高。我们不能只是夸夸其谈，纸上谈兵，要脚踏实地，付诸行动。

如果你刚刚开始筹建一家博物馆，那么请为这次航程做好准备，从社区中找到志同道合的人，与他们同舟共济，全力以赴。尝试把整段航程分为几个阶段。合理规划场馆的成长节奏，以便拥有足够的资源把好的想法付诸实践。找到优秀的人才和资源，他们能在你遇到困难时激励你继续前行。与其他"船只"——博物馆主动建立联系，彼此尊重，相互支持，这对你的场馆来说将会是非常宝贵的资源。利用好航海地图——你不是第一个筹建博物馆的人，前辈的很多经验和资源能够帮助你的场馆持续健康发展。如果遇到志同道合的人，不要犹豫，邀请他们加入你的团队。祝你们旅途愉快！

黛博拉·爱德华获得了得克萨斯大学奥斯汀分校的教育心理学博士学位。在协助创立奥斯汀儿童博物馆之后，她出任馆长一职。1992~1996 年，她是美国青少年博物馆协会委员会成员。除了从事博物馆教育工作，她还教授组织心理学课程，同时也会协助艺术教育团体完成研究和规划工作。

漫漫长路：圣何塞儿童探索博物馆的建馆历程

圣何塞儿童探索博物馆

莎莉·奥斯博格（Sally Osberg）

……当所有探索结束时，都是物归初始，都是此境初识。

——T. S. 艾略特（T. S. Eliot）

每天我都会到圣何塞儿童探索博物馆里转上几圈。对我来说，这不仅是学习和反思的机会，更是刻意坚持的"微服私访"。每次去馆里时，我并没有明确的目的，只是单纯地相信这一过程能够带来新的发现、领悟或体验，比如一缕阳光是如何透过天窗照在墙上的；一名蹒跚学步的小女孩和她的工程师爸爸（或妈妈）从"交通韵律"展项中学到了什么；今天来馆的是哪些访客。

不只是展项和场馆环境，整个场馆的建设都可以用一句话来概括——以自己最熟悉的领域为起点，勇敢地大步前行！就我而言，当然是以场馆二楼的办公室为起点，它平时帮助我很好地隔绝了孩子们互动时的喧闹。在去往展区的路上，我知道此行未必会有什么重大发现。但最重要的是，在场馆里游走的过程本身就会激发我的好奇心——6月21日夏至时，那缕阳光照在哪里？工程师和他的孩子对同一展项的认知有什么不同？今天场馆里的孩子来自华盛顿的学校吗？

在讲述我们场馆的故事时，我会沿着自己在馆里游走的路线，介绍这一路上的发现和收获，以及在整个建馆过程中我们遇到的各种问题和解决办法。

从根本上说，这是一个关于转变的故事：就像人在成长过程中经历的那些重大改变，比如青春期时，人会在不知不觉间经历骨骼的生长、身体特征变清晰的过程；而更重要的是思想上的转变，因为它们决定了一个人未来将成为怎样的人。

回想圣何塞儿童探索博物馆的7年建馆历程，让人倍感渺小。相较于其他儿童博物馆，我们的规划阶段比较长。在讲述场馆从创立、成长、转变到最终开馆的漫长过程之前，我想先讲讲我们对场馆理念的一些思考，这些思考伴随整个建馆过程，最终帮助我们确立了场馆的使命宣言。

对于使命的思考

与很多儿童博物馆一样，我们也从一开始就将场馆定位为以儿童为中心的机构。我们的目标是让儿童有机会了解自己、他人和周围的世界。为了实现这一目标，我们坚持尊重儿童以及他们独特的学习方式和对周遭世界的好奇心。

因此，我们尽量避免"居高临下"地对孩子说话。为了做到这一点，我们不仅为幼儿设计了卡通吉祥物，还尝试了模拟示范等方式。孩子需要通过真实的互动过程来理解事物，因此我们很少采用电子仿真技术，而更多利用真实的展品、材料和设备来提供切实的体验。在我们的场馆里，访客不仅能看到"水循环"展项中流动的水以及可视电话屏幕上的真人头像，还能在"环游世界"展项中自己动手研磨橡果。我认为，孩子提出的最棒的问题不是"为什么天空是蓝色的"，而是"这是真的吗"。在我们的生活中，有太多人造的替代品，有些甚至是毫不掩饰的虚假和误导，我们有责任利用展项和活动为孩子提供真实的互动体验。

在"尊重儿童"这一核心理念的引导下，我们发现它对我们所做的一切都产生了重要影响，包括展项、组织架构，甚至是建筑。值得注意的一点是，很多访客都说我们的场馆比他们预想的大，活动也更加丰富。显然他们对儿童博物馆存在偏见——场地小、内容少、没意思、不如成人博物馆有看头。我们希望通过自己的努力，至少可以使人们对儿童博物馆的整体印象有所改观。

举个例子，我们在最初讨论建筑方案时就决定，未来的场馆不只是承载展项的空间，我们要利用它的建筑设计来帮助儿童提高审美意识；建筑的每个细节——它与周边环境的关系、它的空间比例、光线、布局以及参观路线的设计都非常重要。因为有了如此充分的理由，我们赢得了全国艺术基金会的专项资助。利用这笔资金，我们仔细研究了其他儿童博物馆展项与场馆环境之间的关系，并利用创建场馆的机会，将展项与场馆环境有机地结合起来。

当设计师理卡多·列戈瑞达（Ricardo Legorreta）把第一份设计图交给我们时，我们马上意识到，这不是我们想要的。这份图上是一个类似立方体的反光玻璃结构，展项聚集在场馆的中心位置，访客只能通过周围的通道进入展项区域。在我们否定了这版设计之后，才真正开始与设计师交流，并最终确定了新的设计方案。场馆的中央变成了"十字路口"，访客可以从这里出发，走到四面八方的展项中；建筑北侧和东侧采用宽敞明亮的落地窗，而建筑顶部则改用两扇大气的天窗。建筑本身不仅包含了各类设施——展项空间和参观通道（后来扩展为城市街道展项），更重要的是，它还融合了场馆的核心理念。场馆的内部与外部、空间与平面、光与影、看得见的和看不见的地方都充满了张力。在经历了与设计师反复沟通、互相妥协之后，我们终于在最终设计方案中充分体现了探索的理念，我们相信，这是促进儿童成长的最佳方式。

更重要的是，我们对儿童的理解和认识为场馆的展项策划工作打下了坚实的基础。因此，在策划展项时，我们会特别注意避免一些自以为是的想法。有一次，我在演示文稿中放了一张"小鸡孵化"展项的照片，这个展项的内容非常好，浑身脏兮兮的小鸡破壳而出，但照片中的小鸡被放在了一个很大的玻璃钢做成的卡通人物头里。

对于这种明显的自以为是，我们会尽力杜绝，但同时也会特别注意避免在不知不觉间陷入细节，围绕某个具体问题来设计展项。我们努力打造更加开放的展项，希望它们能够激发孩子的好奇心，鼓励他们去探索和发现。

作为场馆使命的一部分，我们重点关注的是社区中不同事物之间的联系，这不仅包括自然界内部、人类社会内部以及两者之间存在的千丝万缕的联系，同时也包括这些联系在加利福尼亚州圣何塞南湾社区的具体表现形式。我们利用展项来展现我们生活的地方，帮助访客开启对天地万物的探索和理解。

举个例子，孩子们可以透过场馆天窗看到飞机在抵达圣何塞机场前的最后一段飞行轨迹，之后不久，这些孩子又能在馆里的通信展项处，用可视电话接通机场的控制塔台。两种不同体验的碰撞将场馆外的真实世界和场馆内的学习体验联系在了一起。在这个过程中，孩子无意间对头顶飞机所做的观察就显得很关键了，因为它可以启发孩子去思考与飞行相关的其他问题，比如航班的起降、飞行的距离和时间、飞机的导航与通信，等等。孩子们在场馆里获得的体验深深根植于他们的日常生活，因此可以自然而然地引导他们在场馆里乃至场馆以外的世界中继续思考和探索。

我们选择将不同学科的内容整合在一起，因为我们认为，如果在场馆体验中明确强调各种艺术、科学、技术和人文学科知识，反而会适得其反。举个例子，在"回到过去"展项中，我们利用很多东西来展现"欢乐之谷"（因产杏、西梅和樱桃而闻名于世）的历史，其中包括一个 20 英尺高的建筑（类似硅谷的地理结构，由形状优美的底部结构支撑起一个高架水箱）、一个由踏板带动的砂轮、一个真实的蜂箱以及一幅杏花盛开的巨幅照片。利用这些东西和其他一些元素，这个展项融合了人文科学、艺术、社会、自然和物理科学的内容。我们希望它能完整地呈现关于另一种生活方式、另一个时代、另一个地方的故事，唤起人们的美好记忆和共鸣。

准备工作

我们在某些方面很像硅谷的创业公司，只不过我们最初的想法不像惠普和苹果公司那样诞生于车库，而是源于一个与儿童博物馆非常类似的地方——加利福尼亚州圣克拉拉的一间厨房。在这里，两位母亲因为当地教育资源匮乏，决定创建一家儿童博物馆。

从 1982 年到 1983 年，这两位创始人——里巴·维尔利（Reba Wehrly）和卡洛琳·尼尔森（Carolyn Nelson）像其他想要创建儿童博物馆的人一样走访了很多场馆（在波士顿和洛杉矶儿童博物馆的启发下，她们确定了展项的主题；她们从丹佛儿童博物馆了解到，场馆不必依赖筹资，可以利用推广活动来维持运营）。她们在此基础上做了一份方案（其中引用了皮亚杰的理论，并介绍了一些大家熟知的展项。按照她们的设想，有人会为场馆捐赠场地，并且场馆将在三年内实现收支平衡），还招募了理事会成员（共 8 人，其中包括 2 名会计、苹果公司当时的出纳、当地政府教育部门的宣传人员、儿童牙医和专业的人力资源管理人员，当然还有她们自己）。她们为场馆申请了非营利组织的资格认定（与其他场馆一样，用了一年多的时间才申请成功）。另外，她们组织了几次募捐茶话会（承诺授予最初的捐助者"场馆创始人"的身份），还召开了第一次理事会会议（里巴被选举为理事会主席，卡洛琳为副主席）。在为期一周的圣何塞儿童艺术节中，她们为孩子组织了别开生面的活动。

这么多年过去了，我仍然认为那是一个好的开始。虽然我们在面临一些早期决策时曾踌躇不前，但至少我们已经开始努力去做了，这才是最重要的。如果能重来一次，我的做法会有什么不同吗？貌似不会。如果非要说筹建过程有什么规律可循的话，那就是需要通过实践来学习。不存在固定的方法，也没有对错。事实证明，创建场馆的热情、整合资源的能力、风险承受力（我们的发展部部长玛丽莉·詹宁斯强调，不只是承受风险，更要勇于冒险！）以及老生常谈的"执着精神"比技术能力更加重要。

坦白讲，我不得不承认，直到 1985 年我们才有了正式的使命宣言——上面冗长的描述就是整个建馆过程的总结。思考、讨论、策划、测试活动和展项，**招募理事会和各委员会成员**，开展馆校合作，经过整整两年的发展，我们才开始搞清楚自己要做的事。

此后，随着我们面临的选择越来越多，我的注意力从观察机构自身的变化转移到影响场馆整体发展的重大决策上。

转变

我前面已经讲得很清楚，我们当时乳臭未干、天真乐观，想当然地以为这个世界（圣何塞市）会有很多企业和个人热情地帮助我们。有人会捐给我们一栋建筑，很多人会给我们捐钱，有权有势的人会愿意加入我们的理事会，大量优秀的人才会把他们的时间和专业知识无私地投入到我们的场馆建设中。我们在两年内就会完成建馆并开始运营。事实如此吗？呃……某种程度上算是吧。

人们对我们（建馆）的想法很感兴趣，也的确有很多优秀的人才为我们提供了无私的帮助。圣何塞市政府官员认真倾听了我们的想法，但却告诉我们没有可用的场地，也没有地产大亨想要跟我们合作。人们愿意给我们捐钱，但杯水车薪，只有一对夫妇捐出了相对可观的数额，而且那张支票上写满了"高风险投资"的字样。虽然我们在邀请"大人物"加入场馆理事会时费了很多口舌，但好在他们都同意了。

当苹果公司的联合创始人史蒂夫·沃兹尼亚克（Steve Wozniak）同意资助我们的场馆时，我们迎来了重大突破。我邀请他来参加一场讨论会，议题是计算机在非正式学习领域的作用，他对此非常感兴趣。在这场讨论结束不到两个月后，他快速翻阅了我们的筹资方案，随即捐出了 80 万美元。毋庸置疑，他的"带头捐赠"对我们产生了重要影响。我们能够得到这笔资金，不是因为自己的筹资策略有多成功，而是由于一个人对场馆价值和愿景的认同，这让那些专业的筹资人员不住地摇头，表示难以置信——但事实如此，这为我们后面的筹资活动奠定了基调。自此以后，我们开始利用筹资活动把人们与场馆的使命联系起来，让他们有机会为丰富孩子的学习和生活贡献自己的力量。

虽然我们迈出了重要的一步，而且筹资活动的效果也一直很好，但场馆显然无法一蹴而就。由于史蒂夫的慷慨捐赠，我们第一次转变了思路，决定无论如何都要继续推动场馆的建设。如果人们不来找我们，我们就去找他们。在圣何塞儿童艺术节（前文提到过）中，我们曾经组织了一个关于语言和戏剧艺术的工作坊——"舞台门的故事"，我们在优化了这个活动后，起草了一份计划书。在成功获得基金会的资助后，我们终于可以开始建馆了。

我们决定首先开展外部推广活动，这一决定对我们后来所做的一切都产生了重要影响。它让我们能在实践中逐渐搞清楚自己的定位。伴随这一过程，我们顺利完成了选址、展项开发以及组织架构的确立。

当我们发现没有人为我们的场馆捐赠场地时，我们很快调整了自己的想法，决定买下一栋建筑，重新装修。随后我们选定了一栋建筑，它虽然朴实无华，但地理位置比较好，此前是一家奥兹莫比尔汽车经销店。可惜后来我们发现它结构不牢固（在地震多发的国家，这一点不容小觑）。于是，我们又尝试了第三套方案：努力说服圣何塞市政府（当时政府刚开始实施大规模重建计划）找出一块地，与我们联手打造一栋新建筑。

在接下来的两年里，我们经历了很多转变，每一次变化都带来了一系列连锁反应。我们的场馆面积从 2 万平方英尺增加到 4 万多平方英尺（最终的估算结果是 4.2 万平方英尺）；预算从最初预估的 220 万美元增加到 800 万美元（截至 1987 年，在设计图第一次通过审批后，我们的预算已经增加到 975 万美元）；开馆时间也从 2 年后延到了 4 年后（最终，我们是在 7 年后开馆的）。

如果不是首先开展了外部推广活动，我们显然会更急着选址安定下来。我们从外部推广活动中，包括最初单一的活动和后来的移动巡展中总结了宝贵的经验，并且非常珍惜能为这个独特的社区创建一个儿童博物馆的机会。这些和社区建立的千丝万缕的联系体现在了我们的使命宣言中，并且在场馆随后的发展过程中逐渐凸显出来。

开展外部推广活动对我们的展项开发工作也产生了重要影响。在"舞台门的故事"活动面世不到一年时，我们决定以"残障"为主题打造一个移动展项。由于我非常熟悉这类展项的先行者——波士顿儿童博物馆的"如果你不能……"展项，所以我邀请了该展项的缔造者珍妮特·卡梅恩（Janet Kamien）作为我们的顾问，并召开了两轮讨论会；同时聘请了一位专业的展项开发人员，正式启动完整的研发流程。我这么做的目的主要有两个：一是了解孩子对这个主题有哪些问题、恐惧和误解；二是了解残障人士的体验和视角。讨论的重点不是如何设计，而是通过开放式的讨论深入挖掘访客需求和相关问题。

对于场馆内的展项，我们采取了完全不同的策略。当我们决定建造一栋新建筑时，似乎就应该开始认真开发展项了，毕竟我们从一开始就想以展项方案为主，场馆建筑方案更多的是为展项服务。这意味着我们要与专业的展项开发人员合作。在面试了三家展项设计公司之后，我们最终选择了旧金山汉密尔顿克雷默设计公司。我们与他们的合作方式非常明确，他们将与我们一起完成场馆的概念设计，未来场馆的建筑方案以及我们指定的展项内容都将以此为基础。我们的项目在持续推进。

我并非故意将这两种方式放在一起做比较，只是想真实地呈现我们建馆的艰难过程。由于同时尝试了两种展项开发过程，我们发现了它们各自的优缺点。我多么希望自己能骄傲地说："我们很快就找到了每种方法的优点——一种由专业的设计师掌控，另一种由知识广博的展项开发人员引领——我们将两者完美地结合在了一起。"但事实是，我们只是在不知不觉间充分利用了初创的机会，尝试了不同的方法，在不断试错中艰难前行。

最终，我们选择了自认为比较好的方法：坚持以儿童为中心，注重展项内容，同时兼顾设计、建造场馆和展项的迫切现实。我们聘请了一位展项经理，他的任务是确保展项与建筑方案之间的完美契合。他将负责监督复杂的展项开发过程。在这个过程中，我们充分利用了外部推广活动的经验，并招募了大量优秀的志愿者协助展项的研发工作。在这个阶段结束后，我们将在与展项制造商正式签约以及生产内测产品之前首先进行原型测试。同时，我们还会通盘考虑建筑方案和展项方案，使二者得以完美结合。这是一项宏伟的计划，但却是不可能完成的任务。

虽然建馆过程非常艰难曲折，但我从中学到了很多东西。这个过程让我认识到，即便有一套合理的方案（我们的确有这样一套方案，这要特别感谢汉密尔顿克雷默设计公司的出色设计以及设计师志愿者们的大力协助），想要从无到有地建造一栋建筑也非常困难。因为它涉及的工作内容很广，建筑设计又必须遵循固定的流程，因此它很容易就把所有人的注意力都吸引过来，占用大量的资源，导致其他工作停滞不前。我们的情况就是如此——即便以外部推广活动为主是我们决策的主要思路，而且团队的所有成员都对使命深感于心，同时也拼尽全力想按照这样的思路工作。但事实是，我们在做等比例建筑模型上所投入的时间、精力和思考远比打造圣何塞会议中心开业时的 5000 平方英尺展项原型要多。

当我们逐渐意识到这个问题时，马上完成了第二次思路上的转变。在一名管理顾问的协助下，在敬爱的同事们，特别是塞尼·汉森（Signe Hanson）和玛丽·沃辛顿（Mary Worthington）的不懈批评和鼓励下，在理事会的全力支持下，我们重新调整了各项工作的优先级，安排专人来督导展项工作的进展，同时还要确保展项与场馆的核心价值观相一致。这意味着，在时间飞逝的情况下，即使建筑已经破土动工，我们也要同时保证展项开发工作的进展。

我们找到了迈克尔·奥本海默（Michael Oppenheimer），希望他帮助我们确保展项开发的进展。在他接管场馆的展项和活动开发工作之后，针对设计师给出的方案和想法，我们提出了很多不同的意见。我们忍痛否决了相对单一的互动形式、相互之间缺少关联的互动体验，以及以仿真体验为主的设计方案。举个例子，我们的"水循环"展项，最初的设计只是相对独立的几个主题模块（水处理、室内管道、人体内的水循环、自然界中的水循环），在反复修改之后变成了一套完整的水循环系统，包括水源（一口井、一座水库、一片池塘和一条小溪）、水流、升降装置（水泵、阿基米德螺旋泵和水车），以及一张沙桌。水泵抽水后，沙子流入池塘，小溪的水则流到沙桌，孩子们在与展项互动时会把自己弄得湿漉漉的。我们努力为孩子提供真实的体验，这一点充分体现在展项的最终成果上。

我们经历了完整的展项开发过程。在这个过程中，我们不断学习，积累经验和教训，最终认识到好的展项出自深入的探究过程。这一过程可以简单概括为：在表面问题的基础上深入挖掘，提出更多问题，然后利用在探究这些问题的过程中学到的东西来设计展项原型。展项开发人员的探索和学习过程会充分体现在最终成果当中。而访客与展项的互动也会反映出展项开发过程中的关键点。当孩子开始与某一展项（如隔膜泵）互动时，会思考一些与之相关的问题，比如水泵的工作原理是什么，人们利用哪些技术来提水或带动水，当某种水源耗尽时会发生什么。

不管你如何描述这一过程——探索、摆弄、探究，它都会激发你的好奇心，让你在不知不觉间踏上学习之路。如果你从一开始就非常清楚自己要做什么、为什么做以及怎么做，就会错失最珍贵的自己探索和发现的过程。

罗伯特·弗罗斯特（Robert Frost）曾写道，真正聪慧的人勇于尝试各种新鲜事物，不会墨守成规……对于想要创建儿童博物馆的人来说，这是非常好的建议。创建儿童博物馆以及相关的一切活动都具有很高的风险，特别是当你发现，展项、组织架构、运营制度，甚至是（尤其是！）筹资活动，都必须以"尊重孩子和热爱学习"为前提时。

当我们双管齐下——同时在建造场馆建筑和制作展项原型时，我们别无选择，只能在这条荆棘密布的道路上继续前行。建馆期间，我曾带着一群小学生参观我们的场馆，当时我想这会是一次不同寻常、激动人心的经历。随后我还带他们去了我们的工厂，鼓励他们动手操作这些展项原型。孩子们的感谢信让我们了解到：对孩子来说，参观建筑工地的过程只是敷衍了事，他们普遍非常喜欢我们的工厂。其中一个孩子很好地表达了他的想法："这地方能做出来你们想做的东西，我太喜欢了！"

他说得太对了！他的话中没有术语，甚至没有提到"博物馆"和"展项"，但却一语中的：我们就是要坦率真诚地与孩子交流，"做我们自己想做的东西"，珍视帮助他们探索和学习的机会。

莎莉·奥斯博格从 1969 年开始在波士顿儿童博物馆从事博物馆工作。1985 年，她在机缘巧合之下开始担任圣何塞儿童探索博物馆的馆长。目前作为美国青少年博物馆协会主席，她也是美国领导力论坛全国委员会的成员。

创建儿童博物馆的"经验教训"
——第一波尝试（1987～1995 年）：创建特拉华儿童博物馆

马里恩·哈默梅什（Marion Hamermesh）

1996 年的夏天，有 7 个人走到了一起，开始商讨如何创建一家儿童博物馆。他们决定由自己来负责场馆的筹建工作，并建立了 6 个工作组，由团队中的 6 人分别担任组长，负责某一方面的具体工作，而另外一个人则负责整体的协调工作。

这 7 个人的专业背景迥然有别，其中包括一位银行家、一位律师、一名会计、一位建筑师、一家非常好的托儿所的所长、一位曾做过医务社工（未来也将继续从事相关工作）的两个孩子的全职妈妈，以及一名自由职业策展人。

这个团队中的每个人都需要完成具体的工作任务。在每周的例会上，他们会分享自己的工作进展：

（1）针对自己负责的工作组，给出工作方案；

（2）列明工作组成员；

（3）预估完成任务所需要的时间。

例会上，大家都认真倾听每个人的发言。当其中一人讲完时，大家会通过提问的方式了解更多信息，接下来各抒己见，共同确定每个工作组的构成。

这些人策划的儿童博物馆曾经成功开馆了，但后来又停业了。

如今，这家场馆过往的经历就像这个团队的第 8 名成员一样，围坐在圆桌旁——就像约翰·欧文（John Irving）笔下的海底之蛙（under toad）[①]——默默地贡献着它的记忆、历史、资产、负债、对现实的不满、名声、成长以及在反思基础上总结的经验教训。

---

① 译者注：在美国作家约翰·欧文的成名作《盖普眼中的世界》中，主人公盖普告诉自己的儿子要小心海面下的暗涌（undertow），但他年幼的儿子却听成了海底之蛙（under toad）。

筹建之初……

有一次，我和公公婆婆带着两岁半的儿子去参观位于班达纳广场的明尼苏达儿童博物馆（老馆）。在这次参观体验的启发下，我产生了创建特拉华儿童博物馆的想法。以前我在富兰克林科技馆（Franklin Institute）工作过，并且在本地的自然科学中心教过课，所以我知道，我所在社区的博物馆并没有提供什么服务来满足幼儿家庭的需求。

当时，我并不知道筹建场馆意味着未来 7 年里需要完成多少工作，当然也不知道这将对我的生活和家庭产生怎样的影响。一路走来，既有成功的喜悦，也有失败的苦涩。在这个过程中，我发现自己也能像我的律师丈夫一样成为工作狂。同时，我也交到了很好的朋友，尽管这些关系后来变得很紧张。创建场馆的过程让我认识到，作为团队的领导，必须要有耐心。有时，我们需要耐心等待团队成员的进步，否则可能会突然发现团队中已无人可用了。

团队

我们的故事：筹建之初（1987 年），我找到了一群志同道合的人，一起来做这件事，这里面包括各类教育工作者和家长。我们这些人组成了理事会。最初，我在这里有两个职位：理事长和馆长，它们都是无偿的志愿工作。为了场馆，我们做了很多事。我们把泡泡展项带到不同的庆典活动中，确立了场馆的使命宣言，开发了一些展项，聘请了一名设计师，策划了巡展，雇用了一名巡展经理。

经验教训：一开始，我们度过了一段愉快的时光。但当我们同时扮演理事会成员、志愿者和员工等多种角色时，这些身份的职责搅在一起，导致我们陷入了困境。请注意！这是创始理事会普遍存在的问题。理事会只负责制定战略、聘请和解雇馆长，以及筹资。理事会成员的其他工作都是志愿性的。在做发布简报、对外发送宣传邮件、吹泡泡或开发展项等工作时，他们必须抛开理事会成员的身份，不能利用职权对具体项目负责人施压。

独立创始人需要注意的问题

我们的故事：我和其他理事会成员不一样，我是全职在场馆工作的，但我和他们一样都是无偿的志愿者。从一开始我就在这件事上投入了大量时间，因此，他们指望着我能搞定所有事。对于需要他们做的事，我总是需要等很久，而且他们不太理解场馆的日常需求，这让我感到很沮丧。总之，特拉华儿童博物馆是我生活中最重要的事，但对他们来说却并非如此，这种心理落差使我越来越急躁。

经验教训：想要创建博物馆的人首先要认清自己的角色，尤其是所在社区如何看待自己的角色。我当时觉得自己是个英雄，是个慈善家！但有人却将博物馆看作我个人的项目。大家觉得以支持者或资助者的身份参与进来，可发挥的空间不大。他们错了。但我也应该更注意自己的表达方式。我费了很大劲才将博物馆与马里恩（我自己的名字）分开。当我向身边的人寻求帮助或要钱时，我常常感到别扭，因为总担心他们会以为我这么做是为了自己。面对有影响力的陌生人，我又缺乏开口求助的勇气。事后想来，我本应更卖力地与其他理事会成员一起去寻找潜在的资助方。

项目启动 / 确定目标观众

我们的故事：由于特拉华州艺术委员会成员和很多其他人鼓励我们为全州（总人口：75 万）提供服务，我们决定先不打造固定的场馆，而是首先创建一个展项，并把它带到全州各地（17 个地方）去巡展。我们希望通过这种方式使人们对我们的场馆产生广泛的兴趣，并最终找到固定的场地。在确定理事会成员时，我们特意确认了他们分别来自特拉华州三个不同的郡，并且在组织理事会会议时，也特别注意偶尔将会议地点定在威明顿市以外的地方。我们将目标观众定为 3～10 岁的儿童以及陪同他们的成人，并且在策划场馆内容时力求涵盖各学科的内容。

在选择巡展地点时，我们考虑了场地的地理位置、是否允许收费以及主办方的配合程度等因素。其中一些地方是通过理事会成员的私人关系找到的，另外一些地方则是因为我们考虑到要尽量覆盖全州各个区域而刻意寻找的。我们用过的场地包括图书馆、州立服务中心、社区中心、购物中心、艺术中心、其他博物馆、州立大学的教学楼、郡政府办公大楼和老年活动中心。我们的第一个展项"动手参与！"（Hands On!）在 15 个月的时间里到过 17 个不同的地方进行巡展。其间，理事会聘请了场馆的第一名带薪员工，由我来负责督导她的工作，当然也是无偿的。她负责协调巡展活动的细节，包括在所到之处寻找志愿者，辅助巡展工作；组织学校巡展；安排展项打包、运输和拆包的时间；与场地提供方协调巡展活动的时间；组织宣传和开场活动。

经验教训：总体说来，一开始以巡展活动为主是个不错的选择。寻找固定的场地来运营场馆是非常重大且关键的一步，而且从产生建馆的想法到开馆可能要经历很长时间。如果一开始先不定下固定场地，你就可以利用这个机会去做各种尝试，为你的目标观众提供服务，宣传场馆的计划和理念，激发人们对场馆的兴趣和支持。

我们获得了艺术委员会和其他各方的支持，一定程度上是因为我们为比较贫困的南部社区提供了服务。然而，即使是像特拉华这么小的州，想要使理事会成员覆盖全州，在组织和政治上也会遇到问题。归根结底，对于新建场馆来说，"覆盖全州"的目标太大了，根本无法实现。

理论上讲，对于一开始选择以巡展活动为主，我并不后悔，而且也会继续向其他初创团队推荐这种方式。但在推荐时，我会强调巡展计划不要做得过于宏大，建议他们考虑公开展出的时间，其实巡展活动没必要每天都全天对公众开放，这样做有时效率很低。或许在工作日只对预约团体开放，到了周末再对公众开放，就已足够。如果是这种方式，那么只有工作日才需要志愿者的帮助。

社区支持

我们的故事：筹建之初，我们所在的社区几乎没人知道儿童博物馆是什么。我们去参加了很多社区里的庆典活动。在巡展活动去到的 17 个小镇上，人们都非常热情地欢迎我们，并且让当地学生来参与我们的活动。当然也有一些散客，但数量很少，像我们当时那样全程对公众开放其实完全没必要。

当时很多学校开始缩减预算，家长教师联合会的经费只够买些基本的手工材料，比如纸、剪刀等，没有钱组织学生外出活动。后来我们在威明顿市开馆时，参与了市里的一些文化项目，但市政府没有为我们提供持续的支持。举个例子，市里新文化区的指示牌里就没有我们场馆的名字。

经验教训：尽管我们的巡展活动一直在持续进行，但我们还是没能建立稳定的志愿者团队，也没能与这些社区建立长期合作。当我们最后一站来到威明顿市中心时，也没能很好地解决这个问题。直到后来我们有了固定的场地，我们才开始大力宣传场馆的会员制，因为我们的理事会认为，在此之前我们还谈不上能为会员提供什么服务。

即便如此，最终在威明顿市开馆时，我们每年还是只有一个展项，因此无法吸引回头客，也无法让所在社区的访客产生归属感。我们举办了一些效果非常好的年度特别活动，但很可惜，场馆在这些活动发展壮大之前就关门大吉了。

最艰巨的任务：筹资

我们的故事：1987年10月19日，也就是我女儿出生后的第二天，股市崩盘了。在随后的几年里，公益行业经历了剧变。企业的闲散资金更多用在了市场部门的推广活动上；随着人们的工作愈发缺乏保障，个人捐助也开始逐渐减少；基金会不仅要忙着为经济衰退收拾残局，把钱花在住房、食物和医疗等更需要的地方，同时还要尽力确保那些已有的文化机构不要倒闭。

经验教训：当我们充分认识到经济衰退对我们的影响时已经为时已晚。早期的名利双收使我们备受鼓舞。但后来，一开始资助我们的基金会一直没有提高对我们的资金支持。同时，我们已经不再是新项目，无法继续从特拉华州艺术委员会获得资助，因为我们的申请是由视觉艺术小组审核的，而该小组对融合艺术和科学的项目都不予审核通过（当时，"跨学科"一词还没有流行起来，艺术委员会的教育评审组也还没成立）。

由于我们创始理事会的大多数成员同时还担负着为其他非营利组织筹资的职责，所以他们之间存在利益冲突。因此，由我负责撰写申请材料并联系潜在资助方。我们开始尝试扩大圈子，让更多企业家和社区中的有钱人加入进来。对于是否要为了增加知名度和筹资而避免提及场馆使命中的某些细节，理事会成员之间出现了分歧。我非常希望能将场馆打造成社区儿童机构的典范。对于是否用气球妆点筹资宴会（出于环保的考虑，我反对这么做），以及是否在礼品店售卖玩具水枪等很多细节，我们的意见也都不一致。

就在我即将离开场馆，不再参与场馆工作时，社区里一位"大人物"对我说，员工出去筹钱总是会被怀疑在谋私利。她认为，应该由理事会成员负责筹资。每个社区可能都不太一样，但最重要的是在项目开始前全面了解本社区的情况。考虑清楚有哪些资金来源。潜在资助方想要的是什么？你能确保从企业获得持续稳定的资金支持吗？场馆能否吸引大量观众，使潜在资助方愿意为场馆提供支持？一定要全面了解所在社区的社会、政治、经济和文化等各方面情况，以及做事情要注意的公序良俗，遵守游戏规则，否则就要做好准备，迎接一路的困难坎坷。

地点不是一切

我们的故事：就在第一波巡展活动即将结束时，我们开始考虑为场馆寻找固定的场地。其中一位理事联系到了一家本地的开发商，他为我们开出了看似非常优惠的条件，但当我们阅读合同细则时才发现事实并非如此。然而在这个过程中，"拥有自己的空间"这一想法已经让我们激动不已。因此，当另一位理事找到另一个地方时，大家就满心欢喜地接受了。

我们的第一个固定场地在威明顿市中心，是市场街购物中心的一个 1000平方英尺的废弃店面。市政府下属机构威明顿市经济发展公司（Wilmington Economic Development Corporation）以很低的价格把它租给了我们。因为这个地方一直是按照零售商店的功能在装修，我们没有机会把它改造成适合博物馆使用的空间。于是，我们成了重振市中心计划的一部分。这个空间只够做一个展区和办公区，没有地方做活动、课程或生日会。而且因为空间太小，我们不得不将一些学校团体拒之门外。尽管这个空间有很多不足，我们还是决定先在这里安定下来，并在一两年的时间里继续提高场馆的知名度，同时也积极筹资，以便之后搬到更大的场地。

不幸的是，在这段时间里，来自团队内部的压力越来越大，导致理事会分崩离析。我们过去所有的问题都爆发出来，使我们无法做出有效决策并继续向前发展。仓促之下，我们一致决定，我不再担任理事长，改由另一位理事接任。从此，我只担任馆长一职。

经验教训：威明顿市中心存在的问题在其他城市也非常普遍，只是这里的情况更糟糕。25 年前，国民警卫队曾在这里镇压种族骚乱。现在人们仍然觉得该区域很危险，不方便。人们在市中心工作，但夜间和周末却很少去这里。想要在附近停车，也只能去严格计时收费的停车场。

至此，我们的场馆开始走向失败。我们当时还不够强大，无法让人们抛开对该区域的成见，也无法引领该区域的复兴。这个空间的大小限制了我们成长的可能性。

我们想把场馆建在市中心，而不是郊区，因为这样会让住在城里的孩子感觉我们离他们很近，来场馆很方便。可惜我们发现自己在服务特殊儿童群体时，还得依赖于那些已经在帮助这类孩子和家庭的机构。除了这些机构赞助的活动，我们似乎没能吸引这类群体更多地来到场馆。因为选择了市中心，我们无意中拒绝了那些不愿意来这个区域的人。如果当初我们选择了更便利的位置，或许未来有机会在市中心（和州南部）再开个卫星展区。

最终，我们的理事会垮了，没能从创始团队成功转型为专业的运营团队。理事会成员前期的主要工作是开发展项和撰写宣传稿，这使他们很难转变角色，成为决策者和筹资者，同时也无法帮助我从理事长转变为一馆之长。由于无法抛开个人和专业上的分歧，我们陷入了僵局——理事们离开了，而我留下了。作为一名无偿服务的馆长，我和两名新人以及我的一位老朋友——坚守场馆的带薪副馆长组成了新的理事会。

在我和他的共同努力下，我们终于在这个新空间里重新开馆了。开馆一年半后，我离开了场馆。那时我们已经重新组建了理事会。我相信他们有能力将场馆运营好，我可以安心离开了。但这个组织还不够强大，它没能很好地解决它的历史问题，也没能克服万难发展壮大。因此，它在一年后还是彻底关张了。

结论

过去两年里，我努力让自己"远离"场馆。现在回头来讲这些故事，对我来说很不容易。当然还有些事我没有讲到，不管是好的还是坏的。直到今天，有些人在遇到我时，仍然会对我们曾经和现在所做的努力表示认同和感谢。

我想，我们前期的经验教训会对强势回归的特拉华儿童博物馆大有裨益。希望这些故事不仅能让拥有类似经验的人产生共鸣，也可以帮助那些刚开始筹建博物馆的人坚定信心，更好地克服过程中的艰难险阻。

我的一个好朋友迪·万格（Dee Wanger）曾经参与了科罗拉多州柯林斯堡探索中心的筹建，他很早就把下面这段话发给我了，我当时真应该好好看看。

> 我们一定要记住，创建一个新系统，需要经历无比艰难的规划过程，谁也无法预见成败，执行过程充满了艰难险阻。创建新系统的人要准备好面对旧制度下既得利益者的仇视，以及新系统中潜在获益者们不冷不热的支持。

马基雅维里（Machiavelli）《君主论》（*The Prince*），1513 年

马里恩·哈默梅什（Marion Hamermesh）现在为多家本地非营利组织提供网站设计、开发、多媒体策划和设计等服务，同时也会协助一些新建博物馆完成筹建、研究、规划、展项开发以及多媒体展示工作。

特拉华儿童博物馆：策展经历

我们自己一共设计过 4 个展项。在早期泡泡展项的外部巡展活动中，一位观众无意间说道，"既然你们要建一个让人动手参与的博物馆，那为什么不做一个关于'手'的展项呢？"在他的启发下，我们有了第一个展项"动手参与！"我们的一位理事是专门研究水晶的化学家，而我是一名舞蹈演员，我们都对"对称"的概念非常感兴趣。当我们意识到这一点时，策划了第二个展项"各种形状与奇妙的世界"（Shapes and Other Awesome Stuff）。该展项鼓励访客观察和描述自然界、科学和艺术中的各种形状、比例和图案。

这两个展项的定位都是移动展项。它们必须便于组装、拆卸和运输，不能过度依赖电源。两个展项都由我们的理事会成员和所在社区相关领域的专家共同策划，由外聘的专业人员设计和制造。每个展项的花费在 3.5 万～5 万美元。特拉华州艺术委员会和人文论坛为这些展项的研发提供了资金支持，而展项制造的费用则来自一些本地小型基金会、企业和个人的捐助。另外，场馆一位理事的家族基金会也为第二个展项资助了一大笔钱。

第三个展项是在我们的资源已经开始减少的情况下设计和制造的。我们用了不到 5000 美元打造了一个关于声音的展项——"美妙的振动"（Good Vibrations）。在策划这个展项时，我们参考了旧金山探索博物馆的《展项制作手册》和几本关于儿童科学活动的书籍，并且聘请了我的一个朋友来设计和制造展项。他当时刚从展项设计学院毕业，还没有真正开始工作。这个展项不是移动展项，包含大量的电子元件，其中一部分是我们以很低的价格买来的，另一部分则是本地的一些私人爱好者捐给我们的。

我们在第四个展项上只用了很少的钱。该展项作为实习作业的一部分，由一名展项设计专业的在读研究生完成设计和制作。这个展项名叫"你在这里"，是一个关于地理知识的展项。在本地地理教师的指导下，我们根据国家地理协会的课程开发了这个展项。它的资金来源与前面提到的三个展项类似，预算只有大约 7000 美元。

　　让我们感到骄傲的是，我们根据自身所处的环境，凭借自己的想象力创造出了自己的展项。现在市面上可以直接租用的展项比我们当时多了很多。任何一家儿童博物馆在筹建之初都可以依据自己的目标，参考旧金山探索博物馆的《展项制作手册》、伯尼·祖博罗夫斯基（Bernie Zubrowski）和波士顿儿童博物馆的相关书籍，做出一些比较常见的展项，或者学习其他场馆的成功案例——超市、医务室、学步宝贝区、装扮类展项等。但我认为，无论做什么展项，都要让本地相关领域的专家参与展项的策划，从而使展项更具独特性，也更有本地的特点。这样做不仅可以把场馆和观众联系在一起，也可以使场馆内容和教育理念更独特，有别于本地观众在外出度假时可能参观的其他场馆。

第四章
观众和使命

————

建馆初期：确定目标观众

新英格兰被子博物馆

帕特·斯图尔特（Pat Steuert）

在《独特的分子》一书中，位于华盛顿特区的赫希洪博物馆和雕塑园的原副馆长史蒂芬·威尔（Stephen Weil）曾这样写道：

> 博物馆的社会贡献如同博物馆本身一样丰富而多彩……博物馆这项共同的事业让我们同心协力，精益求精……但我们必须时刻记住，每家场馆在社区中发挥的作用更多取决于自身的独特之处，也就是各场馆在特定时间、特定地点做出的贡献。

（《博物馆通讯》，1996 年 3/4 月刊）

在思考目标观众的过程中，挑战与机遇并存。规划场馆时，最重要的是明确场馆的服务对象。筹建之初，会有很多事情要做，这很容易让你想当然地以为"等我们建好了，他们自然会来"。过去可能确实如此，但现在的孩子和家庭有了更多选择。如果你能尽早想清楚"场馆为谁而建"，将对后面的工作非常有利。

确立使命宣言的过程能够帮助你想清楚场馆的目标观众。场馆或许在使命中就已明确观众的年龄范围，比如 0～8 岁、2～15 岁等。儿童博物馆可以将家长的角色设定为主动的学习者或孩子的看护人，也可以将服务的区域划定为某个街区或整座城市乃至整个州。无论选择什么，最重要的是要有明确的目标。虽然目标观众被选定后，并不意味着以后就不能再变了，但在接下来的 3～5 年内，这个群体最好是明确的。

"展项策划和筹款工作已经让我们忙得不可开交，为什么还要急着做这些决策呢？"我想你一定会有此疑问。如果你从一开始就确定了要服务的对象，你会发现，接下来一年的所有工作都会变得更加顺利，因为目标观众的选择会对场馆位置和合作伙伴的确定、展项和活动的策划、筹款以及财务工作的规划等产生重要影响。

决策前需要了解的信息

目前，儿童的成长环境正在发生改变。如果说电影《反斗小宝贝》中的家庭模式在过去曾是主流，那现在已经不是了。在《美国人口统计》1995 年 4 月刊中，有一篇文章介绍了婴儿潮一代（1946～1964 年出生）的 7800 万人口。文章提到，"在 30～44 岁的成人中，有 62% 的人的家里有未成年的孩子"，"在婴儿潮一代的女性中，有四分之三是职场女性"。这导致父母陪伴孩子的时间变少，而更多由亲戚看管，或是待在托儿所、托管班、各类课外班里，要么就是与哥哥姐姐一起待在家里。

这篇文章指出，婴儿潮一代的父母最担心的就是孩子的教育问题。他们认为"自然的教育方式"更好；他们会管教约束自己的孩子；他们家里一般会有一台电脑。比起其他成人，婴儿潮一代的父母认为自己的压力更大，因为"既要完成工作，又要照顾孩子"。目前，婴儿潮一代的父母拥有的闲暇时间要少于其他成年人。而在闲暇时，他们更想放松，享受自己的时光。多多了解这些目标观众，能够帮助你更好地满足他们自己以及孩子的需求。

如果你家里有不同年龄段的孩子，那么你应该知道，7 岁的孩子和 2 岁的孩子拥有完全不同的兴趣和需求。如果你的团队中有人具备儿童早期发展的专业知识，将帮助你更好地理解不同年龄段儿童的发展需求。如果你的团队中没有这样的人，你可以去本地高校或儿童发展研究中心，邀请专业人士与你的团队一起讨论这个问题。这对确定场馆的目标观众以及后续选址、展项开发和会员活动的策划都极有好处。

不同场馆选择的目标观众差异很大

当翻阅美国青少年博物馆协会的会员名录时，你会发现，不同场馆的目标观众非常不一样——有的不限年龄，有的指明 4～12 岁、2～12 岁、6～12 岁、7～16 岁、三到十几岁、学龄前到小学三年级、儿童和家庭、2～10 岁、1～7 岁、3～10 岁或 5～95 岁。不存在唯一的标准，每家场馆都要根据所在社区的具体情况来选择。了解其他场馆的决策过程或许能帮到你。

费城的触摸博物馆于 1979 年开馆，是美国最早一批将目标观众限定在 1～7 岁孩子的儿童博物馆。之所以这么做是因为他们坚信，生命的最初几年是学习和发展的关键期，而且场馆的各种体验更能满足儿童早期的发展需求。他们希望专注在一个领域，不想把战线拉得过长。正因为选择了 1～7 岁的孩子作为目标观众，场馆可以根据这一群体的发展需求来策划展项和活动。况且，与这家场馆一街之隔的富兰克林科技馆中，已经有很多针对大孩子的内容了。

在很长一段时间里，波士顿儿童博物馆一直把学龄儿童作为场馆的目标观众。20 世纪 70 年代末，越来越多的家庭带着学龄前儿童来到这里，但由于展项都是为大孩子设计的，这些家庭只好因幼儿感到无趣而离开。杰瑞·罗宾逊（Jeri Robinson）是儿童早期教育领域的专家，她在加入场馆后专门为学龄前儿童及其家长设计了展项和活动区域——"游戏空间"。而且当时场馆恰好要搬到一个更大的场地，这使场馆能够在工作日的上午向家庭及学校团体开放。目前，学龄前儿童和家长已经成为波士顿儿童博物馆最重要的访客群体之一。而"游戏空间"的创意也被其他很多场馆争相效仿。

拉斯维加斯的莱尔儿童博物馆将场馆的目标观众定为 6～12 岁的儿童，但同时也为其他年龄段的访客策划了活动。他们的选择也是有理有据的。建馆初期，他们开展了可行性研究，试图了解人们的需求和喜好。与拥有多家博物馆的城市不同，拉斯维加斯甚至整个内华达州都没有科技馆。想在场馆中设置科技展项，成为场馆选择大孩子作为目标观众的一个重要原因。目前，他们担心的问题是，社区缺少积极向上的活动场所，一定程度上导致了青少年早孕等社会问题的高发。为了解决这些问题，场馆为 10～17 岁的青少年提供了参与场馆工作和驻馆艺术家活动的机会。另外，场馆最近还增设了新的展览项目——"艾滋病是什么？"

了解场馆周边的人口特征

每个地区都有一些独特的人口特征，包括年龄结构、种族构成和居住地分布。如果你想要了解你的场馆周边的人口特征，可以试试下面几种方法。

如果你聘请了外部专家为场馆开展可行性研究，那么可以要求报告中包含人口特征的分析。这些内容会对场馆未来的规划和筹资大有裨益。另外，也可以通过访谈来了解家长的兴趣和需求。

州政府或市政府一般会有本地的人口统计数据。可以向相关部门求助，通过近期的人口普查数据来了解本地区的儿童数量。在这些数据中，儿童通常被分为"5 岁以下"和"5～17 岁"。美国最近一次开展的人口普查发生在 1990 年，因此数据已经有点过时了。通常在新学期招生前，本地教育部门会统计幼儿园和小学的招生计划，这些数据对你可能更有帮助。了解本地区儿童的居住地分布，能够帮助你在选址和推广时更好地决策。

你可能还想了解本地的市场状况。本地区还有哪些博物馆、自然科学中心、青少年活动中心、图书馆和艺术中心？如果有另一家博物馆已经在服务幼儿方面做得非常成功，那么你的场馆可能要重点服务其他年龄段的访客，或与该馆合作，力求为幼儿群体提供更广泛的服务。本地区还有哪些商业性质的儿童活动场所，比如探索基地（Discovery Zone）、查克芝士（Chuck E. Cheese）或快餐厅里的游乐设施？他们的目标观众是哪个年龄段的孩子？他们做得怎么样？毋庸置疑，他们在开业前一定也做了市场调查。

为什么访客都在同一时间来馆？

儿童博物馆有时人满为患，有时却冷冷清清。为什么会这样？在场馆运营一段时间后，工作人员会逐渐发现，一些群体只能在某些特定的时间来馆。如果博物馆能在开始运营前认识到这一点，就能更合理地安排各项工作。

一年 365 天，大约有半年是学生上学的时间。而学生的假期则是很多博物馆的旺季，家庭访客、外地游客以及其他访客都会在这个时候来到场馆。也就是说，寒暑假、学校的其他假期、周末、国家法定假日以及本地的一些假期就是场馆最忙的日子。了解人们的来访时间，能够帮助场馆确定不同时段的目标观众。

读到这，你还想创建儿童博物馆吗？

目标观众的选择将对场馆未来的规划产生怎样的影响？

我在前面已经强调过，场馆应该尽早确定目标观众，因为这会影响场馆未来的规划，包括展览、活动、筹资和财务等工作。

在场馆规划的各项工作中，最有意思的莫过于策划展项。然而，如果目标观众不同——比如针对 3 岁和 10 岁的儿童，即便同样是设计木偶或机械装置，也意味着完全不同的策划过程。你希望同一展项兼顾不同年龄段儿童的需求，还是将场馆分为不同的展区，分别针对不同年龄段的儿童来设计？有些人更倾向于后者，因为他们认为这样更容易使展项区域满足特定群体的需求；而倾向前者的人认为，有些家长会带着不同年龄的孩子来馆，他们希望能待在一起，方便照顾。想要利用同一展项来满足小学生和十几岁青少年的需求，是非常困难的。如果你选择的目标观众年龄范围很宽泛，那么在设计展项和活动时就要考虑他们的不同需求。

如果你希望为平时不太去博物馆的低收入人群提供服务，这一选择也将影响场馆未来的规划。服务低收入人群的途径有很多种，比如开端计划在 21 世纪战略规划中，重点强调了要与民办、州立和地方组织建立合作。如果开端计划的服务对象是场馆的目标观众之一，那么只有从场馆规划之初就将他们的需求考虑在内，才能使展项和活动满足他们的发展目标。

参观和体验博物馆，非常符合学校、青少年活动中心、童军组织等群体的发展目标。资助方往往也非常重视场馆与这些群体之间的合作与规划。

场馆的财务规划同样也会影响目标观众的选择。大多数儿童博物馆希望自身的运营收入（主要包括门票、会员和礼品店收入）能够达到年度预算的70%～80%，这个比例要高于大部分艺术和科学类博物馆，因为这些场馆经常会有捐赠基金和其他收入来源。对于儿童博物馆来说，很大一部分收入来自门票和会员收入。因此，在考虑目标观众时，要想清楚谁有能力并且愿意花钱进入场馆。想要增加运营收入，就要尽力赢得所有潜在访客的支持。但这并不意味着场馆就不需要考虑贫困家庭和学校了。在很多社区中，市政府、州政府、各基金会和企业都愿意为低收入学生和家庭的门票费用提供支持。同时，很多博物馆为了吸引更多观众，会在每周的某一时段实行优惠或免票政策。

场馆一旦确定了目标（使命）和观众，就可以着手寻找资源、场地和人员，策划展览和活动，这些将成为场馆的独特之处。

作为波士顿儿童博物馆的副馆长，帕特·斯图尔特就如何扩大博物馆观众群体，组织了多场研讨会并出版了相关刊物。她目前担任新英格兰被子博物馆馆长一职，同时也是多家博物馆和社区组织的咨询顾问。她在战略规划、理事会与员工发展、活动策划、筹资，以及社区合作方面拥有非常丰富的经验和知识。

确立博物馆的使命

湾区探索博物馆
邦妮·皮特曼（Bonnie Pitman）

对博物馆来说，确立场馆使命是头等大事。使命宣言要清楚地阐明，作为一家非营利组织，场馆存在的根本原因是什么，以及场馆将对儿童的生活产生怎样的影响。简单来说，使命宣言说明了一家博物馆存在的理由和所做之事背后的原因。著名管理学大师彼得·德鲁克（Peter Drucker）曾这样描述非营利组织与营利组织之间的区别：

> 非营利组织存在的唯一目的是完成自身使命。它们的存在是为了改变社会和人们的生活，同时它们也有能力对人们的生活产生重要影响。在美国的近百万个非营利组织中，每个组织的使命可能都不同。使命是一个组织做所有事的基本出发点和最终目的。①

对新建场馆来说，想要成为强大而充满活力的机构，进而为所在社区做出贡献，最重要的一步就是制定场馆的使命宣言。尽管这个过程可能很耗时，但却是确定场馆服务和目标观众的必经之路。撰写使命宣言是馆长、员工（如果已有）和理事会的共同职责。撰写使命宣言不仅需要开展前期调研工作，还要在字斟句酌的基础上进行讨论，并最终达成共识。整个过程既生动有趣，又充满挫折与挑战，但在制定使命宣言的过程中想清楚目标观众、要做的事以及如何去做，会对场馆未来的工作大有裨益。

使命宣言的用途非常广泛：

（1）它能指导场馆的规划和筹资工作；

（2）它能帮助场馆寻找志同道合的理事会成员、员工和志愿者；

（3）它能帮助理事会成员、员工和志愿者了解自身工作如何体现在场馆为儿童和成人提供的服务和活动中，从而理解这份工作的意义。

---

① 译者注：出自彼得·德鲁克的《组织必须思考的 5 个问题》培训手册。

　　同时，使命宣言也可以用于指导场馆分配资源，比如人员配置、场馆活动和服务。

　　使命宣言越明确具体，对场馆、员工和理事会的工作越有益。使命宣言是场馆工作的指导原则，场馆不仅要积极与理事会成员和场馆员工分享，还要帮助所在社区更好地理解这些原则。

　　美国博物馆协会在《卓越与平等：博物馆教育和公众参与报告》中重点强调了博物馆，尤其是儿童博物馆的两项重要责任：一是提供高质量的活动、展项和教育资源，二是在各项工作中为公众提供参与的机会和多元化的服务。该报告在分析了博物馆无法满足所有人的需求之后，敦促博物馆重视并发挥自身的教育功能，更好地服务公众。这份报告一方面总结了博物馆的诸多贡献和主要问题，另一方面也探讨了理事会成员、员工、志愿者和社区遇到的一些问题。该报告在给博物馆的十条建议中的第一条就强调了使命的重要性：

> 博物馆应该重视自身的教育功能（广义上的）。每一家博物馆都应该在使命中明确表达服务公众的承诺，并且确保所有场馆活动都以此为核心。

　　该报告不仅突出了博物馆的教育功能，还强调了教育功能要体现在所有场馆活动中。此外，关于使命的建议也促进了博物馆服务更加多元的观众群体。

使命宣言包含哪些内容

　　使命宣言要讲清楚场馆想要做什么、希望达到哪些目标、理事会成员和员工为了什么在工作，以及他们为什么需要资金、资源和时间。彼得·德鲁克、史蒂芬·科威（Stephen Covey）和很多管理学大师都在著作中强调，使命必须彰显博物馆的目标。使命宣言要明确具体、突出重点。想做的事情太多，往往很难做到。如果使命宣言过于宽泛，未来会导致很多问题，因为员工应接不暇，缺少足够的资源来实现场馆的目标。

服务对象是谁

　　很多儿童博物馆在使命宣言中都明确界定了它们的服务对象——儿童、某些年龄段的儿童，或是家长、老师和其他陪同儿童的成人。看看不同场馆的使命宣言，你就清楚了。有些场馆还在宣言中限定了观众的地域或文化。

如何服务

在不同场馆的使命宣言中，教育、学习和游戏的具体体现方式非常不一样，仔细研究这些方式也会很有帮助。不同的场馆会用不同的词汇来描述访客如何探索世界，场馆如何激发访客的想象力、创造力和好奇心。他们注重成人与儿童之间的互动，对文化有了更加深入的理解，同时也建立了更多外部合作。

服务访客需要我们做什么

我们可以利用展览、活动和藏品以及互动学习体验来为访客提供服务。使命宣言可以说明场馆侧重的内容主题，尤其是展项、活动和藏品的内容（比如艺术和科学）；场馆的内容可以只专注于所在地区。

不同博物馆的使命宣言有长有短。无论篇幅如何，最重要的是适合场馆。有些儿童博物馆（比如触摸博物馆、湾区探索博物馆和明尼苏达儿童博物馆）的使命宣言的主要内容只有一句话，但在其后却附加了一系列补充信息。这种形式能够清晰地展现场馆的工作和目标。史坦顿岛儿童博物馆、芝加哥儿童博物馆和圣何塞儿童探索博物馆的使命宣言长度从一句话到几句话不等，但都包含了最关键的信息。使命宣言的形式由各场馆自行决定。

撰写使命宣言的过程

撰写使命宣言之前，必须开展前期调研，这部分工作需要在场馆规划阶段完成。首先要了解本地的人口情况，以确保场馆现在和将来会有观众。需要了解的信息包括本地的出生率、学校预估的人口发展趋势、家庭消费情况，以及家庭和教育机构的其他特点。分析这些数据能够帮助你确定场馆的服务对象，这对展项、活动和服务的规划都至关重要。

撰写使命宣言之前，还要评估需求，帮助理事会了解场馆面临的市场竞争。有哪些非营利组织或商业机构为场馆的目标观众提供了类似的项目和服务？既要了解其他场馆的未来规划，也要了解金宝贝等商业机构的发展情况。初建的儿童博物馆应该专注地做一件或少数几件事。排除其他机构已有的服务和项目，聚焦于场馆的独特之处。

前期调研还包括对场馆优势、劣势、机遇和挑战的评估。这些内容能够帮助场馆避免重复其他机构已经在做的事，把重点放在创新和独特的服务上，这将对场馆工作大有裨益。博物馆可以在理事会和员工工作会议中讨论评估的内容，会后开展深入研究、实地考察和信息收集。

在制订使命宣言的过程中，最有意思的部分或许是理事会成员、场馆员工和社区成员之间的讨论。负责起草使命宣言的人需要整合各种新观点，同时还要准备好随时修改其中的内容。使命宣言不会一蹴而就，必将经历反复修改，这不仅指最初起草之时，也包括每隔三到五年理事会都应重新审视它的内容。场馆要组建一个团队或指定专人来撰写使命宣言，这个人必须有能力且愿意根据建议随时修改使命宣言的内容。

在制订使命宣言的过程中，人们往往会在以下几个方面出现分歧：目标观众的年龄段（太宽还是太窄？）；描述学习方式的语言（教育还是学习？游戏还是娱乐？）；描述学习或教育过程的用词。只有经过对这些问题的讨论，大家才能达成共识，并最终确立场馆的使命宣言。使命宣言要经过理事会成员的投票表决，才能正式被采纳。

重新审视和修改使命

使命宣言对于场馆规划、建筑建设、筹资活动以及场馆在社区中的定位都具有重要的指导作用。理事会和场馆员工都应该定期审视使命宣言，根据场馆当前的实际情况来调整其中的内容。

邦妮·皮特曼现在担任湾区探索博物馆馆长一职。她在博物馆领域拥有超过25年的从业经验，并曾供职于伯克利的加利福尼亚大学艺术博物馆和太平洋电影资料馆、西雅图艺术博物馆以及新奥尔良艺术博物馆。此外，她也是经典著作《博物馆的神奇魅力和儿童》一书的作者。在她的领导下，美国博物馆协会博物馆教育专门工作组编写了《卓越与平等：博物馆教育和公众参与报告》。

儿童博物馆使命宣言摘选

湾区探索博物馆

使命宣言：

湾区探索博物馆的使命是为儿童提供优质的教育资源，帮助家长、教育工作者和所有为丰富儿童生活而努力的人。

通过让儿童动手参与各类展览和创新活动，场馆：

（1）在金门大桥下提供了优美的户外环境，让儿童可以探索自然界并发现学习的魅力；

（2）服务整个湾区不同文化背景的儿童；

（3）激发儿童的学习兴趣，让他们有机会与艺术家、科学家和教育工作者一起交流合作；

（4）让儿童有机会动手试验、游戏、发挥想象力，并分享交流自己的想法。

孟菲斯儿童博物馆

使命宣言：

孟菲斯儿童博物馆利用互动展览、活动和其他教育资源，帮助儿童和家庭访客理解艺术、科学、人文和技术领域的奥秘，从而激发他们的好奇心和想象力。

孟菲斯儿童博物馆致力于：

（1）让访客通过实践来学习；

（2）提供有趣的多感官学习体验；

（3）促进每位访客的学习；

（4）促进代与代之间的交流合作和相互理解，鼓励儿童与成人相互学习；

（5）促进家庭的身心健康成长；

（6）为学校教育提供有益的补充；

（7）丰富孟菲斯的教育资源。

圣何塞儿童探索博物馆

使命宣言：

圣何塞儿童探索博物馆通过提供丰富的探索学习体验来满足儿童、家庭和学校访客的需求。对于儿童来说，最重要的是有一个属于自己的地方，在轻松愉快的环境中体验互动展项，参与活动。场馆的主题包括不同事物之间的联系、社区以及创造力。场馆的独特环境能够鼓励儿童积极思考，将不同的想法、人和文化联系在一起。场馆活动也能帮助儿童找到自己的定位，引导他们思考自己能为社区乃至世界做出哪些贡献。最后，通过融入丰富的游戏和表达方式，场馆让所有人都有机会从孩子的视角去探索这个世界的奥秘。

愿景：

圣何塞儿童探索博物馆希望为不同文化背景和年龄段的儿童和成人提供丰

富的学习体验，在轻松愉快的环境中吸引他们参与。不管是短暂的单次来访，还是持续的互动，都应帮助访客更好地认识自己、他人和周围的世界。

芝加哥儿童博物馆

使命宣言：

芝加哥儿童博物馆的使命是促进儿童的学习，从而激发他们的创造力和潜能。

曼哈顿儿童博物馆

使命宣言：

曼哈顿儿童博物馆通过提供独特的互动展项和活动，帮助儿童和家庭访客了解自己和这个文化多元的世界。

曼哈顿儿童博物馆的目标：

（1）根据儿童的需求，为他们提供融合了趣味性和冒险精神的学习体验，从而激发他们的想象力、创造力和好奇心；

（2）探讨与儿童和家庭相关的重要问题；

（3）既要让儿童有机会按照自己的方式参与互动学习体验，又要鼓励儿童尝试新的学习方式；

（4）让家庭访客有机会共同参与场馆的学习体验；

（5）让访客有机会认识自己，表达自己的想法，从而帮助他们建立自信；

（6）通过策划有组织的学习体验，让不同文化背景的观众都有机会参与进来，从而促进他们理解和尊重彼此；

（7）为儿童和家庭访客营造符合艺术审美、正面积极的学习环境。

明尼苏达儿童博物馆

使命宣言：

明尼苏达儿童博物馆致力于为儿童和家庭访客提供有趣的互动学习体验。在这里，儿童和他们的家人可以一起通过丰富的艺术、科学以及人文学科展项和活动去探索和发现这个世界。

价值观：

（1）所有孩子都值得被尊重；

（2）作为孩子的第一任老师，家长的作用至关重要；

（3）学习方式有很多种；

（4）社区是多种多样且相互关联的；

（5）场馆工作是所有人的职责。

触摸博物馆

使命宣言：

触摸博物馆为1～7岁儿童提供了丰富的互动展项、活动和藏品，鼓励儿童与成人交流互动，从而激发儿童的好奇心和学习兴趣。为了巩固场馆在幼儿活动方面的优势，我们将努力做到以下几点：

（1）将游戏作为学习艺术、科学和人文学科的主要方法；

（2）在场馆内外开展各类活动，以满足不同社会经济地位的访客的需求和兴趣；

（3）主要收集、整理并展示1945年后一段时期的器物；

（4）与学校、学术研究机构、社会服务和社区组织等机构合作，以扩大影响力，提升服务质量；

（5）为研究儿童学习与发展提供参考；

（6）在场馆发展壮大的同时保证场馆体验的质量；

（7）确保员工、管理层和理事会成员中都包含不同的种族和性别。

史坦顿岛儿童博物馆

使命宣言：

史坦顿岛儿童博物馆的使命是滋养儿童与生俱来的创造力和好奇心，囊括多种不同的学习方式，利用场馆实践向人们呈现充满趣味而激动人心的学习过程。为了实现这些目标，场馆努力为访客营造轻松愉悦的学习环境，在策划活动时注重提供真实直接的动手体验。此外，场馆还会鼓励各类访客（包括残障人士）来馆参与体验，同时也会在场馆以外的地方为社区成员，尤其是家庭和学校提供教育资源。

第五章
场馆管理

打造万能理事会

珍妮·菲南（Jeanne Finan）

很多儿童博物馆最初的规划都始于餐桌上的闲谈，但最终还是要有一套完整的、精心策划的管理体系。想要创建一家出色的儿童博物馆，首先要有优秀的理事会团队。根据联邦税法 501（c）（3）条款中的定义，所有非营利组织都必须有自己的理事会。在英文中，理事会在有些地方称作 board of directors，而在其他地方则称作 board of trustees。每家场馆都可以根据自身情况（比如所在州的相关法律）来命名理事会。

儿童博物馆的理事会应该由一群关爱儿童、志愿投身这项事业的人组成，他们要齐心协力达成场馆的使命。想要成功建馆并在开馆后持续发展，就必须要有一个充满活力和执行力的高效理事会，他们不仅时刻聚焦博物馆的使命和愿景，还要通过努力筹资来实现场馆的使命和愿景。尽管理事会成员往往不愿意承认这一现实，但筹资的确是他们最重要的职责之一。

与企业（商业机构）的董事会成员不同，儿童博物馆和其他非营利组织的理事是没有报酬的。作为场馆的创始人之一，如果你想要担任馆长或其他带薪职位，需要先辞去理事会的职务，并且要让其他理事会成员了解你的想法，以便应聘带薪职位。要特别注意的是，理事会成员之间不能有利益冲突。所有理事会成员都不应收受报酬或任何形式的经济利益。举个例子，如果理事会成员中有一位是建筑师，只要他（她）为场馆提供的所有服务是无偿的，就不存在利益冲突。人们愿意成为儿童博物馆的理事，是因为他们关心社区，并且认同场馆的使命。他们因此获得的回报不是经济上的，而是有幸看到自己对这里的孩子产生了积极影响。

儿童博物馆的理事会一定要有书面的章程，其中要规定理事会成员的任期。场馆不应有终身理事。场馆可以采用很多方式来表彰做出杰出贡献的理事，但让他成为终身理事却是不可取的。儿童博物馆理事的每届任期通常是两到三年，可能允许再连任两届（任期两年）或一届（任期三年）。一般来说，即使是非常积极活跃的理事，愿意服务的年限也不超过 6 年。理事会章程中应规定已满 6 年的理事必须离任一到两年，之后如果他们愿意而且理事会需要，可以重新入选理事会。

初始理事会的成员人数不宜太多（不要一开始就组建 50 或 30 人的理事会）。可以考虑从 15 名成员的小团队开始，尽量选择有活力的、热爱儿童博物馆事业的、背景多元的、有悟性的、了解理事会职责的人。一定要记住，想为场馆贡献力量的人不一定非得加入理事会。除了理事会，还可以让他们加入场馆的各委员会（尤其是筹资委员会！）和顾问团。有些场馆的初始理事会人数很多，但在场馆落成后就减少了理事会成员的数量。理事会章程中应该明确规定理事会成员的人数范围（如 7～30 人）。

在甄选理事会成员时，尽量坚持高标准，他们在本社区要有一定的影响力，才能有序开展儿童博物馆的工作，完成筹资并成功开馆。在面对每一位候选人时，扪心自问："他能成为优秀的理事长吗？"如果你的回答非常肯定，那么可以接着往下进行。你需要他们在场馆里投入大量的时间、精力和金钱。理事会成员要发挥榜样的力量。有些理事会规定了每位理事每年最少捐赠的额度（比如 2000 美元）。另外一些场馆则干脆要求每位理事竭尽所能慷慨捐赠，这可能是 50 美元，也可能是 5 万美元。你必须明确对他们的期望值，并且坦率地告知他们。

创建儿童博物馆时，你会需要"能干活的"理事会成员。再次强调，对他们一定要坦诚。永远不要说"不会占用你太多时间的，不需要做很多事"，因为这显然不符合事实。创建儿童博物馆需要创始理事会投入大量的精力。你需要的是愿意投身、积极参与的理事。你会需要他们参加会议，参观了解其他地方的儿童博物馆，举办特别活动时能排桌椅、吹气球，并且愿意积极参与社区活动。

儿童博物馆的理事会成员要坚定不移地热爱这份事业，他们要相信所在社区的确需要建立一家儿童博物馆，并且会为这件事出一份力。他们要愿意向身边的朋友、企业家、政府官员以及普通民众宣传场馆。他们要能对社区中的其他人产生正面、积极的影响，同时还要做到永不言弃。建馆之路荆棘密布，他们要能坚持不懈。在被前两位筹资对象拒绝后，他们要做到勇于尝试第三个、第四个。当发现原本认定的场地并不像预想的那么好时，他们要能坚持寻找更好的地方。儿童博物馆的理事会成员需要有锲而不舍的精神。

创始理事会要能帮助场馆成功开馆，同时还要体现所在社区的人口特点。在甄选理事会成员时，要尽量做到多元化。可以利用本文最后给出的"理事会成员信息表"来筛选。表中第一行的数字分别代表每一位候选人。根据他们的个人情况，勾选左侧列举的每一项特征。一定要记住，理事会的成员要能代表社区的人口组成，因此不能由 10 名生活在郊区并且在生孩子之前都是律师的未满 30 岁的白人女性组成。要想深入社区，获得更多资源和观众，理事会的成员就要涵盖各专业领域，具备多种不同的特征。这张表能帮你发现候选人组成结构的优劣。总之，最理想的情况是一个具备各方面特征并且能够代表社区人口组成的理事会团队。即使经过多年的发展，在甄选理事会成员时也要秉持这一原则。在招募新成员时，可以根据理事会现有成员的情况取长补短。

儿童博物馆的理事会应该设立一个提名委员会，不断为场馆寻找和发展未来的理事会成员。在明确需要什么样的理事会成员之后，提名委员会就可以在所有理事的协助下开展招募工作了。

发展理事会成员的一些方法：

（1）邀请他们去理事会成员家里参加聚会；

（2）让他们与其他理事会成员共进午餐；

（3）以邮件形式（邮件抬头应尊称收件人本人）告知他们场馆工作的进展；

（4）与他们一起参观其他博物馆；

（5）邀请他们参加场馆的特别活动（如奠基仪式）。

请记住：你在为场馆今后的发展寻找优秀的候选人。要注意理事会现有成员的特征分布以及场馆当前的需求。如果是初创阶段，场馆很可能需要有能力且愿意捐款或筹款的人。场馆在请得起员工之前同样需要愿意无偿干活的人。

在邀请别人加入理事会时，一定要坦诚地说出你的期望，包括你希望他们捐款或筹款的想法。不要以为他们知道，要直接告诉他们！

随着理事会和博物馆的发展，你会需要为理事会的新成员提供引导和培训。可以邀请几位理事会成员（和馆长）与新成员共进午餐，做口头引导；也可以为新成员提供书面材料。把这些材料整理成册会显得更正式，也更有帮助。这本册子的内容取决于当前场馆的状况。我在文后附上了理事会手册的样例，列举了其中可能包含的内容。

总之，培养优秀的理事需要以下四步：

（1）选择对的人；

（2）为他们提供引导和培训；

（3）让他们随时了解场馆的情况；

（4）让他们持续参与场馆的工作。

儿童博物馆的理事和员工肩负不同的职责。在场馆聘请专职馆长之前，理事会需要履行员工的很多职责。然而，最重要的是从一开始就认识到这种职责上的差异，并且尽早做出承诺——尊重员工的专长。在馆长上任后，将会有一个非常关键的过渡期，创始理事会要把场馆的诸多日常工作交接给馆长。这并不意味着理事会参与的工作变少了，而是要给馆长足够的空间，让他能专业地运营场馆。对于儿童博物馆来说，最重要的是理事会和员工同心协力，共同达成场馆的使命。

最后一点，培养理事会团队非常重要，需要花费大量的时间和精力。这通常是理事长的职责，但在正式的馆长上任后，则由馆长来完成。经常向理事会成员表达感谢，这一点非常重要。同样地，理事会成员之间也要经常相互感谢和鼓励。对理事会成员的出色表现要给予认可和赞美。一定要记住：他们所做的一切都是无偿的！

儿童博物馆为什么要有理事会？

（1）联邦税法要求所有非营利组织都要有理事会。

（2）理事会要对场馆的一切负责，包括其中涉及的法律责任。

（3）理事会负责监管场馆收到的所有捐赠，确保这些资源得到充分有效的利用。因此，理事会成员之间不能有利益冲突。非营利组织的所有理事会成员都是无偿提供服务的。

（4）理事会能够帮助提升场馆在社区中的信誉。如果理事会成员个人具有良好的声誉，捐赠方和公众会对自己捐出的资金和场馆的管理更放心。

（5）理事会成员不仅自己为场馆提供捐赠，同时也愿意为场馆寻找其他的捐赠方。

儿童博物馆为什么要有带薪员工？

（1）员工可以确保场馆日常工作的有序开展。如果理事会执意插手场馆的每个决定（事无巨细），只会阻碍场馆的发展。理事会必须给予员工充分的信任，相信他们可以做出符合博物馆使命和目标的正确决定。

（2）员工能够为场馆带来专业的知识和经验。

（3）只有员工和理事会同心协力，才能最终实现场馆的目标。

顾问委员会

儿童博物馆成立顾问委员会的原因有很多，其中包括：

（1）为场馆收集社区的意见；

（2）参与审核和评估场馆活动；

（3）提供某一领域的专业知识；

（4）为场馆在社区赢得更多支持；

（5）为场馆活动筹资；

（6）让愿意提供帮助但时间有限的人有机会参与场馆的工作；

（7）为场馆提供客观独立的意见；

（8）让社区中的"大人物"能够持续了解场馆在做的事。

顾问委员会的指导原则：

（1）以书面形式明确阐述顾问委员会的根本使命；

（2）界定委员会的服务年限和任期；

（3）明确说明每位成员的工作职责以及场馆对他们的期望；

（4）规定会议的次数；

（5）描述委员会成员的甄选流程；

（6）指明顾问委员会的汇报对象；

（7）说明员工、理事会与顾问委员会的关系。

理事会手册

（标明每一项的日期，确保理事会成员拿到的是最新版的手册）。

1．使命宣言

2．场馆简介

1～2页。

3．理事

理事会和各委员会会议的日期和地点

理事会成员的职责

各委员会成员的工作内容

理事会成员和各委员会主席的最新联系方式，包括名字、职务、地址、电话、传真和电子邮箱

理事会章程

理事会成员的责任保险综述

4．员工

员工的名字和当前职务

员工工作内容概述

馆长的履历

志愿者招募资料

5．会议记录

理事会和各委员会的会议记录

6．财务

年度预算

最近的月度财务报表

上一年度的审计报告

年度筹资计划

捐赠感谢信模板

筹资信范例（可以根据需求修改）

7．展项和活动

场馆平面图

每个展区和藏品的简介

移动展项的巡展计划

场馆年历（活动日历）

定期举办的活动的简介

团体活动资料

8．公共关系和市场

场馆的宣传册

新闻稿

近期重要剪报（如本地报纸刊登的文章的复印件）

年报

场馆的信纸和信封

9．会员

家庭和企业会员宣传资料

会员报告

10．选址

设施租赁费用

租赁合同样本

11．场馆的长期计划

理事、馆长和员工的职责对比

理事	馆长	员工
使命		
● 确立（审批）场馆的使命、目标和制度	● 执行场馆的使命和目标，起草并执行场馆的制度	● 依据使命、目标和制度来运营场馆，针对制度提出建议
财务职责		
● 确保场馆资源充足 ● 每年为博物馆提供私人捐赠 ● 审批筹资计划 ● 审批场馆预算和审计报告	● 协助理事会保障场馆的资源 ● 起草并提交预算	● 协助预算的制定、活动和项目资金的筹集等工作
人员管理		
● 聘请馆长，负责馆长的绩效考核 ● 审批新岗位的设立 ● 审批人事制度	● 对整个理事会（而不是某位理事）负责 ● 向理事会汇报 ● 聘请和辞退员工 ● 申请新岗位的设立 ● 管理员工 ● 起草人事制度，依据制度运营场馆	● 对馆长负责 ● 不直接与理事会对接，借由馆长与理事会沟通 ● 遵守申诉流程 ● 非常清楚各岗位的职责 ● 参加工作相关的培训 ● 工作中遵守场馆的人事制度
委员会		
● 组建并加入各委员会（财务委员会、会员委员会、建筑委员会、理事提名委员会等） ● 向理事会提交委员会的建议	● 加入所有委员会	● 了解各委员会的建议

续表

理事	馆长	员工
公共关系		
● 提升场馆的公众形象	● 提升场馆的公众形象 ● 成为场馆的发言人	● 提升场馆的公众形象
规划		
● 确保场馆规划合理有效 ● 参与场馆的规划 ● 审批场馆的计划	● 参与场馆的规划 ● 执行场馆的计划	● 参与场馆的规划 ● 执行场馆的计划
管理		
● 提供建议，必要时展开讨论 ● 了解场馆的发展目标 ● 了解场馆的运作以及相关的法律问题	● 管理场馆 ● 保持专业素养 ● 具备专业知识 ● 有能力领导理事 ● 与员工沟通交流 ● 运营和管理 ● 了解法律风险	● 通过馆长了解场馆的管理
藏品		
● 审批关于收藏的建议	● 向理事会提交关于收藏的建议	● 提出收购、出售或交换藏品的建议

理事会成员信息表									
理事会成员	1	2	3	4	5	6	7	8	9
特征									
年龄									
30 岁以下									
30～40 岁									
41～50 岁									
51～65 岁									
65 岁以上									
性别									
女									
男									
民族									
亚裔									
非裔美国人									

续表

理事会成员信息表									
理事会成员	1	2	3	4	5	6	7	8	9
西班牙 / 拉美裔									
白人									
居住地									
城市									
郊区									
农村									
专业领域									
行政管理									
财务									
筹资									
政府									
商业									
教育									
法律									
市场									
策划									
公共关系									
其他									
个人财务状况									
个体经营									
工薪阶层									
慈善事业									
潜在捐赠者									

创始理事会的演变

芝加哥儿童博物馆创始理事长
玛丽·波伊尔（Mary Boyer）

在正式开始讲述芝加哥儿童博物馆创始理事会的组建过程和重要作用之前，请允许我先花点时间介绍一下这个项目的背景。1980 年初，芝加哥的公立学校经历了第一波经济危机，导致学校大幅削减艺术活动的经费。作为伊利诺伊州教育委员会艺术顾问团的一名成员，我非常清楚艺术活动对儿童发展的众多益处，但前提是我们能合理投入资源，为他们提供参与艺术活动的机会。同时，我还经常参与芝加哥女青会的工作。作为一个志愿者组织，芝加哥女青会致力于将女性培养成为优秀的社区志愿者领导。

为了达成使命，芝加哥女青会鼓励成员深入了解社区需求并针对这些需求开发项目。20 世纪 80 年代初，芝加哥公立学校的艺术活动大幅减少，导致需要其他机构来填补艺术活动的缺失，这为女青会的介入提供了合理的契机。为了赢得女青会的支持，成员们展开全面的规划和研究，并就资金和志愿者的投入进行投票。毋庸置疑，在一家儿童博物馆的初创阶段，理事会远比志愿者重要得多。女青会的参与让我们不得不把重点放在理事会上，因为它对新建场馆能否成功至关重要。

了解场馆所在地区的政治大环境也很重要。芝加哥是一个文化资源非常丰富的城市，博物馆和表演艺术团体比比皆是。尽管当时没有机构把儿童作为主要观众，也鲜少为儿童策划活动，但这些机构的领导显然不愿看到其他文化机构的出现。虽然有点难以置信，但历史悠久的大机构的领导们在听到一家小场馆创建的想法时，的确会有受到威胁的感觉。这一方面让我们意识到自己的想法很棒；另一方面也促使我们积极寻找志同道合的人，帮助我们把这个想法变成现实。

我们的创始理事会一共有 5 位成员，其中两位艺术教育工作者在博物馆规划方面具有非常丰富的经验；另一位资深的教育工作者曾与很多教师和当地教育系统有过紧密合作；另外两位是女青会的成员，她们了解如何在社区中开展类似的项目。我们的团队虽小，但汇集了优秀的人才。我们只负责建立项目的基本概念，并不具备实现它的能力。现在，我们已经准备好组建下一阶段的理事会团队：他们不仅要人脉广泛，还要了解如何启动一个实实在在的项目。

理事会想要完成这次演变并不容易，因为理事会的工作重点已经变了。虽然创始团队成员的一些技能在规划场馆阶段是必不可少的，但他们很难满足场馆发展的新需求。为此我们刻意延迟了理事会演变的过程，直到项目的基本概念已经确立、女青会的第一笔资助和志愿者都已经到位并且我们已经找到场地小试牛刀之后才开始。有了这些条件之后，我们开始寻找社区中非常有影响力的人，因为他们不太可能愿意干最初跑腿的活儿。

组建新一届理事会的目的是利用新理事的专业知识和信誉帮助开展我们的项目。在项目规划阶段，我们首先在女青会的指导下完成了项目可行性研究。其中一部分集中分析了理事会的作用，并给出候选人相关建议。芝加哥最大的一家基金会的理事长告诉我，他们在评估资助对象时，首先看重的是这个机构有哪些成员和志愿者。他坚信，这些志愿者的投入和热情对一个机构的成败有决定性作用。

后来我们决定，场馆的第一届理事会（除创始理事会之外）规模要小，但影响力要大。我们认为，这届理事会最好由 10 个人组成，他们要来自不同的专业领域——高等教育、艺术教育、儿童和家庭、艺术组织、芝加哥公立学校、资助方和女青会。我们当时寻找的目标人选包括社区里非常有影响力的人、关系网强大的知名人士，以及善于抓住机遇的冒险家。当我们整理好候选人名单时才发现，排在前面的很多人已经自己创建了其他组织。真凑巧！

我们自信满满地找到这些候选人，毕竟我们的项目也有两年之久了。在此过程中，我们用锲而不舍的精神克服了大量困难，同时也赢得了人们的尊重。而且，我们已经有了启动资金。

再一次，女青会带头捐出了该组织史上最大的一笔捐赠资金：连续 5 年资助我们的场馆，前两年每年 5 万美元，后三年递减。有了这份支持，我们有信心聘请到优秀的理事会成员。在戴安娜·索特（Dianne Sautter）接受我们的邀请成为创始馆长之后，女青会的支持让我们在求助本地基金会时也信心满满。最终，本地三家最大的基金会都资助了我们的项目，为项目启动打下了坚实的基础。

我们需要新一届理事会做些什么呢？我们需要他们的指导和宝贵经验；需

要他们帮助我们发展组织文化，建立正确的价值观；需要他们帮助我们制定一些策略，把场馆建立起来；需要他们的关系网，需要他们为场馆未来的理事会推荐候选人；需要他们帮助场馆在社区建立良好的声誉。

我们努力的结果如何？我记得没有人拒绝我们的邀请。他们不仅对我们的发展过程印象深刻，而且最重要的是他们对儿童博物馆事业充满了信心。我们成功了。在我们第一个展项的展出场地——芝加哥公共图书文化中心供我们无偿使用的走廊里，我们以午餐会的形式召开了第一次理事会会议。

到了 1982 年 9 月，我们的第一个展项按计划即将对外开放，我们不知道会产生什么反响。其他博物馆的馆长都跟我们说，学校团体不会来，因为他们无法承担带孩子来的费用。这些馆长真是大错特错！在展项刚刚开放的前几周，头两个月的展项就已经被约满了。因此，我们无限期延长了展项的展出时间。在最初三个月里，也就是到了 1982 年 12 月，我们的展项已经接待了超过 1 万名学龄儿童。到我写这篇文章时，我们的场馆已经搬到了固定的场地，拥有约 6 万平方英尺的空间，每年的运营预算超过 500 万美元，每年访客量超过 58 万人次。

我认为，场馆能够取得如此巨大的成功，要归功于理事会与员工之间的紧密合作。一直到项目的根基已经相当稳定，我们才聘请了馆长。这位馆长此前是一名教师，同时又有非常丰富的项目策划经验。尽管她一直很重视理事会的重要作用，也很善于利用他们的才能，但最终还是她自己担负起了筹款的重任。

我很喜欢回忆那段时光，并且相信即使到了今天，我们仍然能感受到第一届理事会为场馆打下的坚实基础。对于场馆来说，筹款任务依旧艰巨。理事会的捐赠时高时低，尽管每年理事会成员的个人特征会有所不同，但杰出的理事会有一个必备特点，那就是成员的个人魅力。尤其对于新建场馆来说，理事会成员最好活力充沛、魅力四射，他们不仅要在自己的生活中很成功，还要能为场馆拼尽全力。

作为女青会的前成员，玛丽·波伊尔是芝加哥儿童博物馆的创始理事会成员。在芝加哥儿童博物馆工作的 11 年间，她曾先后担任场馆第一届理事会的理事长、财务总监和秘书长等职务，并曾担任多个委员会的主席。她现在自己经营着一家专业的清洁服务公司——北岸的女佣（Maids of the North Shore）。

评价非营利组织：论心亦论"绩"

彼得·F. 德鲁克（Peter F. Drucker）

非营利组织既需要强大的理事会，也需要得力的秘书长。几乎所有非营利组织都只认同这一说法的前半部分或后半部分，而有相当多的组织并不认为两者都是必需的。事实上，只由理事会或秘书长中的一方来全权主导的非营利组织，都很难取得成功，更不用说在"独裁者"（理事长或秘书长）卸任后实现可持续发展了。

在很多企业，尤其是大型上市企业的理事会中，几乎所有人都昏昏欲睡，直到面临严重危机时才如梦初醒，但往往为时已晚。不管是在洛克菲勒创立的标准石油公司基础上发展起来的石油巨头，还是在欧洲和日本的公司，理事会历来都只是应法律要求而设，并无实权。一些非营利组织——大型私立大学或由传奇牧师主持的大型教堂也是如此，理事会形同虚设。

然而，大部分非营利组织即使内心非常希望削弱理事会的权力，也终究无法做到。

这一方面是因为理事会往往是筹资的主要力量；另一方面，更重要的原因在于，理事会成员为了组织的事业也都尽心尽力。如果没有合理的职能或无事可做，他们可能会捣乱或插手其他工作。

非营利组织别无选择，只能充分发挥理事会的管理职能。只有当理事会由客观独立、热爱这项事业的外部人士组成时，非营利组织才能专注于自身使命和做事的结果，对自己拿的钱负责。如果做不到这些，任何非营利组织都会很快沦为"不作为"组织。

同时，除了规模很小的本地机构，每一家非营利组织都必须有一位卓有成效的管理者。随着美国非营利组织在本世纪①的长足发展，现在它们不仅规模庞大、结构复杂，而且在社会中发挥着越来越重要的作用，因此，仅凭理事会已经不能很好地对其进行管理了。

其实美国非营利组织最显著的特点不是其规模，而是其工作范围的迅速扩

---

① 译者注：此处指 20 世纪。

大，以及由此产生的对组织能力的更高要求。

想要满足这些要求，非营利组织不能仅凭好心、善意和慷慨解囊，而是要更专业的运营。非营利组织对志愿者的依赖程度越高，其管理就应越专业。一个机构想要运转起来，需要做太多的事情，如果没有专业的全职员工，根本无法做到。此外，想要达成组织设定的绩效，则必须建立健全各项制度，权责分明。

很多非营利组织花了大量时间去争论理事会和秘书长二者孰高孰低，正确答案是：他们必须并肩作战。二者发挥的作用不同，需要通力合作，才能实现互补。因此，他们要扪心自问，"对方能够在哪些事上帮助我？"理事会和秘书长要平等互助，团结协作。

理事会和秘书长的职责分别是什么？一般来说，理事会负责决策，秘书长则负责执行理事会的决策。但这种台面上的说法有个问题，谁也不知道（或者说没搞清楚）决策指的是什么，究竟包含哪些内容。因此，双方会争吵不休，摩擦不断，彼此争抢管辖权限。

卓有成效的非营利组织不会过多讨论如何决策，而是专注于工作本身。它们会明确定义每个职能部门的工作职责，以及期望达成的目标。

理事会的一项职责可能是为来年筹集大量的资金；而秘书长的职责可能是为来年招募一批新的志愿者，并成功引进两个项目。又或是，理事会可能承诺它的每位成员参与的社区活动会达到一定数量。理事会的职责还可能包括亲自对医疗机构开展数次深入调查，与各部门负责人集中会谈。对于一些迅速成长的大型福音教会或天主教教区来说，理事会可能负责志愿者招募和培训材料的起草、设计、编辑和制订工作。对于神学院来说，理事会可能负责在两月一次的会议上用半天的时间来审核学院的某项教学计划。

在高效的非营利组织中，理事会的各委员会——其实是每位理事会成员——都要担负起具体的工作，实现特定的目标，秘书长也不例外。

这句话有两方面含义，对很多非营利组织及其理事会来说，这两方面都令他们头疼不已。

一方面，非营利组织要根据预先设定的目标，定期考核整个理事会、各委员会、每位理事会成员、秘书长以及骨干员工的绩效（这项工作最好由往届理事会成员来完成）。

另一方面，如果理事会成员和管理人员的绩效一直达不到目标和预期，他们就应辞职，或至少不再连任。

理事会要参与非营利组织的工作。既然无法阻止他们，又不能绕过他们，那么最好的办法是与他们携手合作。

非营利组织的理事会成员要热爱这项事业，他们要对组织做的事非常感兴趣，并且深入参与其中；他们要了解组织的工作以及参与各项工作的人员，他们要关心组织在做的事。

同时，非营利组织的理事会通常在组建时，就将"参与组织工作"列为理事会的职责之一。

非营利组织的理事会成员通常会组建不同的委员会，每个委员会负责一项具体的工作，比如筹款、场地设施或青少年活动。因此，他们会直接与组织里负责该领域工作的员工对接，而不是借由秘书长来沟通。这使得他们不得不参与组织的工作，同时还要讲究方式方法。

然而，理事会参与组织的工作，必须起到正面积极的作用。因此，理事会成员与员工之间的沟通需要畅通无阻。限制约束不仅起不到任何作用，还会让理事会成员和员工心生猜忌，引起不必要的明争暗斗。不过，秘书长也要了解各委员会、理事会成员与员工之间的沟通情况。

这看起来可能只是小事一桩，事实上也确实不是什么大事。但根据我的经验，秘书长对理事会"横加干涉"的惧怕，以及理事会成员因"被孤立"而产生的怨气，往往是非营利组织内部管理产生冲突的主要原因。如果这个问题已经产生，想要解决几乎是不可能的，但完全可以通过一些简单的办法防患于未然。

谁来负责确保理事会富有成效地开展工作、协调理事会和秘书长之间的关系、理顺内部管理架构？答案是理事会主席。这个答案只有一个问题：行不通。怎么做才能行得通？把组织的有效管理作为秘书长的主要职责。我想有人会说：这么做太冒险了，理事会有可能沦为秘书长的傀儡。这本就是退而求其次的方法，如果理事会主席果真可以担负起这项职责，当然会是更好的选择。

可惜我从没见过有哪位理事会主席愿意这么做，因为这需要花费大量的时间。根据我的经验，没有超过 5 年坚持不懈的努力，根本无法做到，而这远远超出了一个兼职的"外人"所能投入的时间和精力，不论他 / 她对这项事业有多么热爱。因此，非营利组织的有效管理以及建立合理的内部管理架构，应该是秘书长的首要任务，也是聘请和考核秘书长时要重点考虑的因素。

　　对于非营利组织领域里的很多人来说，那些被证明行之有效的管理经验其实并不出人意料，只是不太受欢迎。理事会成员和秘书长的确很难接受这些经验，因为这与广泛流行的非营利组织只靠善心就能运转的观点相左。但事实上，非营利组织还是要看最终的表现，既要论心，也要论"绩"。

　　同时，这些经验与另一个同样广受认可的理念相悖，即非营利组织要像商业机构那样管理。非也！非营利组织要致力于一项事业，要有自己的使命，要充满激情。在非营利组织领域，不管是教堂、高校、医院，还是社区服务机构，很多人在面对"论绩还是论心"的问题上都苦恼不堪，甚至陷入绝望。然而，随着越来越多的非营利组织发展出了行之有效的管理架构，它们的经验应该能让这些人松口气。其实管好非营利组织很简单，不需要奇迹，只需要坚定的意志和不懈的努力。

　　彼得·F. 德鲁克是位于加利福尼亚州的克莱尔蒙特研究所社会科学与管理专业的教授，同时也是《非营利组织的管理：原理与实践》（哈伯柯林斯出版社）一书的作者。本文转载自《慈善纪事报》1990 年 10 月 2 日刊，内容节选自《非营利组织管理和领导力》的创刊号。《非营利组织管理和领导力》是旧金山乔西-巴斯出版公司发行的季刊，由凯斯西储大学的曼德尔非营利组织中心和伦敦政治经济学院的志愿组织中心共同赞助出版。

第六章
建　筑

儿童博物馆建筑设计中的关键问题

宾夕法尼亚州立大学

杰韦德·海德尔（Jawaid Haider）博士、塔拉特·爱资哈尔（Talat Azhar）

儿童博物馆现已发展成为一种重要的建筑类型，仅美国就有 200 多家，而且这个数量还在持续增长。尽管这些场馆千差万别，很难用同一种方式来描述，但它们却存在一些非常重要的共同点。儿童博物馆的共同目标是借助游戏和动手活动来促进儿童学习。相比其他类型的博物馆，儿童博物馆的独特之处在于它是专门为儿童设计的，场馆非常重视自身的教育功能，而藏品只是实现教育目标的手段。

形形色色的儿童博物馆在自身环境的基础上，发展出了丰富多彩的形式和内容。尽管一些历史悠久的儿童博物馆，比如波士顿儿童博物馆、布鲁克林儿童博物馆和印第安纳波利斯儿童博物馆，已经衍生出很多教育理念和成果，但介绍儿童博物馆的正式出版物却出奇得少，其中关于建筑和空间设计的内容就更加寥寥无几了。大多数专业著作，包括书籍和期刊文章，探讨的都是展览和设计的具体细节，另外一些则专注于场馆建筑的技术问题，如旧楼改造、参观路线、照明、安全，等等。而对于建筑设计中的关键问题，比如展项与空间之间的关系、空间体验的质量、建筑外观以及建筑与周边社区的关系，通常只是浅尝辄止。

乌列·科恩（Uriel Cohen）和露丝·麦克默特里（Ruth McMurtry）编写

的研究报告——《博物馆和儿童：设计指南》算是个特例。该报告阐述了建筑设计中的关键问题。在美国国家艺术基金会的资助下，该报告编写组通过深入研究多家儿童博物馆的建筑，找到其中的关键问题以及这些问题对建筑设计的影响。这项开创性的研究在分析儿童博物馆特点的基础上，"总结出了适用于多种博物馆、动物园、水族馆以及其他类似场所的设计原则"（Cohen and McMurtry，1985）。尽管这份报告在很大程度上填补了这方面信息的空白，但可惜它的应用范围有些过于宽泛了。虽然其中的理念和设计原则适用于所有类型的场馆，但我们亟须了解儿童（特别是处于早期发展阶段的儿童）对建筑的需求。通过分析儿童博物馆的创新性设计、展项和建筑，设计师可以将其中的宝贵经验应用到所有为儿童设计的建筑中，包括托儿所和幼儿园。

想要了解儿童对建筑的需求，首先我们必须用心去感知儿童的世界。儿童通过游戏来学习、交往和发展创造力。其实学龄前儿童根本不会区分游戏与学习、游戏与工作、想象与现实。一些建筑师在设计儿童博物馆时，已经融入了游戏的理念，让儿童有机会充分发挥自己的想象力。

弗兰克·盖里（Frank Gehry）在波士顿儿童博物馆原有建筑的基础上增加了驳船和新的入口设计，希望孩子们在看到这些设计时能联想到自己生活的世界，也希望这些新增的部分凭借着地标性的设计而成为儿童活动场所的象征。与此同时，设计师还希望抽象的建筑形式能激发儿童的想象力，让儿童形成自己对建筑的解读。

著名建筑师罗伯特·文丘里（Robert Venturi）和丹尼斯·斯科特·布朗（Denise Scott Brown）联手杰克森和瑞恩在休斯敦的建筑公司，共同完成了休斯敦儿童博物馆的设计。该馆于1992年对公众开放，其设计方案在激发儿童想象力的同时，鼓励儿童通过游戏来学习。场馆借助公共区域（又名"儿童大厅"）的设计，如穿越彩虹或魔法森林，将儿童从现实带到想象中的世界。

游戏的理念能够帮助设计师更加深入地理解儿童对建筑的需求，进而为儿童营造更具吸引力的互动环境。因此，我们首先要了解游戏的概念。几百年来，游戏一直是哲学家、教育家和历史学家感兴趣的问题，但至今仍然没有一个简单明确的定义。游戏是个很复杂的概念，很多人不理解游戏的价值，误以为游戏就是浪费时间。在哲学家中，柏拉图可能是第一个认识到游戏对智力发展有重要价值的人。亚里士多德认为，游戏是儿童健康发展的必要条件。教育家弗里德里希·福禄贝尔（Friedrich Froebel）在1912年描述游戏时曾写道：

"游戏是儿童最纯洁、最神圣的心灵活动的产物。在游戏过程中，儿童会模仿人生各个阶段的生活和复杂关系。"

在 1938 年出版的《游戏的人》（Homo Ludens）一书中，历史学家约翰·赫伊津哈（Johan Huizinga）将"游戏"定义为人类创造文化的手段。他认为，儿童只是单纯地享受游戏的快乐，游戏的其他作用并不重要。著名的瑞士儿童心理学家让·皮亚杰（Jean Piaget）则持不同观点。他认为，儿童通过游戏来与周围的环境互动，建构自己对世界的认知。皮亚杰对"游戏"的理解一直是本世纪最具影响力的观点。

儿童可以通过游戏来学习社会规则、风俗习惯和处理情绪的方法。总之，对儿童来说，游戏是快乐的、自发的和有目的的活动。如果客观环境为游戏创造了条件，它能促进游戏的发生吗？儿童会注意到自己所处的环境吗？他们关注展项吗？一些日常生活中随手可得的物品是不是也能激发他们的想象力，让他们感到快乐？如果环境或展项是经过精心设计的，那么这些问题的答案毫无疑问都是肯定的。

儿童博物馆创造了大量参与式展项，让儿童能够通过快乐的游戏过程来理解周围的世界。一些成功的展项从空间和建筑设计上就能鼓励儿童学习、冒险和探索。然而，设计一栋建筑是个很复杂的过程，因为建筑师要考虑很多问题，比如空间布局、建筑形式、位置、周边环境和技术要求等。除此之外，想要在设计儿童空间时融入游戏的理念，至少还要考虑四个关键问题：多感官体验、人体与空间的关系、不同比例和空间的变化、如何兼顾成人和儿童的需求。

多感官体验

为儿童设计活动空间，一定要考虑多感官体验的需求。感官探索对儿童成长至关重要。带着与生俱来的好奇心，儿童在思考时会充分发挥想象力和创造力。对儿童来说，视觉显然是非常重要的探索方式，但其他感官也很重要。只有了解儿童如何游戏，以及如何通过感官去体验周围的世界，才能更好地为他们设计活动空间。在儿童博物馆中，多感官体验包括近距离接触展项、感受它们的形状和质地、感知不同的形式、体验各类空间、聆听各种声音以及嗅闻各种气味。波士顿儿童博物馆的"东京少年"展项非常受欢迎，它让孩子们可以在东京的一条繁华街道上尽情探索，鼓励他们通过不同的感官来学习。该展项利用低音扬声器来模仿地铁列车的声音，并利用不断闪过的灯效来鼓励孩子们动起来。

想要提供多感官体验，在建筑设计上需要注意哪些问题？通过仔细观察一些多感官体验的展项，我们可能会找到一些有用的线索。印第安纳波利斯儿童博物馆提供了一些非常有吸引力的展项，让儿童可以进行多感官体验。"假如世界"（What If）展区让儿童有机会通过各种感官来探索和学习。该展项既包含了内容教学，又让儿童有机会充分发挥想象力。儿童可以动手研究贝壳、挖掘恐龙化石，或者了解有关埃及木乃伊的知识。类似的展项还有印第安纳州仿真石灰岩洞，它让儿童有机会通过视觉、听觉、触觉和嗅觉来学习，在感受洞内潮湿环境的同时了解石笋和钟乳石。

想要设计多感官体验的环境，可以采用几种不同的方法：利用不同的形式和空间，调整自然光的强弱，选用不同的颜色、纹理和材料。建筑的内部控制系统、声效和灯光也很重要。

为了做到与时俱进，世界上最大的儿童博物馆——印第安纳波利斯儿童博物馆不断改进场馆设施。1989 年，场馆在原有建筑基础上增加了一个很大的入口中庭和另外几个空间，这些空间由伍伦（Woolen）、莫赞（Molzan）团队设计完成。该建筑利用多种不同的方法满足了儿童的多感官体验需求。设计师精心挑选了不同颜色的室内装饰材料（如砖块），以吸引儿童的注意。因为对儿童来说，彩色的砖块远比灰突突的混凝土更有意义。在场馆使用的众多可触摸材料中，最醒目的就是户外广场主入口的波纹花岗岩。

休斯敦儿童博物馆的一些建筑细节也体现了儿童的多感官体验需求。最显而易见的是大胆的用色——明亮的黄色、蓝色和红色。场馆入口处的巨大立柱吸引了无数孩子来触摸。他们可以伸出手臂，尝试环抱立柱，或者在立柱的底座上游戏、小坐、攀爬。事实证明，这个入口有效促进了孩子们之间的互动。设计师可以利用简单的建筑设施和细节来抓住儿童的感官，吸引他们参与体验。

人体与空间的关系

在为儿童设计活动空间时，建筑师还要考虑人体与空间的关系。在游戏过程中，儿童会与真实的物品互动，参与到现实活动中。他们想要观察、探索、研究周围的世界，喜欢摆弄身边的物品。而了解自己的身体、它的大小和能力的最佳方式就是探索不同类型的空间。

　　人类，特别是儿童，都是通过自己的身体来体验和判断空间的大小的。建筑可以利用不同的空间来满足儿童的身心发展需求。建筑师要知道，儿童会通过视觉、听觉、触觉等多种感官来探索建筑空间。波士顿儿童博物馆的攀爬展项特别受欢迎，它是由悬在半空中的不同形状的"叶片"组成的迷宫，儿童在攀爬过程中可以通过不同的空间来感受自己身体的大小。这个攀爬展项有两层楼高，它让儿童能从上方看到下面的空间。它还能帮助儿童学习数学的概念，他们可以根据自己身体的大小，想办法穿过不同的空间，同时了解空间大小和比例的概念。

　　在设计建筑和展项时，建筑师可以根据儿童身体的大小来预留一些空间——小角落和缝隙，让他们可以钻进去游戏。弗兰克·盖里（Frank Gehry）在洛杉矶儿童博物馆的室内设计中，为儿童提供了一系列运动空间，其中有一个非常复杂的结构，它包含一个很直的斜坡，儿童从斜坡一端可以到达场馆的顶部，而从另一侧又能下到地面。儿童反复地跑来跑去，在头脑中设计不同的路线，规划自己穿过的空间。这些设计让儿童能够自主探索、攀爬和穿越（Arnell and Bickford，1985）。

　　同时，这些设计也为展项创造了情境，使建筑的内部空间与展项融为一体。场馆就像一座城市，里面的所有元素，如消防车、交通信号灯、城市的巨幅照片、传统住宅等都相得益彰。儿童博物馆要为展项营造有意义的情境，因为这是大幅提升博物馆体验的好机会，但其实很少有场馆能成功做到这一点。在为儿童设计体验和运动空间时，展项内部、不同展项之间以及建筑可用空间最好能形成一个有机的整体。除了设计展项，设计师在规划楼梯、栏杆、门窗等建筑细节时也要考虑人体与空间的关系。

不同比例和空间的变化

　　"比例"一词在这里是指，相对于自己的身体，我们对空间或建筑大小的感知。不同比例和空间的变化对所有年龄段的孩子来说都是非常有意思的设计。在建筑和展项内部，设计大小不同的空间会让孩子感到神奇。儿童感知空间的方式与成人不同。儿童对空间的感知不仅会受到空间本身大小的影响，还会因为空间的变化和自己的想象而有所不同。

　　由文丘里、斯科特·布朗和费城动物园的工作人员共同设计的"树屋"展项，利用不同比例的造型，成功吸引了孩子们的兴趣。把生活中常见的事物放大或缩小，就会赋予它新的含义，这一理念在"树屋"展项中发挥得淋漓尽致。设计师通过改变展项的尺寸，使孩子和占据该空间的动物看起来一样大。如此一来，在"蜂巢"展项上，孩子就可以假装自己是一只蜜蜂了。

在儿童的想象中，一切皆有可能。他们对不同大小的事物非常感兴趣。其中，他们最喜欢的三种尺寸是：微小的、和自己身体一样大的、巨大的。根据具体的情境，利用其中任意一种尺寸或是将不同尺寸结合在一起，都可以为儿童创造出有意思的体验（Talbot and Frost，1989）。休斯敦儿童博物馆为访客提供了不同尺寸的事物和符号，这是文丘里和斯科特·布朗最经典的设计手法。比如，他们将经典的女像柱（caryatids）变成了"儿童像柱"（caryakids）。不同比例和空间的变化不仅能激发儿童的想象力，也能对成人产生吸引力。

如何兼顾成人和儿童的需求

任何展项或建筑的设计都要兼顾儿童和成人的需求。儿童并不是唯一喜欢与展项互动、参与角色扮演游戏的群体。不管哪个年龄段，每个人都喜欢尝试不同的想法，想象不同的结果。事实上，最成功的展项应该给儿童和成人都留下深刻的印象。

然而，有时儿童需要自主游戏，成人需要休息。此时，场馆既要为成人提供休息区，又要为儿童提供互动空间。举个例子，在波士顿儿童博物馆的"游戏空间"中，当儿童自主探索时，成人可以在一旁聊天。同样地，休斯敦儿童博物馆的"幼儿空间"也为成人和儿童提供了舒适的活动空间。成人可以在展项区域与儿童一起游戏，也可以在一旁的休息区和图书馆看着自己的孩子。

建筑师可以通过环境的设计来鼓励成人与儿童互动，但要谨记，成人与儿童感知空间的方式完全不同。而且儿童感受事物（比如建筑）的方式也与成人不同。就场馆建筑而言，儿童和成人的感受同样重要。场馆建筑要看起来有意思，可以基于馆内活动给出一点线索，吸引儿童走进场馆。当然，考虑到儿童丰富的想象力，即使是同一场馆，他们的印象也会五花八门。然而，为儿童设计活动空间时，建筑师不仅要考虑风格问题，还要敏锐地捕捉到儿童的需求。

对建筑师来说，最难的还是理解客户的想法和对建筑的需求。要让客户参与设计过程，因为只有这样建筑师才能把自己的想法和理解告诉客户。但有时想要做到这一点并不容易，尤其是当建筑师无法直接接触客户时。为儿童设计空间是个复杂的过程，因为儿童无法充分表达自己对建筑的需求和体验。在设计过程中，建筑师必须广泛结合各领域的知识：建筑、感官感受和人类发展。

儿童是自身发展的主体，他们是主动学习者。他们探索、发现、试验、模仿、想象和成长。如果建筑师能积极了解儿童以及每个人内心深处的童真，他们设计出的建筑就能更好地满足客户的需求。

本文原载于期刊《手牵手》1994 年秋季刊。

杰韦德·海德尔是美国宾夕法尼亚州立大学建筑学专业的副教授。从 1987 年起，他一直致力于研究儿童空间设计中的建筑问题。1994 年，在美国国家艺术基金会和宾夕法尼亚州立大学的资助下，他与该所大学的公共广播电视台（WPSZ-TV）联手，以"儿童博物馆的建筑设计"为主题制作了两个版本的纪录片。

塔拉特·爱资哈尔获得了宾夕法尼亚州立大学的建筑学硕士学位，并曾担任该纪录片项目的研究助理。

参考文献

Arnell P, Bickford T. 1985. *Frank Gehry: Buildings and Projects*. New York: Rizzoli International Inc..

Cohen U, McMurtry R.1985. *Museums and Children: A Design Guide*. Milwaukee: Center for Architecture & Urban Planning Research, University of Wisconsin.

Crosbie M. 1986. "Sculpture to climb through". *Architecture*, April: 44-45.

Dietsch D. 1985. "Learning from mother nature". *Architectural Record*, September: 120-125.

Dillion D. 1993. "Decorated shed". *Architecture*, April: 46-51.

Fletcher S S F, Walton J. 1912. *Froebel's Chief Writings on Education*. New York: Longmans, Green & Co..

Heseltine P. Holborn J. 1987. *Playgrounds: The Planning Design and Construction of Play Environments*. New York: Nichols Pub. Co..

Huizinga J. 1950. *Homo Ludens*. Boston: The Beacon Press.

Marble S, et al. 1988. *Architecture and Body.* New York: Rizzoli International Inc..

Piaget J. 1962. *Play Dreams and Imitation in Childhood.* New York: W. W. Norton.

Pitman-Gelles B. 1981. *Museums Magic and Children: Youth Education in Museums.* Washington, DC: Association of Science-Technology Centers.

Rheingold H. 1991. *Virtual Reality.* Simon and Schuster.

Talbot J, Frost J L. 1989. "Magical Playscapes". *Childhood Education*, Fall: 11-19.

儿童博物馆选址的关键：地段、地段，还是地段！

里士满儿童博物馆

南·米勒（Nan Miller）

选址的基本原则

对于任何一家文化机构来说，选址都是一项艰巨的任务，需要权衡很多因素。但同时，博物馆的位置也是场馆能否取得成功和持续发展的重要条件。在选址时，博物馆不仅要考虑自身的经济承受能力和场地的可用时间，还要衡量场地是否与场馆的目标、使命宣言和战略规划相契合。想要找到合适的场地，博物馆的选址委员会必须与政府部门以及一些有影响力的"大人物"紧密合作，找到符合场馆发展目标的空地、建筑或规划中的综合园区。

（一）分析博物馆的使命与战略规划

博物馆战略规划的主要内容包括场馆的宗旨（使命）、目标观众、服务范围，以及实现使命过程中需要达成的阶段性目标。想要制定出合理的规划，不仅需要全面了解所在社区及可用资源，还要深入理解社区需求和现有支持体系。博物馆的长期规划以及场地、设施的选择都应以场馆目标为基础。在开始寻找场地和建筑之前，馆长和选址委员会必须对场馆的战略规划了如指掌，甚至在正式启动选址工作之前，理事会、员工和选址委员要先就场馆的使命达成共识。

（二）分析目标市场

在正式开展选址调研之前，博物馆首先要全面分析目标市场和观众。场馆所在社区为什么需要一家儿童博物馆？场馆的观众会是谁——学龄前儿童？学龄儿童？青少年？残障人士？教师？祖父母辈？家庭？儿童看护人员？访客为什么要来场馆？

博物馆在分析目标市场时，可以考虑通过下列渠道收集相关数据：

（1）所在城市和地区的人口普查数据；

（2）所在地区的人口统计数据和预测；

（3）旅游统计数据和预测；

（4）教育部的数据和预测；

（5）全国范围内的家庭发展趋势；

（6）所在地区的家庭统计数据和预测；

（7）美国青少年博物馆协会和本地行业协会提供的访客量变化趋势；

（8）全国范围内类似规模的儿童博物馆的访客量对比数据；

（9）本地其他文化机构的访客量对比数据和发展趋势。

（三）初步调研工作的重要性

创建儿童博物馆的想法往往在开始时来自某个小群体。为了实现博物馆的目标，在选址委员会开始寻找场地之前，场馆要开展初步调研工作，这对场馆能否取得成功至关重要。此类调研工作一般包含以下步骤：

（1）在社区中寻找想要了解场馆的人，争取他们的支持。

（2）深入了解儿童博物馆，阅读相关出版物。

（3）实地考察一些具有代表性的场馆。

（4）与所在社区类似机构的从业人员进行非正式会谈。

（5）组织会谈，让大家畅所欲言，从中了解社区成员对场馆项目的看法。

（6）制订计划，开展全面的可行性研究。

（7）把初步调研需要考虑的问题做成列表，这些问题可能包括：公众是否知晓场地的位置、交通是否便利、周边有哪些景点、公众能否很容易看到、停车位是否充足、周边是否安全，发展潜力如何，等等。

（8）开展访谈和（或）调研，对象包括教师、家长、儿童看护人员、儿童、场馆员工、理事会、志愿者以及其他观众群体的代表。访谈和（或）调研的问题可能包括：①您认为场馆应该建在哪里？为什么？②除了列表中的选址标准，您认为选址时还应考虑哪些问题？③根据列表中的选址标准以及您认为需要考虑的其他问题，列出可能作为场馆地址的建筑（群）或地块。④您认为场馆到哪一年才能获得足够的资金支持和社区关注以便开始建设？⑤如果您认为场馆不能获得足够的资金支持，请说明原因。⑥如果您认为场馆不能获得足够的社区关注，请说明原因。

选址的具体方法

（一）组建选址委员会

在选址过程中，为了确保理事会团队稳定并随时了解选址工作的进展，同时也为了让社区成员参与到选址工作中来，理事会要组建选址委员会，精心挑选与场馆利益密切相关的人，邀请他们加入选址委员会。

选址委员会的主要职责包括为场馆选择场地、获取并分析备选场地的信息、实地考察备选场地、经过评估甄选出优选方案供理事会审核，完成必要的协商工作。在整个选址过程中，选址委员会要严格遵循场馆制定的选址标准、资金预算和运营计划。

由于选址委员会肩负重要的职责，它的成员应该能够代表理事会、员工和志愿者等不同群体，并且具备各领域的专业知识和经验，包括房地产开发、建筑设计、施工、财务、法律、营销、筹资、教育和育儿。选址委员会的成员应该包括现任理事会主席或候任理事会主席、馆长以及教育、发展和运营部门的骨干员工。

为保证工作效率和执行力，选址委员会的人数最好控制在 8～10 人。在与候选人沟通时，要明确告知他们委员会成员的最短任期和需要参加会议的次数及频率。

（二）选址时需要优先考虑的因素

选址委员会的首要任务是根据场馆的前期调研、战略规划以及对目标观众的分析，来确定基本的选址标准。成功的儿童博物馆在场地方面差异很大。下面列举一些在选址时需要优先考虑的因素，这些内容或许能对儿童博物馆的选址工作有所帮助。

1. 位置和周边环境

初步调研的结果通常表明，场馆最理想的位置应该在市中心。场馆的目标观众应该对这个位置很熟悉，并且对它的印象是正面积极的。附近的居民或商户也愿意接纳场馆成为自己的"新邻居"。周边环境优美，布局合理，观众以及与场馆利益密切相关的所有人对这个位置都很有好感。场馆的位置可能影响所在社区对场馆的最初印象以及场馆的筹资和持续发展的前景。

2．协同效应

场馆应该邻近其他高品质的景点、服务机构、零售商铺和文化体验场所，这些地方能够帮助场馆提升访客量。

3．安全性

场馆所在区域的社会治安好，无论白天还是晚上，公众都能放心前来。

4．场地规模和扩建需求

场地要足够大，不仅要能容纳场馆最初的设施，还要满足场馆未来发展和扩建的需求。场地要为未来管理者留出足够的空间，让他们有机会大显身手。

5．配套设施

场地本身或者周边拥有充足的免费或价格低廉的停车位，附近还应该有户外绿地，以便组织室外活动。

6．交通便利程度

场地要方便公众通过州际公路和主要的交通干道直达，并且周边地区的人既可以搭乘多种公共交通工具，也可以选择步行到达场馆。

7．场馆形象、独特之处、对公众的可见度

场馆应该成为整个区域的文化地标。场地周边视野开阔，便于公众找到。而且这个地方没有任何倾向性，欢迎所有人的到来。

8．可用性

场地满足博物馆扩建和搬迁计划的需求。

9．筹资能力

场地应能吸引到私人和公共机构的捐赠，帮助场馆实现筹资目标。

10．所有权

找到该场地或建筑的当前所有者，商定场馆如何购买或租用这块场地／空间，这对最终的决策至关重要。

11．经济承受能力

场地的使用成本不应超出场馆的预算和筹资能力，并且要能支持场馆的持续运营计划。

选址流程

（一）寻找场地

正式开始寻找场地之前，选址委员会应制订一份计划，明确每项工作的时间点，并邀请房地产专业人士参与场馆的初步调研工作，了解有哪些备选场地。选址委员会成员两或三人结为一组，根据前期确定的选址标准，分别去各备选场地进行初步的实地考察，收集相关信息并与其他成员分享。

每个考察小组都要向选址委员会的全体成员汇报各个场地的情况。选址委员会依据这些数据，一起对这些场地进行分类排序：

第一类——已确定的候选场地；

第二类——待定场地；

第三类——不予考虑的场地。

随着大家逐渐知晓更多新的场地，在选址过程中，选址委员会可能会多次进行上述步骤，甚至可能会一边综合评估最有可能被选中的场地，一边又在对新的场地展开调研。

（二）评估场地

接下来，选址委员会的全体成员要对第一类场地进行实地考察，每位成员要依据前期确定的选址标准对每个场地进行评估打分，针对每项标准给出1～5分（1分最差，5分最好），并对场地整体情况给出综合评分。选址委员会将每位成员打出的分数相加，将候选范围缩小到排名前四或前三的场地，再对它们进行更加全面的了解和评估。对于这些场地，除了各方面的具体数据，还要收集以下信息：

（1）周边区域的详细介绍；

（2）附近的人流量数据；

（3）财务计划（场地使用权购买成本、场地建设成本和运营成本预测）；

（4）该地区的未来规划；

（5）每个场地的独特之处和可用时间。

了解了上面这些信息，场馆才能更有针对性地对所选的三四个场地展开全面深入的调研。

（三）全面深入调研

在与业主进行最终谈判之前，场馆应该通过定量研究来了解哪个场地更能吸引未来的捐赠者、访客以及其他与场馆利益密切相关的人。场馆要对目标观众和潜在资助方展开全面深入的调研，这样做将会非常有价值，因为观众的意见能表明他们是否愿意来馆，而资助方的意见则说明他们是否愿意为场馆提供资金支持。由于博物馆的运营将越来越依赖于自身的收入，因此场馆必须了解目标市场和观众的意见。

场馆最好能聘请一位专业的市场研究顾问，对随机抽取的目标观众以及与场馆利益密切相关的人进行一对一访谈、电话采访和有组织的多人访谈，从而更加客观地了解大家最有可能支持哪个场地。场馆要让访谈对象知晓场馆的使命、愿景、战略规划以及选址标准。在多人访谈前，首先要让大家了解开馆涉及的所有问题。顾问要和场馆员工、选址委员会一起确定访谈形式、展示内容和访谈大纲。场馆还应聘请一位专业的访谈人员来组织和引导多人访谈。

在收集数据时，调研的对象既要包括随机抽取的潜在访客，又要包括精心挑选的儿童、家庭、教育工作者、祖父母辈和儿童看护人员。每个群体都应体现出年龄、种族、居住区域和学校等方面的多样化。场馆还要对潜在捐赠者，包括个人、基金会、大中小企业、政策制定者以及社区里非常有影响力的人进行一对一访谈，了解他们的意见，同时还要对理事会成员、员工和志愿者开展多人访谈。

每位访谈对象都要在了解了各个场地信息的基础上，提出自己的疑问并回答场馆提出的问题，给备选场地打分，并对每个场地给出正反两方面的评价。市场研究顾问负责梳理并总结这些调研结果，供选址委员会决策时参考。

此时，选址委员会可以开始讨论调研结果，并选出最理想的候选场地，在了解了业主最关心的问题后，准备与业主谈判。另外，选址委员会还要为最终决策制订一份行动计划。

决策过程

选址委员会根据最终汇总的调研结果，结合前期制定的选址标准，再次对候选场地进行排序，选出最理想的场地，准备进行最终谈判。在最终的决策过程开始前，场馆要确保理事会的全体成员都充分了解各场地信息和调研结果，并且有机会提出自己的意见和建议。

一定要注意，千万不要孤注一掷！不要想当然地以为，选址委员会评选出的最佳场地就一定能谈成。对于排在前两到三位的场地，都要积极去和业主商谈，如果最佳选项没有谈成，还能退而求其次。负责最终谈判的团队不要超过3人，其中应包括馆长和选址委员会的两位理事——其中一人要有非常丰富的房地产谈判经验（最好是选址委员会主席），另一人要善于解决冲突（最好是律师）。双方最初达成的协议要以书面形式记录下来，不要遗漏任何细节。

最后的谈判可能是整个选址过程中最艰难、最激烈的部分，需要谈判人员投入大量的时间和精力。谈判人员应集中精力，牢记谈判策略，一切以场馆的利益和目标为出发点。

一旦达成交易，选址委员会要向理事会汇报，以获得最终审批。接下来场馆就可以"大肆庆祝"，宣布这个令人振奋的消息了。

南·米勒现任里士满博物馆馆长一职。该馆正在实施搬迁和扩建计划，从原来的市中心搬至弗吉尼亚科学博物馆旁的一个3万平方英尺的场地。1989～1993年，米勒曾经担任田纳西州约翰逊市的地区儿童博物馆馆长。她现在也是美国青少年博物馆协会的副主席。

儿童博物馆能为重振市中心做出哪些贡献

洛德文化资源规划管理有限公司

泰德·西尔博伯格（Ted Silberberg）、盖尔·德克斯特·洛德（Gail Dexter Lord）

在美国各地，儿童博物馆逐渐与市中心的发展形成了紧密的联系，你的场馆或许也可以从这一发展趋势中获益。

芝加哥儿童博物馆馆长戴安娜·索特（Dianne Sautter）认为，在与开发商谈判时，如果儿童博物馆能充分说明自身将为市中心的整个项目带来哪些好处，就可以拿到相对有利的交易条件。肯塔基州莱克星顿市政府选择在市中心建立儿童博物馆，主要是希望场馆能作为市长全力打造的艺术区的一部分，为重振市中心贡献力量。

本文探讨了儿童博物馆与重振市中心之间逐渐发展变化的关系，同时也分享了我们在协助儿童博物馆和其他类型场馆在市中心建馆的经验。在面临重振市中心计划时，儿童博物馆应如何决策？在与开发商谈判的过程中，儿童博物馆如何获得最有利的交易条件？对此，本文给出了非常实用的建议。

市中心普遍存在的问题

市中心过去是人们生活的中心、关注的焦点和热门聚集地。市中心或"主要街道"以往给人的感觉是独特、恒久的，它曾是市政和商业中心，同时也是人们集中购物的地方。

第二次世界大战后，随着婴儿潮的出现和有车家庭数量的增长，人们开始大规模地从市中心搬到郊区居住。商业地产开发商一开始只是顺应这种转变，后来逐步演变成引领人们迁往郊区。

在北美，市中心衰败的现象屡见不鲜。在市中心运营了多年的百货公司，因为郊区的优惠租金、免费停车、良好环境、合理规划以及邻近幼儿家庭（一直是消费主力）等因素，纷纷搬到了郊区新建的购物中心。

其他零售商也跟随百货公司进驻购物中心。留下来的商家和业主很快也对在市中心投资失去了信心，这导致了市中心逐步废弃、衰败的恶性循环。

20世纪七八十年代，市政府开始号召新项目的开发重回市中心。为了吸引办公、酒店和零售等综合项目的建设，政府提供了税收、奖励等优惠政策。为了重振市中心，政府还大力建设基础设施，包括美化街景、建造停车场和增加公共交通线路等。

此时，"节日市集"（festival marketplace）出现了，并在一些城市取得了成功，比如波士顿（法尼尔厅市集）、巴尔的摩（港湾市集）、圣路易斯（联合车站市集）、奥兰多（教堂街车站市集）和纽约（南街海港市集）。然而，大部分类似的项目都不太成功，因为那些城市并没有足够多的白领人士和游客来光顾精品店、专卖零售店和餐厅。

即便在这些成功的城市里，靠白领和游客来支持运营的市中心门店仍是每天下午五六点就关门了。据说在很多城市，"傍晚六点以后，你沿着主要街道开炮，都不会打到任何人"。但此时，郊区还有很多家庭在购物。因此，只能说重振市中心的计划成功了一半。

为了改善这种情况，市政府现在开始鼓励文化机构在市中心新建或扩建场地设施，希望它们能为附近的商户和餐厅带来更多客流量，让这些店铺每周至少有几晚可以继续营业。

然而，近期的经验表明，有些剧院和博物馆并不能吸引家庭访客，无法令市中心再次成为人们生活的中心，而这恰恰为儿童博物馆提供了很好的切入点。在探讨儿童博物馆能为重振市中心做出哪些贡献以及从这类项目中获得哪些好处之前，我们先来了解一下幼儿家庭对于零售商和开发商的重要价值。

如何吸引幼儿家庭群体

1990 年 6 月 11 日那一期的《福布斯》杂志，封面故事的标题是《小鬼市场》（*The Brat Market*）。儿童博物馆从业人员如果看到这篇文章，可能会为之一振。该文宣称"如今最大的消费群体是 4～12 岁的孩子，他们的口袋里有 750 亿美元"。这篇文章着重强调了儿童群体的消费能力，"去年经济整体只有 2% 的增长，但 4～12 岁孩子相关的消费却猛增了 25%"。

儿童博物馆的教育目标不是把儿童培养成消费群体，而是促进儿童的智能发展。但同时，儿童博物馆也要知道，在竞争日渐激烈的市场环境中，幼儿家庭以及儿童群体对零售商的存活起着至关重要的作用。

零售市场的竞争究竟有多激烈？随着 20 世纪 80 年代社会的飞速发展，北美地区的零售商严重过剩。有预测显示，到本世纪末，现有零售商铺中，有半数将不复存在。大中小型购物中心以及其他零售和综合性商业建筑面对日渐萎缩的零售市场，将会展开激烈的竞争。这一发展趋势已经初现端倪。据报道，开发商为了留住和吸引零售商，不仅降低了续租的租金，还提供了很多其他优惠条件。

开发商和商场管理者都在想方设法留住并吸引更多家庭消费群体。一些成功的商场利用周末宠物乐园、木偶表演或游乐设施等，将"逛商场"与"优质的亲子时光"联系在一起。

然而，据预测，到了 20 世纪 90 年代，零售空间将会供大于求，届时会有很多空间闲置，为儿童博物馆的进驻提供了机会。

主力租户的概念

儿童博物馆要考虑的关键问题是，场馆将被视作主力租户还是周末吸引客流的噱头。

"主力租户"通常是百货公司或其他主要租户，他们占用的空间很大，能够吸引客流，保证商场业主可以向小商户收取较高的租金。因此，主力租户可以用很低的单价租到商场的空间。

儿童博物馆能否成为综合性商业建筑的主力租户？场馆是否要建在市中心？答案是肯定的。儿童博物馆现在面临的最大问题是，管理层和理事会并不清楚场馆的筹码，低估了自身的价值。这直接导致了很多儿童博物馆屈居在市中心某条破败街道的小店面，或人流稀少的购物中心中几千平方英尺的狭小空间里。这样的儿童博物馆规模太小，根本无法发挥吸引儿童和家庭的作用，而且还会受到周边问题的影响。各方都没有从中获益。

如果一家正常规模的儿童博物馆能作为主力租户加入综合性商业建筑中，则可能产生双赢的局面。

最可能出现的情况是，零售或综合性商业建筑没能取得预想中的成功。开发商长期找不到租户，现有租户因为生意惨淡也在考虑搬走。在这种情况下，开发商最有可能为儿童博物馆提供优惠的条件。如果市政府或州政府参与了儿童博物馆项目，则更有可能达成对场馆有利的交易。例如，如果建筑位于指定的重点开发区域、海滨公园、文化遗址或文化产业园区内，或者重振市中心是市政府的重点工作，那么政府很可能在儿童博物馆与开发商的谈判中成为场馆的好帮手。

对儿童博物馆有哪些好处?

成为综合性商业建筑中的主力租户,对儿童博物馆来说有利有弊。具体利弊因社区而异,但通常可能获得的有利条件包括:

(1)合理的租金。

(2)低廉的管理成本:由于共享空间、清洁、安保、供暖、空调等设施和服务,管理成本降低。

(3)进军新市场的机会——将场馆建在购物中心或旅游区的核心位置或其他有利于拓宽访客群体的地方。

(4)直接进驻已有的高品质建筑的机会,省去了从一砖一瓦开始筹资建设的成本和精力。在竞争激烈的筹资环境中,儿童博物馆可能无法筹集到足够的资金用来获取场地、建设场馆、设计和制作展项。在这种情况下,场馆往往会在展项方面做取舍。而在租用的场地中,因为场地只需做少量改造,场馆可以把重点放在展项和活动策划上。

(5)零售或综合性商业建筑一般交通便捷、停车方便、场地开阔、货运出入口和货梯完善、层高充足、走廊宽敞、配备安保系统以及良好的卫生间设施、大堂空间、餐饮服务、通信设备和墙面空间。如果儿童博物馆要从头建设具备这些特点的空间,需要花费大量的资金。大多数儿童博物馆会想办法凑合使用不满足要求的场地。相对来说,进驻零售或综合性商业建筑所需的成本要低得多。

(6)如今人们喜欢在一次出行中安排多项活动。如果儿童博物馆建在零售或综合性商业建筑中,可以吸引更多访客,因为人们可以在购物、看儿科、看牙或享受其他服务时顺便来到场馆。

租用场地的缺点是要付租金。无债一身轻,大多数博物馆及其资助方都习惯于拥有自己的建筑。博物馆的管理层和理事会要认真评估是否存在这种可能性。

租用场地既可以看作场馆在拥有自己的建筑之前的过渡方案,也可以是长久之计。这就引出了另一个问题:儿童博物馆应该选择长租还是短租?

如果博物馆成立初期的目标是在相对较长的时间内逐步发展起来,那就需要谈一份长期租约。对于开发商来说,长期意味着10年,并且还有可能要求场馆在合约到期后再续约5年。因为不确定场馆能否很好地发挥主力租户的作用，开发商也可能希望跟场馆先签一份 5 年租约。

有些儿童博物馆可能会担心，如果日后真的成功了，5 年后再续约时开发商会要求涨房租。而另外一些场馆则认为，如果真的成功了，其他零售和服务商户就要靠儿童博物馆来吸引客流量了，那么儿童博物馆或许还能争取租金不变，甚至减少。根据对 20 世纪 90 年代零售业的预测，零售空间会供大于求，因此儿童博物馆可以接受短期租约。

如果选择租用场地，那么最重要的是不要把钱花在场地改造上，而要尽量把钱花在展项上。因为不管将来场馆搬去其他租赁的场地还是自己的建筑，都可以把展项带走。

对开发商、零售商和政府有哪些好处？

如果参与重振市中心的计划能够给儿童博物馆带来很多好处，从谈判的角度而言，为了更好地说服对方，儿童博物馆也要知己知彼，了解场馆的参与能给其他各方带来什么。

一家正常规模的儿童博物馆能为零售或综合性商业建筑带来很多益处：

（1）儿童博物馆是非常受欢迎的景点，一般说来，它们单位面积的访客量要远远高于传统博物馆。

（2）儿童博物馆的目标观众主要是 2～12 岁的儿童。前面我们已经提到，这些孩子是非常重要且持续增长的零售消费群体。他们通常会由父母陪同，因此，儿童博物馆的访客平均有一半是成人。父母和祖父母都会为孩子花钱，儿童博物馆要让零售商户清楚地认识到这一点。

（3）儿童博物馆能吸引那些通常在郊区购物、很少来市中心的家庭。人们对市中心的印象是交通拥堵、停车位有限、公共交通不足，但很多时候其实并非如此。儿童博物馆把家庭访客吸引到市中心，有助于改变人们对市中心的偏见。

（4）洛德文化资源规划管理有限公司曾经针对 40 多家儿童博物馆开展了一项调查。调查结果显示，儿童博物馆 70%～80% 的访客通常来自场馆周边方圆 25 英里① 以内，而且回头客的比例很高，因为孩子会一再要求家长带他们来馆。儿童博物馆能把原本很少到市中心的郊区家庭吸引过来，开发商可以

---

① 1 英里 = 1.609 千米。

利用这一点来吸引其他面向儿童和家庭的零售和服务商户，包括儿科牙医、儿科医生，等等。因此，儿童博物馆能够帮助市中心或其他的综合性商业建筑实现更加合理的商户结构。

（5）儿童博物馆为儿童放学后提供了活动场所，家长和孩子晚上可以在场馆里共度亲子时光，这也有助于鼓励零售商户继续营业，使市中心在人们下班后热闹起来。

（6）作为主力租户，儿童博物馆要让人们在从停车场或公交站走到场馆途中，路过商店、餐厅和其他商户。

（7）商户也可以和儿童博物馆合作，把促销与场馆活动联系起来，同时也可以通过拉近自己与儿童博物馆的关系来提升自己的形象和知名度。

（8）想要充分发挥主力租户的作用，儿童博物馆需要足够的场地来提供丰富的活动。相比儿童博物馆在整个项目中的位置，这一点对未来能否成功更为关键。显而易见，一层的空间和标识更容易吸引访客，但场馆也可以同时包含二楼和地下的空间，因为这些位置对零售店铺和餐厅来说不太理想。通过这种方式，儿童博物馆可以在不占用大量黄金租位的情况下获得足够的场地来规划活动。

租约谈判技巧

在谈租约时，儿童博物馆要坚守一些关键的原则和底线：

（1）根据租用空间的单位面积来支付租金以及场馆运营相关的直接费用。场馆不应该承担大部分公共区域的费用、推广活动的费用和税费。对于税费，市政府可能会直接减免儿童博物馆所占空间的税费。

（2）避免承诺不利于场馆发展的条件。如果开发商提出，场馆达不到一定的访客量就必须支付额外费用，场馆不能应允。提升访客量对儿童博物馆和开发商都有益。

（3）让儿童博物馆访客享有停车优惠或通过其他方法让商家减免停车费用。最理想的情况是，为此场馆无须支付费用，但如果确实需要支付，也要基于礼品店的面积而不是整个博物馆来付费。

（4）避免对场馆礼品店所售商品做出任何限制。为了使礼品店的收入最大化，最好确保访客即使不买场馆门票也能进入礼品店。

（5）一定要让开发商同意在建筑外立面显眼的位置宣传场馆，并且在建筑内配有明显的指示牌。

谈判过程

尽管每家场馆遇到的具体情况不尽相同，但根据我们的经验，与开发商的谈判过程通常可以分为三个阶段。

1. 第一阶段：初步交流

第一阶段主要是初步交流合作意向，双方通常都非常积极和友好。开发商会表现出对儿童博物馆的支持，主动为场馆提供远低于市场价的租金价格和其他优惠条件，以彰显企业的社会责任感。在这个阶段，儿童博物馆在明确自身目标的同时，还要想办法搞清对方的真实目标。如果这项合作还涉及第三方，比如市政府，往往会对场馆很有帮助。此外，场馆要明确自己在很多关键问题上的底线，比如最多能出多少租金、建筑一层直达场馆、必要的服务和标识、场馆运营时间以及其他很多影响访客服务和财务可行性的因素。

2. 第二阶段：谈判

第二阶段是最难的。在这个阶段，双方会明确"远低于市场价的租金价格"到底是多少。开发商和场馆对这个价格的心理预期可能相差很多，因为开发商参考的是零售商户租用同一空间的租金。对于开发商来说，单位面积的租金降低几美元似乎是很大的让步。但对于场馆来说，参照物则是其他拥有自己建筑、无须支付租金的儿童博物馆。儿童博物馆需要的不是在零售租金的基础上降低几美元，而是每单位面积只支付几美元。

在这个阶段，谈判可能突然破裂，但这并不意味着开发商对合作没兴趣了。开发商的谈判套路通常是先摆摆姿态，然后给出很少的优惠条件，最后做出妥协和让步。

想要创建或扩建儿童博物馆的人往往不太熟悉这一套路，以为开发商的严词厉色就意味着谈判彻底失败了。确实有这种可能，但其实很多时候并非如此。即便谈判就此结束，也不能说明开发商罔顾企业的社会责任和儿童博物馆的需求。开发商是生意人，他/她肩负着金融风险，他/她不仅需要偿还抵押贷款，还要保证投资回报率，满足银行的要求。儿童博物馆团队要时刻牢记，自己与开发商谈的是生意，不是捐赠。儿童博物馆能为项目带来很多好处，在谈判时可以以此为筹码。

3．第三阶段：成交

最终达成的合作要让所有人受益，但要尽量使儿童博物馆的利益最大化。如果诚心诚意地谈判过后，还是没能达到场馆的目标，那就转身走人吧。场馆还会找到很多其他合作的机会，如果场馆在使命、目标和访客服务上做出妥协，那就大错特错了。

结论

芝加哥儿童博物馆的创始馆长和现任理事会主席戴安娜·索特在谈到与北码头公寓大楼最初签订的 5 年租约时，提到了这个场地的几个缺点——附近街道没有场馆的标识，租约中要求一旦开发商找到新的租户，场馆就要把存放在仓储区的东西搬走。她回忆说："如果我们当时能像现在这么有经验，或许可以拿到更好的条件。"对于芝加哥儿童博物馆来说，北码头公寓大楼最初只是权宜之计，但场馆第一年的访客量（超过 25 万人）超出了所有人的预期，因此，场馆和开发商都认为场馆应该继续留在那里。

1987 年，莱克星顿市制订了一项城市文化发展总体计划，其中一条建议是建立一家儿童博物馆，以满足莱克星顿市和肯塔基州东部的儿童和家庭的学习和发展需求。当地政府决定考察的一个备选场地是维多利亚广场。作为重振市中心计划的一部分，这个高品质园区旨在吸引更多零售商户、办公企业和酒店入驻。维多利亚广场像很多其他市中心的项目一样，比起零售商户，更容易吸引办公和酒店租户。因此，还有很多闲置的铺位。而已经入驻的精品店、专卖店和餐厅非常担心自己能否经营下去，因为它们的目标客流就是周边的办公和酒店群体以及旁边拉普体育馆的观众。住在郊区和周边区域的家庭依旧在郊区购物。如果体育馆没有比赛，这里在下午六点以后基本看不到人影。考虑到市长打造艺术区的计划以及儿童博物馆可能给市中心带来的好处，当地政府决定，利用维多利亚广场的租赁空间来创建儿童博物馆。

不管在市中心还是购物中心，租用场地对新建场馆来说都是一个性价比很高的方案。成功的案例比比皆是。在与开发商商谈时，儿童博物馆永远不要低估自身的价值，场馆的确能为整个项目带来很多好处。尽管建立儿童博物馆的大部分需求来自家长、教育工作者和青少年协会等机构，但已经有越来越多的需求来自城市规划顾问、市政府、负责区域重建的机构、商会、私人开发商以及其他市中心项目或商业利益团体。可以肯定的是，越来越多的人意识到，儿童市场蕴藏着巨大的商机。

本文原载于《手牵手》1990 年夏季刊。

泰德·西尔博伯格是洛德文化资源规划管理有限公司的市场和财务规划副总裁。在过去的 16 年里，他曾为各种类型的博物馆开展可行性研究，制订运营计划以及提升访客量和收入的策略，其中包括很多国内外的儿童博物馆。

盖尔·德克斯特·洛德是洛德文化资源规划管理有限公司的联合创始人和总裁。洛德公司曾经为三个大洲的 15 家儿童博物馆提供专业的服务。盖尔·洛德还曾参与《博物馆规划手册》的编辑和撰写工作。她在世界各地讲授关于博物馆组织与管理的知识。

如何选择儿童博物馆建筑和展项的服务商

ASA 建筑师事务所

比尔·格里夫斯（Bill Greaves）（美国建筑师协会会员）

对于儿童博物馆来说，如何挑选设计服务并没有一个放之四海而皆准的方法，但在美国，关于如何选择建筑事务所或展项设计、制造公司，却有一些惯例可循。美国的联邦法律不允许建筑事务所参与投标，因此，儿童博物馆通常会将建筑事务所的资质作为选择的依据，而展项设计、制造公司则可以通过招标的方式来选择。展项设计、制造公司通常最终提供的是实物展品，而建筑事务所则负责提供上述招标文件。

在选择建筑事务所和展项设计师之前，儿童博物馆首先要明确自己的项目需求。简而言之，建筑事务所的建筑师和工程师负责设计建筑的结构和设施配置，包括给排水系统、机械系统、电气系统和完成面装饰。展项设计、制造商主要负责互动展项的设计和制作，互动展项才是儿童博物馆的核心。遗憾的是，在一些儿童博物馆里，建筑和展项明显不够协调，展项看起来像是在建筑建好后才"摆放"进去的。不管是建造新建筑还是改造旧建筑，本文作者都坚信，最理想的方式是从一开始就把建筑和展项的设计融为一体。

场馆需要哪些服务？

建筑事务所主要提供以下五类服务，可供场馆选择：
（1）建筑设计；
（2）展项设计、制造（exhibit design fabricator）；
（3）建筑与工程设计；
（4）建筑与工程设计以及展项设计、制造；
（5）设计施工一体化。
（1）和（2）：如果场馆希望对项目保有更多控制权，可以选择聘请建筑设计团队（很可能具备儿童博物馆建筑设计经验）和独立的展项设计、制造团队，并让双方联手，组建完整的"设计团队"。待项目策划完成后，由建筑设计团队负责组建本地工程团队，帮助准备建筑施工招标文件。

（3）和（4）：有的场馆会选择聘用建筑和展项一体化团队，其中包括那些曾在建筑与工程设计阶段一起工作过的展项设计、制造团队。如果是这种方式，建筑事务所的建筑师们将负责组建整个项目团队。每个项目团队的构成不太一样，具体的构成取决于建筑师 / 工程师对项目需求的判定——怎样的团队能更好地完成这一项目。缺乏儿童博物馆设计经验的本地建筑师可能与其他地方具备相关经验的建筑公司联手组建起强大的实施团队。相反地，一位全国知名的建筑师也可能联合本地公司组建设计团队。一般情况下，要由经验最丰富的建筑师担纲首席建筑师的职责。不过有些时候，虽然本地建筑师 / 工程师并不是团队中经验最丰富的，但可能因为他们在本地的资源和关系，也会承担起领导整个团队的职责。

上面谈到的两种方式其实各有利弊，关键还是看场馆的建馆委员会希望对项目保有多少控制权。如果选择团队的方式 [（3）和（4）]，场馆就要把项目全权交给自己选择的建筑事务所团队。如果分开选择建筑设计和展项设计制造商 [（1）和（2）]，那么场馆就可以更灵活地掌控项目。

（5）设计施工一体化或定制项目。如果项目非常简单，为了省时省钱，业主往往会直接选用设计施工一体化服务。这类服务适用于普通的办公场地、仓储建筑和结构单一的购物中心。业主首先要提供一份简要的项目需求，包括建筑的总面积，办公室、会议室、开放式行政区域等各类空间的数量及尺寸。随后业主再从承包商提供的产品列表中选择装饰材料。开发商和承包商一起粗略地规划，计算出建筑所需的大致成本。绝大多数开发商会选择成本最低的方案。在满足项目需求的前提下，对于开发商而言，当然是成本越低越好。项目建设完成后，业主付款并迁入，开发商一般会承诺为期一年的保修服务。

对于儿童博物馆这样复杂的项目，一般不推荐直接采用设计施工一体化服务。这类服务只能满足少量办公、存储空间或购物中心新增部分的建设需求。儿童博物馆项目的需求过于复杂，这种方式很难达到满意的效果。

建筑师 / 工程师负责完成哪些工作？

很多书籍都讨论过这个问题，但至今还没有一本书能非常系统地讲解建筑师 / 工程师的工作流程。每个建筑项目的场地、预算和既有条件各不相同，因此，每栋建筑都是独一无二的。简单来说，建筑师要做的就是把业主的需求转化成一栋真实的建筑，同时要保证这栋建筑符合所有建筑规范、环保和安全要求。

儿童博物馆在聘用建筑师之后究竟能获得哪些服务？建筑师提供的服务主要分为两大类：基本服务和附加服务。基本服务的内容比较固定，但附加服务可以包含非常丰富的内容，业主可以根据项目需求来选择。这种分类方法依据的是美国建筑师协会发布的 B141 文件《业主与建筑师协议模板》（在位于华盛顿特区的美国建筑师协会办事处或美国任何一家建筑师事务所都能找到这份文件）。

其中，建筑师提供的基本服务按照不同阶段可以分为五个部分。

（1）初步设计——包括设计草图、粗略的成本预算和项目时间表；

（2）细节设计——包括设计图纸、根据设计细节调整的预算和时间表；

（3）施工图设计文件——投标和报规需要的图纸和技术细节；

（4）投标和谈判——准备图纸和技术细节并发给承包商，将标书提交审核；

（5）施工和管理——考察项目场地、监管施工过程和预算执行情况。

附加服务可以包含很多内容，下面简单举几个例子。

（1）为业主提供项目方案；

（2）提供项目可行性研究或其他研究报告；

（3）负责完成政府部门要求的专项调查、环境影响评估报告以及其他报告；

（4）协调不同承包商之间的沟通与合作；

（5）提供室内装饰设计服务；

（6）提供危险废物风险评估和处理办法。

要记住，每个项目都不一样，需要根据具体情况来制订解决方案。如果你的场馆经历过建筑建设或改造的过程，那么这篇文章的内容可以帮助你温故知新；如果你的场馆是第一次经历这一过程，那么你可以对照这些内容来检验自己的项目。如果你有任何问题，一定要提出来。现在解决或许只需要付出很小的代价，而如果拖到日后，则可能要付出很大代价。

如何选择建筑事务所

场馆可以通过很多种方法来筛选建筑事务所和展项设计制造商，比如他人推荐、公开招募，或者干脆从电话本里选择一家公司。考虑到博物馆特别是儿童博物馆建筑的复杂程度，不推荐采用最后一种方法。即使是具备博物馆设计经验的建筑师，对儿童博物馆来说也不见得是正确的选择。儿童博物馆与传统博物馆截然不同。有些负责核查建筑质量的专业技术人员都很难把儿童博物馆归到现有建筑类别中，因为儿童博物馆除了具有"汇集人群、博物馆"的特点之外，不符合任何已有类别的定义。

口碑推荐

很多由私人资助的儿童博物馆或类似项目普遍采用的方法是通过他人推荐来选择建筑事务所或展项设计制造商。如果建馆委员会希望尽量缩小候选范围，也会倾向于采用这种方法。场馆只需找到几个同类场馆的高层管理人员，了解他们合作过的建筑事务所或展项设计制造商，就可以选出三四个候选公司。接下来，场馆需要深入了解这些公司的具体情况（详见"公开招募"章节）。如果选用这种方法，建议场馆提前准备一份清单，列出所有想要咨询的问题。通过这种方式了解到的信息，应该能够帮助建馆委员会确定是否要与某家公司进一步面谈。场馆需要咨询的问题通常包括：

（1）这家公司与贵馆的合作愉快吗？

（2）对于场馆提出的问题，他们都能及时回应吗？

（3）您认为他们在设计场馆时主要依据的是项目需求还是他们自己的想法？

（4）项目各个阶段的任务是否都按时完成了？

（5）项目招标和施工费用是否超出了预算？

（6）在项目实施过程中，因为变更而产生的费用占总费用的百分比是多少？其中有多少是场馆要求的变更？

（7）这家建筑事务所是从一开始就与展项设计制造商积极配合，共同开展工作，还是预留了固定的区域，让展项设计制造商去设计并放置展项？

（8）这家公司的高层领导是全程参与项目的各方面工作，还是只出席了访谈和剪彩仪式？

（9）您认为他们的服务超出您的预期，还是对您提出的任何需求都计费？

（10）在您与他们的合作过程中还遇到了哪些问题？

在咨询其他场馆时，要尽量全面地了解候选公司的信息。引用一句电影台词，"好的、坏的、丑的"都要了解。请记住，一旦场馆最终选定了合作伙伴，就意味着理事会要与建筑师、工程师、展项设计制造商进入一段短暂的"婚姻关系"。当它结束时，你会希望最初见面时那种温暖融洽的感觉能贯穿项目始终。

公开招募

如果建馆委员会希望了解更多候选公司的信息，可以通过公开招募来选择建筑事务所和展项设计制造团队。这种方式同样适用于从首席建筑师到整个设计团队的甄选过程。发布公开招募信息后，建馆委员会将从众多反馈中选出几家候选公司进行面试。

公开招募信息应尽量包含项目的详细介绍。建筑事务所和展项设计制造公司将根据这些信息准备一份书面文件，按要求提供反馈，并在指定日期和时间之前通过快递公司（UPS、邮政等）提交这份文件。公开招募信息中还会包含一些问题，对项目感兴趣的公司必须回答这些问题，以便脱颖而出，进入面试阶段。

公开招募信息主要分为两部分。第一部分是意向书，通常发表在全州发行的报纸和行业期刊上。这部分一般包含1~3段内容，主要介绍项目需求、获取详细信息的渠道和方式，以及各公司提交反馈的截止日期和地点。

公开招募信息一经刊出，每个曾经参与过儿童博物馆建设或相关项目（社区中心、剧院、传统博物馆等）的建筑事务所和展项设计制造公司都可能向场馆发来反馈，希望得到面试的机会。如果阅读每份文件需要45分钟到1小时，而场馆收到了四五十份反馈（这种情况经常发生），那么建馆委员会就得花费40~50个小时来从中选出3或4家公司进行面试。建馆委员会成员很快就会开始欣赏那些相对简洁的反馈，因为有些文件可能长达100页！如果一家建筑事务所不能在30页内把自己的观点表达清楚，那么文件里极有可能只是天花乱坠的自我吹嘘。这绝不是危言耸听。现在的市面上，场馆收到的反馈信息可能包含任何一类服务，甚至可能包含赏心悦目的图片，但其实大部分信息都与场馆项目无关。

筛选公司

在收到所有反馈之后，建馆委员会应该根据项目需求和这些公司展现出来的潜能，从中选出3或4家来参加面试。这几家公司可能要花费数千美元来准备这场面试，因此，最好只面试那些满足项目需求的公司，免得其他公司白白浪费这笔钱。大公司的市场费用预算一般很高，而小公司的预算可能很紧。面试的目的主要有以下两方面。

1．面对面交流

阅读各公司的反馈信息并浏览大量图片还不足以帮助场馆判断出哪家公司真正理解了场馆的目标，且具备完成项目的能力。面试能让场馆有机会和建筑事务所或展项设计制造公司进行面对面的交流。很多东西——无论好坏——都会在面试过程中显现出来，这些东西能够帮助场馆最终选出想要合作的伙伴。请记住，当场馆做出了最终选择，这家公司就将与场馆进入一段短暂的"婚姻关系"。建馆委员会要对这家公司非常满意，对未来与他们的合作充满信心，因为这一合作过程——从概念设计到施工建设——可能会持续几年。

2．深入了解

面试过程中，建馆委员会成员可以在每家公司展示之后提问，这不仅能够帮助场馆了解更多信息，还能帮助场馆更好地权衡大公司的"奢华方案"和普通公司的"朴实计划"，并将关注点放在最核心的问题上："作为一家建筑事务所，你能为我们的场馆提供什么？"

面试过程

首先要确定面试日期，建馆委员会的所有成员要能在这一天聚齐。需要至少提前3天通知建筑事务所或展项设计制造公司，让他们准备面试。

一旦面试日期定下来，就要开展下列工作。

1．确定具体的面试时间

举个例子，如果每家建筑事务所的面试过程需要一个半小时，那么应该给他们一个小时进行展示，余下30分钟安排问答环节。在每家公司离开后，要预留出15分钟，让委员会成员讨论该公司的展示并打分（如果可以的话）。接下来还要预留出15分钟，准备下一家公司的到来和演示。在此期间，委员会成员可以进入预留的休息区休息（详见"面试场地布置"章节）。时间一到，就要准时开始下一场面试。

2．通知候选公司准备面试

告知候选公司面试的具体时间和地点。明确面试的具体要求（时间安排、投影设备等）。通知中可以列出其他候选公司的名字，但不要提及被淘汰的公司。例如，通知中可以这样说："我们总共收到了48家公司的反馈，并从中挑选了4家（列出公司名）进行面试，恭喜贵公司进入面试环节。"

3. 通知没有入围的公司

给所有没有入围的公司发一封简短的邮件，一般可以这样表述：建馆委员会感谢贵公司提供的反馈信息，同时也感谢贵公司对美国儿童博物馆事业的支持。委员会从（××）家公司的反馈中，选择了（×）家进入面试环节。再次感谢您为此付出的宝贵时间。

4. 面试注意事项

（1）整个面试过程或许需要几天时间，因此可能很难把大家聚在一起，尤其是为场馆提供志愿服务的委员会成员。如果条件允许，比较明智的做法是将面试分组，安排在连续的几天之内完成。如果时间拖得更长，评委们可能很难记得前面的面试情况。

（2）不要将三四家公司的面试过程安排得过于紧凑，因为委员会成员到后面很难集中注意力。一定要让委员会成员充分休息并为下一场面试做好准备。即使安排了休息时间，一天面试 4 家公司也已经是极限了。

（3）如果可以，面试场地最好有两个门，一个供委员会成员使用，而面试公司准备或离开时使用另外一个。这样安排可以避免委员会成员在休息和返回时受到干扰。如果某位委员会成员错过了某场面试，就不应参与投票，要尽量保证投票的公平性。

面试场地布置

尽量选择安静、宽敞的会议室作为面试场地，最好配备空调、照明和投影设备。面试场地必须通风良好，可以控制温度，否则委员会成员很快就会昏昏欲睡。准备好水和冰块。如果照明设备能调节亮度，则是比较好的选择，因为如果照明只能选择开或关，那么播放幻灯片时就要关灯，这会为委员会成员记笔记带来不便。

让委员会成员围坐在一张桌子旁，为他们提供舒适的座椅（坐在上面不会发出声音）。为每位成员准备好纸、铅笔和面试公司提交的文件。要确保每个人都能清楚地看到各公司展示的内容。把预先准备好的问题打印出来，留出足够的空间记笔记。根据面试公司和委员会成员的数量来准备问题列表，以便每位成员都可以针对不同的公司单独记笔记。既要灵活处理面试过程中遇到的问题，又要保证公平。如果某些公司的面试时间延长了，尽量做到一视同仁。

最终决策

当所有令人眼花缭乱的展示结束后，就是最艰难的选择时刻。有时，建馆委员会的所有成员会在第一次投票时就选出大家一致认为表现特别突出的公司，但在大多数情况下，会有两家公司的表现非常接近。

如果实在无法抉择，可以安排第二轮面试。这种情况很常见，但这两家公司参加第二轮面试的差旅费通常要由建馆委员会来承担。因此，委员会成员往往会选择去这两家公司进行实地考察，体验它们的内部运作，了解它们的其他项目。在第二轮面试之前，建馆委员会一般会列出想要了解的问题，并提前发给每一家公司，以便他们做好准备。

当收集了所有信息并对候选公司有了直观认识之后，就要做出选择了。没有什么公式或者水晶球可以帮助场馆做出选择，有时只能凭直觉选。

作为一名建筑师，比尔·格里夫斯（Bill Greaves）曾负责弗吉尼亚儿童博物馆的一期工程——将朴次茅斯 37500 平方英尺的一家老旧百货公司改造成儿童博物馆。现在他正在设计这家场馆的二期（22500 平方英尺）和三期（全新的 15000 平方英尺的主入口和剧院）工程。格里夫斯是弗吉尼亚 ASA 建筑师事务所的资深建筑师。

美国青少年博物馆协会的调查（1996 年 2 月）：结果与分析

美国建筑师协会会员比尔·格里夫斯（Bill Greaves）

杜佩奇儿童博物馆 辛西娅·马克－赫梅尔（Cynthia Mark-Hummel）、

玛丽·马博（Mary Maber）

1996 年 1 月初，美国青少年博物馆协会（AYM）通过协会期刊邀请所有会员场馆参与一项非正式调查，希望场馆提供过去两年内场馆建设和改造项目的财务数据。共有 44 家儿童博物馆为我们提供了反馈，我们对他们的数据进行了分析。非常感谢他们的积极参与——如果没有他们的帮助，就不会有这篇文章。

我们将这些场馆的建设和改造项目归为以下四类：

（1）在普通商场或结构单一的购物中心里的改造项目；

（2）中小型改造项目（按照建筑面积划分）；

（3）大中型改造项目（按照建筑面积划分）；

（4）新建场馆。

我们试着将这些场馆按照不同时区——东部、中部、山地和太平洋时区——来划分，想看看不同地区的建筑成本、设计费用和展项设计制作成本是否存在显著差异。调查结果非常出人意料，除了加利福尼亚州和华盛顿州比其他州的费用大约高出 18% 外，其他各区的成本差异最多只有 2%。

请注意，这份非正式调查报告中的数据都应理解为平均值。每个项目都有一些因素对实际成本产生了影响。这份报告的内容显示，有些项目的实际成本往往高达平均值的两到三倍。调查结果不出所料，原有建筑的状况越好，对现有设施和设备的利用越充分，建筑成本就越低，尤其是当涉及环保问题时。相较于那些只需少量机械和电力改造的场馆或预算紧张到只能对 30 年的老旧设备进行修修补补的场馆而言，需要大量机械和电力改造的场馆的成本往往要高出 2～2.8 倍（每平方英尺）。而使用其他材料来替代石棉和含铅油漆则会导致成本平均增加 9%～18%。

提供反馈的 44 家场馆在建筑规模、形态和成本上千差万别。其中大多数场馆的建筑和展项预算都很紧张。在改造成儿童博物馆之前，有些建筑的类型非常有意思，甚至可以说是非常特别，比如 1913 年的校舍、火车站、铁路维修厂、1875 年的农舍、消防站、鱼市、迪斯科舞厅等，但大部分改造的对象还是仓库、商场、零售商店以及其他商业建筑。这些建筑改造成本最低，因为它们都是比较大的开放空间，需要的改造量最少。

有几家新建场馆也参与了这项调查，不出所料，它们的建筑和展项成本最高。新建场馆的一个明显优势是它们的设计不会受到任何限制，但土地和建设成本（水、污水处理、停车、街道、景观等）都会使总成本大大增加。

第一类项目	在普通商场或结构单一的购物中心里的改造项目
反馈场馆数量	7
建筑面积	2000～7800 平方英尺
建筑设计/工程费用	建筑成本的 0%（捐赠）到 8.1% 不等
建筑成本	0（人力和物料均捐赠）到 21 万美元不等，根据场地租赁协议的期限计算出的平均成本
展项成本	0（捐赠的手工制作展项）到 32.5 万美元（每平方英尺 46 美元）不等

第二类项目	中小型改造项目（按照建筑面积划分）
反馈场馆数量	20
建筑面积	2000（1875 年的农舍）到 15000 平方英尺（位于市中心重建区的商场）不等
建筑设计/工程费用	建筑成本的 9.1%～12.3% 不等。实际费用因装修量而异。有些建筑只需少量改造，而另外一些建筑则需要彻底重建内部结构
建筑成本	7.6 万（每平方英尺 28 美元）到 97.5 万美元（每平方英尺 65 美元）不等
展项成本	28.5 万（一个 4000～6000 平方英尺的空间）到 81 万美元（一个 10000～12000 平方英尺的空间）不等。每平方英尺 45～80 美元（全新展项）不等。翻修现有展项和建造全新展项的成本差异很大

第三类项目	大中型改造项目（按照建筑面积划分）
反馈场馆数量	12
建筑面积	1.5 万～7 万平方英尺不等。大部分此类场馆都留有 1 万～3 万平方英尺的空间以备未来扩建。这类场馆的平均建筑面积约为 5.85 万平方英尺。只有 4 家场馆目前没有空间用于未来扩建。而在其他场馆中，大部分扩建空间位于场馆的二层，少数几家在地下室或邻近的场地
建筑设计/工程费用	建筑成本的 9.7%～14.3% 不等。实际费用因装修量而异。需要彻底重建管道、机械和电力系统的场馆，这部分费用最高；而能够利用原有机械和电力设备的场馆，总成本会低很多
建筑成本	64.9 万～485 万美元不等。每平方英尺 45～79 美元不等
展项成本	41.5 万～358 万美元不等。每平方英尺 45～110 美元不等。部分场馆利用了 30%～45% 的原有展项，只需少量改造，因此，单位面积展项成本比较低

第四类项目	新建场馆 可想而知，新建场馆的成本是所有项目类型里最高的。这类项目显然需要筹集大量资金来支持
反馈场馆数量	5
建筑面积	2.5 万～8.6 万平方英尺不等
建筑设计 / 工程费用	建筑成本的 11.3%～15.8% 不等。这部分费用显然也要比其他类型的项目高，因为它不仅包含建筑设计费，还包括结构工程、土木工程、景观设计、环境工程、音响和照明系统以及标准管道系统、机械和电气工程等费用
建筑成本	每平方英尺 97.5～185.8 美元不等。场馆没有明确说明这些数据是否包含土地价格，但大部分数据确实包含公共设施、停车和景观成本
展项成本	187.5 万（每平方英尺 85 美元）到 460 万美元（每平方英尺 210 美元）不等。有些场馆的成本比较高是因为配备了一些特殊展项，比如独立的天文展区（49 万美元）和可容纳 80 人的 IMAX 影院（290 万美元）

我们从场馆建设过程中学到了什么
访谈总结

我们从这 44 家儿童博物馆中挑选了 5 家场馆，由伊利诺伊州惠顿市杜佩奇儿童博物馆的辛西娅·马克－赫梅尔对他们进行深度访谈。这 5 家场馆都在近期完成了旧楼改造或新馆建设：其中两家建设了新场馆，另外两家在现有建筑基础上进行了大规模改造，最后一家刚刚搬进了一间商场里。这些项目的规划和建设最短的只有 14 个月，而最长的则持续了 5 年时间。

我们将他们坦诚的分享及反思总结如下：

规划过程

这 5 家场馆都认为，要想取得成功，一定要了解目标观众的想法，同时要让场馆员工和理事会成员积极参与到项目的规划中。不止一家场馆的受访者提到，如果建筑师或外聘顾问对项目的控制权过大，而所在社区、员工和理事会却极少参与，那么项目就会出问题。虽然这样做表面上减轻了员工和理事会的工作量，但从长远来看，后患无穷！同时，这些场馆还强烈建议，儿童博物馆一定要确立自己的使命宣言，因为它是场馆所有决策的依据。其中一家场馆在项目规划初期就制定了使命宣言和五项核心价值观，同时在整个规划过程中一直积极听取"目标观众的意见"。另一家场馆的受访者提到，非常具有讽刺意味的是，场馆员工参与最少的是自己办公空间的规划，"他们至今对此还抱怨连连"。几家场馆还提到，听取同行（其他儿童博物馆）的意见对规划过程也非常有帮助。

与外聘顾问和建筑师合作

这 5 家场馆中的 3 家并没有聘请规划顾问，项目需求是由场馆员工来制定的。这 3 家场馆并非新建，员工可以根据以往的经验来制定场馆建设或改造项目的需求。其余的两家场馆中，有一家场馆从某知名儿童博物馆请来工作人员担任建筑和展项的规划顾问。这家新建场馆还没有馆长，整个项目由筹备委员会负责。最终的结果好坏参半，但归根结底，该场馆认为顾问并没有很好地履行自己的职责。最后一家场馆已经有了自己的馆长，他在场馆聘用建筑师之前负责与各领域的专业顾问配合，最后结果也是好坏参半。这家场馆的受访者对顾问最大的不满是，这些顾问在外地，与理事会、馆长以及场馆所在社区缺少交流。一位理事会成员说道："所在社区的参与很重要，这方面我们做得不够。"

所有这些场馆都强调，一定要找到一位能真正听取场馆需求的建筑师。最理想的情况是，即便决策过程由建筑师主导，设计也要以项目需求为基础。如何判断建筑师能否听取场馆需求？一位馆长回答道："他接受了我们的意见，并且根据我们的要求提供了非常好的设计想法。对他来说，场馆内容比建筑本身更重要，而且我们进行了大量讨论。如果没有这些沟通，无法想象会多可怕！"大多数场馆都建议不要将建筑和展项的设计交给同一位建筑师。其中一家场馆就这么做了，最终导致，每当因资金紧张而需要在建筑和展项之间作取舍时，建筑师都会更注重建筑，而牺牲展项。最后一点，尽管他们认为不一定要找本地建筑师，但如果聘用了外地建筑师，则还要找到一位本地建筑师与其配合。因为日常的沟通和管理工作非常繁杂，如果不能随时联系到建筑师，这些工作根本无法顺利开展。

开馆后的反思：哪方面做得好/不好？

这些场馆都认为，尽管有些建筑师现在仍在解决场馆一些内部空间的问题，但他们设计的建筑都体现了场馆的使命和理念。一位新建场馆的理事会成员说道："建筑本身当然也是场馆体验的一部分，我们的建筑设计很成功。如果场馆能够成为地标建筑，将会有益于访客量的增加。"这些场馆都很喜欢自己建筑的外观，但部分场馆对其内部功能不太满意。其中一家场馆抱怨"内部空间缺乏灵活性"。另一家场馆在开馆后，立刻发现人满为患、空间不足。开馆后，各场馆还出现了安保系统不完善、办公空间不充足和客流方面的问题。

其中 3 家场馆还强调，在开馆前一定要完成展项原型测试。其中两家场馆没有这么做，结果不得不在开馆后花费大量资金调整展项。大部分场馆还建议儿童博物馆分阶段开放，不要一下子全开。分阶段开放为场馆策划活动、完善会员制度以及开展宣传活动留出了更多时间。

总之，在艰辛的建馆或改造过程中，儿童博物馆要坚持的指导思想是："场馆的核心是人，是员工、理事会和所在社区之间的互动，不是硬件设施。"

感谢各位场馆的代表接受我们的采访，与我们分享他们的经验。

辛西娅·马克-赫梅尔目前担任杜佩奇儿童博物馆的业务拓展经理，同时兼任阿德勒天文馆的项目经理。

对访谈的分析和总结由编辑玛丽·马博完成。

为儿童打造一座场馆

奇克伍德－田纳西园林艺术博物馆

简·杰里（Jane Jerry）

在我的童年记忆里，有很多奇妙的地方，比如《秘密花园》中的花园、《博罗斯一家》的小窝、《风雨河岸柳》中的蛤蟆宅第、《精灵鼠小弟》中由四个衣夹撑起的床和雪茄盒床垫。我的童年很快乐，大人们会给我讲这些精彩的故事，朋友们会与我一起开心地建造秘密城堡，还有兄弟和我一起爬"马树"①。夏天里，我们在新罕布什尔州过着田园牧歌般的生活。我们住在一栋有着弗兰克·劳埃德·赖特②设计风格的房子里，它有一段橙色的回旋楼梯，我们这些孩子住在楼下的房间里。这栋房子与我们后来在麻省的家完全不同，我母亲一直称它为"老旧的维多利亚方舟"。它有很多隐秘的空间：三层的简陋阁楼和我父亲的木工小屋、布满蜘蛛网的地窖（我母亲说自己从来没有进去过）、谷仓和一条私人车道。每年冬天，我们都会在这条车道上用雪搭建城堡。如今我已长大成人，我发现成人都有一个重要的共同点，那就是我们都曾是孩子。尽管已经深埋心底，但我们永远都不会忘记童年的记忆。我曾读过一篇文章③，文中鼓励读者画出自己记忆中童年的家。那时，我才惊奇地发现，对于自己童年时期住过的每个家，我居然都能清楚地记起许多细节。

作为成人，我认为自己不懂建筑。在攻读社会学学位的过程中，我从未学过建筑学方面的课程。比起建筑本身，我总是对建筑里的人和他们的故事更感兴趣。

在担任休斯敦儿童博物馆馆长期间，我曾经参与新馆的规划，这段经历让我学会了把自己的直观感受和童年记忆应用到建筑里。当时我只是非常希望所有的孩子都能拥有一些美好的童年记忆，同时也希望这些回忆是与我们的场馆

---

① 所谓"马树"是一棵很大、很古老的枫树，它的主干成"U"形。我们会爬到"U"形的底部，就像坐在马鞍上一样。

② 译者注：弗兰克·劳埃德·赖特（Frank Lloyd Wright），著名建筑师。

③ 大卫·索贝尔的著作《世界上的某个地方：成人的童年记忆里那些特别的地方》，刊登在《儿童环境季刊》1990 年第 7 卷第 4 号。

紧密联系在一起的。为了做到这一点，作为完全不懂建筑的外行，我不得不扮演坚定自信、直言不讳的"甲方"。

选址

休斯敦儿童博物馆的发展历程在许多方面与其他场馆非常类似。1985 年，我们在迷人的、历史悠久（创建于 1935 年）的星雕大厦（西班牙殖民仓库）内租下了 12000 平方英尺①的空间，完成了新馆的建设并成功开馆。休斯敦城区共有 350 万人，很快我们就发现场馆空间太小，无法容纳所有想要来馆的人。场馆的年度访客量最高时曾达到 15.2 万人次。1986 年 10 月，我们的理事会投票成立选址委员会，开始寻找其他场地。像许多其他场馆一样，我们梦想着能找到只需 1 美金就可以租一年的地方，或者最好能有人捐给我们一栋建筑。现实一点的话，面对 20 世纪 80 年代中期休斯敦经济萧条的大环境，我们希望可以在众多空置的写字楼中找到一个场地，以极低的"儿童博物馆友情价"买下来。我们的选址委员会由理事会成员、社区志愿者和员工组成，大家在烈日炎炎的几个月里，不停地穿梭于不同区域的众多写字楼之间。在此过程中，我们逐渐发现，尽管这些建筑很好地实现了写字楼的功能，但它们并不具备成为"儿童博物馆"的潜质，这让我们感到很头疼。

一年前，伊莱恩·格里安（Elaine Gurian）曾经对各个区域进行了初步研究。关于扩建场馆的梦想，我们与她聊了很多。一年后的今天，我们回想起她的建议："你们需要找到这样一个地方，让所有种族都能受到平等对待，所有家庭都能感到舒适自在。"考虑到这一点，我们把选址的范围缩小到博物馆区：它位于市中心，紧邻赫曼公园、动物园、自然科学博物馆、美术馆、当代艺术博物馆和莱斯大学。

选址的关键：地段、地段，还是地段

我们接受了房产中介的观点，不再寻找"价格低廉的任何地方"，而是把重点转移到地段上，于是我们开始以更加开放的心态面对其他选择。我们

---

① 这 12000 平方英尺包含展项区域（5000 平方英尺）、公共空间（大堂、礼品店、新员工培训室、教室、卫生间等）（5000 平方英尺）、办公区（2000 平方英尺）。不久后，我们在其他地方租了 2000 平方英尺的仓库用于制造展项。

甚至想过把场馆建在共济会堂、私立学校的宽敞校园、教堂或是大型酒店里。（下面是我最难忘的一段记忆：炎热的 7 月里的一天，我们爬了 8 层楼。因为当时楼里没有通电，所以没有任何空调和电梯！即使儿童博物馆真的需要很多卫生间，那里的近 200 间独立卫生间也显得过于多了吧？？！）在此期间，我们惊奇地发现，就在我们想要的地段上有一片空地，它距东侧的美术馆只有 5 个街区，距南侧的赫尔曼公园和自然科学博物馆只有 4 个街区，而距北侧的麦格雷戈小学（这所小学的学生组成真实反映了休斯敦的种族构成）则只有 3 个街区。我们高兴地发现，麦格雷戈小学的孩子们可以步行到达场馆。

1989 年春天，我们怀着激动的心情、对未来的一点点恐惧和无限期许，以 200 万美元的价格买下了这块地（我们最终把"迈出一大步"活动的筹款目标定在了 1000 万美元，而实际筹到了 1070 万美元）。

前期准备工作

至此，场馆的理事会成员和高层管理人员已经完成了寻找"新家"的大部分工作。接下来，我们开始征求所有员工对新馆的意见。我发现自己有很多想法。首先，我特别在意建筑的窗户。我坚信，人只有在窗明几净的环境中才能更好地工作。如果窗户太少，里面的人会感到压抑，不利于思考。或许早先在科迪屋顶餐厅召开的全员会议对我们后来的想法产生了重要影响。当时我们坐在户外，就像坐在树屋里，分享着自己的童年记忆——有哪些喜欢和不喜欢的地方。至今，我仍然隐约记得当时总结出来的第一份讨论结果："小时候，我们喜欢一些隐秘的小角落、阁楼、墙背后的'秘密藏身处'、在餐桌上蒙上毯子搭成的堡垒、用雪堆建的城堡、教堂（彩色玻璃窗！）、谷仓的干草棚、树屋和我们爬过的树。"而可怕的地方大部分都很黑暗、很大，感觉很危险，但这些特点又让我们有点喜欢这些地方，因为它们的危险和神秘对我们非常有吸引力。地下室、小溪旁大树下暗处形成的天然堡垒、大孩子玩的地方、铁路栈桥和车库里的阴暗角落出现在了我们总结的第二份清单上。

那天我们还讨论了要把哪些东西从原来的场馆带到我们的新家——友好亲切、舒适贴心的感觉、工作人员之间亲如家人的氛围、咖啡壶、明亮的色彩、电脑、埃德·坦南鲍姆（Ed Tannenbaum）艺术品以及大玻璃窗。这是我们对新馆的初步设想和期许。

偶然间我发现，南加利福尼亚大学的建筑学院曾于 1986 年对洛杉矶儿童博物馆的迁馆计划开展了可行性研究。这份研究报告的价格很低，我们打了一个电话，就立刻订到了这份报告。[①]

收到报告后，所有员工一起了解了它的内容，并各抒己见。他们在明确表达自己希望场馆包含哪些空间之后，调整了对新馆建筑的要求。这些意见最终汇总形成了一套完整详尽的建筑方案。我强烈建议儿童博物馆在开始与建筑师合作之前首先明确场馆的使命和建筑理念，并确立具体的建筑方案。接下来，随着项目的推进，场馆需要以开放的心态面对方案的调整。

选择建筑师

我们首先组建了建筑师甄选委员会，并为每位成员配备了一本美国建筑师协会出版的蓝色小册子《你和你的建筑师》[②]，随后便着手忙碌起来。这个委员会是在选址委员会的基础上建立起来的——除了选址委员会原有的部分成员，我们还新增了几位社区成员，包括莱斯大学建筑学院院长欧·杰克·米歇尔（O. Jack Mitchell），他在建筑师甄选的最后阶段给了我们很大帮助。委员会主席梅琳达·波斯（Melinda Poss）本人就是一名建筑师，因为她的专业知识和技能，委员会才得以顺利完成接下来的工作。

我们给大约 30 家建筑公司发出了邀请，希望了解他们的资质和项目经验。只有少数几家公司没有回复，其他公司都对我们的项目表现出浓厚的兴趣。我们花了很长时间阅读他们的反馈，他们的经验和资质都很有吸引力，让我们想面试每一家公司。最终我们选择了 12 家公司进入面试环节，并邀请其中 3 家参与了第二轮面试。

建筑师

有趣的是，我们最初选择的 30 家公司里包含了 3 家具有博物馆设计经验的国际知名企业，其余的都是休斯敦本地的公司。于是，我们开始讨论聘请国际知名建筑师有哪些好处：设计质量高，能够吸引国家级的公关媒体，建筑设

---

① 现在仍然可以从安德鲁斯老年医学中心找到这 12 篇专题论文。地址：洛杉矶大学园区南加州大学（CA 900890191）。想要了解更多信息，请拨打电话 00-1（213）740-1364。

② 如果您想获取这本《你和你的建筑师》，可以联系美国建筑师协会。地址：华盛顿特区 N.W. 纽约大道 1735（邮编 20006）。

计风格有很高的辨识度并且广受欢迎，有助于场馆筹资。有些人也很快想到聘请国际知名建筑师可能带来的问题：被认为是徒有虚名，因异地管理而缺乏日常监督，费用高，建筑设计风格虽然有很高的辨识度但很多人不喜欢。然而，当我们选择 3 家候选公司时，显然心里已经非常想要与国际知名建筑师合作了。我们希望自己的新场馆能成为休斯敦又一重要的建筑景观。

出乎我们预料的是，委员会成员在选择最终的合作伙伴时出现了分歧。我们在管理场馆的过程中，向来意见非常统一，这是第一次出现这种情况。此时，我们显然需要通过投票来对 3 家候选公司排序，选出最终的合作伙伴。那么，理事会、员工和社区志愿者是否应该拥有同等投票权？理事会主席，作为委员会成员之一，是否只有一票？鉴于理事会成员对场馆财务状况和筹资的重要作用，比起普通员工，他们是否应该拥有更多投票权？确定规则后，我们开始投票，选出了最终的合作伙伴。之后，委员会全体成员再次投票，一致通过了最终的选择。

我们最终的选择是，由休斯敦本地的杰克森与瑞恩建筑设计事务所联手文丘里和斯科特·布朗的设计公司组成场馆的设计团队。杰夫·瑞恩（Jeff Ryan）与罗伯特·文丘里（Robert Venturi）具有多年的合作经验，他们都很愿意再度合作，一起完成这项他们口中"重要的市政项目"。这家本地公司在业界拥有良好的口碑，有了他们对项目的监管，减少了我们对成本和时间的担忧。

徒有虚名？

我第一次见到罗伯特·文丘里时，感觉他是个一丝不苟的人：非常严肃、冷静、挺拔笔直，气质很像犹太法典学者、外科医生或联合国外交官。我们委员会的一位成员对他仰慕已久，于是问他："文丘里先生……嗯……罗伯特……嗯，我们应该怎么称呼您？鲍勃？乔·鲍勃？！！！"这个德州幽默打破了首次见面的僵局，在场所有人都笑了起来，包括"鲍勃"（熟了之后我们叫他"鲍勃"）。在与他交谈的过程中，捕捉他眼里难得闪现的那一抹光亮也算是一桩趣事。

文丘里的名字与无数博物馆项目关联在一起，包括西雅图艺术博物馆、伦敦的英国国家美术馆的扩建项目、拉霍亚艺术博物馆的扩建项目和费城动物园中的"儿童树屋"。他的设计非常出色，凭借众所周知的独特风格赢得了广泛的国际赞誉。尽管同样存在负面评价，但他能吸引所有重大媒体的关注。他在 1991 年赢得了著名的普利兹克建筑大奖，这使得他的知名度和美誉度得到了进一步提升。杰夫·瑞恩在合作过程中一直积极帮助场馆说服潜在资助方，他和鲍勃对项目的筹资都非常有帮助，不过我不确定是否真的有人只是因为文丘里的大名或设计风格而慷慨解囊。

聘请专业的建筑师是否意味着要花更多钱？大概率是的。但这个问题可以从多个角度来看。我们的建筑师是杰克森和瑞恩，而文丘里和斯科特·布朗的设计公司是由他们聘请的，因此所有额外的费用都包含在我们给杰克森和瑞恩的费用里。比起简单、常见的设计方案，独特的设计（入口处的巨大玻璃墙、玻璃窗的选择以及宽敞的儿童大厅）意味着更高的建设和运营费用。但如果你选择聘请专业的建筑师，那么你显然希望人们能轻易发现建筑是谁设计的。你会希望人们在看到你的建筑时赞叹："这一看就是文丘里的风格，他居然设计了一座儿童博物馆，真是太棒了！"人们在路过我们的建筑时，一定会不由自主地多看两眼，猜想着里面到底有什么。

设计过程

在最初几次与建筑设计公司会面时，我们明确表达了希望场馆员工和社区能参与到设计工作中。我们想要邀请所在社区的家庭和我们一起设计未来的场馆，一起建造小小的模型，希望他们能提出更多想法，给我们灵感和方向，但我们最终并没有这么做。或许只有我个人对此感到失望，因为我认为，真正的参与式学习机构应该让人们参与到所做的事情中，但事实上我们并没做到这一点。一旦说到建筑设计，就只能听建筑师的。

在我们的项目中，每当我们提出让更多人参与时，建筑师们就告诉我们，他们会组织一次集中讨论会，届时会邀请一些人来参加，让大家集思广益，畅所欲言。这样可以满足我们想要更多人参与的需求。当准备召开讨论会时，我们才知道，我们只能邀请非常有限的人参与讨论。由于我们的建馆委员会成员必须参与讨论与决策，因此，我们没有空间和时间让社区里的孩子和家庭参与进来。事后想来，如果我们坚持初衷，让社区参与进来，那么我们最终建成的应该不会是"典型文丘里风格的建筑"。

我们的建筑设计团队、理事会成员和场馆员工一起参加了这场设计讨论会。我们花了一整天时间来讨论场馆的基本理念，包括我们希望场馆带给访客什么感觉，我们自己和访客为什么喜欢场馆周边的区域，我们希望场馆具备哪些特点以及在社区中建立起怎样的形象。第二天，我们讨论了建筑方案：我们需要哪些类型的空间，如何规划这些空间的规模和布局。这里要特别感谢鲍勃和杰夫，他们不仅深入理解了我们的整个理念，而且努力给出了融合这一理念的设计方案。

在讨论会的最后（写到这里我禁不住苦笑，因为真是很难想象我们这样一群人能聚在一起严肃认真地讨论），鲍勃给出了设计方案。这是他著名的速写草稿之一：用黑色记号笔在一张黄色的纸上快速绘出的设计草图（当他还在画时，我问道："建筑的外立面会是黄色的吗？还是因为你用了黄色的纸，它看起来才是黄色的？"亲爱的读者，建筑的外立面就是黄色的）。虽然我们觉得这份最初的设计方案很好，但还是期待鲍勃能在对我们的需求和儿童博物馆有了更多研究和了解后，进一步调整这份方案。事实是，他并没有改变最初的方案。于是我们问道："为什么设计方案没变？是因为我们的项目太小，不值得你们花更多时间吗？"杰夫·瑞恩夹在我们和鲍勃之间备受折磨。"我们想要的不只这些，"我们要求道，"树屋在哪儿？彩色玻璃窗在哪儿？隐秘的小角落呢？儿童博物馆的设计应该包含更多选择吧？"

虽然顶着巨大的压力，杰夫还是勇敢地带着我们一起讨论设计方案可以有哪些调整，但鲍勃每次根据这些意见回复的方案都被我们否决了。毫无疑问，他认为最初的设计方案是最好的，最终我们同意采纳这份方案。尽管设计儿童博物馆有很多种方法，但鲍勃有自己独特的设计风格。我现在认为，这是鲍勃最好的设计，并且非常适合我们的场馆。对我来说，最重要的是他的设计方案充分考虑了儿童的需求和特点。在设计过程中，我们非常担心最终的效果不是多姿多彩，而是花里胡哨；不是独具创意，而是矫揉造作；不是新奇有趣，而是曲意逢迎——鲍勃很好地把握了设计的尺度，消除了我们的担忧。

建筑师们也考虑了我们场馆的需求，最终的建筑方案包含了我们想要的各类空间，各空间的规模也符合我们的要求。在空间的布局上，我们经历了艰难的协商过程：我们与建筑师争论了很长时间，希望他们把演讲厅放在场馆正门附近，礼品店邻近其他公共空间（教室、生日聚会场地、志愿者工作室）。我们在反复争论的过程中学会了如何更有策略地说服对方，并最终得到了我们想要的布局。

经过一段时间的合作，我们逐渐学会相信鲍勃的判断，但在其中两个区域——儿童大厅上方的拱形结构和"儿童像柱"的设计上，我们坚持了自己的想法。鲍勃想在拱门上使用经典童话形象，比如一对巨大的汉塞尔和格莱特。

我们认为，巨大的欧洲人物形象从上方窥视小访客，容易让人感到压抑，我们要求改换设计方案。鲍勃最终在这些拱形结构上设计了五颜六色的小鸟，让其整体呈现出彩虹的效果，我们对这个结果非常满意。

"儿童像柱"的设计以及这一叫法本身都是鲍勃发明的，他的灵感源于希腊和罗马神庙支撑屋顶的经典形象"女像柱"一词。鲍勃设计的巨大儿童形象看起来就像是这些孩子撑起了场馆主楼和附属设施之间的连廊。在最初的设计方案里，这些形象的面孔经过艺术处理，非常不真实，其中包括 5 个白种人、4 个棕色人种和 4 个黄种人。我们花了很长时间讨论这个方案，因为这些色调的选择要体现休斯敦人口结构的特点——各色人种的数量分布不均并且一直在变。最终我们场馆的员工从梅尔诺曼化妆品系列的全色谱中选择了 13 种颜色作为这些形象的肤色。在此过程中，我们发现根本不存在绝对的"白皮肤"和"黑皮肤"，没有任何一种肤色能代表一种文化。因此，我们的 13 个"儿童像柱"才真正代表了休斯敦的所有孩子，它们也受到了孩子们的喜爱。

场馆户外庭院的景观设计也是一段有趣的经历。景观设计师给出了非常漂亮的设计方案，充分展现了他们为商业机构设计景观的丰富经验。所有元素的布局都中规中矩，就像大家在办公园区里常常见到的那样。在景观设计过程中，我们曾多次要求暂停设计，并向设计师讲解儿童博物馆的教育理念，希望他们充分发挥想象力，把这些理念融入他们的设计中。如何能使景观设计更有趣、更独特，吸引孩子去探索？我们建议在庭院里设计弯曲的小路，组成一个有机的整体，而不是常见的四四方方的结构。庭院中的大部分区域是平地，但有一处设计了一个坡道，或者叫小山包。我们非常喜欢这个创意，但如何能做出不同寻常的"小山包"呢？我们偶然读到了一篇关于户外游戏空间的文章，其中提到一个章鱼形状的小山。"这个小山包要有个形状！"我们建议道，于是我们的设计方案里出现了兔子形状的小山。尽管并非所有访客一看就知道我们的庭院中有只"兔子"，但如果你指着小山包问孩子，"你看那是什么动物？"他们很快就能猜出来，并且会迫不及待地与其他人分享这个秘密。

展项的策划、设计和制造

决定建造新馆之后，我们马上开始策划场馆的空间布局。因为有洛杉矶儿童博物馆的可行性研究报告作为参考，我们特别关注了场馆里要包含的空间类型，其中大部分空间已经包含在我们的旧馆里，只是在新馆里会变得更大。这些空间包括员工办公室、礼品店、教室（由 1 间增至 2 间）、更宽敞的卫生间以及两个幼儿专用卫生间等。我们认为，新馆还要提供家长／教师支持中心、专门为 3 岁以下儿童设计的展区、户外庭院和演讲厅。确定展厅空间后，我们开始划分展区并确立每个展区的主题。这些主题在场馆的使命宣言中早有体现：科学／技术、历史／文化以及健康／人类发展。我们对每个展项的主题都有非常清晰的规划，同时也知道每个展项大概需要占用的空间。这些想法都是基于我们对需求的预测，同时也是我们向捐赠者筹资的依据。建筑师一直告诉我们："我们会给你们一个绝对灵活的空间，你们可以根据展项的需求随时调整它。"过了几个月，我们才明白，他们所说的"灵活空间"是一个没有墙、没有任何特殊照明设备的空房子。事后想来，我们从一开始就应该对展区的数量提出明确要求，并且寻求客流量方面的建议，这样会对后面的工作非常有帮助。

我们建设新展厅，主要是为了能有足够的空间容纳两组文化展项，并且基于这些展项策划活动，帮助儿童和成人访客了解不同文化之间的异同。这两组展项——"大溪：台湾集镇"和"亚拉拉哥：墨西哥小山村"位于新展厅的中心位置，共同组成了"新视角展区"。中心展区确定后，我们开始划分展厅中其余的部分，并为每个展区设定了使命宣言中的一个主题："小小技师展区"（技术）、"罗伊与莉莉·卡伦探索区"（历史与健康）、"草原展区"（科学）、"幼儿区"（人类发展）、"阿德勒·沙罗非儿童电视台"（技术）、"小爱德华·拉奇·艾伦创意区"（艺术）、"老师／家庭支持中心"和"克雷斯吉基金会万花筒展区"（临时展览）。户外庭院也是一个大型展区，包含八个活动区域。

场馆的展项策划工作完全是由场馆员工主导完成的。玛丽·艾琳·沃顿（当时是场馆的教育部长，现在是贝蒂布里恩儿童博物馆的馆长）负责协调场馆员工与外部设计师、建筑师之间的沟通，并监督展项的制造过程。我们的员工和志愿者一起完成了展项的最初规划，他们确立了每个展项的整体概念和教育目标，然后和外部设计师一起完成了展项的设计图纸。我们还聘请了展项制造人员，在场馆现代化的车间里制造展项。

如果能重来一次，我们还会这么做吗？或许不会。志愿者的参与有一定帮助，但他们的意见是否有价值还要取决于他们对场馆运营的了解程度。很多理论上的想法根本没有实际用途，就像一些设计师和展项制造人员不理解"动手参与和随意滥用"的区别。我一直坚信，只有员工最理解场馆的需求，这个想法到现在也没改变；在大型扩建项目中会有许多新人加入，但这些人根本无法真正理解场馆的需求。

随后我回过头来问自己，"如果当时我们聘请专业的设计公司来设计展项，结果会不会更好？"在过去，我的答案是："并不会，因为聘请专业设计公司的费用要高得多。"但其实这费用还需要和场馆自己请人产生的成本相比较，比如员工的加班费、展项制造人员的劳工险以及场馆最终因解雇他们而增加的失业险费用。另外，这些人在为场馆工作的过程中逐渐培养出对场馆的感情，虽然非常希望自己能成为场馆的全职员工，但却知道这不可能，他们也清楚等到开馆时，也就是真正有趣的部分开始时自己就会离开了，因此场馆还要花费额外的时间和精力去安抚他们低落的心情。

尽管遇到了这些问题，我们还是按时开馆了，并且为访客准备好了漂亮的展项。有些展项其实还没完全完成，但公众并不知道。在接下来的一年里，我们又对展项进行了微调、修改和完善，并最终完成了所有展项。虽然我们的员工在策划展项时没有聘请专业的建筑师，但展项里丰富多彩的建筑结构同样令人心驰神往，比如"我们的小星球"展项中的小房子、两组文化展项中原汁原味的建筑、"挖挖看：过去休斯敦的地下有什么"展项中的印第安人村落、"从农场到市场"展项中的谷仓以及户外庭院中的"维多利亚风格剧场"。访客在进入场馆的那一刻，首先会被迎面而来的巨大儿童大厅所吸引，接下来会穿梭于展项之间，随后来到户外庭院，自由地奔跑与探索。场馆把大与小的概念、开放与私密空间完美地融合在了一起，让访客感到既正式又亲切。

准备开建

设计的最后阶段其实是重新审视整套设计方案的过程。我们重新回顾了所有设计细节、选用的材料和内部系统，看看是否存在其他性价比更高的方式，也就是说，能否在保证同样效果的前提下减少花销。很幸运，我们请到了非常优秀的成本估算师史蒂夫·尼尔森，他是项目总包公司 H. A. Lott 的员工。他甚至在我们签订施工合同之前就已经初步估算了成本，帮助我们做到心里有数。初步的估算、设计最后阶段的重新审核以及与总包公司 H. A. Lott 签订的"承诺最高造价"帮我们省了很多钱。当我们重新审视选用的材料时，对于某些材料，建馆委员会希望选用更好的，因此增加了预算。这里还要再一次感谢我们专业的团队，包括建筑师和总包公司，他们在保证项目的整体设计不受影响的同时，在预算内完成了施工。

建议

最后，我想分享一些我们在项目过程中总结的经验，希望这些经验能帮助其他准备建馆的人。

（1）选址的关键：地段、地段，还是地段——请牢记这一准则！

（2）明确场馆的使命、理念和要树立的形象。

（3）在与建筑师合作之前，依据场馆的需求制定明确的建筑方案；在与建筑师合作的过程中，以开放的心态面对方案的调整。

（4）要敢于坚持己见，但要有策略地说服对方。

（5）准备好承受巨大的压力。

（6）坚持自己的立场，保有幽默感！

（7）多提问，不要过分相信任何人。

（8）找到优秀的成本估算师，坚持追求性价比。对设计细节、材料和施工都要严格要求达到最高性价比。

（9）签订施工合同时，约定"承诺最高造价"。

（10）坦白讲，这是我一生中最重要的学习体验——当然，仅次于婚姻！尽管有些时候我既害怕又兴奋，但这个过程对我来说可谓终极"动手"学习体验。现在，我可以更自信地说，我对建筑有很深的了解——通过儿时和成年后的亲身经历学到的。这些经历对场馆项目最终能够取得成功至关重要。请相信，美好的事情总会发生！

本文原载于《手牵手》1994年秋季刊。

简·杰里现任奇克伍德－田纳西园林艺术博物馆馆长一职。她曾先后担任休斯敦儿童博物馆和罗德岛儿童博物馆的馆长，并曾担任美国青少年博物馆协会主席（1988～1990年）。

第三部分

儿童博物馆的展项和教育活动

第七章
展　项

儿童博物馆的展项

南加州大学洛杉矶分校

维克多·雷尼尔（Victor Regnier）

"场馆要有哪些展项？"这是儿童博物馆在规划和建设阶段最常思考的问题。我们在为洛杉矶儿童博物馆的扩建及搬迁计划开展可行性研究的过程中，深入挖掘了展项开发工作中需要注意的一些问题。在此期间，我们走访了7家儿童博物馆，深入了解了他们的展项和活动。在这些场馆中（波士顿儿童博物馆、首都儿童博物馆、印第安纳波利斯儿童博物馆、触摸博物馆、丹佛儿童博物馆、史坦顿岛儿童博物馆和布鲁克林儿童博物馆），我们采访了专职负责各楼层展项的工作人员，并且尽量让在场馆工作多年的老员工参与到我们的访谈中。

我们请这些受访者选出场馆里最成功和最失败的一些展项，并给出这些展项的排名。在几家规模较大的场馆里，我们邀请了多名工作人员参与这项调查，并请他们对展项排名给出一致意见。在最终的研究报告（Regnier，1986）中，我们列举了这7家场馆中最成功的29个展项和最失败的16个展项。这份报告还详细介绍了这些展项，包括它们的照片、互动访客的特点、同时参与的人数上限、相关活动和主题。

每个展项都是独一无二的，即便在涉及同一问题时，往往也会采取不同的方式和角度。因此，这些展项并没能反映出展项开发工作要遵循的准则，但当我们深入挖掘每个展项时，就会发现它们存在一些共同的特点。基于这些特点，我们总结出可能导致展项成功或失败的原因。大多数特别成功的展项都具备成功展项的多个共同点，而不受欢迎的展项往往也有着失败展项的一些通病。我们归纳出的这些特点并不足以把展项严格地划分为不同的种类，但它们可以帮助我们在开发和测试新展项时抓住重点，打造更多成功的展项。

成功的展项

大运动：最受欢迎的一类展项是那些让孩子有机会在攀爬或穿越过程中自由探索的展项。这类展项能帮助孩子"释放多余的精力"。孩子在与这类展项互动时往往活力四射，并且展项本身和孩子也会很吵闹。在一些场馆里，这类活动显然是所有展项中最受欢迎的。波士顿儿童博物馆的"攀爬雕塑"和首都儿童博物馆的"消防车／城市空间"都是大运动展项中非常成功的案例。

沙子和水：学龄前儿童和幼儿普遍非常喜欢以沙子和水为主的展项。印第安纳波利斯儿童博物馆的"游戏景观"是这类展项的典型代表，它由沙桌和水桌组成。这类展项通常是为 4 岁以下儿童的活动区域设计的。然而，沙子和水后期维护起来都很麻烦，因此设计时要考虑周全，尽量避免可能发生的问题。

基于藏品的创意展览：印第安纳波利斯儿童博物馆的"历史之谜"和"通往世界的护照"堪称这类展项的典范。它们以藏品为基础，通过创意布展来激发孩子的学习兴趣。"历史之谜"展项把距今 300 多年的文物按照一定顺序排列，让孩子和家长有机会通过探索这些藏品来了解印第安纳州的历史。"通往世界的护照"展项利用先进的随机存取影碟技术和本地社区的丰富资源，让访客能够通过高科技、个性化的方式了解多元文化和种族问题。该场馆从卡普兰娃娃和玩具中精心挑选出 5 万件藏品，并以此为基础打造了这一展项。

角色扮演游戏：很多儿童博物馆都为孩子提供了参与角色扮演游戏的机会，让他们在游戏中体验成人的视角。丹佛儿童博物馆和波士顿儿童博物馆的医院和牙科诊所展项（为孩子提供了医疗设备和制服）以及首都儿童博物馆的摩托车展项，都让孩子有机会扮演成人的角色。

服饰：参与角色扮演游戏时，孩子可能会穿戴不同的服装或特定职业的制服，使体验更加真实。

品尝：在首都儿童博物馆里，访客在与"老墨西哥"展项互动时，可以在实习人员的帮助下自己动手制作玉米饼和热巧克力。这项活动让孩子们有机会品尝其他文化的美食。

动物：所有年龄段的访客都很喜欢动物展项。布鲁克林儿童博物馆里的自然科学动物园囊括了 40 多种动物。

隐秘空间：儿童的体型比成年人小很多，他们可以钻进狭小的空间，有些展项很好地利用了儿童和成人在体型上的差异。过去在丹佛儿童博物馆里有一些自然科学展项，其中一些陈列柜位于楼梯下非常狭小的空间里，父母或其他成人无法进入。在首都儿童博物馆里，"变形记"展项包含了一些非常狭窄的通道，只有很小的孩子才能通过。如果展项能让孩子藏起来，不被别人看见，或者让孩子有机会独立（或与其他小朋友一起）探索狭小的地方，往往会很受欢迎。波士顿儿童博物馆曾经有一个下水道展项，孩子们可以钻到假想的街道下面，了解地下管道和电缆。

模仿成人 / 家长的活动：波士顿儿童博物馆的小汽车展项、触摸博物馆和丹佛儿童博物馆的超市展项，都让孩子有机会通过参与角色扮演游戏来模仿成人的活动。

计算机：很多儿童博物馆利用计算机实现了儿童和成人教育活动的开发。印第安纳波利斯儿童博物馆的"历史之谜"展项在计算机的辅助下，让访客可以体验乘坐 18 世纪的大篷车从纽约市到印第安纳波利斯的旅程。

组装 / 拆卸：儿童似乎很喜欢拆东西。首都儿童博物馆的打字机展项让孩子有机会动手拆卸老旧的打字机。

手工活动：如果场馆能让儿童有机会自己动手制作一件东西，并且允许他们把自己的作品带走，也会非常受欢迎。在首都儿童博物馆里，孩子们可以动手制作纸花，而丹佛儿童博物馆的工作坊则让孩子们尝试使用各种手工材料。

容易理解和掌握的展项：操作简单的展项也很受儿童欢迎，因为当他们发现自己知道如何操作时，就会获得满足感。波士顿儿童博物馆一些简单的科学展项——"赛道""滑轮""泡泡""沙拉酱里的物理知识"，是这类展项的成功代表。

滑稽有趣、违背常理的展项：把特别大和特别小的元素结合在一起（形成反差）的展项，比如波士顿儿童博物馆的娃娃展示柜，是这类展项的典型代表。孩子们看到这些违背常理、不同寻常的展示，比如一条很大的鱼游在浴缸里、一只小鸟在拍摄一对夫妇等，会觉得非常滑稽有趣。

　　简单：展项本身非常简单，或是利用简单的技术说明复杂的问题。波士顿儿童博物馆的"赛道"展项蕴含了重力和运动等物理学基本原理，而该场馆的"泡泡"展项则让孩子通过吹泡泡和制造泡泡的过程来了解与薄膜相关的物理知识。

　　抓住孩子天生的好奇心：孩子天生就对某些历史事物或生物（如恐龙）非常感兴趣。印第安纳波利斯儿童博物馆的"史前恐龙"和"埃及木乃伊"展项非常好地利用了这一点，牢牢抓住了孩子的好奇心。

　　以孩子已有认知为基础设计学习体验：如果展项包含一些孩子已经了解的事物或原理，就可以激发孩子的好奇心，促使他们进一步学习。布鲁克林儿童博物馆的温室展项能够帮助孩子了解植物在各种条件下的生长过程。

　　自主实验：如果展项能让孩子有机会自己尝试不同的过程并从中得到启发，也会非常受欢迎。比如积木展项能够帮助孩子了解形状和结构的概念。印第安纳波利斯儿童博物馆的"让硬币滚动起来！"展项，让孩子通过观察不同尺寸硬币在一个半圆形、漏斗状的轨道上的运动轨迹来了解向心力的原理。

　　场馆人员有效引导访客参与的展项：印第安纳波利斯儿童博物馆的"考古挖掘"展项是这类展项的典型代表。在访客与这类展项互动时，场馆人员会运用技巧引导访客参与有组织的学习体验。在互动过程中，场馆人员不仅会介绍展项相关的信息，还会通过演示操作过程帮助孩子深入理解展项的内容。

　　吸引眼球的展项：史坦顿岛儿童博物馆曾经有一个展项叫作"巨人先生"，远看就像一个巨大的机器人，但走近观察，才会发现它其实是一座摩天大楼的模型。

　　为访客提供多种选择的展项：如果展项能让孩子通过参与不同活动来了解同一问题的不同方面，就会更成功、更受欢迎。印第安纳波利斯儿童博物馆的"科学展区"包含了40多个不同的展项，展项内容涵盖了物理知识在生活中的广泛应用。首都儿童博物馆的"城市空间"和"消防车"展项让孩子能在小小的展区里参与十几种不同的活动。

不受欢迎的展项

　　相比成功的展项，不受欢迎的展项更加难以界定，因为失败的展项往往都被逐步淘汰或替换掉了。我们根据受访者的描述，总结出了不受欢迎展项的七大特点。

信息多／互动少：被动的展示和陈列、互动少的展项是所有展项中最不受欢迎的。

过度依赖文字的展项：要求访客具备阅读能力的传统博物馆展项无形中屏蔽了大量访客，因为很多孩子还不识字。过度依赖文字会使展项变得枯燥，难以理解。文字可以用来补充和解释复杂的现象，或在场馆里更多地用于帮助成人访客理解展项内容。根据受访场馆的经验，为儿童设计展项时，对于是否使用文字，一定要谨慎决定。

"不清不楚"的展项：有些展项缺少必要的提示，导致孩子不知道如何与展项互动，因此不受欢迎。

与儿童生活经历无关的展项：展项要与儿童的生活经历有些联系。如果对大多数孩子来说，展项内容涉及的人和地点是完全陌生的，孩子就会觉得展项没意思。

过于复杂：展项内容可能过于复杂，难以理解。这直接导致访客很少与这类展项互动，即便在互动时，也经常误解展项的内容。

需要运用特定的学习方法：如果展项要求访客具备一些经过正规培训才能获得的技能或对访客的年龄和发展水平要求较高，就会导致部分访客无法与之互动。

等待时间过长的展项：如果孩子在与展项互动时需要等待很长时间，可能会导致他们不喜欢这类展项。

结论

在策划儿童博物馆体验时，最重要的是要注意两点：一是要在社区现有资源的基础上提供有益的补充；二是要与某一特定区域的成长环境紧密联系在一起。

我们总结了最成功的儿童博物馆具备的一些特点：开发了独特的展项，受到了访客的广泛喜爱；为学校提供了更加丰富的教育资源；策划了非常有创意的活动，满足了社区需求；聚焦社区活动，为社区活动提供必要的支持。随着互动展项和动手学习体验越来越受欢迎，越来越多的传统博物馆和其他文化机构也开始效仿儿童博物馆，提供类似体验。这类展项和学习体验必将帮助孩子更好地了解我们丰富的文化遗产。

本文原载于《手牵手》1988 年冬季刊。

美国建筑师协会会员维克多·雷尼尔是南加州大学洛杉矶分校建筑与老年学专业的教授。1988 年，他曾因本文中提到的研究项目而荣获"建筑研究进步奖"。

如何策划成功的儿童博物馆展览和教育活动

布鲁克林儿童博物馆

卡罗尔·安瑟奇（Carol Enseki）

和其他类型博物馆只专注于某一领域的藏品不同，儿童博物馆以服务儿童和家庭访客为核心。因此，儿童博物馆的展览和教育活动涉及的内容非常广泛。布鲁克林儿童博物馆眼下正在进行的展览内容就包括睡眠、社区、音乐、动物、植物以及文物。除了儿童博物馆，哪里还可能同时展出这些展项呢？

儿童博物馆展览和活动的灵感创意来自很多方面，包括场馆的使命宣言、访客的兴趣点、员工们集思广益的想法、某位员工的个人喜好、现有藏品的特点，以及资助方提出的要求，等等。但太多的创意和可能性也使场馆难以抉择。儿童博物馆怎样选择展项和活动的主题呢？比如，为什么布鲁克林儿童博物馆近年来会把"睡眠"和"植物学"（而不是"太空技术"）作为策划展项和活动的主题。

在布鲁克林儿童博物馆，我们在选择展项和活动的主题时主要思考以下几个问题。

是否与场馆使命相契合？

有的主题本身很好，但可能不适合你的场馆。博物馆的使命宣言明确阐述了场馆的目标，它从根本上决定了场馆的内容。场馆的使命同时也界定了它的观众、资源、主题和服务的社区，这些都是一家博物馆区别于其他文化机构的独特之处。因此，博物馆要衡量一个主题是否符合场馆的教育目标、能否突显场馆的独特之处。

在我们场馆的一次头脑风暴会议上，员工们想出了很多非常好的主题，其中一个主题是"太空技术"。经过讨论，我们最终放弃了这个主题，因为它不符合我们场馆的使命，反而更适合我们附近的一家科技馆。相比我们的场馆，科技馆在开发关于"太空"和"技术"的项目时显然拥有更多的专业知识和资源。

基于场馆使命来寻找展项和活动主题，往往会导致范围过于宽泛。此时的难点在于如何缩小范围，聚焦在更有意思的主题上。布鲁克林儿童博物馆的使命宣言本身非常简短，但其后详细界定了展项和活动的内容。这份宣言指出："（场馆内容）主要专注于自我、社区（文化）和地球（自然科学）三大领域。"几年前，布鲁克林儿童博物馆组建了一支项目团队，它分别由一名策展人、一名教育人员、一名设计师和一名藏品管理员组成。他们的任务是"策划一个关于自然科学的展览项目"，这个项目既要符合场馆的使命，又要使场馆各领域的内容整体上更加均衡。这支项目团队首先选择了"自然界不同生物之间的联系"作为展览的主题，经过艰难而热烈的讨论，以及对展览内容、呈现方式、观众兴趣和儿童发展的深入研究，他们最终决定放弃这一主题，因为它过于抽象和宽泛。随后他们开始寻找儿童更熟悉、更感兴趣的主题，并最终选定了"动物和觅食"。在此基础上策划的展览利用场馆中的活体动物藏品来帮助访客了解食草动物、食肉动物、杂食动物和食腐动物的饮食习惯、生理结构、进食行为和相互关系。

是否适合场馆观众？

访客能否把展项或活动的主题与自己的日常生活联系起来？这一主题是否符合儿童访客的发展水平？它与当今社会的热点问题、本地的生活和文化有什么联系吗？

布鲁克林儿童博物馆位于布鲁克林区的中心地段，这让我们有机会为更加多元化的儿童和城市家庭服务，从而满足不同文化群体的需求。在策划每个展览时，我们的团队都会努力通过多种方式把城市生活融入场馆体验中，并兼顾不同的文化视角。

想要确保展项或活动的主题适合观众，一种方法是让访客参与到展项和活动的策划中来。场馆可以通过设立意见箱、开展会员调查、采访访客等方式来了解访客的想法和需求。另外，还有一种方法非常实用。1993 年，布鲁克林儿童博物馆与附近的两家历史博物馆合作开发了"皇冠高地历史项目"，当时我们采用了目标观众访谈的方法。我们从场馆周边的非裔美国人、加勒比裔美国人和犹太哈西德派社区邀请了一些儿童和成人访客，把他们分成 8 个小组，对他们进行了 40 多次口头访谈。场馆人员在认真倾听他们的故事并了解了他们关心的问题之后，才确定整个展览项目的主题——"认知与现实"。通过这个项目，社区内人们的真实经历与外人眼中的认知之间的差异被充分呈现出来。

能否从多个维度展开?

基于这一主题,场馆能否从不同角度或学科领域来策划展项和活动?能否采用多种展示方式,以满足访客的不同学习方式和兴趣?场馆在选择主题时,如果能与丰富的学校以及公共教育活动相契合,再辅之以三维立体、视觉刺激、互动展示等手段,就可以成功开发出好的展览。

对同一主题从多个学科领域探讨,儿童博物馆在此方面具有先天优势。布鲁克林儿童博物馆正在展出的"植物与人"项目从科学(植物学、城市生态学)和人文(人类植物学、文化对植物的影响)的角度展示了"植物"这一主题。因此,访客可以选择从不同的切入点来了解植物。

是否有趣?

展项和活动的主题要能吸引观众的兴趣。场馆可以直接与儿童、家长和教育工作者交流,了解他们的兴趣和想法。对于展示内容和展示方式,他们也能给出非常好的建议。

在策划展项和活动之前开展观众研究,可以帮助场馆了解访客的兴趣和想法。我们在场馆里对访客进行正式访谈,同时聘请顾问正式访谈目标观众,并认真研究访谈结果。研究结果帮助我们了解了访客的兴趣和想法,同时也让我们看到了不同年龄段和文化背景的人对同一主题的不同态度和想法。

能否利用现有藏品或其他东西?

博物馆里的展品是重要的教育资源,它们可以帮助访客理解抽象的概念。在基于某一主题策划展项和活动时,可以想想能否利用现有藏品或其他东西。

有些时候,场馆只是为了实现充分利用藏品或突显某些展品的目标而选择某一主题。早在 1899 年创立之初,布鲁克林儿童博物馆就已经开始了收藏工作,到现在场馆已拥有超过 27000 件自然科学标本和人种学展品。几年前,场馆订立了目标——把更多藏品拿出来与公众分享,因此策划并实施了"事物的奥秘"展览。该展览既包含本地访客熟悉的东西(如电视、T 恤),也包含一些罕见的、其他文化的物件(比如扎伊尔姆布蒂人的火把、加拿大因纽特人的水桶)。场馆在打造这套展览的同时,还为家庭访客和学校团体访客分别设计了不同的活动，并且基于展览内容组织了工作坊，引导访客探索和发现这些来自不同文化的物件的功能和意义。

与之相关的研究和信息是否充足？

想要了解更多关于某一主题的信息，场馆可以查阅相关的文献，采访该领域的专家，或充分利用员工的专业知识。

在布鲁克林儿童博物馆，由展项和活动策划人员负责相关内容的研究。他们会广泛收集信息，采访专家和专业人士，组建顾问委员会，通过他们获取更多信息，并了解相关领域的最新研究成果。在最近的几个项目中，布鲁克林儿童博物馆已经开始建立专门的研究数据库，展项和活动策划人员在开展研究的过程中既可以向数据库中添加更多内容，也可以查询自己需要了解的信息。大家共同合作开展研究，不仅会使研究更全面和高效，也会使展项和教育活动更好地联系在一起。

能否获得资助？

这一主题能否获得资助方的青睐？如果场馆针对展项和活动制订了翔实的长期计划，就可以按照计划策划展项和活动，并把方案发给感兴趣的潜在资助方。

有时展览和活动的主题也会被资助方的意见所左右，有些资助方甚至会在提供资助时指定展览和活动的内容。如果资助方建议我们选择某一主题，我们可以试着挖掘他们背后的兴趣和教育目标。如果他们的目标与场馆的使命相契合，我们往往能在场馆中找到符合他们兴趣的项目。

对于展览和活动的主题，场馆要有一套明确的审批流程和标准。最近，一位资助者找到我们，希望我们以"全球视野"为主题策划一个展览项目。最终，我们基于学校现有课程策划了"本地社区与国际社会"活动，同时也把这项活动与场馆当前开展的"孩子和社区"项目联系起来，起到相互促进的作用。

能否与其他机构的活动联系起来？

这一主题能否与学校、其他文化机构或国家教育部门的政策和措施联系起来？场馆如何能在其他已有项目的基础上做出自己的特色？

随着博物馆的展览和活动策划团队对其他机构的目标有了更多了解，他们会发现更多合作机会。布鲁克林儿童博物馆在筹划一个关于植物的展览时，策划人员曾向布鲁克林植物园的工作人员了解园艺方面的专业知识；而与此同时，该植物园正在策划首个大型儿童展项，并且一再向我们寻求关于互动展项开发的建议。于是，两家场馆开展了正式合作项目"植物与人"。在项目开发过程中，两家场馆共同开展研究，一起设计活动，并且携手为项目筹资。该项目不仅为两家场馆提供了交流想法和专业知识的机会，同时也扩大了观众群。

除了上述来源，展项和活动的主题也可能源于个人兴趣和喜好。我们场馆的"睡眠与梦境"项目的主题最初是由一名员工提出的，她在日常生活中与年幼的孩子经常谈到这个话题。像面对其他主题一样，我们必须仔细评估以确定它是否适合我们的观众。我们的项目团队由教育人员、设计人员和藏品管理员组成，他们根据上述标准分别从各自的专业角度评估了这一主题。经过一个月的研究和思考，项目团队建议场馆采纳这一主题。因此场馆针对学校团体访客策划了"夜之旅：睡眠与梦境历险记"活动，它帮助访客从心理学、科学和文化层面理解睡眠。经过两年多的研究与实践，我们通过与儿童、教师和家长面对面的交流，了解了这一主题的教育价值以及儿童和成人对它的兴趣。后来，我们还在这些研究结果的基础上开发出一个非常成功的展览项目。

通过"夜之旅：睡眠与梦境历险记"项目，我们的员工认识到，场馆不需要等到有了展项之后再策划活动，活动可以先于展项，同时也可以把活动过程中积累的经验用于指导展项的策划。在很多博物馆里，比较常见的做法是首先筹资策划展项，然后围绕展项开展活动。相比展项，活动获得的资助比较少，甚至可能沦为展项的"附属品"。有了"夜之旅：睡眠与梦境历险记"项目的经验之后，我们在策划展项和活动时就变得更加灵活了，我们会提前考虑两者彼此可能产生的影响。

儿童博物馆的展项与活动之间有着非常紧密的联系。场馆在策划展项和活动时，既要符合场馆的教育目标，又要考虑目标观众的需求。场馆如何才能把展项和活动的优势结合起来？展项在为访客提供自主学习机会的同时，也利用多维度的学习环境激发了访客的学习兴趣。而教育活动则能更好地满足不同观众的需求，促进交流和共同学习，让访客有机会深入研究更加复杂的问题。如果场馆能把展项和活动的优势结合起来，就可以为访客提供多层次、个性化的高质量学习体验。

　　就博物馆的展览和教育活动而言，重要的不仅是最终的成果，而且包括把创意转化为成果的过程，以及由展览和教育活动共同组成的学习体验。儿童博物馆已经成功开发了很多广受欢迎的互动展项和非正式学习活动。但如果展项和活动的创意不明确、脱离了访客的需求，那么即便是最好的设计和工作坊，也无法让访客保持长久的兴趣。通过了解展项和活动创意的来源和选择过程，博物馆从业人员可以总结出策划高质量展项和活动的关键经验，进而为访客创造出更好的学习环境。

　　卡罗尔·安瑟奇目前在布鲁克林儿童博物馆担任副馆长一职，主要负责场馆教育、展览、藏品、外联、财务和行政部门的管理工作。如何促进展项和活动开发工作中的团队合作，是她一直特别关心的问题。安瑟奇同时也是美国青少年博物馆协会的理事会成员。

常见的儿童博物馆展项以及它们受欢迎的原因

拼贴艺术儿童博物馆

艾莉森·摩尔（Alison Moore）、卡拉·弗雷德里（Carla Friedli）博士

在不同地方的儿童博物馆里，人们会看到不同的展项，但肯定也注意到了很多相似的展项。为什么这么多场馆都有杂货店、医务室或泡泡展项呢？这些场馆只是在相互"抄袭"，还是有什么共同的原因？

其实许多儿童博物馆都是由家长创立的，他们做这件事的初衷只是希望自己的孩子也能享受到更好的教育资源。对于如何建立儿童博物馆，他们既没有经过正规培训，也没有相关经验，因此往往会选择这样三类展项：要么是他们去别的场馆玩过后非常喜欢的展项；要么是他们个人非常感兴趣的展项；要么就是那些容易获得资助的展项。接下来，我们将在本文中探讨，除了上述原因外，为什么有些展项在很多场馆里都能见到，为什么它们格外受欢迎，以及同一主题的展项如何在不同场馆里呈现出不同的特点。

其实泡泡展项并不是儿童博物馆里最常见的展项，杂货店、集市、医院、医务室、祖母的阁楼和厨房才是。这些展项之所以特别受欢迎，是因为它们符合儿童——儿童博物馆最主要的目标观众——的兴趣，为他们提供了角色扮演的机会。虽然大部分儿童博物馆正努力服务于各年龄段的群体，但对于多数小型场馆来说，主要的访客还是学龄前儿童和小学生，特别是小学二年级以下的孩子。

角色扮演游戏对儿童成长具有非常重要的促进作用。儿童早期主要通过角色扮演游戏来发展语言和思维能力。在游戏过程中，儿童学习运用语言和符号来理解周围的世界。为儿童营造熟悉的环境，鼓励他们在这个环境中互动，能够帮助他们更好地理解自身和周围环境的关系。通过模拟真实的生活体验，儿童会对事物形成更加全面的理解，从而建立起对世界的认知。在儿童博物馆中，大多数常见且受欢迎的展项都为儿童提供了参与角色扮演游戏的机会，使其得以探索更多可能性。他们喜欢扮演其他角色，享受自由探索的过程。在游戏过程中，他们可以站在其他人的角度，不断挑战自我。学会从不同角度看问题对儿童的成长具有里程碑意义，这一般发生在六七岁，但其实它的学习过程

贯穿了整个学龄前期。儿童在场馆里与展项互动时几乎可以扮演任何角色。穿上白大褂，他可以扮演医生、兽医或实验人员；在与广播电台展项互动时，他可以扮演节目主持人、天气预报员或记者；化上妆，他就是各种动物或怪兽。这些展项让孩子对游戏拥有控制权和决策权，这是它们广受欢迎和大获成功的关键因素。

所有孩子都知道杂货店是什么样的。在现实生活中，孩子到杂货店里通常只是被动的参与者，家长才是主要的决策者，他们负责选择食物，即便孩子坐在购物车里或是帮忙推购物车，还是由家长来决定前进的方向。而在儿童博物馆的杂货店里，孩子可以自主选择与环境互动的方式和自己的行为。他们可以扮演收银员或自己的爸爸妈妈，为今天的晚餐挑选食材。他们做出的选择没有对错之分。他们可以决定自己参与活动的时间，掌控周围的环境。在医院或医务室展项里也一样，他们可以扮演医生、护士或病人，通过尝试不同角色来体验他人的感受。这些体验将成为他们人生经历的一部分，塑造着他们的认知和世界观。

与家里或其他地方的游戏相比，儿童在博物馆里参与的活动有什么不同？博物馆利用实实在在的物品营造出真切的情境，比如真实的收银机、秤和听诊器。博物馆凭借场馆环境中的大量细节和互动展品，为访客提供了真实的生活体验。孩子的年龄越小，在参与角色扮演游戏时对真实物品和道具的依赖程度就越高。随着孩子年龄的增长，他们的想象力会更加丰富。他们可以把非常简单的道具想象成科学实验室、空间站、城堡或森林。场馆想要展项受欢迎，关键是要为孩子提供熟悉的环境、真实的体验和自主游戏的机会。在与展项互动时，孩子自己主导游戏的过程，通过发挥想象力赋予展品不同的特性。

同时，游戏也能促进儿童各项技能的发展，比如排序、规划、根据相似性对事物进行分类，以及通过想象力进行创造。随着自身技能的发展，儿童自然会在游戏过程中不断挑战自己的发展水平。

那么泡泡展项为什么受欢迎？泡泡展项、科学实验室、以沙子和水为主的展项、建筑工地展项都非常受欢迎，因为它们让孩子有机会用自己熟悉的材料进行创作（有时还可以把自己的作品带走）。"我可以把它变大、变小，把它移到这儿、移到那儿。"由孩子来控制展项的变化。孩子在与这些展项互动时，不仅能了解事物之间的因果联系，还能锻炼解决问题的能力。

同时，泡泡和以沙子、水为主的展项也为儿童提供了感官探索的机会。在与泡泡展项互动时，孩子可以制造泡泡——触摸水，观察泡泡变大的过程，感受它破裂的瞬间，追着泡泡跑……因此，孩子在与泡泡展项互动时，活动范围更大，体验更丰富，同时也可能产生一些奇思妙想。在泼水、追泡泡的过程中，孩子能马上看到由自己行为引发的结果，这会让他们感到高兴。

这些展项背后的原理是什么？它们看似简单而重复，但简单地重复同一动作却能带来更丰富、更具象的体验。这刚好符合人类记忆的过程。当孩子反复与同一展项互动时，他会从最初的陌生体验逐渐过渡到熟悉而确定的体验，并在已有认知的基础上探索更多可能性。他们在第一次与某一展项互动时，思考的主要问题可能是"这个展项是什么，如何操作"。而在后续的互动过程中，他们会开始思考展项背后的原理，尝试更加深入地理解展项，并最终提出自己的假设，发挥想象力去探索更多可能性。

这些常见展项还有一个重要特点，就是可以通过改变某些设计来满足不同年龄、不同发展阶段、不同学习方式和不同发展水平儿童的需求。学龄前儿童喜欢控制一个泡泡，把积木垒高之后再一下子推倒，而小学生则喜欢观察泡泡的不同颜色，通过制造大泡泡来测试表面张力，或用积木搭建一个特别的结构或完成某个目标，比如用最多的积木块搭建出最高的塔。

同样值得注意的是，为什么不是所有场馆都有上述展项？为什么这些展项在不同的场馆、城市和地区之间会有所区别？

根据美国青少年博物馆协会发布的《儿童博物馆行业标准》，每家场馆应确立自己的使命宣言，用于指导场馆的一切活动，包括建立制度、策划展项和教育活动以及管理藏品。使命宣言应明确界定场馆的目标观众、重点内容和学科领域，因此也是衡量展项是否适合场馆的准绳。场馆里不应该出现与场馆使命或价值观不符的展项。例如，拼贴艺术儿童博物馆（位于博尔德）没有杂货店，但却有一个巨大的泡泡展项。该馆的使命是促进艺术、科学和技术知识的学习。我们认为，杂货店展项与场馆的使命不符，但泡泡展项包含了多个物理学原理，同时也为访客提供了参与科学实验的机会。

儿童博物馆在选择展项时还要考虑所在社区的需求。《儿童博物馆行业标准》强调："儿童博物馆不仅为观众提供了参与式学习体验，更重要的是它们体现了所在社区和观众的特点，满足了他们的独特需求。"因此，在创建新馆和策划场馆活动时一定要考虑所在社区和目标观众的特点。每家场馆的独特之处，恰恰就在于它们满足的是所在社区的需求。场馆所在社区有哪些人、哪些事？人口构成有什么特点？社区有哪些需求？社区缺少什么？场馆是否位于政治、经济或科技中心、顶级艺术中心或乡村地区？对于儿童博物馆里一些常见的展项，比如杂货店或泡泡展项，场馆只有将这些展项与所在社区联系起来，赋予它们本地社区的特点，才能更好地满足社区的需求。

举个例子，如果一家儿童博物馆邻近自然博物馆或艺术中心，并且这些场馆已经在为儿童提供服务了，那么这家儿童博物馆的内容就不应该以自然或艺术为主，以免白白花费时间和精力，却徒劳地提供重复的教育资源。同样地，如果儿童博物馆所在地区已经有一家科学中心，那么场馆最好选择提供以艺术或农业为主题的展项。除非场馆能在现有资源基础上提供有益的补充，否则，复制现有教育资源并不是服务社区的明智之选。

当场馆的展项能体现社区特点时，就可以帮助儿童了解自己周围的环境。由于儿童很难理解与自己生活毫无关联的东西，所以展项一定要与儿童身边的文化和生活联系在一起。城市里的儿童博物馆，比如普罗维登斯的罗得岛儿童博物馆，可以介绍城市排水系统，如为什么地下会传出巨大的声响，地下的管道是什么样的？场馆可以帮助孩子深入了解自己周围的环境。位于沙漠地区的圣达菲儿童博物馆设计了一个温室花园，帮助孩子了解如何充分利用稀缺的水资源。这与圣达菲孩子的生活密切相关，让他们可以在日常环境的基础上了解更多知识。史坦顿岛儿童博物馆的"布洛克港口"展项和湾区儿童博物馆的"港湾里的船"展项都很好地说明了场馆应如何把周围的环境融入展项中。

同样地，儿童博物馆也可以把一些常见的展项主题与所在社区联系起来。在美国西南部，为了体现当地特色，儿童博物馆里的杂货店可能变成墨西哥裔美国人的集市；而在亚裔人较多的城市里，杂货店可能变成了亚洲集市。一些大城市里的场馆，比如华盛顿特区的首都儿童博物馆和圣保罗的明尼苏达儿童博物馆，则利用常见的展项主题来展现所在社区文化的多样性。一些场馆在展示某一常见主题时，为了有自己的特色，可能会结合本地的历史。亚拉巴马州塔斯卡卢萨的儿童博物馆重建了麦克斯韦综合商店，这家商店的主人是塔斯卡卢萨的创始公民之一。现实的麦克斯韦商店与该馆隔街相望，多年来几经翻修。该馆重现了 20 世纪初商店内的原貌，包括墙体颜色和出售的商品，同时把孩子喜欢的杂货店主题与这座城市的历史变迁结合起来。

想要取得成功，儿童博物馆在确立使命时就要全面客观地了解所在社区的特点和需求。同时，这些特点和需求也能更好地指导场馆完成展项的整体策划。展项必须满足所在社区和目标观众的学习需求。如果仅仅因为它广受欢迎，或者你女儿非常喜欢印第安纳波利斯（儿童博物馆）的某个展项，抑或只是因为有人愿意提供资助就策划某一展项，那是远远不够的。

艾莉森·摩尔曾担任纽约萨拉托加温泉城的国家舞蹈博物馆馆长一职。目前，她是位于科罗拉多州博尔德的拼贴艺术儿童博物馆的馆长，同时也是美国青少年博物馆协会的理事会成员。

卡拉·弗雷德里是一位教育心理学博士，她的主要工作是评估游戏对幼儿发展的促进作用。她是博尔德谷一所学校的心理咨询教师，同时还兼职在丹佛大学任教。

展览策划和实施过程中的团队协作
——波士顿儿童博物馆的案例

波士顿儿童博物馆

西格纳·汉森（Signe Hanson）

　　小时候，母亲就一直跟我们强调团队合作的重要性。她这么做是为了让家人之间的交流和互动能建立在理性、善意和相互包容的基础之上。因此，我们家一直坚持团队合作的方式，也取得了不错的效果。

　　团队合作的方式很适合家庭，但对于展览策划和实施团队来说，我认为仅仅发扬合作精神还远远不够。说来也怪，虽然很多博物馆现在都会采用团队合作的方式来开发展览，而且团队成员也都坚持理性、善意和相互包容的原则，但最终开发出来的展览缺乏明确的主题，内容单调，经不起推敲，往往并不尽如人意，有时甚至还不如通过其他方式开发出来的展览受欢迎。

　　在这篇文章中，我主要想介绍这些年来我在与各个团队（有些团队取得了巨大的成功）合作的过程中积累的一些经验，其中包括如何在团队成员意见相左时谋求共识，如何在问题出现时快速响应，以及如何通过放弃自己的一些想法来使其他团队成员主动承担起责任，等等。

团队合作的方式

　　团队建设、团队合作精神、团队合作的方式，这些流行词如今经常出现在各类管理学著作和报刊中。只要你想，你随时能在美国找到关于团队合作的课程，或者在通勤路上听这些课程的录音。

　　大约在 25 年前，博物馆界第一次从商业管理中了解到团队合作的方法，并结合非营利组织的特性对这一方法进行了改良。在美国各地，由策展人、场馆各部门负责人和设计师组成的小团队，开始探索如何通过团队合作把好的想法转化成展览。经过实践，他们很快便爱上了这种方法。因为这种方法最大的好处是，场馆不同部门之间不再斤斤计较于预算和时间表，而是形成了相互支持的关系。

　　实践证明，团队合作一起策划和实施展览的效果的确不错。我不仅将其用于自己的日常工作，而且不遗余力地积极倡导宣传它。这种方式并不一定适合所有人、所有场馆，也不是"一招鲜吃遍天"的灵丹妙药。它只是一种工作方式，而不是一个可以直接套用的系统。它因人而异，因为每个团队的成员有着不同的特点和喜好，技能水平也千差万别，所以它要求团队采用灵活的管理方式。

我们馆的展览策划和实施团队由不同部门的人员组成。怀揣不同技能的他们聚在一起是为了协作完成这项展览。尽管随着项目的推进，这个团队可能会由不同的人来领导，但项目的目标是由项目负责人（一般也就是项目的发起人）来确定的。我们的团队不讲求"民主"，任何决策都不是靠投票或协商达成的。我们的团队强调权威，但谁是权威取决于具体的工作。

团队作为一个整体，要对整个项目负责。虽然各有所长，但每位团队成员除了自己职责范围内的工作，还要对整个项目的结果负责。团队里的所有成员要从一开始就参与到项目中，了解项目的目标和每位成员的职责。

团队构成

我曾经工作的团队通常有四五个关键职位。如果你来自一家规模较小的新建场馆，请注意，可能你的团队成员很少，而且你身兼数职、分身乏术，特别是当你既是策展人又是设计师时，通常很难自己说服自己去简化展览设计。这时候，明确区分每个岗位的职责将非常有助于你对展览内容的决策。我知道，身兼数职跟与人合作是完全不同的情况，但明确每个岗位的职责会非常有用，它可以帮你从不同岗位的角度去思考问题。

为了方便表述，我们假设展览策划和实施团队中有四个职位，即项目负责人、教育策展人、设计师和项目协调人，每个职位由不同的人担任。尽管展览的策划和实施还需要更多人的参与，但核心团队由上述四个职位组成。这些职位的名称在不同场馆可能不尽相同，但他们的基本职责如下。

项目负责人——代表场馆的"大方向"，需要绝对的权威，同时要对整个项目负责。

（1）负责制定项目的整体策略和基调；
（2）负责制定项目的总预算及分配原则；
（3）确定目标观众和展览空间；
（4）在项目启动会上督导各方达成协议；

（5）在设计研讨会（详见后文）上明确各项事务的优先级；

（6）在设计评审会上审批设计方案；

（7）审批展示说明的内容；

（8）必要时扮"黑脸"；

（9）自始至终拥有对项目的最终决定权。

教育策展人——负责把握展览的教育内容、教育目标、教育价值和兴趣点，兼具传统策展人和场馆教育人员的职责。

（1）深入研究展览内容；

（2）测试展览内容；

（3）提出展览内容的具体方案；

（4）与设计师和项目协调人一起细化展览内容和方案；

（5）主导设计研讨会；

（6）负责控制预算（包括人员薪酬和物料成本等）；

（7）根据项目需求与同事、社区代表和顾问委员会沟通协作；

（8）研究馆藏并提供馆藏使用方案；

（9）与馆藏人员和设计师配合，负责馆藏或外借展品的选择、保护和安装；

（10）负责非馆藏艺术品和其他材料的选择；

（11）负责撰写展示说明。

设计师——负责展项的互动形式设计及艺术设计。

（1）与教育策展人和项目协调人沟通，确定展览要包含的元素；

（2）深入研究展项的互动形式、技术细节和维护方式；

（3）设计展项；

（4）绘制平面图和其他设计图，并根据需求制作展项模型；

（5）选择材料；

（6）选择适宜的风格；

（7）测算展项制造时间和制作成本；

（8）主导设计评审会；

（9）监督展项制造过程；

（10）协调展项相关的装修工程和图文制作；

（11）管理展项设计和制造成本；

（12）与馆藏人员和教育策展人配合，选择合适的展品，并负责展品的保护和安装；

（13）设计和安装照明系统；

（14）监督展项安装过程。

项目协调人——负责项目过程中的沟通和协调工作，确保项目顺利进行。保持客观中立，需要非常强的人际交往和沟通能力。

（1）参与项目启动会，协助项目团队成员就工作计划及时间表达成一致；

（2）与教育策展人和设计师保持密切沟通，组织展览方案讨论会；

（3）确保教育策展人与设计师之间达成共识（持续性工作）；

（4）控制预算，特别是设计师和教育策展人的工作时长（持续性工作）；

（5）确保团队按计划完成各项工作（持续性工作）；

（6）确保项目负责人了解项目进展，必要时协助负责人演练如何扮"黑脸"；

（7）在设计方案通过审批后，避免任何人更改或添加新的内容（杜绝反复）；

（8）适时扮演和事佬，确保各方都满意。

由这四个人组成的核心团队可能要与上百人合作，其中包括外部聘请的专家、顾问、社区代表、评估人员、媒体人以及其他提供技术、意见或友情支持的场馆工作人员。核心团队将对最终的展览负主要责任。

这套团队合作的方法强调，每个人既要尊重其他成员的工作，又要充分表达自己的想法，为共同的任务找到最好的解决方案。当整个团队真正做到步调一致时，大家的意见难免会出现分歧，而最终选择的解决方案要以展览的利益为重，不允许个人恩怨阻碍项目的进展。

团队如何运作

每个团队都是独一无二的，正如每个展览的策划和实施过程一样。团队成员的背景和技能千差万别，团队协作能力往往也有高有低。如果团队成员对展览策划和实施过程、其他成员的职能或技能有着不同的理解和认识，大家关注的重点就不再是展览本身，而是做事的方法。因此，在项目初期就要以口头和书面形式明确团队成员的职责和工作流程。即便是那些经验丰富的团队成员，在相互妥协和退让时，也需要切实的依据。

另外，还要明确团队合作的时间点。一般来说，团队合作可能从展览获得资助的那一刻起就开始了，一直持续到展览开幕。启动项目，首先要有一个靠谱的创意，并且这个创意要得到团队全体成员的认可。另外，还要制定预算，确定目标观众，奠定整个项目的基调，建立核心团队，并且切实地评估每位成员可以投入到项目中的时间。一个展览的策划和实施过程可能持续的时间非常短，但也可能持续数月。

场馆可能希望根据自己的需求来制定展览策划和实施流程。这篇文章没有详述展览策划和实施过程的具体步骤，只是谈到了这个过程中的四个关键节点。展览策划和实施团队要在这几个节点上组织会议，评估项目进展，并在全体成员同意后开启下一阶段的工作。这些节点会议分别由团队的四名核心成员"主导"，随着项目推进至这些节点，项目的领导权也会发生转移。这四次会议包括以下内容。

由项目负责人主导的项目启动会

在项目启动会上，项目负责人要明确展览的教育目标、目标观众、项目进度时间表、预算和场地。接下来，项目的领导权就要转交给教育策展人，由其对展览内容开展深入研究。在此过程中，教育策展人要与其他团队成员、顾问委员会和外部聘请的专家沟通交流，在完成研究后出具初步展览内容策划方案。虽然项目的进度安排、预算和团队内部的沟通与协作由项目协调人负责，但教育策展人要负责展览最重要的部分——展览内容本身。

设计研讨会

当展览内容基本确定后，教育策展人需要组织召开设计研讨会。在这次会议上，教育策展人负责陈述展览的具体内容和期望达到的教育目标，并就展览包含的元素和展品给出建议。项目团队在讨论之后会对展览内容提出建议。项目负责人要正式审批已经完成的工作。接下来，项目的领导权就要转交给设计师。在实际工作中，项目负责人可能只认可部分工作成果，同时要求继续完善其余工作。因此，后续可能还要多次召开设计研讨会。

展览内容通过审批后，教育策展人将继续撰写展示说明，收集需要用到的展品，并在具体展项的基础上开发教育活动和资源，联系外部宣传，为展览开幕做准备。同时，设计师将开始绘制设计图、选择材料、计算成本，并与教育策展人沟通设计的进展，确保最终的展览效果。项目协调人要在团队成员意见出现分歧时积极协调以使各方达成共识，确保问题得到及时有效的解决。最重要的原则还是以展览的利益为重。为了使展览达到最佳效果，项目协调人可能需要从中协调沟通，或是利用个人影响力，或是请项目负责人出面行使最终决定权。

设计评审会

召开设计评审会的目的是对设计师的平面图、展示元素、材料、颜色、图文、风格/基调、时间和成本进行审批。要为设计评审会预留出充足的时间，让团队成员有机会对设计方案提出自己的意见，并在决策时表态，同时也要让他们了解最终的设计方案和项目的进展。就像生活中一样，我们不可能想要什么就有什么，但如果我们有机会表达自己的意见，对最终的决策产生影响，那么我们会更愿意参与，贡献自己的力量。

确定好设计方案之后，就不能再修改了。此后，不允许教育策展人再提出其他"好想法"。项目协调人要负责确保这一点。然而，如果设计师也喜欢教育策展人的新想法，那么项目的进度就可能出现严重的倒退，但某些展览最精彩的部分恰恰就是以这种方式产生的。我们把它称为"酒后灵感"，因为它往往发生在非工作期间。对于这种情况，项目协调人有时会睁一只眼闭一只眼，有时则需要提醒其他成员这么做会影响项目的预算和进度。

至此，展项正式进入制造阶段。场馆的展项制造车间开始轰鸣。教育策展人在项目负责人审批了文案之后开始制作图文。同时，团队开始设计和印刷展览开幕仪式的邀请函，并确定宾客名单。项目协调人此时要更加严格地控制预算，因为很有可能在短时间内产生大量费用。清理好展览空间之后，就可以开始安装展项了。项目团队成员每天晚上下班后，会在回家的路上顺道去看看展项的安装情况，谈谈自己最喜欢的部分。

展览开幕仪式

展览最终与公众见面了。接下来，项目团队的每位成员会在休息一段时间后回来观察展览的效果，并再次聚到一起讨论哪些地方需要改进，总结整个项目过程中的经验。回顾项目过程有助于团队成员从更加宏观的视角去审视整个团队的合作，帮助他们提高团队意识，为下一次合作策划和实施展览积累经验。

上面讲到的只是一些基本原则，请注意，每一次策划和实施过程都不可能完全相同。这其中有太多的变数，而且我们每个人还要面临场馆其他工作或个人生活上的压力。想要取得成功，项目负责人和项目协调人就要发挥创造力，灵活处理各种问题。众所周知，我们的团队在确定最终设计方案之前就曾经历过一次又一次的设计评审会；还曾因为团队成员临产而取消设计研讨会；也曾因飓风延迟项目进度。我们的项目超出了预算，也耗尽了同事们的耐心。尽管如此，展览最终还是对公众开放了……即便可以重来一次，我们也不会选择更简单的方式，因为我们在这次团队合作过程中学到了太多东西。

利弊分析：是否适合你的场馆？

这套团队合作方法非常适合展览策划和实施之类的项目。在团队中，不同成员的技能可能有重叠，也可能互为补充，这会使整个团队的能力变得更强更灵活，从而更好地应对未知的挑战。比起个人，团队能做更多尝试，也可以从更多角度去看问题，不会受到某一专业思维的限制。在某位成员出现问题时，其他团队成员依旧可以尽力保证项目的进展。如果团队能在项目初期就投入更多精力去研究展览的主题和整体策略，那将更利于团队朝着共同的目标迈进。经过密切合作，不同专业领域的成员使展览的最终成果变得更加丰富新颖有趣——这一点很重要。

但另一方面，团队合作的方式不会特别高效，整个过程可能花费大量的时间和金钱，因为还要时刻关注团队的管理和成员之间的关系。想要确保团队成员之间的沟通清晰顺畅，保证及时有效的决策，项目负责人需要格外努力。团队成员可能了解项目的目标，但却不清楚自己在项目中应发挥什么作用，或者可能因为对其他成员在做的事情特别感兴趣而疏忽了自己的工作。也可能由于团队内部联系过于紧密而忽略了与场馆其他同事的沟通，最终影响整个场馆的运作。团队规模不宜过大，以免失去控制。如果参与者过多，项目进程就会变得低效。大家可能会本末倒置，把过多注意力放在团队合作的方式上。

经过多年实践，就以团队合作的方式来策划和实施展览这件事，我最大的质疑是，团队成员可能会在合作的过程中逐渐忘记做这件事的初衷，而这在很多时候恰恰是展览取得成功的关键。我相信，只有当教育策展人不仅重视展览本身，同时也关注访客体验，并且不会为了平衡不同成员之间的意见而牺牲展览本身的利益时，这种通过团队合作来开发展览的方式才能取得最好的效果。

作为一名设计师，我非常喜欢团队合作的方式，因为它让我能在项目初期就了解到各种关于展览的有趣想法。我反对为了平衡大家的意见而做出妥协。另外，我一直非常欣赏那些稀奇古怪的、充满个人色彩的展览——它们的开发过程往往由一人主导，特点突出，想要传递给访客的信息也非常明确。杰拉德·曼利·霍普金斯（Gerard Manley Hopkins）喜欢"内含冲突的、原创的、留有余地的、奇怪的、充满变化的、带有斑点的（天知道如何才能做到！）"东西。这些我都喜欢，另外还要加上一点——明确的，但这些特点在团队过分权衡利弊的过程中很可能会流失。

本文原载于《手牵手》1990 年冬 / 春季刊。

西格纳·汉森曾先后在博物馆内担任行政管理职务、展览项目总监、教育策展人和设计师，其大部分职业生涯都服务于波士顿儿童博物馆。

展览策划和实施工作清单

在展览布展的过程中，对照下面的清单来核对需要完成的工作，可能会对你非常有帮助。请注意，这些工作并非按照先后顺序排列，其中很多工作都需要同时进行。

1. 场地

（1）找到合适的场地，满足展览需求；

（2）获取空间平面图；

（3）必要时制作空间模型；

（4）了解现有照明系统；

（5）了解现有电源插座的位置；

（6）了解现有窗户的情况（自然光线）；

（7）门的宽度和高度（包括从建筑入口到展览空间一路上穿过的所有门）；

（8）考虑与建筑内其他展览的关系。

2. 观众

（1）访客预测：人数、构成、高峰期；

（2）目标年龄段（可能与预测的访客不同）。

3. 主题

（1）设定展览主题；

（2）初步内容策划；

（3）展览的基本提纲；

（4）设定故事线；

（5）描述展览包含的元素／互动方式：根据场馆的需求确定适宜的互动程度。

4. 展品

（1）确定需要的展品；

（2）签订租借协议；

（3）运输；

（4）安全存储；

（5）记录展品状况，将租借或购买的展品登记进场馆的管理系统。

5. 插图

（1）确定需要使用的图片；

（2）获取图片的使用权；

（3）安排制作印刷。

6. 文字

（1）确定文字的基调；

（2）撰写图文版文案（操作说明、内容介绍等）；

（3）确定鸣谢版的内容；

（4）获取文字内容和音乐的使用权。

7. 制造

（1）设计展项；

（2）原型测试；

（3）绘制施工图；

（4）与专业的电气工程师、展项制造人员等沟通；

（5）估算成本；

（6）建造和安装展项；

（7）制作展示说明；

（8）安装展品。

8. 活动

（1）人员培训；

（2）策划学校团体活动；

（3）为普通访客设计活动；

（4）策划特别活动；

（5）提供相关资源和参考书目。

9．准备开幕仪式

（1）开幕仪式的宾客名单和邀请函；

（2）联系媒体（纸媒、广播、电视）；

（3）开幕仪式的具体安排；

（4）设计引导标识；

（5）在场馆内部对团队成员进行表彰。

10．人员

（1）安保；

（2）维修；

（3）筹款；

（4）督导；

（5）讲解；

（6）持续宣传。

儿童博物馆是否有必要开展原型测试？

印第安纳波利斯儿童博物馆

朗达·基斯特（Rhonda Kiest）

儿童博物馆想要成功开发互动展项，关键是要对展项进行持续的评估。在评估过程中，场馆不仅要了解访客对展项主题的兴趣和认知，还要搞清楚访客是如何与展项互动的。原型测试是展项开发团队经常使用的一种评估方法，主要用来测试团队对访客互动情况的一些设想。

原型测试的具体方法有很多种，目标也不尽相同。"原型"指的是展项的实物模型或最初的设计方案。原型的成本因具体展项或具体情况不同而有所不同。大多数儿童博物馆的展项都是专门定制的，我们可以把它们看作场馆日后不断更新的展项的原型。举个例子，布鲁克林儿童博物馆建造了一个占地 600 平方英尺的展项——"皇冠高地：独家内幕"，将其作为未来一个更大的常设展项的原型。该展项原型的主要内容包括场馆所在社区的口述历史资料、历史论文以及场馆新增的一些永久藏品。在展出的一年时间里，该展项原型以孩子的视角展现了皇冠高地的多民族特点，让访客以"本地人"的角度探索周边的社区、标志性的建筑以及不同民族的家庭特点。场馆在这个展项原型的基础上开展了全面的研究，并将研究结果用于开发更大的常设展项。同时，展项团队从这次原型测试中总结出了以下经验。

（1）在开发关于社区的展项时，场馆必须在展项的整个生命周期中，持续与社区中的各个群体保持沟通和交流。

（2）想要准确全面地展现像皇冠高地这样多元化的社区，其实是很难的。我们的展项团队曾努力尝试各种简单的展示方式，但却总感觉这些展示过于肤浅片面。该展项原型最成功的部分是一个计算机互动程序，访客可以通过它来了解 4 个本地孩子的生活。这个程序之所以成功，是因为它把重点放在了每个孩子的日常生活上，而不是他们各自的特点。

（3）"社区"一词的定义一直广受争议，它没有对应的年龄段，因此无法用来限定场馆的目标观众。我们的展项团队面临的问题是，"皇冠高地究竟是一个社区，还是包含多个相邻的社区？"团队最终决定，未来的常设展项将以当代城市儿童的生活为背景，探讨"聚落"的概念。

场馆在开展原型测试时，一种更为常用的方法是利用实物模型来测试各种想法、互动方式以及展项的各个组成部分。在开发展项之前或过程中，场馆可以通过原型测试来测试展项的内容、访客体验、设计方案以及新技术的应用。

另一种相对低廉的原型测试方法是简易的游戏测试（或称作以纸笔为主的游戏测试）。这种方法可以帮助场馆了解目标观众对于展项主题的认知，同时也可以用来测试场馆活动是否有助于实现展项的教育目标。这种方法使用的材料很简单——纸、笔和几个现成的小道具。为了了解5~12岁儿童对各种岩石的认知情况，休斯敦儿童博物馆的工作人员组织了工作坊，让参与者将各种岩石进行分类。大多数孩子根据颜色和纹理把岩石分成了不同类别。随后场馆工作人员让这些孩子画一幅画来说明岩石的来源。很多孩子画出了地球的横截面，展现了他们对岩石形成过程的理解。场馆对目标观众的访谈结果证实，这个年龄段的孩子的确喜欢岩石。于是，场馆基于学乐教育集团的《神奇校车系列：地心历险》故事设计了展项，并依据这些信息为5~12岁儿童策划了挖矿活动。

场馆在测试展项的设计方案时，往往会尽量使用简易的材料制作全尺寸模型，并观察和记录访客与展项模型之间的互动。这种原型测试方法可以用来测试展项的材料、设计尺寸、访客操作的便捷程度、展示说明的位置、展项的维护和安全性，以及展项的设计方案能否有效呈现展览主题。芝加哥儿童博物馆在扩建时，把10%的预算用于原型测试和展项安装之后的修改完善。该场馆的"建筑工地"展项是为4岁以上访客设计的，他们在与展项互动时可以发挥自己的创造力搭建不同的建筑。这个展项的原型在一个200平方英尺的空间里经历了3个月的测试。场馆工作人员在布置好展项环境、材料和展示说明后，定期观察和记录访客的行为。在每周的例会上，展项团队不仅会分享观察结果，还会针对这个"实验区"需要增加的内容提出新的建议。对访客互动过程的观察使他们能更好地做出决策，比如选择哪些材料、工具、容器、承载装置、展示说明以及设计细节。举个例子，展项本身是体验式的，一定要非常直观，因此场馆工作人员希望尽量减少文字说明。在观察访客从零开始搭建的过程之后，场馆工作人员建议提供一些"半成品"，让访客能在此基础上继续搭建。在没有增加任何文字说明的情况下，这些

"半成品"不仅成功把访客吸引过来，继续"添砖加瓦"，还使得该展项成为这一空间的新亮点。此外，场馆还在展项旁边提供了一些便携容器，用来放螺母和螺栓，使展项空间看起来不会过于散乱。虽然这其实并没有改变展项散乱的情况，但访客确实可以利用它们来搬运搭建材料。在原型测试的过程中，展项团队决定，即使会让展项看起来散乱无序，也要优先保证访客的互动体验。通过原型测试，展项团队还惊喜地发现，各年龄段的访客与这个展项互动的时间都很长。

场馆也可以在展区以外的其他地方开展原型测试。"发明实验室"是专门为6岁以上访客设计的展项，它的主题是发明创造的过程。该展项的原型测试断断续续持续了四五个月，展项的各个部分在场馆里的不同地方分别进行了测试。有些测试环节需要特殊的设施，比如需要用到新软件；而另外一些测试环节则需要独立的测试台，让访客有机会尝试各种活动。在测试一个巨大的垂直升降机系统能否将飞行器传送到50英尺的高塔上时，芝加哥儿童博物馆选择了一个与新馆具有相同高度的空间。在测试过程中，为了达到这一高度，他们利用了一台起重机，并在它的辅助下计算出了飞行器的轨迹、合理的重量，以及实验台与升降机系统的相对位置。

利用相对廉价的材料来开展小规模原型测试，也可以达到很好的测试效果。印第安纳波利斯儿童博物馆在开展原型测试时，利用了非常"简单粗暴"的方法来了解访客对展项的意见。展项团队用硬纸板、泡沫等廉价材料制作了展项原型，通过测试来了解观众的兴趣、空间的限制条件、展示说明的位置以及访客互动的便捷程度。为了测试新科学展区的"小溪和码头"展项，印第安纳波利斯儿童博物馆的工作人员在场馆的入口处临时搭建了几个塑料水池、水槽和桌子，开展了一天的测试工作。场馆工作人员在桌子上放满了各种随手可得的材料，比如锡纸、塑料容器、吸管和玩具船。此次测试的目的是了解访客对新展项中动手制作船和用船做各种实验是否感兴趣。另外，场馆工作人员还为访客提供了其他道具，比如一个巨大的鼓风机、虹吸管、水泵和PVC管，利用它们吸引访客参与活动。这次测试取得了非常好的效果，所有年龄段的访客在进入场馆前都停下脚步，开始制作自己的船或者用船做各种实验，有些访客甚至在这儿玩了1小时，这说明他们对展项非常感兴趣。这次原型测试不仅帮助场馆工作人员了解了新展项中成功和受欢迎的部分，也让访客有机会参与展项的开发过程，从而对新展项抱有期待。

接下来，印第安纳波利斯儿童博物馆的展项团队将在实际的展项环境中测试他们的想法。

总之，场馆想要保证原型测试的效果，一定要仔细规划测试过程并深入理解展项目标。前期在原型测试上的投入不仅有助于减少展项未来可能出现的问题，也能帮助场馆提升访客体验。

原型测试的五大步骤。

（1）确定原型测试的目标。测试的目的是什么？测试的部分将如何帮助展项实现教育目标？

（2）制订计划，明确原型测试的过程、时间和评估方法。

（3）设计、制作和（或）安装展项原型。

（4）观察、记录并评估访客体验。

（5）确定展项需要哪些修改，并制定具体的实施方法。

作者感谢下列人员在本文撰写过程中给予的帮助：布鲁克林儿童博物馆的凯伦·斯奈德（Karen Snider），印第安纳波利斯儿童博物馆的卡罗尔·巴特利特（Karol Bartlett）和尼基·布莱克（Nikki Black），以及曾在芝加哥儿童博物馆工作的朱迪·希斯（Judy Chiss）。

朗达·基斯特是印第安纳波利斯儿童博物馆的活动部部长，现任青少年博物馆展项合作组织（Youth Museum Exhibit Colaborative）主席一职。该组织由10家儿童博物馆联手创建，致力于为成员机构开发互动展项并组织巡展。

各项技术在儿童博物馆展项中的广泛应用

波士顿儿童博物馆

布拉德·拉森（Brad Larson）

在策划展项时，对于是否要应用多媒体技术，一些人会感到很纠结，因为社会上充斥着很多声音，在质疑多媒体技术对当代孩子生活的影响（与过去的孩子比起来，现在的孩子缺少真正的、直接的感官体验）。同时，他们的纠结也源于互动多媒体技术在他们眼中还是个巨大的未知数。如何在展项中应用多媒体技术——是在这儿加上计算机程序，还是在那儿配上视频，可供选择的方式有很多，成本和制作方式也很难掌控。

就展项策划人员不了解技术这件事（即上面提到的第二个原因），本文简要介绍了应用于展项中的各项多媒体技术。对这些技术有一个最基本的了解，能够帮助策划人员在面对诸如"这个程序能否提升展项的整体体验"，或者"这项技术本身值不值得用"等问题时，更好地做出决策。下面的内容主要分为两部分，第一部分主要介绍了在儿童博物馆展项中广泛应用的几类多媒体技术，第二部分总结了我在策划展项时积累的一些经验和教训。

多媒体技术的分类及成本

展项会用到哪些多媒体技术呢？人们首先想到的可能是视频和触屏程序，但其实展项中应用的技术非常广泛。我把过去这些年里用到的和看到的一些多媒体技术分为几大类，汇总到一张表里（详见表1）。虽然不够全面，但它已经涵盖了当前（1996年中期）展项用到的90%的多媒体技术。

表 1　儿童博物馆展项中多媒体技术的应用（简表）

多媒体技术	制作要素	硬件	成本
环境音效	音频 音频光盘	专业的光盘播放器	700～6500 美元
按钮操作式音频 / 视频 / 机械装置	音频或视频 中继器 / 气动装置 控制器	可重复播放数字媒体信息的可视光盘	800～3000 美元（音频） 2000～8000 美元（视频）

续表

多媒体技术	制作要素	硬件	成本
持续播放的视频	视频 可视光盘 视频显示器	可视光盘播放器	2500～15000 美元
触屏互动	图文 音频 编程 视频（可选）	多媒体计算机 触屏显示器 可视光盘（可选）	7000～25000 美元
强化视觉体验	在线视频 显示器	摄像机	2000～12000 美元
在线互动	支持实时网络连接的软件	多媒体计算机 调制解调器 网络专线	7000～30000 美元
互动环境	图文 音频 编程 视频 自定义界面	多媒体计算机 计算机显示器 可视光盘或数字视频 硬件接口 物理环境	9000～90000 美元
动画剧场	音频 编程 视频 照明 场景设计 动力或气动装置 物理环境	计算机 控制器接口 视频或幻灯片投影仪 音频系统 照明系统	35000～225000 美元

注：成本只是粗略估算，不包含场馆员工在多媒体制作开始之前投入的工作量

在了解了多媒体技术的种类之后，接下来要考虑的问题是"在展项中应用这些技术需要多少钱"。尽管设备的费用通常很容易估算，但制作费用（尤其是图文设计、视频制作和编程）却很难估算，因为它取决于具体需求（但具体需求往往要到项目中期才能确定）。虽然有这些不确定性（后文还会提到一些其他不确定因素），我还是大致估算了应用每种技术的成本范围（见表1）。请注意，这里面没有包含项目开始前场馆员工为策划展项投入的时间，这个时间可能长达几周，甚至几个月。如果场馆内部有人了解多媒体技术，能够提出明确具体的需求，那么成本会有所降低，但如果场馆完全依赖外部服务，需求又不明确，那成本就会比较高。

有些程序员或者多媒体制作人员为了增加自己的履历，会无偿提供服务，也有些人会捐赠设备，一些场馆通过这些方式成功降低了展项的成本。在预算紧张时，这些方式非常简单有效，但要注意的是，不管是捐赠的设备还是服务，都要满足场馆的需求。如果捐赠的设备不能满足场馆的需求，后续反而可能产生大量的改造或维修费用。如果场馆希望在编程上省钱，可以联系本地高校多媒体专业的教师或其他工作人员，他们可能会为场馆推荐一些渴望积累实践经验的学生。多媒体项目通常需要一名程序员和一名图文设计师。与新手合作时，最重要的是严格控制项目的复杂程度，并且最好能有类似项目作为参考。如果是第一次开发互动多媒体程序，很容易因为大量技术细节而忘记最初的目标。如果场馆希望由经验丰富的专业人士来设计程序，那么口碑是最好的途径。本地的其他博物馆也许可以推荐一些他们之前的合作方。一些全国性的行业会议，比如美国青少年博物馆协会、美国科学技术中心协会和美国博物馆协会的年会，也是寻找更多资源的有效途径。

如果场馆内部有人精通计算机编程技术（指的是会用互动多媒体开发程序Adobe Director 的 Hi-8 摄像师或程序员），可能会帮助场馆降低开发程序的成本。但由于多媒体程序制作的最后阶段通常需要投入大量的精力，所以由内部员工负责编程时，场馆可能会在展项开幕前的最后几周经历非常紧张且充满戏剧性的过程，但这种方式所取得的最终成果往往更符合观众的需求和场馆的长期目标。

常用技术

1. 环境音效

环境音效会让访客在展项的特定环境中产生一种身临其境的感觉。在波士顿儿童博物馆，"东京少年"展项的地铁车厢里播放着在东京地铁里录制的真实对话和广播内容，同时夹杂着重低音音箱模拟的地铁轰鸣声。"码头之下"展项的环境设定是水面之下，水花飞溅和冒泡的背景音效让人仿佛置身于码头之下。环境音效要非常自然地融入展项环境，并且不要超出展项区域。很多尖锐刺耳的噪声，比如喷气式飞机起飞的声音，很容易分散访客的注意力，让访客感到厌烦不适。

2. 按钮操作式音频 / 视频 / 机械装置

按钮是最早的展项互动形式，它很容易损坏，在设计时要全面考虑可能遇到的问题。人们在第一次听到动画中活泼尖利的噪音时会觉得很有趣，但到第三次时可能会感到厌烦，特别是当这类声音没有控制在该展项区域范围内时，会对周边区域的访客产生负面影响。尽管如此，如果按钮没有损坏，访客还是很喜欢去按按钮的。比如，在波士顿儿童博物馆的"东京少年"展项中，有一台会说话的日本自动售货机。它能告诉访客通过自动售货机可以买到的商品。通过按钮触发的视频应尽量简短。在热闹的展区里，访客对一段视频的兴趣往往不超过 30 秒。

3．持续播放的视频

很多视频只是作为背景，不会指导访客如何操作。它们没有固定的开头和结尾，访客可能会断断续续看到一些片段。这类视频的内容可能是国外的街景或电视里的老广告。这类视频的长度一般不超过 5 分钟，因为访客不太可能完整地看完视频。如果场馆想让访客从头到尾观看一段视频，比如视频的内容是教访客如何建造一艘小船，那么视频周围要明确标示出视频的长度，以便访客知晓自己需要投入的时间。视频存储尽量选择光盘（或支持计算机播放的数字多媒体），不要用录像带。因为录像带很容易磨损，使用寿命一般不超过两个月。

4．触屏互动

这种互动方式和大家熟悉的计算机非常类似，但有几点重要的区别。在热闹的展区里，键盘和鼠标很容易损坏，所以交互界面要用触屏或专业的视频游戏控制器。如果场馆使用鼠标或键盘，就要定期维护和更换。尽管场馆可能希望使用现成的计算机程序，但一般程序的设计（特别是"退出"和"打印"选项）通常无法满足展项的需求。

同一时刻，通常只有一名访客（最多三名）可以与触屏程序互动，这会使其他访客在等待的过程中失去耐心。尽管如此，触屏程序让访客有机会进一步了解与展项主题有关的内容，这是通过其他方式无法做到的。

5．强化视觉体验

通过强化视觉体验技术，访客可以近距离观察微小的事物，比如水族箱里的小生物，或者可以从屋顶拍摄的角度观察场馆外正在发生的事。场馆还可以利用计算机图像处理软件为访客观察的内容增加特效。这类强化视觉体验技术通常需要在某一特殊角度放置一台独立的摄像机，同时还要配备支持视频输出的观察镜。如果想要通过较长的线缆连接到另一个展项或场馆外的摄像机，可以选用价格低廉的视频放大器。

　　6．在线互动

　　随着互联网的飞速发展，这类多媒体技术得到了越来越广泛的应用。包括CU-SeeMe 在内的各种程序实现了在线视频会议功能，这使不同场馆的访客可以在线互动。旧金山探索博物馆的"城市空间"项目利用互联网，让访客可以与其他地方的访客一起通过协作打造城市模型。开发这类程序，最大的挑战是既要保证程序简单、易于上手，又要让访客在新鲜感过后依旧觉得有意义、有收获。如何将这类多媒体技术应用到展项中，还有更多可能性有待挖掘。

　　7．互动环境

　　这个类别非常宽泛，包含所有基于计算机设备并采用全新交互方式的互动装置。访客在与这类展项互动时往往不会意识到计算机的存在，因为计算机是嵌入展项内部的。举个例子，波士顿儿童博物馆的"为船命名！"展项利用真实的油门杆，让访客从六种不同的船中选择一种，驾驶这艘船穿越波士顿港。只要访客推动油门杆，面前就会开始播放一艘 20 英尺长的捕虾船向前开动的视频。"电视和我"展项也运用了类似的技术，访客通过操作一个巨大的遥控器，可以将自己置身于天气预报或南极企鹅的视频中。运用这类技术的展项特别受访客喜爱，因为它们能激发访客的想象力，让他们在真实的环境中游戏。

　　8．动画剧场

　　"动画剧场"一词源于安大略省萨德伯里北方科技馆中的多媒体展示，它指的是在一段简短的展示中，将经过投影的视频或幻灯片与通过计算机来控制的照明系统、音频和动画结合在一起。这类展示一般只有 8～20 分钟，而访客通常只需坐在长椅上观看（这对很多家长来说是一种很好的放松方式）。波士顿儿童博物馆的"铁男的房间"是一个 12 分钟的展示，访客可以看到东京人日常生活中的几个片段。这项展示不仅融入了在日本实地拍摄的视频，还增加了旁白和特效，包括一个动态的哥斯拉模型和一个旋转的迪斯科球灯，它们与少年主人公的白日梦完美地结合在一起。由于这类技术融合了剧本撰写、剧情设计、计算机编程、三维动画等很多学科的内容，所以即使它们需要场馆投入大量时间和精力，也是非常值得的，因为通常它们都会受到访客的喜爱。

　　9．未来的发展方向

　　在应用于展项中的各类多媒体技术里，数字视频制作、在线互动以及个性化的交互设计都是未来的发展趋势。目前，对于视频的播放和存储，可视光盘是最好的选择，因为它经久耐用，但如果想要修改它的内容，会比较昂贵。如果场馆能让员工自主开发和制作多媒体内容，就可以利用数字视频技术拍摄并制作自己的内容，这样修改起来也更加方便。如前所述，互联网的发展为儿童博物馆提供了更多可能性，让场馆可以将展项内容延伸到学校和家庭学习中，同时也促进了不同场馆之间的合作。而个性化的交互方式也使得访客可以专注于与其他访客之间的互动，无须了解背后复杂的技术。

访客的感知和反应

至此，本文一直是从技术的角度在进行论述。然而，儿童博物馆是以访客为中心的机构，因此我们有必要从访客的角度来探讨技术。有了这些技术，访客可以做什么？访客通常会有哪些反应？清楚地了解各种可能性，能让我们在设计多媒体展项时抓住重点，引导访客以我们希望的方式互动，同时也有助于避免一些常见的问题。下面列举的内容是我观察到的一些访客对多媒体展项的感知和反应。

1．开放式角色扮演

经过时间的检验证明，在儿童博物馆的展项中融入角色扮演游戏是非常有效的方法。"电视和我"展项利用天气地图作为背景，让孩子们有机会扮演天气预报员，而"漂浮的船"展项则利用舵轮和可控油门杆来鼓励孩子模拟驾船的过程。在鼓励角色扮演的展项中应用多媒体技术，要考虑适度的问题，既要对访客有足够的吸引力，又不能使访客感到过于惊奇（目瞪口呆）。在设计角色扮演活动时，很重要的一点是要留出空间让访客自由发挥。

2．创作

访客喜欢运用简单的工具去创造自己的作品。计算机中的绘图程序就是很好的例子，但场馆很难找到简单现成的程序应用到展项中。由旧金山探索博物馆的保罗·迪马里尼斯（Paul Demarinis）设计开发的展项"完美的合奏"，让多名访客可以通过随意拨弄经过特别设计的吉他来完成一次小型乐队的合奏；而由旧金山探索博物馆的埃德·坦南鲍姆设计开发的展项"回忆"，让访客借由在摄像机前做出各种动作来创造有意思的视觉图案。这类程序为访客提供了不同的工具，让他们有机会自由创作，而不是完成某个预设的目标。

3．不断尝试

"电视和我"展项中的"迪·布朗篮球挑战赛"让访客有机会一对一地挑战这位广受喜爱的凯尔特人队后卫。在30秒的视频中，迪·布朗先是做出准备投篮的假动作，然后跑到篮下，直接投篮，最后被盖帽。访客在观看视频后了解了他的先后动作，于是在第二次或第三次与迪·布朗对战时，抓准时机，看起来就像是自己盖了迪·布朗的帽，因此感到非常高兴。

4．舞台表演

波士顿儿童博物馆的"孩子的舞台"展项利用持续播放的音频和灯光鼓励孩子走上舞台，扮演不同的角色。在播放不同的背景音乐和音效时，孩子们可以跳起踢踏舞或是演绎戏剧故事。所谓的舞台并非一定要设计成正式的舞台，任何可以同时容纳表演者和观众的空间都可以成为访客自由表演的舞台。

5．点击按钮

众所周知，孩子会毫不犹豫地尝试展项中的计算机程序，但这只是表象。当他们急切地点击按钮时，他们通常不会去想这些按钮的作用以及是否存在其他选项。通过按钮或者触屏去触发计算机的反应，这一动作本身对孩子就非常有吸引力。如果程序需要更系统的操作，家长可以发挥重要作用，引导孩子尝试其他选项，或者为孩子讲解不同操作的结果。

6．谨慎参与

在面对目标和方法不明确的互动展项时，成人往往会采取比较谨慎的态度。如果一个持续播放的视频没有标明长度，访客可能会不愿意从中间开始观看。如果一个互动程序的界面没有明确引导访客如何操作，访客通常不愿意参与，因为他们不想自己在尝试的过程中显得很笨拙。

7．参与人数的限制

这是访客对多媒体展项反馈最多的问题。对访客特别有吸引力的触屏程序很容易被一名访客"霸占"，而其他访客则会在等待和观看别人玩的过程中失去耐心。

经验和教训

每个项目的具体情况都不同。如前所述，多媒体技术在展项中有着广泛的应用，而访客对多媒体展项的反应也多种多样。在过去8年里，我总结了一些具有普遍意义的经验和教训。

1．内容要尽量简单

计算机可以实现很多不同的功能（在设计程序时很容易想要再增加一个选项），因此很容易发生一个程序包含过多内容的情况。在一些场馆里，往往会有这样一个互动装置，它包含了所有那些无法加入其他展项里的想法。尽管互动程序的设计和制作过程可能很复杂，但它应该能用简单的一句话来描述。比如，"访客可以驾驶六种船穿越波士顿港"，或是"访客可以置身于 10 个不同的电视节目中"。

2．设计时要考虑访客之间的互动

参观博物馆是一种社交体验，访客与访客之间需要互动。如果一个多媒体程序要求访客把全部精力放在一个复杂的界面上，就会阻碍他与其他访客的互动。一直喋喋不休，没有为访客留出空间交流的程序也是如此。在设计程序时，比较有益的做法是考虑"哪些问题或提示能激发访客之间的互动"。

3．设计时要考虑不同年龄段访客的发展水平

即便某个展项的目标观众是 5～9 岁的儿童，但现实情况是，很多家庭访客的年龄跨度很大，既有学龄前儿童，又有成人家长。因此，展项应该尽量满足不同年龄段访客的需求。如果多媒体程序本身要让更多年龄段的访客参与互动，可以选择一些创造性的活动，以便不同年龄的访客都可以根据自己的发展水平做出贡献。

4．考虑不同群体（包括特殊群体）的需求

多媒体展项的互动很大程度上依赖于访客的视觉和听觉。如果在设计多媒体展项时能兼顾特殊群体的需求，就可以让更多群体有机会与展项互动。举个例子，如果为视频配上字幕，不仅对听障人士和不擅英语的人有所帮助，在展区环境嘈杂时也能帮助所有人理解视频的内容。为视频增加不同的语言也有助于扩大观众群。在设计触屏的高度时，要考虑那些坐在轮椅上的残障人士。然而，很多时候场馆也要面临一些艰难的决策。例如，有的音频强调音乐风格带来的主观感受，因此无法配上合适的字幕来满足听障人士的需求；有些时候，多媒体程序本身可能无法满足所有群体的需求，那么就要确保展项作为一个整体能提供多种多样的体验。

5．考虑展项对参与人数的限制

前面已经提到，对参与人数的限制是多媒体展项的一个重要问题，尤其是

同一时刻只允许 1 或 2 人参与的触屏程序。如果是需要访客完成特定目标的程序，在设计时就要注意控制时长——比较有效的做法是先从理论上测试整个互动过程需要访客花费的时间。针对同一程序，为访客提供多个互动平台，有助于解决参与人数的问题，但这需要额外的设备和空间。包括绿屏在内的互动展项可以同时容纳多名访客进行互动，也比复杂的触屏程序更适合博物馆环境。有时，场馆有必要在程序中加入一段提示音，比如"如果有人在等候，请给他们一个机会"。

6. 为后续修改和完善留出空间

由于程序开发和管理的复杂性，互动程序通常不会一蹴而就。尽管很难做到，但要尽早完成程序的开发，以便在展项对外开放之前预留出修改和完善的时间。在开发过程中开展原型测试和实时评估，有助于形成更好的设计方案。另外，要在展项对外开放之后预留出时间进行微调或紧急调整。视频制作（以及可视光盘）如果在完成之后再修改可能会比较昂贵，所以如果涉及敏感因素，比较有益的做法是事先准备好不同的版本。比如，在一个关于电视暴力的展项中，我们在光盘里放了两段视频，内容是对同一战时新闻的报道。在展项完成安装后，我们最终选择了其中相对不太暴力的那段视频。

7. 制订展项维护计划

"故障中"之类的标识会让访客觉得很扫兴。尽管计算机在展项中算是比较耐用的设备（我曾见过一些计算机在连续运行了好几年之后都没出什么问题），但它们也可能在毫无征兆的情况下突然出现问题。要想有备无患，在展项安装时就要制订维护计划。场馆可以选择能够做出快速响应的厂商，与其签订服务合同，也可以针对容易坏的元件（比如硬盘）提前找好供货商。展项的互动程序要备份在不同的地方，由一名员工定期测试运行，确保程序正常工作。定制接口特别容易出问题，尽管一般都是些连接线松了之类的小毛病。对于定制程序，场馆在项目初期就要与程序开发商达成协议，要求提供一份程序的源代码和零件列表，并配有图示说明，以免场馆过度依赖开发商。

结论

许多访客非常喜欢与多媒体展项进行互动。因为认识到了这一点，越来越多的博物馆引入了多媒体技术。但在应用多媒体技术的时候，如果不了解这些技术的作用以及它们如何为展项提供有益的补充，效果可能会适得其反。

　　首先，选择是否在展项中应用多媒体技术就是一项艰巨的任务。比较简单的方法是，先准备一个小本子，写上标题"展项中的多媒体技术"。随后，在未开展任何多媒体项目之前参观其他场馆，记录这些场馆的展项使用了哪些多媒体技术，包括它们使用了哪些设备（触屏、音频扬声器等），特别要记下你自己喜欢什么、不喜欢什么。没有什么方法能够取代你的亲身体验，这份简单的记录对你来说会是一个很好的开始。

　　布拉德·拉森是波士顿儿童博物馆的技术开发人员，他在该馆从事互动多媒体展项开发工作长达 8 年。他同时也为教育出版公司提供专业的互联网 / 光盘项目咨询服务。

如何与外部展项设计师合作

夏威夷儿童探索中心

洛蕾塔·矢岛（Loretta Yajima）

大约十年前，我在波士顿儿童博物馆参加过一场以"螺母和螺栓"为主题的工作坊。那里的展项让我惊叹不已。我当时就在想，是否将来有一天我们的场馆也能开发出自己的展项。当时最令我叹服的是，这些展项真的是由场馆团队开发出来的。为了创造这些展项，他们投入了大量时间和精力，在全面深入思考之后把自己的想法转化成了有意义的主题，深入研究主题相关内容，筹集资金，并在设计和制作宣传材料的基础上完成了推广等一系列工作。

我记得自己当时一直在想："我们馆如果要开发自己的展项，究竟要从何入手？"在那场工作坊里，我像海绵吸水一样吸收着各种想法和创意。为了避免遗忘或没有真正理解自己看到的东西，我把它们全都拍了照。我当时还盘算着，等到他们不想要这些展项时，或许我可以把它们买过来。他们会卖这些展项的图纸吗？我能把这些照片发给展项制造商，让他们照着图片给我做出来吗？我能请这些展项的设计师为我们设计类似的展项吗？

波士顿儿童博物馆的工作人员非常慷慨地与我们分享了他们的专业知识和想法。通过他们，我了解到展项创意的来源非常广泛，有些来自观众，有些来自展项团队的头脑风暴，有些则是捐赠方的要求。最令我惊奇的是，有时一个展项的创意只是源于某个人对某一领域或主题的兴趣。

波士顿儿童博物馆的员工团队非常专业，而且经验丰富，这与我们由几名志愿者组成的小团队有着天壤之别。"创建自己的展项"这一想法当时对我来说只是一个遥不可及的梦想。于是我买下了我们馆的第一套"泡泡"展项图纸，兴高采烈地把它带回了家。当时我想，就算我们以后没有自己的展项创意或团队，至少我们已经有了"专业的"展项。

我们在这份图纸上花的钱非常值得，因为它让我们开始思考未来如何开发自己的展项。我们是否要选择那些在其他场馆里已经被证明行之有效、非常受欢迎的展项？它们能否满足我们的目标观众的需求和兴趣？我们如何在学习其他场馆成功展项的基础上，开发出自己的展项？在开发自己的展项这条路上，我们遇到了各种机遇和挑战，这些经历对我来说是无价之宝。那些"泡泡"展项的图纸最终被束之高阁，但它时刻提醒着我们，我们已经决定创造自己的展项。

回想十年前参加的"创建儿童博物馆的成功经验和失败教训"工作坊，我现在完全能理解当时新建场馆团队的困惑。那些我当时想问却不敢问出口的问题，现在人们也会经常问我。希望我们的经验能对新建场馆的团队有所帮助。

从何入手？

关于如何开发自己的展项，我们思考过很多问题，包括：

（1）场馆的目标是什么？

（2）场馆是否有统一的主题？

（3）如果有，如何能使一个展项符合场馆的主题？

（4）场馆的目标观众是谁？

（5）对他们来说，最好的呈现方式是什么？

（6）为了满足场馆所在社区的特点和需求，我们在开发展项时需要考虑哪些文化和地理因素？

（7）访客在来馆前需要做哪些准备工作才能获得更好的体验？

（8）为了帮助访客在离开场馆之后进一步延伸场馆的学习体验，场馆能提供哪些建议或活动？

（9）场馆将用哪些标准来评估展项？

（10）展项是如何促进访客独立思考的？

（11）场馆要开发的是常设展项还是临时展项？

（12）场馆是否需要考虑展项的存放问题？

（13）场馆要开发的是移动展项吗？

（14）展项是否需要额外配备工作人员？

（15）场馆对展项的预算和空间有哪些考虑？

（16）如何为展项筹资？

（17）展项是否符合《美国残疾人法案》的要求？

（18）展项是否有助于锻炼儿童解决问题的能力？

（19）关于人类大脑是如何接收信息的，展项教会了孩子什么？

（20）对于展项使用的材料，建筑规范和消防法规是否有具体要求？

（21）展项是否结实耐用？

（22）展项是否包含容易损坏或老化的部分？这些部分是否方便更换？

（23）展项是否容易维护？

（24）展项是否安全？

（25）展项能否鼓励儿童在游戏过程中发挥自己的创造力？

（26）多少孩子能在同一时间里与展项进行互动？

（27）展项有哪些实践意义、教育作用和美学特征？

（28）展项是否涉及耗材？这会对成本产生怎样的影响？

（29）展项是否需要配备图文和 / 或引导标识？

确定主题

为了确定展项的主题，我们首先对目标观众开展了研究，并总结出我们认为他们会特别感兴趣的主题或内容。我们的志愿者团队在挖掘展项主题和活动时，重点考虑了它们是否有趣，是否具有教育意义，以及能否吸引儿童深度参与和学习。我认为这个过程是必不可少的，因为没人比你更了解你们馆的观众的兴趣和需求。确定了展项的主题之后，我们花了大量时间去深入研究这个主题，并请来了教育界的专家作为场馆的顾问，从适龄性、内容、教育意义、吸引力和安全性的角度评估展项主题，为我们提出宝贵的意见和建议。

打造展项测试原型

在决定要开发自己的展项之后，最重要的问题是谁来设计和制造展项。我们决定先开一个小的临时场馆，这样我们便能够大胆尝试设计和制造自己的展项，而且这些展项也可以作为未来固定场馆展项的测试原型。尽管展项最初的概念出自一个无偿为场馆提供服务的团队，但专业的展项顾问以及本地的展项设计师和我们一起共同完成了展区的主题设计。这些展项的制造和安装也是在我们志愿者的监督下在本地完成的。

我们最初那个临时的小场馆之所以能成功，很大程度上是因为我们的展项受欢迎。它们是专门为我们的观众设计的。虽然它们不符合我们制定的展项标准，但却让我们有机会策划丰富的活动。尽管如此，最初的大获成功还是让我们意识到，我们必须马上找一个更大的固定场地。

现在我们正在建设自己的新场馆。由于临时场馆的大获成功以及最初展项的广受欢迎，我们在檀香山市中心新建的滨海公园黄金地段获得了一块场地，这里的面积是我们原来场地的 7 倍。这样一来，我们不仅有空间摆放临时展项，还有场地开发自己的展项。但因为还没有自己的展项开发人员，我们开始寻找展项团队来为新场馆设计和制造展项。

组建团队

首先我们在明确场馆需求的基础上找到了一些设计师——有些是因为我们喜欢他们的作品，有些则是因为我们想要的展项恰好是他们的专长——请他们为我们提供设计方案。当我们发现夏威夷本地没有符合场馆要求的专业设计师时，我们面临的最大问题变成了与设计师的远距离沟通。在一家航空公司的资助下，我们得以去到美国本土，与一些设计师和专家顾问进行面对面的交流，但展项开发的日常管理工作不可能远距离完成。因此，我们决定聘请一位具有相关经验的项目经理，他不仅要与设计师保持紧密的联系，还要在全体会议之外的沟通中代表我们的场馆。为了做到这一点，他必须非常清楚地了解我们的需求、观众、理念和"愿景"。

接下来，最重要的是与这位项目经理保持紧密的联系和沟通。我们通力合作，一起制订计划和预算，审核设计方案，面试候选人，并与候选人商定包括费用、进度和质保条款在内的合同细节。这个过程的进展极为缓慢，因为我们必须与每个人深入交流，确保他们非常清楚地了解我们的项目和目标，并认同我们的教育理念。我们当时的目标是寻找各领域的专业人士，因此，我们最终聘请了不同的人来完成文案撰写、展项设计、图文设计、计算机相关的技术支持和展项制造等工作。尽管我们还要努力把这些人聚到一起，组建团队，但聘请个人的做法给我们省了不少钱，而且也让我们请到了每个领域里最专业的人，而不是某家只擅长某些领域的公司。另外，我们还要确保这些人可以作为团队共同完成场馆的项目。我们用了长达一年的时间来组建这支团队，但因为我们团队内部没有这些领域的专业人员，这个团队也就成了我们场馆的一员。我想，如果没有建立如此紧密的合作关系，我们的项目是无法顺利完成的。

需要注意的问题

即便是聘请外部团队来开发展项，还是要由场馆内部人员来推动项目的进展，因为只有"自己人"才会对场馆的项目充满激情，全力投入。为了去美国本土参加每月一次的设计会议，我们花费了大量的时间和精力，但好在最终的成果非常值得。

一定要严格控制项目的预算和进度（设计师都是艺术创作者，他们会沉浸在创作的喜悦中，此时场馆要负责控制时间和成本。一旦失去控制，场馆将会付出惨痛的代价！）。一旦制定了预算，就要严格执行。如果像我们一样需要远距离出差，一定要把差旅费包含在预算中。就我们而言，与酒店和航空公司建立合作不仅是有利的，而且是必需的。

最后一点，要选择沟通能力很强的人来监督项目的执行情况，确保实现最初的目标。只有在展项团队成员之间建立起顺畅的沟通机制和相互尊重、相互信赖的关系，展项开发才能取得成功。

经验总结

在过去的十年里，我走访了美国各地的儿童博物馆。此后我才认识到，对于儿童博物馆的展项开发，有一些普遍适用的原则——安全、耐用、易维护、操作简便，符合场馆使命和观众需求。有些非常受欢迎的展项经过了时间的检验，场馆可以直接购买、租借或复制。然而，创造自己的展项所带来的满足感——从一个想法的萌芽到最终的成果——是无法取代的。切记，最成功的展项永远是那些最适合自己场馆的展项。

从 1988 年起，洛蕾塔·矢岛开始无偿全职出任夏威夷儿童探索中心的理事长和馆长。她的职责包括筹资、场馆改造和建设、展项设计和制造、财务管理和公共关系。在筹建场馆之前，她曾取得教育学硕士学位，并担任过教育工作者和学校管理者。

引入巡展项目：临展对博物馆的重要作用

内华达州立博物馆

芭芭拉·斯拉维克（Barbara Slivac）

博物馆在决定是否要引入巡展项目时应三思而行，考虑周全。可惜，并不存在一个现成的巡展资源库，场馆可以从中挑选好的展览，更没有哪一个展览是适合所有场馆的。关于巡展的问题，很多答案都来自那些有过类似经验的前辈。要想找到最好的答案，场馆还是要结合自身的使命、空间、人员和预算来审视某一巡展项目。

判定某个巡展是否适合场馆，仅凭场馆的使命是远远不够的，还要考虑场馆的预算、空间、人员的工作量和专长等具体情况。但即使如此，博物馆也应重视使命宣言，因为它限定了场馆的内容、呈现方式和观众，从整体上决定了展览方案和教育理念。

一份好的使命宣言往往明确定义了场馆的内容，而有时它只是描述了这些内容的领域，比如艺术、科学或自然。儿童博物馆的使命宣言常常聚焦于场馆所在地区的"历史和文化"或"该区域的文化和种族"。使命宣言对场馆内容的阐释越明确，对策划展项和教育活动就越有指导意义。尽管"艺术"或"科学"涵盖的内容非常广泛，但使命宣言中对这些内容的进一步诠释足以指导我们开展具体工作。

博物馆的使命宣言通常会根据自有的藏品来明确场馆的整体布展策略。如果场馆决定根据相关行业标准来收藏和维护展品，那么他们很可能将展品放在环境恒定的展示柜中，谢绝成人和儿童的触碰。但如果场馆在使命宣言中强调通过互动来学习，那么在策划展览时，他们就会给访客创造机会与展品互动，了解展品背后的故事。比如，同时展出美国殖民时期农具的真品和赝品，或是一间经过修复重建的哈萨克毡房，配上一箱哈萨克人的传统服装，供访客试穿。这些展项让访客有机会亲身体验展品背后的文化，同时也使场馆履行了自己的使命——成功起到了收藏和教育的作用。

如果场馆的使命宣言没有提及藏品，那么它必定会谈到教育理念。如果使命宣言的内容包含"通过协作来学习"或"通过游戏来学习"，那么场馆实现教育目标的方式就是让访客与展品互动。"多感官学习""探索式学习""互动式学习""互动展项",虽然每个词的侧重点不同,但却蕴含着共同的教育理念——访客通过与展品互动来学习。

博物馆的使命宣言或相关的补充说明通常会明确定义场馆的目标观众,因此,也会影响所有展览的策划。"儿童"是统称,很多儿童博物馆会限定访客的年龄段,从而使场馆要做的事更加聚焦。有些场馆的目标观众是6岁以下儿童,有些是4~12岁的孩子,有些是小学生,有些是青少年,有些是所有儿童。

很多儿童博物馆将目标观众定义为儿童和家庭访客。根据我们看到的儿童博物馆访客量统计数据,通常有一半访客是成人,他们中的绝大多数是以家长的身份来到场馆的,这一点对场馆的展项和教育活动策划至关重要。所有展项,包括常设展项和临时展项,在设计时都要同时考虑在不同发展阶段的儿童以及在认知和情感方面千差万别的成人。好的展项,不管是常设展项还是临时展项,都会为不同年龄段、不同发展水平的访客提供令人愉悦、正面积极的教育体验。如果展项做不到这一点,就会有一半的观众感到无聊,也就无法让家长和孩子共度高质量的亲子时光。

使命宣言中对场馆内容、呈现方式和目标观众的定义从整体上决定了场馆的展览方案。作为场馆展览的一部分,临时展项还会受到空间、人员和预算等实际因素的影响。

临时展项对空间的要求千差万别。如果是大型展项,除了展览空间,场馆还要考虑其他方面的需求,比如能够停靠18轮大卡车的装卸码头、液压车或叉车,以及集装箱的存储空间。另外,场馆还要测量从场馆入口到展览空间一路上穿过的所有门的高度和宽度。如果一家场馆有5000平方英尺的临时展区,那么其他方面的需求可能也不成问题,包括装卸码头、人员配备以及20000美元的租赁费用(再加上运费)。但对规模较小的场馆来说,可用的展示空间还不到1000平方英尺,即便不考虑展项的内容,可选的展项也很少。这些场馆如果要引入临时展项,就要在利用场馆空间上充分发挥创意,比如利用走廊、门厅、多功能室等,但这样做可能会对展项本身或访客体验造成负面影响。除此之外,如果场馆既有互动展项,又有传统的展览,那么展示空间就要配备独立门、墙以及温度、湿度和照明控制系统。

如果想要引入巡展项目,场馆首先应仔细阅读史密森学会巡展协会新版产品目录中的"规则"和"安全须知"。美国艺术联合会和美国科技中心协会的巡展合约也明确阐述了租借展项的场馆需要满足的要求。同时，这些机构会要求场馆在预订展项前提交一份报告，详细介绍场馆的展览空间和建筑设施。美国博物馆协会注册委员会为此提供了模板，可以帮助场馆全面了解这份报告需要的内容。

除了对建筑的要求，史密森学会巡展协会、美国艺术联合会和美国科技中心协会等提供巡展服务的机构还会要求场馆提供工作人员的信息。负责这些展项的人员必须经过专业培训，能够熟练地操作和安装展项。在收到展项时，他们可能需要对照一份 2 页长的清单核对所有物品，或是填写一份长达几页的报告，描述展品、展柜甚至是视频硬件设备的状况。如果是艺术品或其他传统展品，工作人员需要具备专业的审美眼光、教育理念和安装技巧，找到能同时满足儿童和成人视角的位置来安装展品。

如果巡展项目包含互动展项，工作人员每天都可能面临新的挑战。虽然知名机构的展项极少出问题，但也不是从未发生过。前一家租借展项的场馆可能没有把组装图和展项一起打包，导致下一家场馆需要在毫无参考的情况下组装展项。遇到这种情况时，如果能找到展项制造商，就可以请他们把组装图传真过来。遗憾的是，有时根本就没有组装图，工作人员只能自己想办法组装展项。

一方面，大多数提供巡展服务的机构都会要求场馆在修缮租借展项前首先征得他们的同意；而另一方面，场馆在聘用展项技术人员时，都会要求他们具备维修展项、确保互动展项正常运转的能力。如果场馆要引入巡展项目，负责该展项的工作人员就要暂停手上的其他工作，分别花费至少 2~3 天的时间来安装和拆卸展项。

场馆教育人员的参与和投入也是确保巡展项目成功的重要条件。有些巡展项目可能为场馆派来了专业的培训师，但会额外收费。充分利用巡展展项开展教育活动是场馆的责任。有些展项配备了基本的"教材"，场馆可以结合自身的情况调整使用；有些展项可能提供了相关资料供访客查阅，但这些资料通常要额外收费。因此，场馆教育人员往往需要在深入研究展项的基础上策划教育活动，为一线人员准备相关材料并提供专业的培训。

预算是场馆能否引入巡展项目的决定性因素。租用展项的预算包含了很多费用，场馆需要详细讨论预算的具体构成。举个例子，2000 美元的租赁价格仅仅是整个预算中的一项最基础的费用。即便双方已经电话沟通了好几个小时，似乎敲定了所有细节，场馆在签合同之前仍要仔细阅读合同的全部内容。

首先，展项的租借没有惯例可循。每家提供巡展服务的机构和场馆都要详细讨论合同中的所有细节。展项租赁的报价取决于租用的期限——6周、10周、3个月或其他时长。然而，场馆要搞清楚这个时间是指展出时间，还是包含了展项转运在途的时间。

运费通常没有包含在租赁费用内，这是一笔很大的开销，而且在过去几年里涨了很多。运费一般指的是单程运费，合同中要明确说明从哪儿到哪儿，以及谁来承担。如果需要横跨美国东西海岸，运费会更贵。大多数提供巡展服务的机构会尽量合理安排展项在不同场馆之间的运输路线，帮助各场馆降低费用。场馆要提前了解自己需要支付的运费，因为这是预算中必不可少的一部分。此外，场馆也要在合同中明确约定哪些情况下场馆需要支付往返运费。有时确实会发生场馆取消租借的情况，因此合同中要明确租借人的义务。有些展项的运费会按照比例由各场馆共同承担，此时，如果能够合理安排展项在不同场馆之间的运输路线，就会为场馆节省很多费用，但这会使场馆很难提前估算实际的运费，因为只有确定了所有参与巡展的场馆之后才能计算运费。

租借展项还涉及保险费，其中包括在场馆展出期间和运输过程中的保险。如果超出免赔额度的赔偿需由场馆来承担，场馆就要格外注意免赔额度的设定。在预算中，场馆必须考虑安保需求、额外的工作人员、引导标识的成本、展项开幕仪式、相关教材以及活动的策划与执行。

以互动展项为主的场馆如果选择租借传统艺术展品，相关的费用差异也很大。很多儿童博物馆为租借来的艺术展品专门设计了互动元素。如果场馆不这样做，很有可能会导致艺术展品无人问津。这并不是说展品本身有什么问题，而是因为它们跟场馆中的互动展项相比，没那么有吸引力。即便是那些极富学术和审美价值的传统展项，如果只是直接放在鼓励动手参与的儿童博物馆里，也无法发挥出它的教育功能，因为儿童博物馆是一个热闹喧嚣、充满活力的地方，场馆只有在引入传统展品时，为访客设计一些基于展品主题的活动，才能吸引成人和儿童与展品互动，帮助访客了解展品的内容。

如果一个展项的内容和形式与场馆的使命完全契合，并且满足预算的要求，那么就可以考虑具体的展出安排了。场馆什么时候能拿到展项，什么时候展出效果最好？如果巡展项目已经启动，想要参与的场馆至少得提前两年预定档期。这就意味着场馆要选择展出时间。我在向史密森学会巡展协会租借"对待动物的态度：好的、坏的和爱抚的"展项时，就遇到了这个问题。为了充分利用这套展项吸引更多访客，我们应该选择在以外地游客为主的夏季展出，还是到学生团体访客很少的 9、10 月"开学季"再展出？我当时确实不知道答案。我想既然我们在拉斯维加斯，那就赌一把，于是决定秋季展出。尽管我们认为这套展项的魅力足以在任何时候吸引访客，但为了确保赌赢，我们还是增加了外部推广活动，并向教师发放了宣传材料。结果，场馆 9 月的访客量同比增加了一倍，而 10 月同比增加了两倍，散客的数量也大大增加。

引入巡展项目能够满足场馆的不同需求。新建场馆通常会面临人手紧张、缺乏专业实践经验等问题，这时候，他们就可以用巡展展项来试水，帮助观众了解场馆未来要做的事。正式开馆后，有吸引力的展项可以帮助场馆提升访客量。巡展展项也可以为场馆的常设展项提供有益的补充。即使有的展项的主题与场馆已有展项相同，但它们仍可以让访客从另外的视角了解同一主题。利用不同的展项来呈现相同的内容，可以促进访客从不同角度深入学习。

借助巡展项目，场馆可以为访客提供新鲜的、不同以往的体验，场馆在向访客宣传时可以着重强调这一点。比如，"您今年将有 3～5 次机会体验新展项，这些展项只会在本馆展出 10 周，之后就会去到其他城市"。这样做可以帮助场馆留住甚至进一步增加学校团体访客和会员的数量。巡展项目可以看作场馆为访客定期举办的特别活动。它们能吸引媒体的关注，提升公众对场馆的兴趣，让公众重新认识场馆的重要性。有些展项的主题可能对本地的某一群体特别有吸引力，场馆可以利用它们来吸引这些人，扩大访客群体。

场馆可以在开馆（或重新开馆）时引入巡展项目，为场馆增添活力。传统博物馆领域很少会用到"票房担当"这个词，但如今人们的闲暇时间越来越少，场馆之间的竞争越来越激烈，因此，博物馆也很难忽视"大明星"的巨大吸引力。目前，儿童博物馆的"票房担当"是与恐龙相关的展项，孩子们非常喜爱这类展项。如果儿童博物馆的使命宣言中包含"科学"，像机器人一样能动起来的恐龙展项就可以成为这些场馆赚钱的"顶梁柱"。虽然恐龙展项能够持续受到欢迎，一定程度上是因为侏罗纪公园系列电影的放映，但在过去几年里，它们的确是儿童博物馆里最具吸引力的展项。

在场馆的年度计划中引入巡展项目，不仅能使场馆在这些展项上花费的功夫物有所值，也能帮助场馆更好地推广和宣传。巡展展项可能包含新的内容，或者至少也是对场馆已有内容的二次诠释。它们不仅能给观众带来新鲜感，激发他们的兴趣，还能促使场馆人员策划新的活动，充分发挥自己的创造力来利用场馆的空间。目前市面上有很多优秀的巡展项目可供选择。尽管这些展项一般都会给场馆带来新的活力，但只有当它们的内容与场馆使命相契合时，它们才能发挥最大的潜能。

1990～1995 年，芭芭拉·斯拉维克在拉斯维加斯的莱尔儿童博物馆担任展项和教育活动部部长一职。此前，她曾在亚利桑那州的高中和社区学院教授英语和法语。自 1983 年起，她开始进入博物馆领域。目前，她是拉斯维加斯内华达州立博物馆的教育策展人。

———————

教育活动：儿童博物馆的核心竞争力

奥斯汀儿童博物馆

德博拉·爱德华（Deborah Edward）博士

儿童博物馆的活动有哪些基本特点？如何将教育活动融入场馆的总体规划中？

儿童博物馆可以为访客提供多种多样的活动。在那些以常设展览为主的场馆中，教育活动能丰富场馆的内容，而以临展为主的场馆，则可以利用活动来吸引访客深入探索和学习。场馆不仅能利用活动来吸引更多观众，也可以凭借全新的体验留住回头客。通过教育活动，场馆能够提升知名度和收入，也有机会与社区中的其他机构建立合作和联系。场馆可以与本地艺术家、文化团体和企业达成长期合作，让他们以不同的方式参与到场馆活动中。另外，场馆通过举办全国性活动和国际活动，还可以在社区和全球各地之间搭建起桥梁。

儿童博物馆的教育活动可能是让孩子参与的盖房子活动，也有可能是家长带幼儿参与的阅读识字活动。每个场馆开展什么样的教育活动取决于场馆在社区中的作用、馆内员工和志愿者的兴趣爱好，以及场馆的资源。

教育活动可以通过多种方式进一步拓展场馆体验，比如：

（1）针对某一主题，提供更深、更广的学习内容；

（2）由场馆工作人员引导和帮助访客使用各类工具和资源；

（3）为访客提供资源探讨一些基本的社会问题和教育问题；

（4）促进社会各界为儿童提供更多文化资源。

儿童博物馆本身的灵活性给教育活动策划带来很多可能性。当有人想借用场地做活动时，场馆很容易就可以把这些活动和场馆的活动相结合。教育活动也可以帮助新建场馆吸引访客，尽快发展成为一个成熟的场馆。新建场馆可以通过丰富多彩的活动来展示儿童博物馆的各种功能，比如承办木偶戏巡演、租借临时展览、召开设计研讨会、承展艺术作品，或与知名的儿童服务类机构合作等。

新建场馆策划的活动如果能关注到各年龄段访客的不同需求，并尽可能地探索出更加丰富的活动形式，则会为场馆未来的发展方向提供更多思路。

适龄活动

1. 学龄前儿童

一个允许动手参与、扮演各种角色的环境，一些适合创作的简易材料，一场简简单单的科普或阅读活动，以及一个能跑跑跳跳的活动空间，这些项目都不必拘泥于展项。很多场馆会定期组织（比如每周）艺术、科学或文化传统等主题的亲子工作坊。也有的场馆选择在一些时间内，仅向学龄前儿童开放，通过对展区做出临时调整，来满足学龄前儿童的需求和特点。场馆也可以把一些道具（大娃娃、木偶戏台及学习工具）带到学龄前儿童常去的地方，比如儿科病房、幼儿园、托儿所，甚至是为低收入家庭提供住房保障的机构，让学龄前儿童和他们的家长有机会了解场馆的活动，进而更愿意到场馆来。在为学龄前儿童策划活动时，场馆可以利用很多资源，比如美国幼儿教育协会的出版物和工作坊资料、波士顿儿童博物馆的系列出版物、学乐教育集团的学前科普读物，以及在各国书店都可以找到的工具书。有藏品的场馆可以举办"宝贝分享"活动，让孩子们把自己的"宝贝"带到场馆，与其他小朋友交换"宝贝"，或分享这些宝贝背后的故事。

2. 小学生

小学生需要参与更加复杂的活动，学习新技能，或者通过协作完成更大的项目。场馆可以根据自己擅长的领域（比如多媒体制作）选择一些主题，为他们提供为期一天的工作坊或课外活动。小学生可以自己策划展览主题，创作壁画、游戏或木偶戏。如果工作坊持续一周或更长时间，他们可以完成一部歌剧或一件更大的作品（比如一个图书角或新展项的设计）。小学生喜欢参加夏令营活动（比如小丑学校或科学活动）。场馆也可以与学校联手开展动手学习活动，学校担任活动的发起人，场馆负责承办科学展览、举行"高空坠蛋"比赛，或展示学生优秀的艺术作品。

3．中学生

初高中生非常愿意帮助他人。他们可以在展区里帮助年龄更小的访客，通过观察和访谈来收集评估数据，研究和制作部分展项（比如波士顿儿童博物馆的"东京少年"展项），创作短剧，为访客做演示或组织工作坊，撰写场馆新闻稿，维护网站等。他们可以以散客的身份或通过学校和社区项目来为场馆提供服务，也可以正式成为场馆的志愿者或实习人员。

4．家庭访客

针对家庭访客的活动通常是为了帮助家长更好地与孩子互动，让不同的家庭有机会聚到一起。场馆可以与社会团体或医院合作，定期为家庭举办活动，通过提供空间和资源，帮助家长学习和掌握育儿的方法和技巧。场馆也可以开展家庭或成人阅读活动，举办儿童发展领域专家工作坊，或者针对儿童成长问题定期举行系列教育项目。

5．跨代际访客

有些场馆会举办一些活动，让学生采访自己的祖辈，共同编写关于社区和家族故事的书籍。另外一些场馆则会以文化传统为主题，举办节庆活动。"祖辈日"是一种很受欢迎的形式，通过向长者提供特价门票，它把祖辈和孙辈凝聚到一起。

活动推广

活动是非常好的宣传手段，因为它们内容明确、持续时间短。场馆要利用好这些机会。

（1）为每项活动撰写专题新闻稿，在目标媒体上进行宣传。

（2）即便活动名额已满，也要继续宣传，让公众了解场馆在做的活动。

（3）拍摄大量照片和视频。

（4）邀请名人和媒体参加活动。

（5）把活动与场馆所在城市或社区的问题联系起来。

（6）策划活动时要有新意（举个例子，曾经有一年，奥斯汀儿童博物馆在情人节当天举办了一场"脂肪雕刻大赛"。该活动既展示了奥斯汀厨师的特色厨艺，又突出了美国心脏协会努力倡导的健康饮食。奥斯汀本地和国内各大媒体都认为这项活动非常有创意）。

目标观众

1. 低收入人群

想要为低收入人群策划活动，既要找到有效的渠道，又要做到坚持不懈。如果场馆希望树立"服务每位社区成员"的形象，就应该邀请周边低收入人群来馆，让更多人参与到场馆活动中来。场馆可以专门针对低收入社区开展活动，比如在低收入居住区或社区中心举办丰富的课外活动，在周边图书馆定期举办讲故事活动，通过驻馆艺术家的活动与贫困学校建立联系等。这些专门针对低收入社区的活动能够让场馆与低收入人群之间保持长久的关系。同时，针对低收入人群的活动还有助于消除不同人群间的文化隔阂。

2. 教育工作者

教育工作者很欢迎场馆给他们提供的免费材料、新想法，以及和同行一起交流的机会。场馆可以每年为教育工作者举办一次开放日活动，分享教育资源。一些场馆会定期举办工作坊，帮助教育工作者提升技能，从而更好地引导学生动手学习。还有一些场馆会为所在社区的教师举办颁奖活动。首都儿童博物馆会定期举办工作坊、研讨会和实地考察活动，让教育工作者有机会深入了解源于意大利的瑞吉欧教育。印第安纳波利斯儿童博物馆把来自世界各地的学者和儿童博物馆从业人员聚到一起，共同讨论博物馆学习。

3. 特殊群体

奥斯汀儿童博物馆专门为有语言障碍的孩子举办了为期一周的营地活动。在设计展项和活动时，该馆还向各类残障人士征集意见，与他们建立合作。

评估并满足社区需求

只有通过与不同的观众群体进行交流，了解观众的真实需求和已有的教育资源，场馆才能策划出好的活动。想要系统地评估观众的需求，场馆可以组织目标观众访谈，对会员和其他访客进行电话访谈，或者向代表各类观众的民间团体介绍场馆。

与其他团体合作

尽管场馆开展外部合作的做法受到了广泛认可，但想要与理念相似但关注点不同的团体成功合作，却并非易事，因为他们的价值观、工作方法、问题和资源可能与场馆完全不同。场馆开展外部合作时，要注意以下几点。

（1）想清楚为什么要合作（因为你喜欢对方，因为有人邀请你合作，还是因为你们的资源可以互补）；

（2）明确双方的分工；

（3）确定双方的职责和沟通方式；

（4）明确说明是单次合作还是长期合作。

活动形式

1. 展区活动

场馆可以基于展项策划很多不同的活动。场馆的志愿者、员工和专家可以做演示、讲故事或利用剧场来丰富场馆体验（圣安东尼奥的威特博物馆为场馆中的很多展览配上了新的戏剧故事）。场馆工作人员可以定期为散客展示一些特别的展品、材料或工具。场馆也可以基于展项为不同年龄段的访客设计不同的体验，比如在法医科学展中加入指纹识别实验室。

2. 工作坊

全美各地的儿童博物馆都会举办各种工作坊，如艺术和科学主题工作坊、定期举办的工作坊、文化主题教育项目或学术讲座。工作坊持续的时间有长有短，它们让少部分参与者有机会深入探索和学习。工作坊的内容可能与场馆当前的展项主题有关，也可能让孩子参与制作某个展项。场馆可以安排员工为工作坊做演示，也可以从外部聘请艺术家或教育工作者来主持工作坊。有些场馆会为志愿者提供专业的培训，让他们来引导工作坊活动。场馆要提前规划工作坊的各项细节，包括参与者如何报名，是否允许散客加入，目标群体是哪些年龄段。场馆可以把工作坊活动作为会员专享服务，或者利用这些活动来扩大观众群体。场馆要持续评估活动的效果，从而不断提升活动质量。

3. 营地活动

场馆可以在学校放假期间举办营地活动，这是宣传场馆内容和展项的好机会。场馆可以以科学、艺术或社区资源为主题举办营地活动，也可以与其他机构合作（比如奥斯汀儿童博物馆的歌剧营）。科技馆会为学生精心策划营地活动，还会邀请著名的科学家参与。很多全日制的学校在学期之间会有两周的假期。在这个时间段，场馆可以组织营地活动，让孩子有机会参与展项制作或场馆的新项目。场馆想要策划出独具特色的活动，不仅要分析市面上已有的营地活动，还要充分结合自身的使命。

4．驻馆活动

由于学校的艺术教育项目大量缩减，驻馆艺术家的教育项目开始复苏。场馆可以利用公共基金来策划这类活动，把各领域的艺术家与场馆观众、学校联系起来。最重要的是，这些艺术家可以协助学生完成艺术品的创作，同时也可以让孩子有机会使用真实的设计工具和制作工具。除此之外，尽管资助科学项目的基金没有艺术项目那么多，但场馆还是可以通过驻馆科学家的项目，把场馆体验带到校园里，比如在学校举办以科学为主题的大型活动，为学校带去各种材料供学生进行科学探索和学习。洛杉矶加利福尼亚科学工业博物馆和旧金山探索博物馆在策划这类活动方面拥有非常丰富的经验。

5．节庆活动

为期一天或更长时间的节庆活动是博物馆吸引访客的重要手段。这类活动包括庆祝国际儿童节、举行马戏团表演、欢度万圣节、弘扬文化传统或节日、进行科学演示等。在节庆活动时，场馆可以邀请"非遗"传人，同时充分利用社区资源，营造节日气氛。这类活动的场地可以选在场馆内、社区公园或市中心的某个地方。开展这类活动时，场馆要充分发挥志愿者的力量，确保后勤保障、展台接待等工作的开展。

6．出版物和媒体宣传

儿童博物馆的现有出版物包括克利夫兰儿童博物馆出版的社区儿童活动攻略、圣达菲儿童博物馆出版的一本关于暴力问题的书籍，以及波士顿儿童博物馆出版的一些儿童活动书籍。有些场馆（科尔儿童博物馆和爱达荷探索中心）会定期参加一些广播电视节目，或者在节日期间作为专家来教大家选择什么样的玩具作为礼物。有些场馆就自己擅长的领域出版过一些手册，比如《博物馆中的儿童志愿者》（奥斯汀儿童博物馆）、《博物馆展示说明》（布鲁克林儿童博物馆）及《博物馆开馆在即》（波士顿儿童博物馆）。

7．演示

在儿童博物馆里，工作人员的演示可以不那么正式，比如带着一群访客去触摸展区里的蛇，也可以选择很正式的方式，比如通过播放视频或幻灯片向参观团体讲解如何与孩子互动。所有演示都应当有相应的脚本，便于重复使用。场馆可以在幼儿园举行家长午餐会时去讲座，也可以找一个大学里的教室组织家长一起做玩具，或者将活动带到某大型公司的野餐聚会中。通过这些活动，场馆不仅能提升自己的知名度，还可以帮助成人更好地引导孩子动手学习，吸引更多观众。

其他活动形式

（1）举办系列观影活动：场馆可以选择一些比较常见的主题，也可以根据展览内容或场馆使命来选择相关的主题（比如一些绘本、动画片、学生制作或喜爱的电影、纪录片、关于太空的电影、经典科幻片）。

（2）与图书馆建立长期合作：根据场馆的展览来选择相关的书籍，结合场馆的使命在图书馆举办小型展览，与图书馆合作举办阅读活动。

（3）营地活动：这类活动既有教育意义，又有趣；既可以面向所有孩子，也可以只针对类似童子军这样的组织。这类活动可以是一般的探索活动、特别设计的项目、探密活动或赢取童子军徽章的活动。

（4）各类场馆都认识到了戏剧的力量。有些儿童博物馆在展区里开辟了小剧场，以此来丰富场馆体验，而另一些场馆则会策划单独的木偶戏表演或创作。剧场为博物馆增添了新的维度，让艺术家有更多机会参与到场馆活动中来。

选择开展收费活动还是为活动寻找资助

对场馆来说，为活动定价并非易事。如果有人为了增加知名度和影响力，愿意全额支持活动费用，场馆的定价范围便会更大。场馆活动的价格既要让人们觉得活动有价值，又要让更多人有机会参与进来。如果活动必须做到收支平衡，那么一定要将所有直接和间接的费用都考虑到（这些费用不仅包括与活动相关的材料和车辆租用费用，还包括场馆人员投入的时间、额外的保险费用以及道具的损耗）。如果场馆活动与其他机构的活动存在竞争关系，场馆可以参考它们的价格。如果场馆还要为会员提供折扣价，或者场馆能证明自己的服务更有价值，就可以把价格定得高于竞争对手。场馆也可以利用免费活动来宣传和推广。最关键的是要三思而后行。

　　有很多常见的资助方以及一些特殊的资金来源都可能为场馆活动提供支持。政府可能会为一些新项目或针对弱势群体的活动提供资助。企业可能资助一些宣传力度比较大的活动。基金会可能会想办法把场馆和一些更大的早期教育或科普项目联系起来。一些民间团体非常喜欢博物馆组织的活动，特别是那些为贫困学生或该团体所代表的群体而策划的活动。学校可能愿意为场馆活动提供长期支持，但会希望费用不要与来馆的学生人数挂钩，或者根据实际人数可以扣减一部分费用。想要找到资助方，场馆可能需要跑很多地方，并提前做好计划，最重要的是要让资助方了解自己的付出和回报（提升知名度、增值等）。这些努力不仅会帮助场馆获得资助，还会帮助场馆赢得更多观众和良好的声誉。

　　儿童博物馆的观众类型和活动形式非常丰富，上文只是简单举了几个例子。场馆可以在任何时候举办活动，即便场馆还没有固定的场地。活动的场地可以选在场馆之外，如学校、图书馆、周边场所、住宅区、商场、公园、剧院、日托中心、就业服务中心等。场馆也可以利用一些特殊的场地来举办特别的活动。

　　博物馆以社区为根基，因此会吸引很多同行来寻求合作，共同策划和举办活动。在结合自身使命的基础上，场馆可以通过与其他博物馆、学校、社会服务机构、文化团体、高校社团、家长教师协会以及一些大公司合作举办活动来服务公众。

利用活动宣传场馆

　　与其他机构合作开展社区活动，对宣传场馆非常有帮助，但要注意在活动的各个细节中体现场馆的信息，否则在大型活动中，人们可能完全没有注意到场馆的存在。为了确保宣传效果，场馆需要做到以下几点。

　　（1）要求所有工作人员和志愿者佩戴场馆的标志——帽子、工作裙、T恤等；

　　（2）确保所有赠品上都有场馆的标志和名称；

　　（3）确保场馆的展台有醒目的旗帜或标识，上面印有场馆的标志；

　　（4）发放与场馆相关的材料，包括会员信息、志愿者申请表、活动日历等；

　　（5）确保所有活动手册、宣传页或广告都包含场馆的名称；

　　（6）在场馆的出版物中宣传活动信息，让会员在活动中找到场馆；

（7）去任何地方都带上场馆最具代表性的道具或活动，比如泡泡展项、填充人偶等；

（8）驾驶场馆的车，在车身贴上醒目的场馆标志和名字。

儿童博物馆在过去20年里经历了飞速发展，场馆可以策划的活动很多。加强场馆策划活动的能力，有助于促进场馆发展壮大。最初选择活动时，要认真分析场馆的优势和发展方向。场馆要充分利用社区中的艺术和科学资源，基于观众需求或某一特定领域来策划活动。一开始，场馆可以通过举办收费活动来增加收入，也可以利用免费活动来吸引更多观众。场馆应确立自己的标志性活动，开馆初期只专注于策划几个高质量的活动，避免精力过于分散。随着场馆的发展壮大，可以尝试更多活动——活动是儿童博物馆丰富场馆体验的最佳手段。

德博拉·爱德华曾在德克萨斯大学奥斯汀分校获得教育心理学博士学位。她参与了奥斯汀儿童博物馆的创建，并担任馆长一职至今。除了从事博物馆教育工作，她还教授组织心理学课程，为艺术教育团体提供研究和规划服务。

面向学校团体的活动

印第安纳波利斯儿童博物馆

珍妮特·布斯（Jeanette Booth）

多年来，为到馆的学校团体策划活动一直是博物馆的传统。人们普遍认为博物馆与学校之间相辅相成、互利共生。因此，不为学校提供服务的场馆通常被视作异类。但场馆不能为了给学校团体策划活动而策划活动，策划活动本身需要非常审慎的思考和系统的分析。首先要想清楚以下问题。

（1）为什么服务学校团体对场馆很重要？

（2）场馆希望通过这些活动实现哪些目标？

（3）场馆能够提供哪些独具特色的活动？

（4）场馆能为学校提供哪些其他机构无法提供的活动？

（5）场馆如何利用自身优势为学校团体策划活动？

场馆要组织员工讨论这些问题，并基于这些讨论确定未来策划学校团体活动的整体思路。

场馆想要成功为学校团体策划活动，关键的一点是要确定目标观众。场馆能为哪些学生提供最有效的服务？想要确定目标观众，场馆首先要审视自己的使命宣言。这份使命宣言是否已经限定了目标观众的年龄段或地域？使命宣言中强调场馆要实现哪些目标？接下来场馆要分析展项和目标观众的关系。场馆的展项主要满足哪些学生的发展需求？场馆的目标观众是只包含 5 岁以上的学龄儿童，还是也包含学龄前儿童？为 6～10 岁儿童设计的展项可以供幼儿园到小学五年级的孩子参与，而专门为学龄前儿童设计的展项则只能满足幼儿园孩子的需求。场馆如何定义学校团体？场馆能否服务初中生或高中生？场馆的活动和展项能否满足他们的需求？场馆的目标观众主要来自哪里？本地、本州还是更大的区域？

场馆要根据自身的人力、财力和空间资源来确定合理的目标。这个过程能够帮助场馆想清楚，为学校团体策划活动是否能最有效地利用场馆资源。哪些全职人员能参与这些活动的策划和执行？如何利用兼职人员和 / 或志愿者来满足人力需求？每天需要多少人来执行活动？能否请中学生或大学生做这件事？

为大学生提供实习岗位或工作经历，可以让大学生融入场馆，同时也是满足场馆人力需求的最佳方式。同样地，场馆也可以为初中生设计一些参与场馆工作的机会，这样既能帮助他们完成社区服务要求，又能帮助场馆增加人手。场馆活动的规模很大程度上取决于可用的人力资源。

　　场馆在策划活动时要计算活动成本，同时要确定场馆经费中有多少能用于学校团体活动。场馆的可用经费能否满足活动的需求？在活动执行方面，有没有更省钱的方法？场馆能否获得实物捐赠？对场馆来说，把钱花在这些活动上是否性价比最高？从财务角度分析，活动是否可行？在保证活动质量的前提下，是否有更省钱的方法？

　　接下来，场馆要确定举办活动的空间。在活动期间，该空间是否可用？是否有限制？如果有限制，会对活动产生怎样的影响？该空间能容纳多少孩子？为了更好地利用这个空间，是否有必要对活动进行调整？空间的规模、布局和可用时间都会直接影响活动的策划。

　　要想成功开展馆校合作，场馆工作人员必须深入了解正式教育体系，其中最重要的是要了解本地、本州乃至全美影响教育决策的问题。本地学校已经显现出哪些教育发展趋势？学校是否重视主题教学法？"在家上学"①的现状如何？学校是否为全日制？学校是否重视科学教育？多元文化在学校的课程大纲中有哪些具体体现？目前有哪些种类的学校？是否有"磁石学校"②、初中、专业院校等？学校财务和人力状况如何？本地教育工作者如何看待博物馆和学校的关系？他们将博物馆中的学习体验看作必不可少的还是可有可无的？标准化考试的成绩对学校的决策有哪些影响？教师要想把学生团体带到场馆，需要遵守哪些规定？场馆对学生的年级有限制吗？学生团体多久可以来一次场馆？

　　场馆内部如何安排不同学校或地区的团体活动？谁来为这些团体活动埋单？活动内容是否要与学校课程挂钩？场馆所在州设立了哪些教育目标？在场馆所在的州和城市，人们是如何看待学校教育的？在为学校团体策划活动时，场馆要把学校面临的问题也考虑进去。

　　场馆想要推出受欢迎的学校团体活动，就要让教师参与到活动的策划中。

---

① 译者注："在家上学"（home school）指父母不将孩子送到学校，在家自己进行教育。
② 译者注："磁石学校"（magnet programs），又称为"特色学校"。这类学校办学特点鲜明，针对儿童的兴趣爱好，开设富有特色的课程。

只有场馆与教师通力合作，才能确保策划出的活动满足学校的运营和教育需求。教师可以通过多种方式参与场馆策划。一种方式是教师作为场馆的顾问团成员，帮助场馆与社区之间形成紧密的联系，确保场馆活动满足学校的需求。另一种方式是对教师进行访谈。这种方式更适合针对某个具体活动进行，它可以帮助场馆了解教师对活动的有效性、优缺点以及改进方法的意见。

场馆员工要"打入"正式教育系统内部。他们可以加入学校的顾问团，写信支持学校的倡议，并积极参与正式教育体系的会议和活动。他们可以充当场馆与学校之间的纽带，促进馆校互动。场馆员工要尽量多地结交本地学校的管理人员和教师，这样才能促进博物馆与学校之间的交流和合作。

场馆只有与学校建立起有效的沟通机制，才能与学校达成长期稳定的合作关系。为了做到这一点，场馆首先要找到向学校宣传场馆活动的最佳方式。一种方式是通过场馆的年度宣传册来介绍场馆全年的活动安排以及活动申请流程。另一种方式是利用互联网（特别是场馆的网站）向教师宣传活动信息。场馆也可以将介绍活动或展览的新闻稿通过邮件发给教师。组建教师代表团也能有效促进场馆与学校之间的交流，因为每位教师代表都是连接学校和场馆的桥梁。

场馆为学校策划的活动就要与学校的课程内容挂钩，对学生的在校学习起到强化、延伸或补充的作用。场馆可以围绕课程主题或目标观众——学龄前儿童、小学生或初中生的需求来策划活动，活动既可以围绕某一主题来开展，也可以着重促进某项技能的发展。开展活动的时机也很重要，最好能在学校普遍正在教授相关内容时提供相应的活动。

场馆参观体验通常包含三个部分：来馆前的准备活动、场馆体验以及离开场馆后的延伸活动。来馆前的准备活动能够帮助学生为场馆体验做好准备，而离开场馆后的延伸活动则能帮助他们强化和延伸场馆中的学习体验。场馆可以将准备活动和延伸活动的内容打印出来，发给学生，也可以围绕场馆活动开发一些工具和实践活动，在学生来馆前或离开场馆后带到学校供学生参与体验。场馆可以派人到学校向学生介绍此次活动的主题，并组织他们参与准备活动和延伸活动。这些活动要尽量简短、直接，便于开展，并且要与场馆活动有明显的联系。

对活动开展评估是检验活动是否达成目标的重要手段。对活动的评估应持续进行，具体的方法取决于评估的时间点、资金、人力及评估的目标。场馆可以通过调查问卷、访谈或观察等方式获取评估数据，同时要注意让教师和学生参与评估过程。通过对活动开展评估，场馆可以总结出哪些方面做得好以及哪些方面还需要改进。这些经验将成为场馆未来策划活动的基础，促使活动策划和执行人员从活动参与者的角度审视活动的成败。

场馆工作人员通常会基于展项为儿童提供引导，让他们有机会主动探索学习。合理的引导应以儿童为中心，场馆工作人员根据每个孩子的不同个性、技能发展水平及兴趣来引导。场馆要做的是，为孩子营造轻松愉快的学习环境，让孩子可以自由地提问、回答、探索和分享想法。场馆工作人员可以引导孩子以更有趣、更个性化的方式与展项互动，鼓励他们仔细观察展项，探索展项背后的原理，触摸展项并提出问题。每个人的场馆体验都是自然而然发生的，最终还是由孩子自己主导。

尽管博物馆与学校之间的关系在不断发展变化，但成功的学校团体活动具备的要素却从未改变。场馆必须明确活动的目标和观众，在确立活动目标时要立足现实，充分考虑场馆可用的人力、资金和空间。场馆提供的活动既要满足学校团体访客的需求，也要利用好自身的独特环境。

珍妮特·布斯目前担任印第安纳波利斯儿童博物馆的教育资源部部长。她曾多次组织开展"儿童博物馆如何引导访客"主题研讨会，并曾为多家场馆的活动（特别是学校团体活动）提供专业建议。

填补空白——关于服务幼儿家庭的建议

蕾妮·亨利（Renee Henry）

苏（Sue）挣脱妈妈，"跑"向木偶房子——她自己说是"跑"，但其实她连走还走不稳呢。妈妈对陪着她们一起来到儿童博物馆的苏的阿姨说，这个木偶房子是苏的最爱，"每次我们一到这儿，她都会去找这个木偶房子"。然后，妈妈俯下身来，和苏讨论起这些木偶的造型，这个像一匹狼，那个像在拉小提琴。显然，苏被眼前的这一切深深吸引，她的眼睛泛出光芒，好奇心引领着她继续探究这些展项。

儿童博物馆的教育工作者和展项设计师期待这样的"教育时机"每天都在馆里发生。一般来说，像苏这样两岁以下的孩子是儿童博物馆的主要访客。但相较于一个 8 岁孩子发现自己能左右小球滑落结果的那一刻，我们是否对两岁以下孩子的教育时机也给予了同样的重视？我们在规划时有没有想到这一点？或许苏的故事仅仅是个偶然事件，因为她还不到两岁，展项设计师很可能没有关注到她的学习需求。

1991 年，"卡耐基满足幼儿需求专门工作组"（the Carnegie Task Force on Meeting the Needs of Young Children）由纽约卡耐基公司发起成立。该工作组由理查德·莱利（Richard W. Riley）、埃莉诺·麦科比（Eleanor E. Maccoby）和朱利叶斯·里士满（Julius B. Richmond）共同领导，组成人员包括许多倍受尊敬的专家和学者。这些人负责总结现有知识，记录当下状况，并清晰描述出理想状况下的幼儿未来。在该工作组于 1994 年形成的最终报告《起点：满足幼儿的需求》（*Starting Points: Meeting The Needs of Our Youngest Children*）中，核心的问题是：0～3 岁孩子及其家庭正处于"宁静的危机"中，急需全社会凝聚力量，支持他们克服所面临的日益严峻的问题。该报告还强烈呼吁社区组织有意识地为这些孩子和家庭设计和规划一些活动。

本文将对卡耐基报告中的一小部分进行总结，并列举出一些儿童博物馆成功满足幼儿访客需求的案例。

幼儿的现状

《起点：满足幼儿的需求》报告中引用的数据反映出幼儿面临的严峻状况。产前护理不足、孤立无援的父母、不合格的看护、贫困和缺少外界刺激是其中几个关键的风险因素。美国现有的 1200 万名 3 岁以下儿童人口中，有一半以上都受到这些因素的影响。

报告引用了近十年来科学家关于大脑发育的 5 个重要发现，指出了它们会如何对儿童、家庭项目产生直接影响。

（1）1 岁之前的大脑发育比我们想象的要更快速、更全面；

（2）大脑发育受到环境的影响程度远比我们想象的要高；

（3）成长早期的环境对大脑发育有着长期持续的影响；

（4）环境不仅影响脑细胞的数量和脑细胞间连接的数量，还会影响这些细胞连接的方式；

（5）关于早期压力对于大脑功能的负面影响，我们有了新的科学依据（Carnegie Corporation，1994：7-8）。

此研究强调父母和社会正以极其复杂的方式，深刻影响着幼儿的发展，而且大多数人尚未意识到这种影响在孩子相当年幼时就已经产生了。

健康的幼儿的能力

很多人都读过霍华德·加德纳的名著——《超越教化的心灵》（*Unschooled Mind*），并且认同人的许多想法和误解在 5 岁之前就已形成。博物馆教育工作者可以成功设计出针对 5 岁及 5 岁以上儿童的展项和活动，但却不知该如何为 3 岁以下的儿童规划活动。3 岁以下的儿童能够思考，但还不大会具体操作。他们无法跟着老师一起讨论，无法参加那些富含科学、人文知识但需要静静坐着等待指令的活动，他们更愿意学习基本技能。此外，这些儿童尚不能脱离父母或看护人的照顾，所以教育活动老师不仅必须考虑到成年人和儿童同时在场的情况，而且最好也为成年人提供一些参与活动的机会。

儿童博物馆对自己充足而丰富的环境引以为豪，他们为 3 岁以下儿童设计空间，开发活动，吸引家庭参观，显著促进孩子的长期发展。虽然这些幼儿活动的影响很难在日常生活中被发现，但事实上，它们的影响可能要比青少年干预项目还要大。

建议措施

《起点：满足幼儿的需求》报告将解决现有问题所需要的措施分为四类。除了介绍这些措施，我还列举了近来一些儿童博物馆为响应这些呼吁而做出的努力，以及他们是如何为幼儿和他们的家庭计划的。

1. 培养负责任的家长

育儿教育——育儿是人类生活中最重要的事情之一，但几乎所有家长都没有经过正规培训。家庭模式的改变正催生出越来越多孤立无援的父母，也加剧了人们对育儿支持项目的需求。养育孩子不是一件容易的事，大多数父母都时不时地需要一些帮助。好的育儿教育和支持项目可以在其中发挥很大作用。

休斯敦儿童博物馆的"家庭第一"项目就是一个由儿童博物馆主办的育儿活动。它最早发源于波士顿的一个育儿项目。在这个项目中，家长要报名参加一系列由家庭和儿童发展权威机构组织的课程。在早晨、午间和晚上的会议上，他们要一起讨论正面积极的管教方法、多子女家庭的同辈差异、跨种族家庭的育儿挑战等问题。

除了教育如今的父母，我们也可以着手为"未来的父母"提供培训。报告提倡将关于为人父母和儿童发展的内容融入孩子的教育中。"家庭应该是这类教育的首要来源，但学校、宗教场所和社区青少年发展组织也要发挥一定作用。"（Carnegie Corporation，1994：29）位于费城的触摸博物馆中的"成长"展项就通过呈现从孩子出生到 7 岁之间的成长过程和相关的文化知识，来告诉儿童如何为人父母。这个互动性很强的展项，使孩子们有机会参与到一些关于婴儿、幼儿、学龄前儿童和学龄儿童能力和需求的活动中，让他们真切体会到为人父母的责任。

晚育——能做到有意识地挑选最佳生育时间的夫妇，可以将孩子可能面临的风险降到最低。鼓励年轻人晚育是培养负责任的家长这一整体计划中很重要的工作。"如果想让年轻人选择晚育，就要让他们知道并且相信，还存在其他一些'选择'，更适合他们现在这个年龄段。"（Carnegie Corporation，1994：27）在全国的科学博物馆和儿童博物馆中实施的"青少年，动起来！"项目就是让青少年了解其他生活选择的最好方式之一。这个项目有意为那些从孩子向成人转变时没什么可选余地的青少年，创造新活动，扩展现有活动。在"青少年，动起来！"项目中，青少年可以参与博物馆的运营，博物馆为他们提供实用的在职培训，教育他们如何做职业选择，与他们一起展望更加美好的未来。这项活动还让青少年担任小朋友的导师，进而让这些年轻人意识到养育孩子是多么不容易。

2．提升幼儿看护服务的质量

家庭友好型工作场所——《起点：满足幼儿的需求》报告中明确指出，这种"宁静的危机"不仅限于低收入家庭。许多家庭的父母都是"双职工"，他们既得照顾孩子，又得不到什么后备支持，持续的压力会造成一系列不好的影响，这都是现实存在的问题。报告建议，为了解决这些问题，企业第一步要做的就是推动建立家庭友好型工作场所的相关制度。这些制度的核心在于产假或收养子女假，此外，"该工作组还建议所有的雇主在协助父母时，应该同时满足工作场所和家庭的需要。举例来说，雇主应执行的制度包括，弹性工作制、工作分担、幼儿看护资源和转介援助、工作场所内或附近区域儿童看护"（Carnegie Corporation，1994：48）。

许多儿童博物馆努力提供灵活的工作时间和充足的产假，甚至有些博物馆还提供轮班制，但是随着时间的推移，资源越来越少，工作量越来越多，对博物馆来说，这样的投入越来越难以为继。很多博物馆规模太小，以至于如果一名员工休6个月的产假，那这个人所负责的大部分工作就不得不停下来。儿童博物馆急需找到缓解办法，避免日益壮大的机构所面临的现实运营压力与我们公开宣扬的理念产生背离。

儿童看护培训——社区不仅必须为照看儿童的人员提供培训机会，还要意识到，照顾3岁以下儿童与看护大一点的孩子是有区别的。波士顿儿童博物馆通过为一些日托中心组织工作坊，满足他们的需要，而成为日托行业的一个资源。工作坊可以在场馆或日托中心举办。日托中心的工作人员也会随时来"游戏空间"（该馆的幼儿展区），根据需要使用这里，翻阅摆在这里的那些家长或自己感兴趣的书籍和刊物。

《起点：满足幼儿的需求》报告还建议要发展基于社区的组织网络，以连接不同的儿童看护项目。实际上，不仅家长经常感到孤立无援，其他看护人员，特别是在家中的保姆或照顾孩子的亲属，也很少有机会能获取建议或分享自己的知识和经验。社区联结网络的形成既可以大大减轻这种无力的孤独感，还能提供专业的育儿支持，为家长提供中立、客观的儿童看护信息，同时，它还可以将所有看护人员与其他相关的社区服务联系起来。这种网络的一个关键特点是它"将某个特定的社区中心机构作为核心，这个中心机构可以是一家托儿所、一项服务于婴幼儿的'开端计划'、一所本地小学或周边的家庭和儿童中心"（Carnegie Corporation，1994：61）。

当地的儿童博物馆是不是也能成为这样的社区中心机构？许多儿童博物馆已经开辟了家长资源中心，像室外活动场地一样，这些儿童博物馆是极少数能让家长和幼儿在家以外，也享受到亲子时光的场所之一。将婴幼儿的看护人员囊括进来，发展成受众群体，对这些本地博物馆来说相对容易。他们完全可以把自身打造成中心机构，去支持一个规模更大的社会网络。

3．确保健康和安全措施

免疫接种——报告提倡社区为所有的婴幼儿提供必需的保健服务，包括免疫接种。报告中提到："只有父母的积极性被调动起来了，他们才会想办法为孩子寻求预防性健康服务……"（Carnegie Corporation，1994：70）学校可以采用一种不那么正面但非常务实的激励方法，鼓励免疫接种——如果孩子不打疫苗就不让他们进入学校。博物馆则可以使用正激励的办法，如为按照指定时间完成免疫接种的孩子提供免费参观博物馆的奖励。孟菲斯儿童博物馆在馆内提供热门人物"免疫木偶"的表演，鼓励孩子和他们的家庭接种免疫疫苗。本地医疗机构还资助博物馆在整座城市和周边城镇中的诊所等目标场地演出。

儿童安全——婴幼儿是我们这个社会中最脆弱的群体，减少婴幼儿的意外伤害必须成为我们整体工作策略的一部分。意外伤害是1～4岁孩子最主要的致死原因。要想减少意外伤害，最重要的两个措施是推广使用汽车儿童安全座椅和降低居家或其他孩子可能接触自来水的场所的水温。除此之外，鼓励家庭安装火警警报器和烟雾探测器、让孩子穿着阻燃睡衣就寝等，也会大大增强他们的安全系数。迈阿密青少年博物馆与迈阿密儿童医院合作，发放了15万本《健康的孩子是快乐的》（*Healthy Kids Are Happy Kids*）小册子。吉瓦尼斯俱乐部也参与了撰写和制作。这本小册子涵盖了从幼儿出生到青少年时期的健康和安全问题。

4．动员社区支持幼儿和他们的家庭

关注幼儿——"该工作组建议美国的每个社区都要着重关注3岁以下孩子和他们家庭的需求"（Carnegie Corporation，1994：88）。邻里和社区的支持程度也会对孩子的发展产生影响。如果家长对自己的角色很有安全感，并相信自己能得到及时的帮助和必要的服务，他们就会展示出一种胜任感，这种感觉是育儿氛围形成的关键因素。但当家长受到身体、情绪和经济负担的影响，生活变得支离破碎时，他们年幼孩子的那些最为关键、复杂的需求往往容易被忽视，进而无法得到满足。家庭所在的大社区通常不了解这种"宁静的危机"正在吞噬很多周边的邻居。我们应当在干预最有成效的时机，特别关注这些家庭。

明尼苏达儿童博物馆的幼儿展区为 3 岁以下的孩子提供了适合他们发展阶段的活动，并向看护人（家长、叔叔等亲戚、保姆等）介绍了为什么这些活动适合这个年龄段的孩子。除了专门留出独立的学步区之外，博物馆也为这个阶段的孩子提供了很多在其他展厅参与活动的机会。

以家庭为中心的社区——《起点：满足幼儿园的需求》报告提倡，基于社区开展战略规划，打造以家庭为中心的社区。儿童博物馆应时时关注，并随时参与到相关的讨论中来。1986～1988 年，为了促使社区内开展家庭规划，塔吉特集团在奥马哈资助了"家庭项目"计划。奥马哈儿童博物馆作为这个工作组的一部分，致力于协调计划中的各种服务。这个项目的成果之一，是在整个城市内开展了各种以家庭为主题的地区节庆活动。作为社区内一个众所周知的、提供动手学习体验的家庭活动资源中心，奥马哈儿童博物馆贡献了便携式移动展览，开展了适龄活动，并将自身定位成这个具有突破意义的项目的主要成员。

社区规划的理想结果是最终创建出家庭和儿童中心。"事实上，家庭和儿童中心可以在任何可信的社区机构基础上建立起来，我们可以通过增加政府资金或改变政府资金的分配方式、寻找私人支持和向家长收费来筹措所需资金。"（Carnegie Corporation，1994：95）儿童博物馆应该在这些活动中发挥带头作用。许多博物馆已经成为儿童游戏或家长聚会的场所。在奥斯汀儿童博物馆的"逃生游戏"活动中，妈妈们把他们的孩子带到博物馆来一起玩。该活动针对 0～24 个月的孩子，每周举办一次。在参与活动之余，家长可以向幼儿发展专家请教，也可以跟其他家长沟通交流。

许多儿童博物馆为 3 岁以下儿童提供课程，这些孩子的家长或看护人应该考虑将这些课程扩大化、正规化，从而使场馆成为更全面的家庭和儿童中心。

评估益处

如果我们现在就采取行动，不仅可以为年轻的家长带来积极影响，作为整体的全社会，也终将从中获益。我们的孩子会成为更好的学习者，从而具有更强的全球竞争力；有安全感的父母会成为更好的劳动者，而一个更加健康的人口状况还能有效降低纳税人的负担。

让儿童博物馆多多接触幼儿和他们的家庭，我认为可以产生以下四个明显的益处。

（1）儿童博物馆会加强与其所在社区之间的联系，更好地满足当今社会的需求。

（2）儿童博物馆在儿童生活中扮演的重要角色将获得越来越多的认可。

（3）儿童博物馆的参观体验将得到整体提升。虽然博物馆已经将3岁以下儿童视作自己的观众，但这些孩子往往还没得到很好的服务。

（4）把年龄更小的孩子纳入场馆的受众群体，将大大增加场馆的门票和会员收入，随着时间的推移，场馆的访客还会继续增加。

儿童博物馆客观中立、对家庭友好的特点，为儿童和家庭营造了一个积极的、客观的、无争的环境，使家庭成员在此得以放松心情，享受亲子时光。儿童博物馆是安全的场所，没有社区中其他场所常见的暴力。它提供各种各样的机会，使每个孩子都可以取得成功，它为所有的孩子"赋能"。我希望每一位正在筹建儿童博物馆的人，以及所有儿童博物馆的从业者都能阅读《起点：满足幼儿的需求》报告，并对报告的内容做出回应，让我们现在就开始为我们最小的受众规划未来。

本文原载于《手牵手》1995年春季刊。

参考文献

Carnegie Corporation of New York. 1994. *Starting Points: Meeting the Needs of Our Youngest Children.*

Gardner H. 1993. *The Unschooled Mind: How Children Think and How Schools Should Teach.* New York: Basic Books, a division of Harper Collins, Publishers, Inc.

Hirzy, E C. 1992. *Excellence and Equity: Education and the Public Dimension of Museums.* Washington, D.C.: American Association of Museums.

　　蕾妮·亨利拥有15年的儿童博物馆从业经验，供职机构包括触摸博物馆和明尼苏达儿童博物馆。她曾负责场馆教育、展项开发、行政事务和志愿者管理等工作。目前，她居住在伊利诺伊州，在自家从事一些咨询工作。

青少年博物馆中的青少年：既是观众，也是财富

美国国家义工协会

爱丽丝·霍尔斯特德（Alice Halsted）、琼·沙因（Joan Schine）

　　是什么让充满好奇心的 6 岁孩子奔跑于展项之间，带着无法抑制的渴望去触摸、去探索？又是什么让雄心勃勃的三年级小学生在博物馆里，热切地为自己的疑问寻求答案或线索？为什么 10 岁小孩在操作互动展项时，会迫切地回顾自己熟悉的展陈，运用自己在课堂上学到的新知识？到底是什么让这些小学生在跟着学校或幼童军组织参观完青少年博物馆后，还不放过周六或放学后等任何机会，缠着家里人带他们再去场馆？

　　这个问题的答案，简单来说就是：他们已经是青少年了。但这是否意味着他们不再想去寻找答案、探索不同时空的物件、操作机器，或揭开世界的奥秘？恰恰相反。或许这个年龄段才是他们人生中最渴望理解世界、最迫切想要寻找答案的时候。青少年时期是自我探寻的时期，充满了各种不确定性。这个阶段，尤其是青春期的最初几年，是胸怀理想主义、逐渐形成价值观、学会专注自我和身体开始变化的时期。

　　约翰·米歇尔（John Mitchell）在《青春期的本质》（*The Nature of Adolescence*）一书中写道："青少年就像一个学龄前儿童。从前，母亲就是他们全部的世界，现在，他们步入了更广阔的社会，在努力适应新的角色、期望和规则。"米歇尔问道："如果不积极尝试，通过各种活动获得一种价值感，青少年的人格怎么能够形成呢？"青少年博物馆就是鼓励他们做各种尝试的地方，在那里，他们可以扮演新角色，看看自己是否"适合"；他们可以承担真正的责任，不仅探索博物馆内的世界，还有机会锻炼自己的技能和找到自己的兴趣；同时，在参与机构真实工作的过程中，他们知道自己确实被需要，知道自己的贡献真的能产生影响，从而认识到个人价值。

　　想要吸引青少年，并且让他们全身心投入到活动中，儿童博物馆的活动策划人员需要认识到儿童随时能够接受新的参与方式。在青少年从儿童逐步成长为一名公民、一名劳动者的过程中，他们有时成长得很快，但更多时候是一路跌跌撞撞的。让青少年参与一些既符合他们自身发展需要，又能满足场

馆需求的任务，同时让他们承担起相应的责任，将有助于青少年逐步适应成人的角色。

博物馆可以通过各种各样的方式来扩大现有活动或创造新活动，以满足青少年的发展需求。青少年博物馆在为青少年提供主动参与机会这方面有着独特的优势，而主动参与是学习和成长的关键。霍华德·加德纳在《超越教化的心灵：儿童如何思考以及学校应如何教学》一书中写道："作为教育机构，学校越来越过时了，而博物馆却保有教育机构的潜力，能够吸引学生参与、教育学生、启发他们，最重要的是，博物馆能够帮助学生承担起自己对未来学习的责任。"提高青少年的参与度不能简单理解为让青少年多出现在博物馆中，而是要通过新的合作方式实现"青少年参与"。

"青少年参与"的内涵很丰富。在近30年前，美国青少年资源委员会（National Commission on Resources for Youth）曾给它下过一个确切的定义。当我们在考虑儿童博物馆如何为青少年提供服务、青少年如何为博物馆服务的时候，这个定义依然适用。美国青少年资源委员会给出的"青少年参与"的定义包含以下几个必要的因素。

（1）年轻人承担真正的责任，做一些能够对其他人产生正面影响的事；

（2）他们在决策中起到一定的作用；

（3）他们为自己行动的结果负责；

（4）他们与同龄人和成年人一起平等地工作；

（5）提供反思的机会。

服务和志愿精神当然符合"青少年参与"的定义。两者都恰好迎合了青少年"利他主义"的强烈意愿——这种意愿可能是我们成年人没有意识到也没有去鼓励的，因为人有时很难跳出以自我为中心的视角，这个时代的特征就是如此。年轻人很少有机会能将这种利他冲动、对环境问题的新承诺表达出来。青少年博物馆可以提供这样的机会，通过邀请青少年参与博物馆的运营，赋予他们权力，帮助他们获得技能和知识，从而在社区生活中发挥更重要的作用。

无论具体活动是什么，都有必要开展定期培训、组织讨论以及让青少年去反思和理解活动体验。只有这样才能使活动参与转化为学习经历，为年轻人提供机会来审视自己的表现，欣赏自己的进步，思考自己与场馆、与同事之间的互动。

场馆在策划活动时如何融入青少年的发展特点和需求？

（1）处于青春期早期的孩子需要冒险、迎接挑战和考验自己，但他们需要了解做事要有限制。我们的任务就是在活动一开始就明确指出这些限制。

（2）青少年需要自主权。他们能做什么决定？成年人需要明确这些界限，而且界线一旦被明确，就要坚定不移地捍卫。

（3）处于青春期早期的孩子可能想设立自己的目标、确定活动内容，但他们又很需要大量的指导。如果没有得到指导，他们很可能会陷入茫然，而不自觉地接受成年人给他们设定的框架，不再去思考活动目标，而只是按部就班地完成活动任务。

（4）处于青春期晚期的孩子更可能有能力去定义他们要解决的问题，并据此制订具体的行动方案。他们只需一些切实的帮助和建议，比如获得相关资源的方法等。

处于青春期早期的青少年往往情绪反复多变，他们不是没有可能承担周期长、收效慢的项目，只是他们中的大多数更热衷于见效快的项目。这些项目往往需要团队合作，而非靠一己之力就能完成。

因为青少年的情绪确实不稳定，活动策划人员和团队领导者需要仔细设计项目构架，让他们有机会成功、达到目标、继续参与。在这个过程中，即使青少年选择中途退出项目，他们也不会感到羞耻。这并不意味着他们的参与是"自助餐式"的，相反，设定活动标准非常重要。项目协调人可以帮助他们设定对项目的合理预期。然而，有时他们确实会失败，如项目结果与预期不一致、他们做展示时结结巴巴，或者团队无法就过程或目标达成一致。这时，协调人的任务就是让这次失败成为一次学习经历，鼓励该团队（或个人）在下次任务时做好充足的保障准备。

博物馆还将面临是否给参与者报酬的问题，特别是当活动想要吸引来自贫困家庭的年轻人时。如果将年轻人的工作定为无偿服务，那么经济状况较为一般的年轻人可能就不会参与博物馆的项目了。如果博物馆决定支付年轻人一定的报酬，那么固定数额的补助比按小时结算会有更多好处。固定数额的补助或"答谢"可以让场馆省去建立一个复杂的薪酬体系，在指派工作时也可以更加灵活。

没有任何一个组织能够无限地提供尝试新角色的机会，但每个组织或多或少都能提供一些机会。在博物馆的小组项目里，年轻人可以体验他们原先不熟悉的领导角色（或下属角色），他们可以体验员工如何工作，或与专业人士合作开发活动和展览，协助研究项目。

让青少年去指导比自己年幼的儿童，可以满足他们的许多需求：对他们来说，教授别人是最好的学习方式；他们必须很勤奋，保持做事的节奏；他们需要不断尝试新角色以检验自己。同时，儿童为这些青少年着迷，这两个群体之间形成了一种魔力，使彼此都感到充实。许多博物馆都据此创立了成功的活动，委任青少年担任讲解员，迎接小学生团体，讲解展览。在学习科学（或艺术、历史）的同时，青少年有效地践行了博物馆的使命。

在接触青少年时，儿童博物馆可能优先考虑处于青春期早期的孩子（10~14岁）。他们很有趣、常常带给人们惊喜，与他们一起工作会令人感到很有收获。青春期早期是人一生中非常关键的时期，成人可以在这个阶段为他们提供支持，创造机会让孩子学会肩负责任、谨慎决策、承担风险，因为这是孩子成长过程中必然要经历的。同时，成人也要为孩子提供安全保障。

青少年会将自己的能量和热情带到工作中，但这有可能会给那些还没适应他们这股力量的人带来巨大的压力。他们需要被培训、监督和指导。和其他工作人员一样，年轻人在博物馆工作时也有自己的需求。他们比成年人更需要学习职场中应有的行为举止，并且需要反复学习，直到他们真的明白了这些规范的意义，并把自己当成博物馆团队不可或缺的一分子。他们在博物馆中担任的岗位必须很清晰，博物馆不能为了帮助而帮助，在不需要他们的时候去为他们找一些职位。

在为青少年策划活动之前，博物馆要真实地评估自己是否准备好组织这样的活动，这一点至关重要。规划新活动的根本动因是什么？是一个人的想法，还是大家一致认为吸引"非常规访客"、为年轻人创造新角色对博物馆的工作来说十分必要？如果这样的活动根本不是博物馆近期的目标，也没什么不对。如果博物馆不进行必要的反思，贸然开始了一项活动，导致半途而废，让已经习惯失望的年轻人再次失望，那么会对年轻人造成伤害。博物馆应该是青少年学习的好地方，但如果他们发现这不过是另一个并不需要他们的地方，他们会感到非常遗憾。

如果一个机构真的想做好青少年项目，它就必须营造出一种接纳青少年的氛围。要想让青少年融入博物馆，不仅与青少年一起共事的人需要保持开放的心态，真心接纳他们，安保人员、教育主管等所有员工也应持有这样的态度。毕竟，想要让青少年以新的方式参与进来，必须让这些不习惯参观博物馆的群体感受到这里是一个他们能融入的地方。即使有时候年轻人在工作时可能感觉自己与这里格格不入，犹豫要不要参与进来，但博物馆必须让他们相信有很多真正的工作（而不是为他们制造出来的工作）非要他们来完成不可。通过周密的规划，将青少年视作平等的员工吸收进来，博物馆可以把青少年变成自身的巨大财富。

本文原载于《手牵手》1992 年冬季刊。

爱丽丝·霍尔斯特德是美国国家义工协会的负责人，该协会的使命是帮助每个年轻人获得服务学习的机会。霍尔斯特德撰写了大量关于服务学习的文章，并且与人合著了该协会手册《学生评估：执行指南》。她也是《基于学校的服务学习标准》的作者之一，该标准已被教育改革服务学习联盟所采纳。

琼·沙因是一名独立顾问，咨询内容涵盖服务学习、青春期早期和学校改革领域。她曾在纽约市立大学研究中心的高级教育研究所担任美国国家青春期早期服务学习中心负责人。她还担任国家教育协会《服务学习 1997 年鉴》的编辑。

青少年活动成效检验表
（1）工作必须是真实的。
（2）青少年在他们认为重要的决策中需要有真正的发言权。
（3）提供兼顾思考和动手实践的活动（实践前后都需要思考）。
（4）从小事做起，慢慢来。
（5）获得必要的许可（如父母的允许、健康保险信息、理事的批准）。
（6）获得非直接参与的员工以及社区的支持。
（7）开发外部推广活动，使招聘信息覆盖尽可能多的群体。
（8）向家长、博物馆的朋友和当地媒体宣传活动。
（9）以有意义的方式认可青少年的努力。
（10）定期回顾活动：评估、改进并为未来进行规划。

走出场馆：圣达菲儿童博物馆的馆外活动

圣达菲儿童博物馆

艾伦·比德曼（Ellen Biderman）

新墨西哥州阿尔伯克基医院里住院的孩子、新墨西哥州监狱里服刑的囚犯以及圣达菲中学的学生调解员，他们三者之间有什么共同点吗？答案是肯定的，他们都受益于圣达菲儿童博物馆的馆外活动。圣达菲儿童博物馆的使命是为儿童和家庭提供非正式的学习体验。这一使命不仅仅局限在场馆内，还延伸到了场馆所在的整个社区。场馆员工和理事会成员积极倡导提升新墨西哥州儿童的整体生活质量。为此，他们将学习体验带到场馆以外的地方，充分发挥了场馆作为灵活的教育资源在社区中的重要作用，惠及那些平时没有机会参与场馆活动的孩子。

在圣达菲儿童博物馆，我们坚信，儿童有权最大限度地发挥自己的潜能，他们需要自主学习，在学习中收获成就感。我们希望通过活动帮助他们建立认知，让他们参与真实的探究和发现过程。我们认为，不管是成人还是孩子，只有主动参与动手、动脑活动，才能取得最佳的学习效果。因此，场馆里的所有活动不仅互动性强、参与度高，而且考虑了不同发展阶段和特殊群体（残障人士）的需求。无论是馆内活动还是馆外活动，我们在策划时都非常注意这些方面的考量。

我们的创新项目"移动博物馆"主要面向位于阿尔伯克基的新墨西哥儿童医院门诊部和住院部的孩子。结合这家医院的"儿童生活项目"，我们与院方达成了这次独特的合作，希望能以此缓解医院带给孩子的压力，使医院的氛围更加轻松，更具人文关怀。场馆工作人员在医院开展了一系列非正式学习活动，我们将泡泡、磁铁、木偶等展项带到长期患病的孩子的床边。这些展项存放在一辆五颜六色的推车里，之所以这么设计，就是为了方便在医院狭窄的走廊里穿梭。每次看到这辆推车，孩子们都很高兴，喜悦之情不亚于那些真正走进场馆的孩子。

"移动博物馆"项目的另一个组成部分是我们在这家医院儿科门诊监护室打造的永久活动区。这个充满想象力的活动区由我们场馆的建筑师设计，充分展现了贯穿整个场馆的动手学习的核心教育理念。在活动区里，正在候诊或等待治疗的孩子和他们的家人可以观看激光投射的三维立体图像，也可以假装自己变成了飞行员或正在通电话。场馆工作人员每周会花费 15 个小时在这里引导孩子们做手工、画图画，孩子们的作品会被永久地保存在这里。在这些时候，医院的走廊里就像建起了一座小型博物馆。门诊监护室里开展的活动有助于打破医院凝重的气氛，帮助孩子更好地与医护人员沟通。

在这家医院里，有一名 4 岁的小女孩住院两年多了，她的经历很好地说明了"移动博物馆"项目给孩子们带来的变化。这名女孩身患多种疾病，其中包括非常严重的呼吸障碍症。她在儿科的重症监护室里住了几个月，随后又被隔离了几个月。隔离期间，她不能离开自己的病房，其他小朋友也不能找她玩。她靠呼吸机呼吸，依赖导管将食物直接送到胃里。在那几个月里，病房就是她的整个世界。

当"移动博物馆"的推车来到她的病房时，她变得充满活力而富有好奇心。她反反复复地玩着各种乐器，快乐地倒腾沙箱里的沙子，摇晃着金属棒做出各种泡泡，把眼睛贴在万花筒上观察里面的图案。她喜欢看活灵活现的木偶戏，也喜欢自导自演。每当"移动博物馆"来到她的病房时，她都非常开心，骄傲地向家人、护士、医生和医院的其他工作人员展示着自己能做很多事情。

圣达菲儿童博物馆的"移动博物馆"项目介绍如下。

"移动博物馆"项目中的活动不仅满足了患儿的心理需求，同时也将场馆里一些重要的学习体验带到了他们身边。"在医院里，孩子们很少有决定权，他们非常被动，同时可能经历着各种各样的情绪——恐惧、困惑、愤怒或自责，身体上也可能受到这样或那样的限制，周围的一切对他们来说都是陌生的。'移动博物馆'项目让他们有机会主动参与、自主选择，并为他们提供了表达各种情绪的机会。他们可以凭借自己的能力，通过发挥想象力来体验那些因为身体原因而无法做到的事。这些事不像医院里的一切那样陌生，他们可以从中找到乐趣。"［改编自罗林斯（J. Rollins）的《医院里的儿童艺术活动》（Very Special Arts，1992），8］

我们还把活动带到了另一个经常被遗忘的群体——监狱囚犯的孩子的身边。圣达菲是新墨西哥州监狱的所在地。6 年前，监狱官员找到我们场馆，希望我们在监狱每年一度的家庭日项目——"手拉手，心连心"举办之时，为囚犯的孩子组织活动。场馆的管理者同意了这一请求，每年都会在这个特别的日子里把手工活动、运动游戏、面部彩绘和木偶剧院带到监狱。

每年我们都为"手拉手，心连心"项目策划活动，希望通过这些活动促进亲子之间的互动和交流，使囚犯和孩子之间建立更加紧密的联系。在1994年的活动中，一名带着文身的囚犯为自己的女儿画了一个多小时的面部彩绘。他的创作饱含着对女儿的爱，这或许是他唯一能送给女儿的礼物。研究表明，像这样的亲子互动不仅可以加强亲子之间的纽带，还有助于降低二次犯罪率。我们馆里有些展项是鼓励家人一起合作解决问题的，我们把这一理念也带到了监狱。这些囚犯特别感谢我们所做的努力，同时请求我们在每月"家庭日"这一天都来监狱举办活动，并为那些即将出狱的囚犯提供育儿培训。

任何一家关注家庭和社区的教育机构都不难发现，社会各界对生活中的暴力现象的担忧正与日俱增。圣达菲儿童博物馆每年都会针对当前家长和教师感兴趣的问题举办讨论会。1994年举办的讨论会以"暴力、愿景和价值观"为主题。大约50名教师和家长聚到一起参与了这次讨论，他们一致认为，家庭需要了解更多这方面的信息。

随后，场馆还与圣达菲社区大学、新墨西哥州卫生局联合出版了《暴力的声音／和平的愿景》一书。这本书记录了圣达菲的暴力问题，讲述了一些化解家庭暴力的成功案例，并且以"如何培养有爱心的孩子"为专题，介绍了育儿方法。这个项目很好地展现了我们服务家庭、鼓励自主学习的教育理念。

《暴力的声音／和平的愿景》很适合社区学习和讨论。这本书免费向公众发放，对圣达菲市所有的心理咨询师、学生调解员、教师和社会服务工作者来说，都是一份宝贵的学习资源。一名十几岁的孩子在读过这本书之后曾这样写道："这本书太棒了！它说的都是我们社区中真实存在的问题。我的确经历过书中所讨论的一些事情。"另一名青少年也曾写道："这本书能让你学会从不同角度理解生活。"一位教师曾评论道："我每天都在思考暴力与和平的问题，毫无疑问，在反复翻阅《暴力的声音／和平的愿景》一书的过程中，我能得到不少启发。"

圣达菲儿童博物馆通过在场馆内外开展活动来促进人们学习。最初是因为社区希望为传统的学校教育提供有益补充，才有了这家场馆。它代表了一种学习理念，也代表了非正式学习环境应有的样子。如今作为一个重要的学习场所，场馆将继续响应社区多元化的需求，以"促进亲子互动，并通过互动展项和活动来鼓励人们主动参与学习过程"为使命，走出场馆，不断开拓创新。

本文原载于《手牵手》1996 年夏季刊。

艾伦·比德曼、洛迪·卡瓦哈尔（Londi Carbajal）和艾琳·费尔德曼（Ellyn Feldman）在 1985 年共同创立了圣达菲儿童博物馆。如今 3 人共同担任该馆的联合馆长，分别负责展项、活动和筹资工作。

光明节不是犹太人的圣诞节："节庆礼赞"活动一瞥

明尼苏达儿童博物馆

希瑟·贝思克（Heather Peske）、艾丽·伍德（Elee Wood）

我们（明尼苏达儿童博物馆）在策划关于双子城（指美国明尼苏达州的圣保罗和明尼阿波利斯两个城市）的新展项——"同一个世界"时，想要展示本地不同文化背景的人庆祝节日的多种方式，"节庆礼赞"活动便由此发展而来。一开始我们计划做一个展项，但这一想法逐渐转变成策划一项活动，这项活动将在众所周知的博物馆淡季——12月举行，重点展示本地冬季庆祝的特色节日。我们认真思考了下面几个问题：如何吸引人们在这个季节来到场馆？这项活动可能会是什么样子？在与访客一起庆祝不同文化的节日时，如何做到不偏不倚？如何找到社区中的不同文化，并和新的合作伙伴建立联系？在人手有限的情况下，如何保证活动纯正地道？在很多教师被要求开展多元文化教育的当下，我们如何帮助他们？

首先，我们来看一下双子城的人口统计数据：欧洲裔美国人占92%，非洲裔美国人占3%，亚裔人口占2%，美洲印第安人占2%，拉丁美洲人占1%。以此作为基础数据，我们决定从每种文化中选取一个节日：排灯节（印第安人）、光明节（犹太人）、波萨达斯节（拉丁美洲人）、冬日故事节（美国原住民）、新年（韩国人和赫蒙人）、圣露西亚节（斯堪的纳维亚人）、宽扎节（非洲裔美国人）和圣诞节（欧洲裔美国人）。我们希望找到一个主题，既能串联起这些节日，又能体现不同文化各自的特点。最终，我们决定从这些节庆活动的共同点——那些使节日区别于平日的特殊元素入手，比如灯光、音乐、舞蹈/运动、故事、装饰、食物和礼物。

"节庆礼赞"活动为期7周，我们为这期间的每个周末设定了不同的主题，聚焦庆祝活动中的某个元素。例如，我们把犹太人的光明节和印第安人的排灯节安排在同一个周末，因为它们有着共同的元素——灯光。这种方式让我们既能展示不同文化的多样性，又能帮助访客了解不同文化以及节庆之间的联系。"节庆礼赞"活动主要包含三个部分：场馆的"特色项目"（详见下文）、表演和走进校园活动。我们要做的是在场馆中融入不同文化的节日气氛。

开放式工作坊：文化的准确展现？

明尼苏达儿童博物馆的"特色项目"是为家庭访客设计的开放式工作坊，无须提前预约，现场即可参与。它适合各个年龄段的访客，参与时长在 5～50 分钟。最初在策划这个工作坊时，我们并没有搞清楚它在整个"节庆礼赞"活动中的作用。经过多次讨论，我们决定以"家"为主题，关注不同文化和宗教节日的家庭传统。例如，我们团队中的一位成员回忆道："我家在平安夜会吃一些冷盘和三明治，我也不知道为什么要这样吃，但我家就是这样做的，这就是我家的传统。"于是，我们决定探索家庭在文化习得中的重要作用，请大家在场馆双月刊中分享自己家的传统，然后从投稿中选出别具特色的家庭，邀请他们以自己的文化传统为主题，主持一期工作坊。他们需要在工作坊中接待访客，讲解自己家的节庆传统。我们希望收到足够多的投稿，以便为每种文化挑选出至少一个代表家庭。

我们在场馆双月刊上发布调查问卷之后，却在头一个月里只收到 3 份反馈。要知道，双月刊可有着 1 万份左右的发行量呢！显然，我们高估了大家的参与热情，想当然地以为我们的会员会积极分享他们的文化传统。同时我们也意识到，将近 95% 的双月刊订阅会员来自上层中产白人家庭，如果仅通过双月刊发布招募信息，我们是无法让社区中不同文化背景的人都知晓我们的活动的。于是我们改变了策略，开始采用更激进的方法寻找主持工作坊的家庭，包括将相关信息发给本地报刊。本地的大部分编辑都非常支持我们，甚至承诺帮我们联系他们自己的员工。在场馆内部，我们也积极向员工宣传工作坊，希望他们推荐可能感兴趣的家庭。

不出意外的话，这一策略的转变会使 1996 年的"节庆礼赞"活动更加成熟，但眼下，1995 年的活动已迫在眉睫，我们只能退而求其次，基于一些特定的文化传统来策划活动。最终，我们每周举办一期工作坊，每期围绕一个不同的主题设计若干展台，访客可通过参与每个展台的活动来了解这一庆祝活动的历史、宗教和／或文化习俗、音乐等。访客反响不一。大多数人很感兴趣，即便活动和自己的文化无关，他们也愿意参与其中。当他们看到自己的文化得到展示时，会表现出发自内心的高兴。

在策划和实施工作坊的过程中，我们遇到了很多困难。有些员工在讲解其他种族的文化时会感到很尴尬，他们中的一位曾说道，当她在讲解犹太人光明节的陀螺游戏时，被一位访客非常严厉地纠正了发音。她当时感到非常不好意思，甚至有些心灰意冷，因为她觉得自己歪曲了犹太人的语言（希伯来语）和文化。而且无论准备得多么充分，只要自身并不熟悉某个节庆活动，他们便无法针对访客的提问给出满意的答复。在 1995 年的活动中，我们仅有一次展现了原汁原味的文化，那一次我们从美国瑞典学会请来了一位教师，她在关于圣露西亚节的工作坊中为我们提供了真正地道的文化讲解，这是其他工作坊所没有的。

文化细节的呈现，往往需要非常仔细地审核。场馆的一位实习生建议我们成立社区顾问委员会，吸引社区里愿意分享自己民族文化传统的人加入进来。其实我们之前也曾与几位非正式的文化顾问合作过。而这一年我们决定，不仅要把顾问委员会作为我们了解各民族文化的主要渠道，同时也要将他们作为我们与双子城各社区沟通的桥梁。另外，我们还欢迎各文化组织帮助我们招募工作坊的主持家庭，也欢迎他们参与工作坊的策划和实施。现在回想起来，只要有足够多的家庭愿意分享自己的文化传统，我们最初的想法就依然可行。

表演活动：不同文化，共同元素

"节庆礼赞"活动的另一个重要组成部分是表演活动。每周末的表演都围绕不同文化中某个共同的元素展开，这让本地的很多儿童演出团体有机会来馆表演。在安排活动日程时，我们努力把表演与主题元素和文化联系起来。有时要做到这一点并不容易，例如，如何将表演与"光明"联系起来呢？然而，我们欣喜地看到访客对我们的表演活动表现出了极大的热情。我们的演出包括北印第安舞蹈、韩国舞蹈、波萨达斯表演、赫蒙人的故事、传统合唱音乐、跨文化宽扎节等，这些都是由儿童来表演的。总体来说，在展示不同文化的共性方面，"节庆礼赞"中的这些表演活动是做得最成功的。

走进校园：从抽象的概念到具体的实施

我们发现，如今多元文化已经成为很多学校讨论的热点问题，所以我们决定把"节庆礼赞"活动与教师的文化活动需求结合起来。我们把"节庆礼赞"活动带到课堂上，希望通过这种方式让孩子们了解，对于任何种族、阶层、民族或文化，节庆活动都必不可少。我们还把一系列代表不同庆祝活动的展台带到了校园里，并为每个展台设计了特别的活动，展现该庆祝活动所涉及的某种元素。在45分钟的课程里，孩子们穿梭于不同的展台，了解不同庆祝活动的特色。

　　然而，在回顾这项活动计划时，我们开始怀疑这种方法是否真的能传达我们想要传达的信息。在这么短的时间里，孩子们能否真正理解每种庆祝活动的细节？在参与这项活动之后，他们会不会将不同的庆祝活动混为一谈。我们担心，当他们在宽扎节（非洲裔美国人的庆祝活动）展台看过克纳拉烛台（7根蜡烛的烛台，代表7大原则）之后，紧接着来到光明节展台看到犹太教烛台（8根蜡烛的烛台和第9根蜡烛——沙玛什，代表一罐灯油在圣殿持续燃烧8天的奇迹），可能会对两种庆祝活动产生误解甚至混淆。"哦，我懂了。宽扎节和光明节是一样的，只是少一根蜡烛罢了。"同时，我们也遇到有人误认为宽扎节或光明节就是其他民族的圣诞节，或者以为两种节日可以相互替代——"犹太人的圣诞节"或"非洲裔美国人的光明节"。于是，我们不得不重新审视这项活动计划。

　　为了明确这项活动想要传达的信息，我们列举了众多庆祝活动的共同点。负责联系学校的同事建议我们深入探究每个庆祝活动的起源，包括它们的仪式、古人的行为、在宗教信仰基础上发展而来的文化价值观，等等。这再次引发了争议：明尼苏达儿童博物馆是一家非宗教、非公立的教育机构，怎么可以去支持宗教仪式和信仰方面的教育呢？我们慢慢想出了一个折中的办法，把重点放在庆祝活动的构成元素上。世界各地的文化、宗教庆祝活动都有一套具体的构成元素，这些元素使得一些日子从日复一日的生活中脱颖而出，成为特殊的时刻或节假日。利用光、食物、音乐、歌曲、装饰、舞蹈/动作和礼物等通用的元素，我们可以帮助孩子了解不同庆祝活动的共同特征，以便他们日后运用这些知识框架去理解自己民族和其他文化的庆祝活动。

　　好不容易，我们最终对活动框架感到满意了，接着却又开始担心起这些活动没有做到以儿童为中心。由成人来"讲解"各种元素并向孩子提问，孩子的主动权呢？孩子如何主动参与和创造？负责联系学校的同事建议我们引导孩子利用各种元素来创造出自己的庆祝活动。采用这种方法的风险是谁也不知道结果会怎样，而且让孩子在成人极少干预的情况下自己创造，成人会感到紧张不安。没想到，这项活动却成了整个"节庆礼赞"活动中最令人激动的部分。活动一开始，我们向孩子简要介绍了各种元素。随后，孩子会进行头脑风暴，投票选出他们想要主持的庆祝活动。他们有许多创意，比如"儿童节""暴风雪节""动物节"等。我们在教室里摆满了展台和材料。例如，在音乐展台上摆满了来自各种文化的乐器。老师让孩子们利用各展台上的材料来创造自己的庆祝活动。迄今为止，"装饰"展台最受欢迎，我们场馆负责展项制造的同事建造了一个小房子，还为它配上了窗户、壁炉和壁炉架。孩子们利用我们提供的纯手工装饰品，为自己的庆祝活动妆点房子。

在学校里开展这些活动时，我们既给孩子留出足够的空间发挥创造力，同时也为他们创造自己的庆祝活动提供了必要的支持，因此活动非常成功。对于拥有自己的庆祝活动，他们感到非常兴奋；对于自己竟是唯一主持"某某节日"的人，他们感到十分惊奇！通过利用这些元素创造自己的庆祝活动，孩子对这些元素有了更深的理解。他们可以主动参与和创造庆祝活动，最终还学会运用这些知识去对比不同文化庆祝活动之间的相同点和不同点。这些活动让他们能够从更广阔的人类视角去理解庆祝活动的多样性，而不再单独割裂地看待每种文化。

我们从中学到了什么？

所有参与策划和实施这些活动的人都从这一过程中学到了很多，它让我们不得不更加深入地思考关于活动的重要问题，比如访客和教师的需求、多元文化和传统，等等。在不断完善"节庆礼赞"活动的过程中，我们会继续重点关注家庭在文化传承方面的重要作用。我们相信，这一活动既为访客提供了交流、实验和发现的机会，也能帮助场馆扩大访客群体。

本文原载于《手牵手》1996 年春季刊。

希瑟·贝思克是 1995～1996 年度"节庆礼赞"活动的项目协调员，也是 1996～1997 年度该项目的主要负责人之一。现在的她在明尼苏达儿童博物馆从事展区讲解工作。

艾丽·伍德是明尼苏达儿童博物馆的公共项目协调员，她非常善于将表演艺术融入场馆体验中。艾丽·伍德活跃在双子城，是一名专为儿童剧院提供教育和管理服务的自由职业者。

外部评估对于提升场馆活动质量的重要作用

托里·伊格曼（Tori Egherman）

高质量的活动就像昂贵的跑车，开（展）起来很有意思，但背后需要大量的（保养）工作。想要为访客提供高质量的活动，我们必须保持灵活的工作态度，不断调整项目预期和执行方法，并根据需求变更、补充使用材料。另外，我们还需要机敏的引导员、灵活的项目负责人以及优秀的评估人员。要想掌控好所有这些因素并非易事，如果能有本指导手册就好了！

很遗憾，这篇文章无法成为你想要的指导手册，我只是希望通过它来向您分享一个完整案例，展示我们（圣何塞儿童探索博物馆）是如何对场馆活动进行评估、调整和反思的。BioSITE（环境调研学生小组）是我们专门为场馆周边两所小学的四、五年级学生策划的环境科学探索活动。我们针对这一活动开展了全面的评估，并将从中积累的经验应用到了场馆的其他活动中，这大大提升了场馆活动的整体质量。

我并不想要讲述我们有多成功，因为那样对读者来说毫无帮助。我会着重讨论项目中存在的问题，以及我们一步步发现、改正这些问题的过程。希望我们的经验能帮助其他场馆提升活动质量。

BioSITE 的由来

BioSITE 最早由圣何塞儿童探索博物馆的馆长萨利·奥斯伯格（Sally Osberg）、前项目负责人罗斯林·艾格勒（Roslyn Eigler）和场馆展项与活动部前部长迈克尔·奥本海默（Michael Oppenheimer）创立。应霍华德休斯医学院学前科学项目的邀请，圣何塞儿童探索博物馆提交了资金申请，并于 1993 年获得批准。项目资金的提供方是硅谷的高科技公司思科。教育是思科资助的重点领域。下面列举了这个项目的目标，从这些目标来看，场馆对这个项目寄予了很高的期望。

（1）为小学四、五年级的学生策划并实施一个可持续的研究活动。这些学生将与他们的教师和家长一起，调查和研究影响场馆周边环境的关键因素。我们希望学生通过这项活动能够学会珍惜我们的生存环境，注意影响环境的行为，并掌握科学探究的方法。

（2）让贫困家庭的孩子（主要是拉美裔）、他们的家长和教师有机会参与真正的科学研究过程——持续观察、监测影响环境的因素和环境的变化，收集并分析数据，提出假设并对其进行验证，最后分享自己的研究结果。

（3）让学生学会使用一系列研究方法，包括观察、记录，以及利用仪器开展更加复杂的研究。让学生也能参与制定研究方法和选择研究设备。

（4）激发学生对世界的兴趣，引导他们探究各种影响环境的因素，观察环境发生的明显的和细微的变化，区分影响环境的主要因素、次要因素及持续性因素，分析哪些因素是自然发生的，哪些是人为造成的。

（5）让学生有机会对研究结果进行汇编、分析（用各种图形来呈现研究数据，通过实验来验证自己的研究）和分享。

BioSITE 是圣何塞儿童探索博物馆第一次尝试与公立学校合作开展可持续性的项目。每学年，加德纳学院和华盛顿学院的四、五年级会有 4 个班级的学生参加这项活动。学生从这两所学校步行就可以到达场馆，这些学生大部分是拉美裔和移民人口，而且他们中 70% 以上都参加了"免费午餐"计划。

这些学生每两周来一次场馆，他们的研究对象是哥德鲁普河。这条河就在场馆旁边，它横穿圣何塞市，流经这些学生居住的社区。每所学校会有两个班级上午来馆，另外两个班级下午来馆。这些学生会被分成几个小组，每组有 5 或 6 名学生，由一位引导员带领开展活动。项目开展的第一年里，大部分引导员由场馆里的讲解员担任，另外一小部分是我们从圣何塞州立大学环境教育学院招募来的。

BioSITE 的首位项目负责人是罗斯林·艾格勒（Roslyn Eigler），她是学生物和艺术出身的。事实证明，同时具备这两方面专业知识和技能的人是最适合为 BioSITE 策划参与式活动的！她在这个项目中还负责创建材料库、采购、招募和培训引导员。在此之前，她主要负责场馆展项的开发和制作。

在项目正式开启之前，我们先演练了半年。在本文中，我会把项目正式开启的第一个学年称作"第一年"。

机敏的引导员和灵活的项目负责人

任何高质量的活动都离不开优秀的组织者，BioSITE 也不例外。因此，项目要想成功，从一开始就要找到机敏的引导员和灵活的负责人。场馆工作人员要从参与者、观察者和引导员的角度理解活动，并据此调整自己的工作。出色的活动工作人员要能提出建设性的意见、理解批评的声音，同时明白观众的文化和智识需求。

这样一个被场馆寄予厚望的项目在启动阶段自然会面临很多问题，但有一点毫无疑问，从一开始，BioSITE 的工作人员就成了学生们钦佩的榜样、朋友和老师。在珍妮·马丁（Jenni Martin）对这个项目的评估报告中，一位引导员这样描述自己的角色："我们这些成人在与孩子互动时就像一家人一样。"马丁还进一步评论道："孩子、引导员和教师都提到过，当引导员不在场，或同一组的孩子必须要分开行动时，他们之间的这种紧密联系就显得尤为突出。有些孩子在项目结束后，依然会跟他们的引导员保持联系。"

尽管在项目初期我们遇到了不少问题，比如引导员经常缺席活动，两所公立学校之间发生冲突等，但对参与的学生来说，BioSITE 以非常好的方式为他们打开了科学的大门。从一开始，他们来馆参与活动的积极性就很高，他们从与引导员的互动中获益良多。当然，我们作为活动的组织者，总觉得活动还有提升空间。即使现在首次评估已经完成一年了，我们仍然在对项目做一些微调，以期更好地实现我们最初在项目计划书中制订的目标。

BioSITE 第一年活动概述

我们的目标是开展探究式学习活动。

我们希望孩子和引导员都能参与到学习和探究过程中。我们不想让引导员照本宣科，严格按照制订好的计划执行活动，忽视孩子们的好奇心。我们认为，高质量的活动应该能够启发孩子提出问题并通过动手实验去验证，最终参与到自己设计的研究项目和探究过程中。

而实际开展活动时，却是乱作一团。

或许，我们过高估计了孩子们对科学研究过程的把控能力，同时也过于相信引导员对孩子们热情和活力的疏导能力。大多数学生在参与 BioSITE 之前并没有接触过科学研究过程，很多人都不知道该从何入手。有些学生甚至不知道该如何组织一个问题，对活动也没什么好奇心。项目负责人艾格勒还注意到，虽然那些认为学校环境过于死板的学生很喜欢我们的活动方式，但也有很多学生需要学校提供的那种有组织、有纪律的学习过程，而我们没能满足这些孩子的需求。虽然存在这些问题，但我们仍然坚信总会有办法让所有孩子参与进来。

让学生自己分组，是一次失败的尝试。我们以为这样做会减少班级间的"斗争"，鼓励孩子们关注研究的主题，而不是去吸引被分在其他组的朋友的注意。天啊，事实证明我们的想法大错特错！由于朋友们都在一个小组里，他们的注意力都在彼此的互动上，对研究河流和活动本身完全不感兴趣。

项目一开始，大多数引导员（包括我自己）似乎都被孩子们的情绪所左右，这使得孩子的情绪成了当天活动成败的决定性因素。另外，我们对突发状况准备不足，没想到两所学校之间会发生冲突。面对众多学生目睹的歹徒驾车枪击事件，我们也感到束手无策。除此之外，多雨的天气也给我们带来了很大的麻烦。

我们预先准备好了几套活动方案，让引导员能够选择自己小组最感兴趣的方案。可惜这太理想化了。通常在孩子们来到场馆之前，引导员才刚刚拿到活动方案。这种情况的发生主要有三方面原因：第一，整个项目的活动大纲尚未确定；第二，我们没有为引导员组织定期培训；第三，我们希望保持灵活性，根据孩子的兴趣和好奇心来定制每天的活动，兵来将挡，随机应变。我们都知道活动有问题，但我们每天忙着应对各种变化，根本无暇反思到底哪些方面需要改善。因此，引导员往往准备不充分，自然也就没有自信，这导致一些小组的活动出现了问题。有的时候，引导员为了完成整个活动方案的流程经常催促他们的小组成员，不给他们深入探究感兴趣的问题的机会。最糟的时候，学生们不顾对环境的破坏，在河岸上跑来跑去，互相谩骂，对引导员出言不逊，甚至打起架来。

但也有好的时候。在这些时刻，学生和引导员都能专注地观察河流，对活动本身或研究对象充满好奇，愉快地探索和学习。我们组最好的一天是我们看到了一只牛蛙（蛙类在加利福尼亚州这一带可是难得一见的）。我们组的学生在当天的整个活动过程中都在观察这只牛蛙。它的个头大极了，待在那儿一动不动，我们可以凑得特别近。它游走时，我们都对它的能力和技巧赞叹不已。这只牛蛙为我们提供了一个绝佳的锻炼观察技巧的机会，而这是我们项目一年来希望达到的目标。

无论活动当天的情况如何，当一天的工作结束时，筋疲力尽的引导员都会赶快收拾好活动现场，然后跑回家，不去想这一天发生了什么。现在，我们仍然对这个项目充满信心，因为尽管它存在各种问题，但还是有很多可圈可点的地方，不能随便给它贴上"失败"的标签。显然，我们需要对它进行优化，但由于身陷其中，疲于应付日常事务，我们实在没有办法去"诊断"自己的活动。

谁来评估

我们需要找到一个真正懂得场馆使命、知道如何将这一使命与项目目标相结合的人来评估这个项目。我们不想他只是简单快速地量化我们的工作，而是希望他在仔细观察的基础上进行反思。想要做到这一点，他必须非常了解场馆的使命和目标，同时善于倾听和沟通。在与斯坦福大学的麦伦·阿特金教授（Myron Atkin）合作的过程中，我们找到了一位研究生——珍妮·马丁，她完全符合我们的要求。马丁参与了非营利组织"女童之家"的工作，并曾与几家博物馆有过密切合作。她在探究式教育领域拥有丰富的经验，并且非常希望能够与博物馆及社区组织合作，促进教育公平。马丁与阿特金教授以及场馆建立了密切合作，她梳理出我们的目标和需求，结合访谈、问卷调查、观察和各类活动，对我们的项目进行了全面细致的评估。

马丁在 BioSITE 项目第一年初始就开始了评估工作。在这一年里，她把工作分为观察 BioSITE 活动现场和采访相关人员两部分。她采访的对象包括教师、校工、学生、活动引导员以及场馆员工。她不仅对这些人开展了个人访谈，同时也组织了小组访谈。评估一结束，她便立即将初步的评估结果汇报给了新上任的 BioSITE 项目负责人，并在刚入夏时提交了一份完整的评估报告。

确定评估的重点

评估工作对于场馆和资助方来说越来越重要。资助方想要知道他们的钱被用来做了什么，活动和展项的效果如何。BioSITE 的资助企业——思科公司特别希望看到项目的评估结果，成败与否。我们自己也很好奇，也想进一步提升活动质量。于是，我们制定出一个有效的评估流程。我们首先要解决的问题是确定评估的重点。活动为哪些人带来了影响？我们重点关注的是学生、引导员、场馆，还是教师？我们关注活动的哪些方面？是科学学习，还是对教育的态度？"我们想了解一切。"馆长萨利·奥斯伯格说。与马丁聊了几次之后，我们决定把重点放在馆校合作上，因为她对这方面特别感兴趣。当时她将这次评估作为她在斯坦福的一份课程作业，因此，最好是评的重点既符合她自己的兴趣，也是我们场馆关注的信息。

马丁在报告中写道："此次评估的目标是为场馆工作人员提供一面镜子，

让他们从参与者和资助方的角度来反思这个项目，从而帮助他们提升 BioSITE 项目的活动质量。"

评估建议

在评估过程中，马丁为项目提出了一些建议。下面简要列举了她的部分建议。

员工培训

1. 在每次会议中反思活动的成败

在一个舒适、熟悉的环境里，大家一起坐下来吃顿饭，似乎有助于大家自然而坦诚地交流。马丁建议我们在工作午餐会中安排大家一起反思和讨论活动的成败。这些讨论的效果立竿见影。有两位同事愿意每周一例会时为所有引导员准备午餐，在享受美食的同时，我们分享彼此成功和失败的经验，这样做既鼓舞了团队的士气，又给我们一个彼此学习的机会，让我们能够明确问题，分清主次，理清楚哪些问题是可以被马上解决的，哪些问题需要等到下一年度项目开始时再去解决。

通过午餐会的讨论，我们总结出了导致 BioSITE 活动出现问题的几个关键因素。

（1）孩子们性格多变，在一起经常学习彼此的坏毛病，朋友间尤为如此；

（2）引导员给出的信息前后不一致；

（3）员工培训不足。

2. 为引导员提供更多培训

由于时间安排不开，我们在项目的第一年无法按照马丁的建议安排更多培训。但到了第二年，我们把引导员的培训时间从原来的 18 个小时增加到了 60 个小时。在马丁的协助下，我们为教师、引导员和场馆工作人员安排了一个为期 3 天的培训会，希望通过这些培训打造一支更有凝聚力的团队，提升他们引导探究式学习的技能，帮助他们为第二年的项目做好准备。我们在培训会上不仅通过一系列游戏来提升团队的凝聚力，还着重讲解了探究和提问的技巧，帮助他们提升循序渐进、耐心引导和解决冲突的能力。为期 3 天的培训结束后，整个团队都充满了信心，准备好了迎接下一批三、四、五年级的学生团体。

除了在项目前期组织集中培训以外，我们还在项目开展期间安排了两周一次的小型培训会。相较第一年，引导员的缺席率大大降低，并且杜绝了无故缺席的情况。我们继续采用午餐会的方法，在每天工作结束时安排额外的讨论时间，并且在定期培训中增加了反思环节。

BioSITE 迎新活动

1. 欢迎学生的到来

经过评估和培训，项目第二年我们采取了全新的方式迎接新一批学生。我们不再一板一眼地与他们讨论哪些行为可取，哪些行为不可取，而是通过幽默的小短剧来介绍活动。这些小短剧由教师和引导员合作创作，在学生第一次来馆参加活动时表演出来。我们希望通过这种方式来强调一些关键问题，包括在活动过程中不要破坏环境，在研究小组里要遵守行为规范。这些小短剧不仅非常有趣，也向学生传达了丰富的信息，让他们可以看到自己的老师傻乎乎搞笑的一面。我相信熟悉这种教学方法的人应该不难理解，对于孩子来说，这种方法从短期和长期来看，效果都非常好。当孩子第二次来到场馆接触河流时，就知道自己该怎么做了。他们会注意保护河边的动物、昆虫和植物，不再向河里乱扔石头，也不再随意走出已有的小径破坏河流周围的生态环境。第二年参与项目的学生从一开始就表现出了对河流环境的爱护，而在第一年里我们经过了一整年的努力才达到这样的效果。而且第二年的学生在完成第二次讨论会后，对河流环境的认识程度就达到了上一年度学生完成14次讨论会之后的效果。马丁在第一年活动结束时曾写道："孩子们关心河水的清洁问题，他们建议在河流周围建造护栏，并且希望场馆工作人员沿河种植更多的植被。场馆希望通过这个项目促进学生对周围环境的理解和爱护，可以说这一目标在很多学生身上已经实现了。"然而在第二年的项目初期，就已经达到了这样的效果。

这样一来，我们就可以把精力集中用在探究和学习上，而不用再像第一年那样花费大量精力来维持纪律，要求他们爱护河流环境。

2. 提供真正参与研究过程的机会

在 BioSITE 项目开展最初的一年半时间里，我们虽然把持续性研究列为目标，但却没能将它落实。我们非常惊奇地发现（或许我们对此本不应感到惊奇，但我们当时确实很惊讶），我们需要激发学生与生俱来的好奇心，并且帮助他们掌握科学研究的基本方法。在马丁的帮助下，场馆员工和教师进行了头脑风暴，想出了一些创造研究机会的办法。

（1）引导员可以记录学生的问题，并基于这些问题设计一些研究项目供他们选择；

（2）围绕一个长期研究的主题来设计活动；

（3）学生可以根据自己的兴趣选择各种项目。

第二年活动的最大变化在于学生真正参与到了研究项目中去。BioSITE 被纳入社区环保组织（Community Creekwatch）发起的哥德鲁普河流域健康状况监测的大项目中。在监测河流的健康状况时，参与 BioSITE 项目的学生使用的工具与真正的科学家一样。每次开会时，各小组都会测试河流的浑浊度、溶氧量、酸碱度（pH）、导电性和温度。社区环保组织利用这些数据打造出健康西部河流的首例样板。

社区环保组织的参与为学生提供了活动框架，让他们对如何开展长期研究有了初步认知。使用专业工具、做实验等活动让学生感觉自己就像是真正的科学家。在马丁的评估报告中，一个四年级的男孩说道："在参与 BioSITE 项目的过程中，我觉得自己就是科学家，因为当我解剖鱼时，感觉就像科学家或外科医生一样。"马丁进一步写道："在他们使用指南针、测量河流的深度和温度或是穿上大雨靴时，他们比在教室里更能深刻地理解科学家使用的工具和科学工作的氛围。"

3．活动流程

BioSITE 项目的活动采用了统一的流程。当学生来到场馆时，我们会通过一项小实验、一部电影或是由一位真正的科学家做演示来简要介绍我们的活动。随后，学生会以小组为单位测量河水的水质，开始一天的活动。活动结束后，各小组会聚到一起分享自己的数据和观察结果。

4．活动大纲

引导员在培训一开始就会拿到全年的活动大纲，其中包括与活动内容相关的文章、项目介绍和工作技巧等。虽然这些内容在项目启动阶段就已经规划好了，但我们也预留了空间，根据情况随时进行调整。

5．日志

我们为所有学生准备了一本日志，以供他们记录观察笔记。除了大量关于 BioSITE 活动主题的有趣介绍，这本日志还提供了足够的空白，让学生记笔记、画插画。引导员也会收到一本日志，用来记录学生的问题和兴趣点。我们根据这些笔记内容设计了一系列活动。

看到活动质量有了切实的提高，我们对马丁更加信任了，同时也更加确信评估的重要价值和我们自己适应和改变的能力。但这些进步也带来一些潜在问题。由于第二年活动有了显著改观，我们容易安于现状，不去努力追求更大的提升。所幸，第二年有许多新的引导员加入项目，他们对项目的期望很高，并且没有经历过我们第一年努力解决的各种问题。他们提高了我们的工作标准，并且对我们认为做得不错的事情精益求精（与第一年相比，这些事确实已经做得不错了）。在他们的帮助下，我们根本没有机会沾沾自喜。

结论

如果回到文章一开始提到的开跑车的例子，或许在这里我应该谈谈如何通过调整发动机和使用优质汽油来提高汽车性能了，但我认为我们项目的关键经验并不在此。我想说的是一个老生常谈的道理：要从失败中吸取经验教训。当然，我们都知道这话说起来容易做起来难。在我参与的项目里，最成功的那些往往一开始效果都不太好，都是经过评估和改进才得以成功的。而那些一开始效果比较好的活动通常仅仅能够保持"良好"的状态而没法再获得提升。这大概是因为没有失败来刺激我们加倍努力，从而使活动变得更好吧。

与专业的评估人员合作，最大的好处是我们如今已经学会从她的专业视角来审视自己的活动。场馆负责教育和活动的员工现在也更加善于发现工作中的问题，并快速采取措施加以改正。我们根据马丁的建议所做的改进大大提升了活动效果，因为有了这些经验，我们所有人现在对自己的观察和想法都更有信心了。

如今，场馆活动能否获得持续资助很多时候越来越取决于活动的评估结果，因此，场馆必须依据自身的使命和愿景来策划并执行评估工作。就算我们自己不主动评估活动和展项的效果，资助方也会要求我们这样做。对于大多数人来说，传统的评估方式比通过大量的观察和实例来评估要容易得多，但这种相对复杂的评估方式更能帮助场馆提供高质量的教育体验，场馆要把这一点说清楚。当我们策划评估工作时，要牢记弗兰克·奥本海默的一句话："没有人会将博物馆评为不及格。"

本文原载于《手牵手》1996 年夏季刊。

托里·伊格曼是圣何塞儿童探索博物馆教育活动部前部长。

第四部分

儿童博物馆的规划和管理

第九章
规划和预算

————

为什么制订长期计划这么难?

沃尔夫组织

托马斯·沃尔夫（Thomas Wolf）

乌托邦儿童博物馆（Utopia Ville Children's Museum）曾面临一个进退两难的困境。年末，仁爱基金会延缓了场馆的资金申请，并要求场馆补交一份未来5年的工作计划。为一个从未制订长期计划的组织提供持续多年的大额资助，让基金会觉得"心里没底"。不过，基金会也向场馆发出了积极信号，表示对场馆所取得的成就印象颇深，只要场馆能够做好规划，就极有可能获得资助。转眼到了次年6月，场馆已经讨论了6个多月，还是没有什么成果。规划委员会的成员们有些灰心丧气，基金会也变得越来越不耐烦。

乌托邦儿童博物馆所面临的困境并不是个别现象。许多非营利组织都不擅于规划未来，究其原因，主要有以下几方面。

（1）他们不知道从何入手；

（2）他们不知道最终的成果应该是怎样的，应该包含哪些内容；

（3）他们没有为规划工作制订详细的时间表；

（4）他们没有指定专人（理事、员工或顾问）负责保证所有工作按时完成；

（5）他们希望所有人达成共识，但这必然导致计划的制订无限期延迟；

（6）这些机构的一些核心人物因害怕改变而不支持规划工作的开展；

（7）因为没有考虑机构的财务状况，制订出的计划不切实际，最终沦为一份心愿单。

从何入手

直到 9 月，乌托邦儿童博物馆的规划工作才进入正轨，这得益于该馆馆长对规划工作有了新的认识，正如她所说："经过半年多毫无成果的讨论，我终于意识到规划过程最重要的部分是前期的准备工作。我们坐到一起开了两次会，每次都是人一到齐就开始谈论场馆的未来，讨论完全没有重点，大家意见又不一致，总是在原地打转，因此两次会议都无功而返。随后我们意识到，在我们开始规划过程之前，首先要为这个规划过程制订一个计划。我们需要明确如何开展规划工作、谁来落实各项行动、最终要达成哪些目标。最重要的是，我们需要列出任务清单，制订完成每项任务的时间表，并且明确决策的机制。"

规划工作开始之前，最好是找到曾经制订并成功实施（全部或部分）计划的同等规模的非营利文化机构（不一定非要是儿童博物馆），与至少 3 家这样的机构深入交流，咨询他们下面几个问题。

（1）他们是如何开始制订计划的？

（2）他们总共花了多长时间？

（3）在规划过程中，各方是如何达成共识的？

（4）如何让理事会的核心成员参与到规划过程中？

（5）最后的成果应该是怎样的？

（6）是否从外部聘请了顾问？

（7）花了多少钱？

场馆的规划委员会应与馆长一起汇总这些信息并整理出一份报告，对于如何开展规划工作提出具体的建议。

是否应聘请顾问？

"就我们乌托邦儿童博物馆而言，顾问的作用非常重要。"馆长说道，"她帮助我们确保整个规划过程顺利进行。她组织召开了几次关键会议，并且撰写了大量材料以供理事会审批。不过，让我惊讶的是，我本以为她会减少我们的工作量，而实际上她却增加了我们的工作量。好的顾问会使你更加努力地工作。"

人们对顾问在规划过程中的作用常常有着错误的认识。聘请顾问不是为了减少理事会成员或场馆员工的工作量。如果顾问说："把一切交给我吧。"你就要当心了。虽然顾问在不参考任何人意见的情况下也能写出漂亮的计划，但这样的计划往往无法实施，因为场馆没有参与这一过程，也就无法就相关问题达成共识。好的顾问要抓住重点，找出问题，合理安排各项工作，制订时间表，组织召开会议，开展基础研究，访谈所有相关人员，分析数据，撰写报告，完成演示和主持社区会议。在整个规划过程中，顾问都应与规划委员会、馆长、理事会主席密切合作。

许多机构觉得聘请顾问的费用太高，他们无力承担。但他们可能不知道，越来越多的资助机构愿意承担这部分费用（或至少其中一部分）。乌托邦儿童博物馆就遇到了这种情况。该馆馆长说道："我们当时需要一名顾问，但实在是请不起。于是我们带着顾问的方案和报价去找仁爱基金会，问他们是否可以承担这部分费用。看到我们的规划工作终于有了专业人士的帮助，基金会感到很高兴，并表示愿意承担聘请顾问的全部费用12500美元。"

切合实际

对于制订长期计划，或许最令人沮丧的是制订出的计划因为不切实际而无法实施。这种情况就像孩子在玩具店里的游戏一样，一切不过是想象。"虽然在规划过程中，列心愿单是很重要的一步。"乌托邦儿童博物馆馆长说道，"但更重要的是明确这些愿望（目标）的主次。最终，我们根据场馆的财务状况制定了新的筹款目标，同时也探讨了如何在10年内完成一些最重要的项目。"

要牢记，只有切合实际的计划才能得以实施，财务状况是规划工作必须考虑的因素。或许这也是为什么越来越多的专家建议，机构的计划应包含多个年度的预算，并且要明确不同方案可能对机构财务状况产生的影响。因为只有这样，机构的理事会才能评估和权衡各种决策的成本与收益。

结论

乌托邦儿童博物馆之所以制订长期计划是为了响应潜在资助者的要求。但对机构本身来说，制订计划的目的不是取悦资助者，它是一项重要的长期工作。

简单来说，规划就是思考未来。不管是否正在制订一份正式的长期计划，儿童博物馆都要不断思考自身未来的发展。每次理事会会议都应留出一部分时间讨论未来5～10年场馆的项目、活动、管理、财务和筹资工作该如何开展。

这样做不仅能让理事会成员保持对场馆工作的兴趣，同时也为他们履行作为理事最重要的职责——思考场馆未来的发展提供了练习的机会。只有养成思考未来的习惯，场馆才能在再次制订长期计划时，做到心中有数、从容不迫。

本文原载于《手牵手》1987 年秋季刊。

托马斯·沃尔夫是《管理非营利组织》一书的作者。他是国际知名顾问，也是沃尔夫组织的主席和资助者战略咨询服务公司的合伙人。

规划的技巧

——对沃尔夫组织主席托马斯·沃尔夫（Thomas Wolf）的访谈

问：您曾说，规划工作就是"从这儿到那儿"的过程，我们应该如何理解这句话？

"从这儿到那儿"，我想说的是制订一份长期计划的过程。"这儿"指的是场馆的现状，而"那儿"指的是理事会和馆长希望场馆在未来几年发展成的样子。这份计划描述的是场馆从"这儿"到"那儿"的转变过程。

问：制订计划之前需要做哪些准备？

首先，理事会和员工团队必须清楚"这儿"（现在）和"那儿"（未来）是怎样的。因此，制订一份5年计划需要完成两项准备工作：

（1）评估场馆的现状；

（2）制定使命宣言和发展目标，明确表述场馆的愿景。

问：对于场馆的现状，需要评估哪些方面？

全面的评估应该包含项目、财务状况、筹资业绩和能力、理事会、员工、志愿者、管理系统（包括计算机设备）以及场馆在社区的知名度。对于儿童博物馆来说，要多和来馆的家长交流，了解他们的看法。提问时要注意技巧，因为对于像儿童博物馆这种主要为儿童提供公共服务的组织，人们的评价往往是十分正面的。只有不断深入探究，才有可能获得启发，为改进场馆工作找到一些线索。如果是我，可能会问下面这些问题：

（1）过去一年里您曾来过场馆多少次？

（2）什么会促使您更频繁地来馆？

（3）您和孩子还会参加哪些亲子活动？

（4）为了让孩子们在场馆玩得更开心，您愿意做出哪些改变？

场馆还应评估自身目标的完成情况。"目标"应该是在一段时间内可量化的成果，比如"下一财年的访客量达到5万人次"。理想情况下，场馆应该早已明确自身的目标，不会等到评估时才想这个问题，不过现实是很多场馆在评估时都还没有确立正式的目标，因此想要合理评估自身的工作就更加困难了。如果是这种情况，比较好的方式是去和理事会成员或员工聊聊，听听在他们心目中场馆不言而喻的目标是什么，据此来开展评估工作。同时，还要评估场馆在和社区内的竞业机构（任何为儿童提供教育、娱乐服务的机构都可视为儿童博物馆的对手）竞争时的表现。

有些场馆的评估工作由自己的员工或志愿者来完成，而另外一些场馆则更信赖外聘专家的专业和客观。想要得到真实可靠的评估结果，场馆就要直面敏感问题，不避讳坦率的批评和建议，因此由外聘专家来开展评估往往能取得更好的效果。不过，也不是每次评估都要从外面请人。我曾在一家小型音乐机构担任理事会成员，同为理事会成员的两位富有规划经验的退休人员成功完成了对这家机构的评估。尽管他们是内部人员，他们还是能够保持客观，当时理事会的其他成员也对他们的评估结果比较满意。

问：如何明确场馆的愿景？

有一种比较常见的方式，就是把团队带到一个相对僻静的地方，组织大家一起讨论未来的目标和战略。对于儿童博物馆来说，这个团队通常包括理事会成员和馆长，有时也会包含一些骨干员工。这种讨论会通常由外聘的专业人士来主导，因为他们能够非常有技巧地引导大家完成讨论，避免大家在老问题或细节上纠缠不清。

这类讨论会通常会用一天或者一个周末的时间来讨论下列问题。

（1）假如没有预算的限制，你希望场馆未来10年里完成哪些事？（这一步叫作"列心愿单"。）

（2）你认为场馆在实现这些目标的过程中会遇到哪些阻碍或限制？

（3）为了消除这些阻碍和限制，我们需要采取哪些具体的策略？

（4）未来10年里，哪些成果对我们来说最重要并且最有可能实现？（按照优先级来排列这些成果。）

讨论会结束时要将所有材料汇总，并总结出场馆的使命宣言和一系列长期目标。只有依据这些内容，场馆才能确定自身的发展方向并制订出合理的计划。

问：对场馆现状的评估是否要与愿景的讨论联系起来？

是的，我个人认为，只有依据评估结果来安排讨论的内容才能达到最好的效果。优秀的评估报告不仅要分析场馆当前的优势和劣势，还要探索未来发展的可能性，同时就解决方案给出具体的建议。根据我的经验，基于评估结果来策划讨论会，既能让讨论更有条理、更有深度，又能避免参与者信口开河、提出完全不切实际的愿景。

问：除了使命宣言和各项目标，场馆的长期计划还应包含哪些内容？

一般来说，一份长期计划通常会包含以下内容。

（1）使命宣言——在制订长期计划时，通常会重新审视或修订场馆现有的使命宣言，突出场馆希望发展的新方向、新重点。如果场馆还没有使命宣言，则要重新审视章程的内容，因为场馆的运营要以此为依据。

（2）大目标——这些目标非常笼统地描述了场馆要做的事，因此它们对场馆的具体工作并没有实际的指导意义，但它们指明了场馆的整体发展方向。例如，场馆的大目标可以是"与其他组织合作开展基于社区的馆外教育活动，服务全国各地的儿童"。

（3）小目标——在每个大目标下都应确定一个或多个小目标，这些小目标要以非常具体、可量化的方式描述场馆的发展方向。例如，在"开展馆外教育活动"的大目标下，可以把"与乌托邦儿童剧院合作，在 1998 年至少到 20 所学校完成巡演"作为一个小目标。

（4）策略——依据小目标说明计划如何实施，这才是计划的实质内容。它明确说明了哪些人在什么时间点需要做什么，同时也确立了大目标和小目标的完成标准。

（5）预算——最后，每个计划都应有一份预算表，详细估算计划的执行成本。

问：最终制订出的计划是否要遵循某个固定格式？

没有固定格式。尽管针对上一个问题，我的回答似乎给出了一份计划的固定格式，包括使命、大目标、小目标和策略等内容，但我也曾见过一些非常出色的计划并没有明确列出这些内容，它们虽然洋洋洒洒，但却清晰流畅地描绘出场馆的未来愿景。关键是计划一旦制订，就要执行。因此，计划的格式和内容只要通俗易懂、结构清晰、要点明确、便于快速浏览即可。

问：长期计划里包含的预算有固定格式吗？

标准的预算表就行。标准的预算表通常包含对场馆未来数年收支情况的详细预测，细到每一年度的预算。场馆也可以把前两年的财务状况包含进去，以便评估完成各项目标将对场馆财务状况产生的影响。利用电子制表程序来制定预算会非常方便，因为可以针对所有年度设定统一的预算类别。另外，理事会成员会希望在预算表中看到新举措的花费以及这部分资金的来源。

同时，由于没人能准确预估场馆的费用、运营收入和捐赠收入，我认为在长期计划中应针对不同情况提供多种预算方案。我觉得至少要做两个版本的预算，一个相对乐观，一个相对悲观。在乐观的版本中，假设场馆的收入足以实现计划中的所有目标。而在悲观的版本中，要么预测这份计划将造成多大的资金缺口，要么预测如果想要达到收支平衡，哪些目标需要暂且搁置。

如果理事会看到的是两个版本的预算，针对财务状况的讨论才更有可能取得实质性的进展。特别是当这份计划的开销特别大时，两个版本的预算可以帮助团队理清各项事务的优先级。

问：如何评估规划过程的有效性？

一切当然还得靠实践来证明。关键要看计划是否切实可行。与此相关的还要看计划的执行情况。想要找到这些问题的答案，唯一的方法是看计划中的各项目标是否得以实现。我喜欢用"细分目标"这个词。在计划中的每个小目标下，我们要确定需要实现的细分目标。每年，理事会都要知道哪些细分目标实现了，哪些没实现。对于没有实现的目标，应认真讨论后续的步骤——是延长期限、调整目标，还是放弃目标。在计划执行后，要全面评估计划的有效性，这样有助于场馆反省此前的工作并开启下一轮规划工作。

问：想要做好计划，需要经过正式的培训吗？

当然不需要。很多像我们这样拥有大量规划经验的人都没有接受过正式培训。我们讨论时确实常常会用到"使命宣言""细分目标"等术语，但这些词学起来很快。关键是要具备常识和主动工作的意愿。此外，在开始规划前，我会向理事会成员和员工团队提出两项要求——尊重场馆和尊重彼此，这会让成功之路走得更坚实、更长远。

本采访原载于《手牵手》1988 年冬季刊。

以持续规划为核心的生存战略

印第安纳波利斯儿童博物馆
保罗·理查德（Paul Richard）

人们时常鼓励初创企业通过各种规划工作来谋划自身发展，这其中也包括新建的儿童博物馆。因此，儿童博物馆的初创团队很容易被各种术语，如战略规划、运营计划、财务规划、工作计划、运营方案、执行计划等弄得晕头转向，不知所措。

儿童博物馆的初创团队可能会想："为什么要有这么多计划？我们只是想在杰弗逊市建一家儿童博物馆而已。我们已经看过了波士顿、西雅图和丹佛的儿童博物馆，我们很喜欢它们。儿童博物馆就是要有创意、要好玩、要敢于冒险，我们建馆也要坚持这样的理念。我们在城里拜访的所有人都要看我们的计划，我们给他们看了建筑草图，他们都认为我们的建筑富有创意，又充满趣味，但除此之外，他们还要求看我们的战略计划。这到底是为什么？"

战略计划是一种最常见的宏观规划，它能够指导你的团队将想法变为现实。除了你的热情、创造力和帮助儿童的强烈欲望，你的潜在支持者和合作伙伴也想看到你的规划能力。他们想要通过白纸黑字来了解你是否对场馆项目进行了全面细致的考虑，是否清楚团队的现有能力，是否了解场馆将面临的市场竞争。也就是说，当你还在着手建立一家场馆时，你的潜在资助方就已经对你有更高的期待了，他们希望看到你已进行过周全的考量和规划，有能力保证场馆将来取得成功，他们的资助能得到回报。制订战略计划的过程可以帮助你想清楚如何将想法转化成现实。

一份战略计划至少要包含以下四部分内容。

1. 使命宣言——场馆存在的根本原因、场馆的指导方针

例如："我们的使命是为5～10岁的孩子提供有趣的学习体验，丰富他们的生活。"

2. 愿景宣言——在综合考量理想和现实之后制定的阶段性目标

愿景是场馆完成使命过程中的一座座里程碑。场馆完成使命可能需要10年，而愿景则着眼于可预见的未来，它可以让场馆和支持者团结在一起。例

如，肯尼迪总统曾宣布美国航天项目的愿景是未来 10 年内让人类登上月球。

3．战略方向——规划的核心

制定战略方向就是明确实现愿景所必需的举措。例如，我们可以将场馆的战略方向制定为：将场馆打造成重要的社区教育资源，专注于满足 5～10 岁儿童的发展需求。

4．行动计划和时间表

场馆向战略方向迈进的过程中必须采取的具体步骤。总而言之，战略计划应包括以下几个部分。

（1）场馆要做的事和存在的意义（使命）；

（2）场馆要实现的宏伟蓝图（愿景）；

（3）场馆要想成功必须采取的举措（战略方向）；

（4）场馆将在什么时候开展哪些具体活动（行动计划和时间表）。

持续规划

当你最终开始执行制订好的计划时，会非常有成就感，但制订这个计划的过程远比这份成果重要得多。在这一过程中，你会想清楚你们真正要做并且能做的事，以及如何去做。同时，你会为这项新事业逐步搭建起必要的支持框架。但请注意，经过扎实的规划和评估，最终得出的结论可能并不是你希望听到的。你可能发现当前这个时间点或各方面条件并不适合推动你的项目。

开展规划工作，最重要的是要知道，这是一项持续性的工作，永远没有完结的一天。在英文中，"计划"（plan）这个词的动名词形式（planning）是在词尾加上"ing"，它赋予了这个词"未完成、持续动作"的新含义。战略规划工作就是这样一项持续不断的活动，它促使团队不断产生新的认知，在此基础上调整战略方向，一遍遍地改进计划。这项工作很有意义，需要不断重复规划的过程。成功的规划往往会使原计划被改变或加入新的内容，有时还会产生意想不到的新方向。每次规划的成果文件都代表了场馆发展过程中的一座座里程碑，同时也记录了你的团队不断学习和发展的历程。在持续规划的过程中，你们会不时用到这些文件。每项新计划都将成为未来工作的基础，同时也是场馆内外沟通的重要工具。你可以利用它来向场馆所在的社区和支持者展示场馆将为他们带来的好处。制订计划只是第一步，接下来需要不断调整和制订新的计划。

回到场馆的使命和愿景

首先，放轻松，抛开你已有的任何关于儿童博物馆的先入为主的观念。暂时忘掉你在丹佛、波士顿和芝加哥见过的一切。你不是要在这些城市创建儿童博物馆。接下来，竖起耳朵，敞开心扉，仔细聆听。下面通过提问、交流和合作等方式开始制定战略规划。你所在的城市、社区等各方面条件加在一起，构成了你独一无二的处境。你不能把自己的想法强加给社区，而是要与社区一起构思规划。

通过与社区合作，你才能确定场馆的使命和愿景，它们是你的场馆所特有的，体现了场馆与所在社区的共同愿景。共同愿景是把事情做好、做成的力量源泉。在你希望场馆服务的区域，儿童、家长、商务人士、政府组织和教育系统真正需要的是什么？这些群体共同协作能想出哪些高屋建瓴的点子？请一定预留充足的时间组织这些人深入交流，并以此为基础来制订场馆的计划。在所有交流和讨论中，请鼓励参与者坦诚分享各群体的意见。找出你将遇到的困难和阻碍，开诚布公地探讨。组织讨论时，既要注意聚焦，又要做到开放包容，交流过程中要不断挑战、提炼和推动各种想法。在项目构思阶段采用这种协作方式，将有助于提高场馆的存在感、知名度和社区归属感，这些都是为场馆计划获取支持的重要基石。你会希望人们认可你对这项事业的认真态度和付出的努力。当你认为自己已经充分挖掘了所在社区的各种观点并且赢得了足够的支持时，就可以开始起草使命宣言和愿景宣言了。

审视外部环境

接下来，你要了解社区正在发生的事，认真思考各种趋势可能对场馆的使命和愿景产生的影响。你在社区中要重点关注下列事件。

（1）正式教育系统已经在执行减少艺术和体育教学岗位的计划；

（2）侧重数学和科学教育的全年制学校教育开始流行；

（3）市中心发展停滞，导致郊区爆炸式发展。

设想一下，下面的情况会对即将创建的场馆和场馆所在的社区产生怎样的影响。当地市政府决定通过吸引高科技公司入驻来增加税收。目前，当地的就业机会主要来自一两家行业巨头，并且他们很可能被一家跨国集团收购。新行业的发展要求新的工作技能。由于市政府将高科技作为发展重点，它将吸引大量高科技移民，本地劳动力的特点会随之改变。

这些都是你在规划过程中应注意到的本地发展趋势。你可以将这些趋势分类，尝试分析它们会对场馆所在的社区产生怎样的影响，以及如何能更好地利用它们。你要想清楚，哪些趋势会对场馆实现愿景构成阻碍？如何克服这些阻碍？哪些是你可以利用的机会？如果场馆所在社区主要由一家公司作为支柱企业，那么这家公司过去可能一直都被理所当然地看作场馆的公益合作伙伴，但如果它即将被收购，你就必须认清当前形势，准备好更加多元的筹资方式。

你可以将本地的趋势分为以下几类（针对每个类别，可以思考下面的问题）。

（1）教育——场馆所在社区是否已经开始开设特许学校或实行学券制？

（2）家庭生活——针对单亲家庭，目前有哪些服务或便利？

（3）技术——在学校里，孩子们是否都有机会接触科技？他们中有多少人家里有电脑？

（4）公共政策——联邦政府不再全面支持日托服务，转而执行一揽子拨款的政策，这种转变对场馆所在社区有何影响？

（5）人口特征——当地人口是否趋向老龄化？是否有搬离市中心的趋势？

（6）闲暇时间——家庭的闲暇时间是在增加还是减少？场馆的主要竞争对手是谁？

重点记录这些趋势中真正有价值的信息，思考它们将对场馆的规划工作产生怎样的影响。利用经验数据将这些有价值的信息提炼出来。想想"独行侠"（The Lone Ranger），即便放眼望去，远处的地平线上什么都没有，他还是会把耳朵贴在铁轨上，去"听"是否将有火车驶来。我们对变化要有预期。细细揣摩，就能发现机遇与挑战，也能了解社区的真实特点。以此为基础，才能确定场馆的战略定位。

审视内部环境

对内部资源、能力、技能和人才开展评估，也有助于制定合理的战略，从而帮助场馆实现愿景。

要想实现场馆的愿景，团队需要具备哪些技能？你的团队具备这些技能吗？如果不具备，如何能够获得这些技能？当你与社区里的各个群体交流时，如果有人建议场馆侧重科学、艺术或技术等方面的内容，你的团队有相应的人才储备吗？你知道如何与各个群体沟通并赢得众人的尊重吗？

全面审视内部环境对规模较小的新建场馆来说尤为重要。儿童博物馆的初创团队往往对儿童博物馆有一定的了解，同时对这项事业充满了热情。随着项目的发展，团队会越来越需要经验丰富、具备特定技能的人来帮助项目落地。勇敢地去寻求帮助吧！把愿景宣言放大，挂在墙上，邀请更多的人加入你们，深入讨论为了实现这一愿景，团队需要具备哪些能力，同时确定各项工作的轻重缓急。这一过程将帮助你理清场馆要做的事，以及实现愿景所必需的团队构成。你可以据此制定一系列策略，为实现场馆目标做出必要的内部调整。

在肯尼迪航天项目中，成千上万的工程师参与设计和建造了能将人类带上月球并且成功返回的助推火箭。培养工程师的高校不会放过这一信息，大量资金投入到相关专业以满足社会需求。尽管规模较小的新建场馆可能还没意识到这些大趋势和自己有什么关系，但仍然需要看清这些趋势以及它们对自己所在社区产生的影响。

在全面审视内外部环境之后，就要开始思考它们与场馆的联系了。在这个过程中，你了解到了什么？它们将对场馆的使命或愿景产生怎样的影响？如果需要做出调整，一定要依据这些新情况来采取行动，并将应对措施告知社区合作伙伴。

行动计划和时间表

战略方向的落实需要一系列具体行动和时间表。理清这些行动的次序，也就整理出了针对每个战略方向所要采取的步骤。

举个例子，如果场馆的战略方向是"成为所在社区早期教育的领导者"，场馆该怎么做？是否要聘请幼儿教师？是否要与本地高校的教育学院建立合作？是否要请业内专家来设计展项和活动？计划的执行有哪些重要的时间节点？

一旦为战略方向确定了要采取的行动，首先要对它们进行排序。先做什么，后做什么，哪些需要同时完成？你的战略计划至此已经准备就绪，但它只是你接下来一段旅程的新地图。在出现变化之前一切都很好，但一定会发生变化，比如走了弯路、路上在施工、遇到了事故、遭遇恶劣天气等。既然变化必然会发生，就要提前做好计划。不断重新评估你的行动计划。你在项目发展过程中学到了什么？你会因此调整原来的计划吗？只有当你采用这种"随时随地评估"的方法时，才是真正在做规划——随时调整、快速响应、灵活应变。请牢记场馆的使命和愿景，相信团队的适应能力，做好准备，随时调整行动计划和时间表。

保罗·理查德曾在库伯斯顿研究所学习。他在印第安纳波利斯儿童博物馆已工作了 15 年，期间曾担任多个不同职位，目前是该场馆的常务副馆长。同时，他既是美国青少年博物馆协会的理事会成员，也是青少年博物馆展项合作组织的主席。

运营计划——通往成功之路的密钥

贝蒂布里恩儿童博物馆

玛丽·艾琳·沃顿（Mary Ellyn Voden）

创建一家儿童博物馆就像创建一家企业一样，需要对日常运营费用和收入进行切实合理的预测。制订运营计划有助于场馆对初创阶段的建设和运营成本做出快速、合理、现实的决策。在制订计划时，场馆要在自身愿景的基础上切实评估运营需求。

企业通常会在创建之初或开发新产品时制订业务计划，用来吸引更多资金投入。对于博物馆来说，一份扎实的运营计划是场馆从个人、公司或基金会获得资助的不二法宝。在运营初期，它不仅能使场馆的运营管理更加有效，同时也能确保场馆不忘初心，聚焦主要目标。运营计划通常以 3～7 年为一个周期进行制订。对于新建的儿童博物馆来说，针对未来 3 年制订运营计划或许是比较合理的选择，这样既包含了开馆前的筹备工作（包括筹资活动），同时也包括最初一两年的运营。

运营计划描绘了场馆的总体蓝图，其中包括对市场需求的分析、对场馆服务的介绍、对场馆管理团队（理事会和员工）的规划，以及对未来 3 年财务状况的预测。

在制订运营计划之前，可以先开展可行性研究。在研究过程中可能会发现一些问题，它们能够帮助你在制订计划时理清思路，尝试解决这些问题。另外，也可以先举办一个临时展览，以此来测试社区对项目的反响，然后再撰写计划。

运营计划的撰写需要由理事会和高层管理人员共同完成。理想情况下，团队应该在场馆规划工作启动之后、筹资活动开始之前完成运营计划的撰写。最好是聘请专业的编辑来撰写这份计划，因为出色的编辑可以综合大家的不同意见，使运营计划的要点更清晰一致。同时，也可以邀请几位熟悉项目但不是理事会成员的"友人"来审阅这份计划的终稿。它是否对场馆进行了清晰的描述？一定要反复核对所有的数据和数字，确保计划可靠可信。你会发现，潜在资助者总是能很快找到计划中存在的问题！一旦他们发现问题，你的可信度就会大打折扣。

在撰写计划时，一定要深入研究其中的内容和相关材料，虽然这样做很耗时，但却非常重要。需要调查的内容包括本地行业的竞争数据、场馆所在社区的人口统计数据、全国范围内同等规模场馆的建设和运营成本等。可行性研究可以帮你清楚地了解如何立足现实为筹资活动设定合理的目标。运营计划要体现场馆为保证运营每年需要筹集的资金规模。只有数据真实可靠，制订出的计划才能更好地指导每年的筹资和规划。

这份计划的篇幅最好在 25～40 页，包括前面的综述和目录在内。清楚地标示出所有页码，最好能按照章节和章节内页码来编号（如 2-1、2-2）。请确保页码正确、附录清晰有序。计划的内容要通俗易懂、简洁流畅，其中的数据和数字要经过汇总和核算。打印和装订也很重要。要注意计划的可读性，但不能让人觉得过于华丽。不需要专业装订或排版，但一定要清晰整洁。另外，要加上封面和封底，同时不要忘了在内容的前面加上场馆的名称、地址、主要联系人、电话、传真号、邮箱等，这些信息便于读者与你联系。

一份翔实的运营计划应简要介绍用户需求，这比详细描述项目的愿景更重要。关于用户需求，可以围绕下列问题来介绍。

（1）有什么理由让你所在的社区来支持一家儿童博物馆？

（2）在你所在的地方或类似规模的城市中，大家对儿童博物馆的接受度如何？

（3）你举办的临时展览和活动反响如何？

（4）在你所在的社区，你的场馆所要提供的服务与其他类似机构有什么不同？

（5）与其他场馆或付费游乐场所相比，你的场馆的服务质量如何？

（6）根据市场调查的结果，人们是否愿意付费参与你的活动和展览？

（7）场馆门票和活动的定价是否在社区内所有人的承受范围内？

运营计划还要明确场馆的重点工作。不要想着在开业 3 年内就能做到所有想做的事。这样的想法听起来非常美好，很有创业精神，但根本不切实际。比起草草完成一大堆项目，资助者更希望你能专注做好做精少数几个项目。踏踏实实把最基本的工作做好，资助者才会相信你能实现计划中的目标。

潜在资助者在看到你的运营计划时，会非常仔细地分析其中对财务状况的预测。你对费用的预测是否切实合理？员工的薪酬和福利是否与社区里的其他非营利组织相当？营销、筹资和管理费用是否经过深思熟虑？场馆是否过度依赖捐赠和志愿者服务？对展项和设施维护成本的预估是否合理？考虑到场馆的各方面实际情况，把每年的筹资目标定在多少比较合适？预计访客量能达到多少？在门票收入中，全价票、团体票、特价票等各占多少比例？如果预计资金到账时间晚于资产改良支出时间，你打算如何处理？是否计划采用零基预算？预计最初几年是否会入不敷出？是否预留了备用金？是否考虑了收入到账时间对筹资活动产生的影响？另外，初创阶段可能需要过桥贷款，还要将这部分贷款的利息考虑进去。在做预算的同时，提供一些类似机构的数据作为对比，这样做既能让资助者更安心，也能让理事会和员工团队了解场馆筹资将面临的挑战并确定合理的费用支出。如果预测太过离谱，你就麻烦了。不要低估或高估场馆的财务状况。

对于展项的成本，一定要根据实际情况仔细分析。在不同的地方，研究、设计、制作、安装和维护展项的成本都不一样，因为各地的人力和材料成本有差别。对于访客量的预测，将在很大程度上决定场馆在展项制作上投入的成本。如果预计每年的访客量超过 10 万人次，展项成本自然会定得比较高，制作规格也会比较高。展项设计和制作成本最低也要每平方英尺 50 美元左右（基本没有科技含量），如果是高科技展项，则可能每平方英尺 250 美元以上。这些数字仅仅是对展项开发、制作和安装费用的估算。此外，还要对展项的持续维护、清洁和修缮费用进行预测。展项的开发分为几个阶段，规划和设计阶段可能长达 18 个月，制作需要 6 个月，安装还要 2 个月。当然，如果场馆能找到人愿意捐赠一些物料或服务，则可以节省大量资金，但这往往需要花费很多时间和精力，后续还要仔细规划展项开发各个阶段的时间节点，以便有效利用这些捐赠。

折旧是另一个容易被人们忽视的问题。折旧的目的是为场馆后续更换破旧设备和展项提供资金。在预算中折旧应该是单独列出的一项。你需要确定设备和展项的合理更换周期。对于如何确定设备的使用寿命，可以参考美国国税局的 990 表。

预测访客量时需要分析两个数字。首先要考虑的是预计的访客量与当地人口数量的比值——在每一千人中，每年有多少人来馆。另一个是访客与场馆空间的配比——每平方英尺展项空间每年能接待多少访客。大多数展项策划人员会说，每平方英尺展项空间每年可以很轻松地接待 15～18 名访客。如何更加充分地利用场馆的空间？为了吸引更多访客来馆，有没有在低峰时段（比如傍晚和清晨）有针对性地策划活动？

不切实际的增长预测会让资助者感到担忧。迈克尔·斯波克曾把儿童博物馆开馆比作餐厅开业。场馆第一年的访客量往往很高，因为每个人都想尝试一下新鲜事物。但要做好心理准备，第二年的访客量会下降。到了第三年，访客量一般会保持稳定。之后，场馆开始实施一些计划吸引访客，使访客量每年增加5%～10%。合理的计划会把这些因素考虑在内。儿童博物馆的会员续签率一般在40%～50%。小访客长大了，就不再来馆了。因此，场馆需要策划一些活动吸引新会员。可以设计一些独特的会员特权，这样即使孩子长大了，作为会员的家长仍然能保持对场馆的兴趣。

最后，运营计划还要说明场馆能为资助者带来哪些好处。同样地，你必须脚踏实地、实事求是地描述你将提供的回报以及项目的结果。市中心将因为场馆的存在而获得哪些益处？其他儿童博物馆为重振市中心做出了哪些贡献？对于儿童博物馆中的学习体验，相关研究得出了哪些结论？场馆能够满足哪些重要的社区需求？场馆是如何与其他社区组织建立合作的？简而言之，场馆能为资助者提供哪些回报？每个社区的情况都不同，这些信息能够帮助资助者了解场馆对社区健康发展的重要作用。

当你完成计划的撰写并将它发给几位潜在资助者之后，计划也不能就此被束之高阁。接下来，你要根据其中的内容准备口头展示。假设潜在资助者看了你的计划并想与你见面，这时你的展示技巧就十分关键了。如果你能在展示过程中清楚地说明项目的目标和需求，资助者往往会给出比较好的反馈。展示时要把重点放在场馆的管理团队、市场需求以及未来目标上。同时，要与资助者保持眼神交流，条件允许的话，带上展项的模型或原型来做演示。在做展示之前一定要排练，排练时最好能找些朋友来当观众，鼓励他们提些建议和问题。如果你的运营计划详尽合理，展示也非常清晰流畅，那么在社区里创建儿童博物馆的目标就一定能够实现。同时，出色的运营计划也可以指导场馆在关键的初创阶段取得成功。

玛丽·艾琳·沃顿是位于威斯康星州密尔沃基的贝蒂布里恩儿童博物馆的馆长，同时她也是美国青少年博物馆协会的理事会成员。她曾供职于休斯敦儿童博物馆和密尔沃基公共博物馆，对创建儿童博物馆有着丰富的经验。

从预测到预算——儿童博物馆的财务管理工作

阿肯色儿童博物馆

格雷格·沃伦（Greg Warren）

儿童博物馆取得成功的关键在于，在初创阶段就做好预算和财务规划。在组建场馆的最初几个月甚至几年里，资金都会如流水般进出。因此，儿童博物馆从一开始就要建立起完善的预算制度，并在此基础上根据内外部环境的变化随时做出调整。

儿童博物馆里的每个人都要在资源有限的条件下完成场馆工作，场馆——尤其是那些还没开始运营的新建场馆，应如何确立自己的收入目标和支出上限呢？场馆的财务管理工作可以由员工、理事会和外聘专家（通常是一家本地的注册会计师事务所）共同完成。场馆所在社区或许有很多优秀的会计师事务所，但他们可能缺少与非营利组织合作的经验。非营利组织与普通企业之间有些细微的差别。场馆最好选择具备相关经验的合作伙伴。

与注册会计师以及擅长财务工作的理事会核心成员密切合作，有助于场馆保持良好稳定的财务状况。负责财务工作的员工和理事会成员都应经过企业管理培训和（或）具有相关经验。尽管博物馆通常是非营利组织，但我们仍然需要进行企业化的运营管理。与此同时，虽然要像企业一样运营——制定预算、完成报表并实施财务控制，但我们仍要牢记场馆的非营利属性。也就是说，营利组织的最终目标——获得稳健的利益并不是场馆的主要目标。场馆里的每个人都应牢记这一点。

预算

新建场馆需要做两种预算：一种是筹备阶段的预算，主要说明开馆前各项筹备工作需要的花费，以及这部分资金的来源；另一种是运营预算，主要是对场馆开馆后 1~4 年运营成本的预测，同时还要分析有哪些收入可以用于支持未来几年上下波动的运营费用。筹备阶段的预算主要包含开馆前的筹资、营销、行政管理、展项制作以及建筑购置或改造的费用。不同的场馆由于规模迥异，这部分预算费用的金额差异会很大（有关筹备阶段预算的示例，请参见表 1）。

通过筹资活动募集的资金不仅要为开馆前筹备阶段的费用提供支持，同时也要用于弥补开馆后最初几年可能出现的运营资金缺口。尽管筹备阶段的收入和支出与运营预算中的收入和支出经常会有交叉，但两者通常还是要分开列明。一家新建场馆完全没有为最初的运营预留现金储备，是非常欠考虑的做法。即使预测结果显示场馆前景美好，也不能在没有现金储备的情况下启动运营，因为初创阶段有太多未知情况可能会发生。

简言之，制定运营预算的过程就是从挣钱、花钱的角度分析如何实现场馆的使命。要想预算准确，场馆需要投入大量的时间和精力，并在深入研究的基础上做出合理的假设（以及猜测）。

制定预算，首先要确定预算科目。儿童博物馆的基本收入包括以下几项。

（1）门票收入；

（2）会员收入；

（3）礼品店收入；

（4）活动收入（生日聚会、课程、工作坊等）；

（5）利息收入；

（6）特别活动收入；

（7）捐赠收入；

（8）专项资助（拨款）。

上面列举的第（1）项到第（6）项通常被看作"运营收入"，而第（7）项和第（8）项则是"捐赠收入"。然而，也有很多场馆将第（6）项（特别活动收入）视作捐赠收入而非运营收入，因为他们认为观众是为了参加特别活动把钱"捐"给场馆的。而把特别活动收入列为运营收入的场馆，通常是将特别活动看作场馆活动的一种，因此这部分收入也是运营收入。

不同场馆的支出类别可能有很大差异。常见的支出类别包括以下几项。

（1）薪酬；

（2）人力费用（税费、福利等）；

（3）建筑使用成本（租金、设施、建筑维护）；

（4）展项维护；

（5）活动支出；

（6）保险；

（7）办公费用；

（8）通信（电话、传真、邮件服务）；

（9）邮资和运输；

（10）差旅；

（11）会费和订阅费；

（12）资本支出（家具、设备和展项）；

（13）利息支出；

（14）筹资费用。

有关支出和收入类别的其他示例，请参见表3～表7。

对于不同场馆来说，会计科目表的明细核算程度也不一样。场馆可以将薪酬费用进一步细分，单独列出管理人员薪酬，便于年底填写美国国税局的990表。990表就是非营利组织的所得税申报表，它将支出分为三大类：项目、管理和筹资。建议场馆在制定会计科目表时参考990表的内容，这样便于在填写990表时直接找到需要的信息。与非营利组织合作过的注册会计师都知道990表的申报要求。至于是否要再进一步细分薪酬费用——项目、维护、安保等具体类别，就要看场馆本身的需求和顾问的建议了。

一旦确定了收入和支出类别，下一步就是预测每个类别的金额。虽然很难做到精准预测（任何预算都包含合理的猜测），但要注意，很多场馆都因为制定了完全不切实际的预算而陷入了麻烦。要制定合理的预算，可以先预测收入，关键是要切合实际，甚至要有些保守。如果对收入的预测过高，实际执行时就要找到额外的资金支持，而如果对收入的预测相对保守，则会有资金盈余。想办法用掉多余的钱自然要比额外找钱容易得多，压力也小得多。

切实地估算场馆的收入可能是预算制定过程中最难的部分。例如，一家新建场馆预测开馆第一年的访客量是5万人次，但实际可能只有2.5万人次。而有些场馆预测的访客量是2.5万人次，实际却接待了5万人次的访客。前一种情况可能比后一种情况更常发生。这里我想再次强调，对场馆收入的预测，一定要切合实际、相对保守。如果场馆在规划阶段开展过可行性研究，那么应该能够从中找到对访客量、会员、礼品店收入和捐赠相对准确的预测。但要记住，场馆的外部环境可能在可行性研究完成之后发生了很大变化，有时连三年都用不上情况就已经完全改变了。

如果在制定预算时还没开展可行性研究，那么要想预算准确，就需要做大量工作。场馆在预测收入时可以向本地高校的市场营销系或硕士商学院寻求帮助，看看他们是否愿意将场馆作为市场调研的案例进行研究。另外，也可以把一些经验丰富的社区代表，如教育工作者、家长、企业领导者、政府官员等组织起来开展访谈，听听他们是怎么看待新场馆可能对该区域产生的影响的。根据收集到的信息，场馆可以为预测建立一些假设（表2），并在这些假设的基础上确定预算中的一些数字。无论你采用哪种方式，预测收入的过程往往都非常耗时，并且常常令人沮丧。建立基本的假设后，运营预算的方案也就初步成形了（表3）。不过，就算我们在制定预算的过程中一步不落地严格执行这些关键步骤（无论你花了多少时间和精力去开展可行性研究、建立基础假设及编制预算），现实往往是不可预测的，实际发生的数字可能会与预测大相径庭（表4）。

完成收入的预测之后，下一步就是确定各项支出。同样地，对支出的预测也要尽量保守一些。可以将总收入的金额减少5%或10%作为支出的预算。例如，如果预测的总收入是20万美元，那么支出的预算就应该是18万～19万美元，预留1万～2万美元，以备不时之需。

支出类别一般会按照金额从大到小排列。预算中的支出，首先要考虑的是场馆的固定支出，也就是那些不管访客量是多少都会发生的费用。这些支出包括场地租金（如果是无偿使用的场地则没有这项）、水电费、通信费以及一些办公费用（复印机租赁费等）。其他支出包括馆长和其他骨干员工的薪酬。如果场馆计划开设礼品店，并且对收入的预测已经包含了礼品店的收入，那么礼品店的初始成本就要包含在预算中。同样地，如果对收入的预测已经包含了活动收入，那么与活动相关的费用也要包含在支出预算里。

在制定预算时，要相对保守地估算支出，我必须反复强调这一点。举个例子，如果预计活动收入为1万美元，那么将活动相关的支出预算定为1000美元就很不切实际。对于不同场馆、不同活动来说，收入回报率可能有很大差异，但我们可以从50%的投入比例开始估算。也就是说，想要通过活动赚得1万美元的收入，场馆可能需要支出至少5000美元。如果实际支出少于5000美元，当然更好。但如果一开始将支出预算定得过低，就会严重影响预算的其他部分。

最后需要确定预算中的弹性支出。这部分支出可能包括其他员工（除骨干员工外）的薪酬、展项维护、部分办公费用、邮费和运费、差旅费、会费和订阅费、筹资费用以及其他资本支出。这里我要再次强调，要切合实际，要保守，但不要在重要的项目上吝啬（请注意：展项维护一定要预留充足的资金。无论你认为闪亮的新展项是多么坚不可摧，正常的磨损和最终的报废都是不可避免的，而且会比你预想得更快）。

到这里，预算应该已经大致成形了。此时，你聘请的注册会计师要与场馆的所有理事会成员和员工一起审核预算。最终提交的运营预算方案要看起来合理可行，相对保守。

场馆在建立财务制度时还要向银行申请一定的信用额度。当你还有一个月才能拿到承诺捐赠的款项，而明天就必须要支付展项租赁费用时，你该怎么办？获得银行的信用额度可以帮助场馆在面临现金流困难时渡过难关。提前获得信用额度能保证场馆在需要时立刻获得资金，避免员工和理事会仓皇求助其他资金来源。

一旦场馆建立起来，随着每年的运营，预算的制定会容易得多。开馆后再制定预算时，可以参考上一年的收支情况以及当前的市场形势。

财务委员会和财务控制

大多数儿童博物馆都是非营利组织，需要实施有效的财务控制。场馆应建立完善的监管制度，不能让任何一个人对场馆的财务工作拥有完全的控制权。每家场馆都应建立一个财务委员会，由理事会的财务主管来领导，负责监管场馆的财务工作。

无论大馆还是小馆，要实施财务控制，最简单的方法是将银行对账单直接发给理事会的财务主管或与场馆合作的会计师事务所。除此之外，很多场馆还要求任何超过 1000 美元的现金支出都必须由两位领导签字同意，并且其中一位必须是理事会成员。财务管理的关键是随时都至少有两人清楚场馆的财务工作，并确保馆长和理事会都密切关注场馆的财务状况。

通常由馆长或成本控制主管（规模较大的场馆会有这个职位）负责与财务委员会对接。不同的场馆，财务委员会的职责有很大差异。大多数场馆的财务委员会主要负责依据馆长和员工提供的信息来制定年度预算。而在某些场馆，尤其是新建场馆或正经历财务困境的场馆，财务委员会可能要承担更多工作。然而，财务委员会不应负责单张票据的审批工作以及日常收支的汇报工作。财务报告的格式以及向理事会或财务委员会递交财务报告的周期应经所有相关人员共同协商，达成一致。场馆日常的财务工作应由场馆员工，如馆长、成本控制主管或业务经理负责。财务委员会的主要职责是监管场馆的财务收支情况，而不是日常财务工作。

审计

每年的财务审计是场馆最重要也是最可怕的工作之一。要记住，财务审计的目的不是揪出场馆或员工的不当行为，而是为了确保场馆的财务报表准确无误，并就如何改进财务管理工作提出建议。场馆之所以要完成年度财务审计，另一个重要原因是很多资助者要求场馆这样做，并以此作为向场馆提供捐赠的条件。

审计公司的确定，与财务制度建立初期会计师事务所的遴选过程类似。如果场馆每月的账目由一家会计师事务所负责，那么最好聘请另一家公司来做审计。如果场馆的账目最初由一家公司建立，但每月记账的工作是由场馆员工完成的，那么就可以再找原来这家公司做审计。就像选择会计师事务所一样，在选择审计公司时也应注意对方是否与非营利组织合作过。记得向审计公司要他们的客户名单。

选择与哪家审计公司合作，最重要的是看审计费用。审计费用主要取决于两个因素。第一个因素是场馆的预算规模。一般预算规模比较大的场馆，审计工作量也比较大。第二个因素是按照通用会计准则的要求修改场馆账目所需的工作量，这也影响审计工作所需的时间和费用。很多时候，比较成熟的大型场馆所作的账目完全符合通用会计准则的要求，这自然会使审计工作更加轻松，费用也更加低。这也是场馆最好与会计师事务所合作完成日常记账工作的另一个理由。

审计工作启动后，审计公司会派一两名会计师驻馆一星期。他们要做的事包括以下几项。

（1）检查所有银行对账单上的存款记录，然后与现金收入日记账进行比对；

（2）将注销的支票与银行对账单、发票以及其他说明进行核对；

（3）查阅人力档案，确保所有联邦、州和本地代扣代缴税款都已正常缴纳，然后将雇佣税的付款记录与工资记录进行核对。

除了核查这些具体的账目和票据，优秀的审计公司还会提前给场馆一份审计需要的材料和报表清单，方便场馆员工和审计员做好准备。

枯燥费力的审计工作主要是为了最终出具的审计报告没有保留意见——证

明场馆的财务报表公允地反映了场馆的财务状况。另外，审计公司还会给场馆出具一份管理建议书，指出场馆的财务制度还有哪些地方需要改进，并就如何降低财务风险提出建议，从而帮助场馆提升运营效率。具体的建议可能包括扩大保险的保障范围，为收入明显减少的项目寻找替代方案，或者将门票现金收入存入账户的周期从每周改为每天。通常在与同一家审计公司合作几年之后，场馆就不会再收到管理建议书了，因为经过这些年，审计公司会默认场馆已经按照之前管理建议书中提出的意见进行了改进，所有财务工作都已经合理合规。

《财务会计准则第 116 号和 117 号公告》

1993 年，美国的财务会计准则委员会颁布了《财务会计准则第 116 号（被称为"捐赠标准"）和 117 号（被称为"呈报标准"）公告》。每年支出超过 500 万美元的非营利组织要从 1994 年 12 月 15 日之后的财年开始执行这两个标准，而预算规模不超过 500 万美元的非营利组织要从 1995 年 12 月 15 日之后的财年开始执行。尽管接下来我会简要介绍这两个标准的内容，但这些内容还是太专业了，强烈建议场馆去咨询合作的注册会计师，了解这些标准可能对场馆产生的影响。

根据《财务会计准则第 116 号公告》，捐赠必须分为无限制、暂时受限和永久受限三大类。无限制捐赠是指相关费用会在当年发生的捐赠。除此之外，财务会计准则委员会近期增加了一项要求，针对未来的无条件捐赠承诺也必须作为限制性收入，在承诺做出的当年进行上报。因此，针对场馆未来某一年的活动而承诺的捐赠，会根据捐赠者的具体要求被分为暂时受限和永久受限捐赠。之后随着相关费用在未来几年里产生，受限资金会被记录为"解除受限资产"。

《财务会计准则第 116 号公告》还规定，如果收到的捐赠服务"会创造或增加非金融资产"或"涉及专业技能，并且如果没有捐赠，场馆就必须购买这类服务"，那么这些捐赠服务的价值也必须列为收入。这项要求会影响场馆对捐赠服务（比如志愿者服务）公允价值的确定。这个价值可能很难估算，场馆可以换一种思考方式——如果这些服务不是无偿的，场馆需为此支付多少费用？这或许是评估志愿者服务公允价值的最好方式。

《财务会计准则第 117 号公告》是对《财务会计准则第 116 号公告》内容的补充。《财务会计准则第 117 号公告》为非营利组织如何呈报财务报表建立了统一标准，使非营利组织与传统营利组织的财务报表更加一致。《财务会计准则第 117 号公告》要求非营利组织提供三种报表：

（1）资产负债表，现在称作"财务状况表"；

（2）损益表，现在称作"业务报表"（表 7）；

（3）现金流量表，现在仍然称作"现金流量表"。

《财务会计准则第 117 号公告》对所有这些报表中的明细科目进行了调整。例如，"收入"现在改为"非受限净资产的变化"，"资金余额"改为"净资产"。除此之外，收入、支出、资产和负债都像捐赠一样被分为三大类：无限制、暂时受限和永久受限。

按照财务会计准则委员会制定的新标准调整之后，财务报表看起来与以往不同了。场馆一定要咨询合作的注册会计师（如果你现在还没有与注册会计师建立合作，这是开启这项合作的另一个理由），了解这些标准会对场馆及其财务工作产生的影响。场馆还要确保财务委员会和理事会——与场馆有信托责任的人了解这些新要求。

建立完善的财务制度是场馆财务管理工作最重要的第一步。及时准确地记录收入和支出——不管这项工作是由场馆员工还是外聘的会计师事务所来完成——都是场馆运营决策的基础。对待运营收入和捐赠收入的态度能够体现出你对这项事业的认真程度，这是你必须向潜在捐赠者和投资者传达的信息。在艰难的建馆初期，没有按照美国国税局的要求完成财务报表或者在财务呈报工作上出现疏漏，可能会对场馆未来多年的运营产生负面影响。

格雷格·沃伦（Greg Warren）是阿肯色儿童博物馆的馆长。他在博物馆领域拥有 11 年的从业经验，并曾担任圣路易斯儿童博物馆"魔法房子"的运营总监。沃伦曾获得中央密苏里州立大学的工商管理学士和圣路易斯大学的工商管理硕士学位，他目前担任美国青少年博物馆协会理事会的财务主管。

表 1　筹资活动预算（场馆 1）

收入	
筹资活动	$ 650000
企业和基金会捐赠	$ 300000
个人捐赠	$ 50000
总收入	$ 1000000

续表

资本支出	
建筑改造	$ 200000
展项	$ 500000
总资本支出	$ 700000
筹备阶段运营支出	
人力	$ 100000
筹资和营销	$ 100000
行政管理	$ 50000
筹备阶段总运营支出	$ 250000
筹备阶段总支出	$ 950000
运营的初始现金	$ 50000

表 2　基础假设和财务预测（场馆 1）

（1）5000 平方英尺展项面积；
（2）每年每平方英尺展项面积最多接待 20 人次；
（3）15% 的本地人口会到访；
（4）本地人口数量为 40 万；
（5）学校团体访客占总访客量的 10%；
（6）会员占总访客量的 1%；
（7）平均每个访客支付的门票费为 2 美元；
（8）每年每个家庭的会员费为 30 美元；
（9）场馆 50% 的年收入来自会员和门票；
（10）场馆 50% 的年收入来自捐赠和赞助。

预测	第一年	第二年	第三年	第四年
访客量	60000	55000	57500	60000
会员数量	600	550	575	600
门票收入	$ 120000	$ 110000	$ 115000	$ 120000
会员收入	$ 18000	$ 16500	$ 17250	$ 18000
门票和会员收入	$ 138000	$ 126500	$ 132250	$ 138000

表 3　运营预算（场馆 1）

此预算是在开馆前制定的。请注意，第二年的门票、会员和礼品店等收入有所下降。这些收入在第三年开始趋于稳定，在第四年又再次回升。第二年收入下降主要是因为场馆的新鲜期已过，很多儿童博物馆都经历了这一过程。请准备好应对措施！

收入	第一年	第二年	第三年	第四年
门票	$ 120000	$ 110000	$ 115000	$ 120000
会员（见注释 1）	$ 18000	$ 16500	$ 17250	$ 18000
礼品店	$ 60000	$ 55000	$ 57500	$ 60000
特别活动	$ 25000	$ 30000	$ 40000	$ 50000
专项资助（拨款）	$ 20000	$ 25000	$ 30000	$ 40000
捐款	$ 60000	$ 75000	$ 85000	$ 100000
总收入	$ 303000	$ 311500	$ 344750	$ 388000

支出				
人力——薪酬	$ 140000	$ 150000	$ 157500	$ 165000
租金	$ 0	$ 0	$ 0	$ 0
水电费	$ 14400	$ 14800	$ 15400	$ 16000
电话费	$ 1600	$ 1800	$ 2000	$ 2200
税费和许可	$ 500	$ 500	$ 500	$ 500
保险	$ 5000	$ 5000	$ 6000	$ 6500
办公用品 / 印刷	$ 8000	$ 8000	$ 9000	$ 9500
办公设备	$ 1000	$ 1000	$ 1500	$ 2000
展项改进 / 维护	$ 20000	$ 20000	$ 22000	$ 24000
建筑改造 / 维修	$ 4000	$ 14000	$ 21000	$ 28000
广告 / 促销	$ 15000	$ 7500	$ 7500	$ 7500
筹资 / 拓展	$ 25000	$ 25000	$ 25000	$ 25000
志愿者	$ 1000	$ 1250	$ 1500	$ 1750
特别活动	$ 15000	$ 15000	$ 15000	$ 20000
礼品店	$ 30000	$ 27500	$ 28750	$ 30000
差旅 / 教育	$ 2500	$ 2500	$ 3500	$ 3500
保洁	$ 3600	$ 3600	$ 4000	$ 4400
邮资	$ 8000	$ 8000	$ 9000	$ 10000
专业服务	$ 3000	$ 3000	$ 3000	$ 3000
刊物 / 会员	$ 1000	$ 1000	$ 1000	$ 1000
安保	$ 1000	$ 1000	$ 1500	$ 2000

续表

意外开支	$ 20000	$ 20000	$ 20000	$ 20000
总支出	$ 319600	$ 330450	$ 354650	$ 381850
净现金流量	（$ 16600）	（$ 18950）	（$ 9900）	$ 6150
初始现金头寸 （见注释 2）	$ 50000	$ 33400	$ 14450	$ 4550
期末现金头寸	$ 33400	$ 14450	$ 4550	$ 10700

注释 1：会员卡在开馆前 6 个月就已经开始销售

注释 2：开馆前，场馆账户里有 5 万美元的资金储备。这部分资金是通过筹资活动筹集到的，用于支持场馆最初几年的运营

表 4　开馆前制定的预算和最终的决算（场馆 1）

	决算	预算	
收入	第四年	第四年	差额
门票	$ 121000	$ 120000	$ 1000
会员	$ 23000	$ 18000	$ 5000
礼品店	$ 34000	$ 60000	（$ 26000）
活动 / 工作坊 / 生日聚会	$ 18000	$ 0	$ 18000
其他	$ 1000	$ 0	$ 1000
特别活动	$ 37500	$ 50000	（$ 12500）
专项资助（拨款）	$ 10000	$ 40000	（$ 30000）
捐款	$ 120000	$ 100000	$ 20000
总收入	$ 364500	$ 388000	（$ 23500）

支出			
人力——薪资	$ 185094	$ 165000	$ 20094
福利（薪资的 15%）	$ 27764	$ 0	$ 27764
租金	$ 0	$ 0	$ 0
水电费	$ 36300	$ 16000	$ 20300
电话费	$ 6060	$ 2200	$ 3860
税费和许可	$ 0	$ 500	（$ 500）
保险	$ 7272	$ 6500	$ 772
办公用品 / 印刷	$ 14440	$ 9500	$ 4940
办公设备	$ 2000	$ 2000	$ 0

续表

展项	$ 3000	$ 24000	（ $ 21000 ）
建筑改造 / 维修	$ 2000	$ 28000	（ $ 26000 ）
广告 / 促销	$ 7800	$ 7500	$ 300
筹资 / 拓展	$ 7500	$ 25000	（ $ 17500 ）
志愿者	$ 1000	$ 1750	（ $ 750 ）
特别活动	$ 15000	$ 20000	（ $ 5000 ）
礼品店	$ 17000	$ 30000	（ $ 13000 ）
差旅 / 教育	$ 4000	$ 3500	$ 500
保洁	$ 0	$ 4400	（ $ 4400 ）
邮资	$ 3600	$ 10000	（ $ 6400 ）
专业服务	$ 6940	$ 3000	$ 3940
刊物 / 会员	$ 1500	$ 1000	$ 500
安保	$ 0	$ 2000	（ $ 2000 ）
活动	$ 4800	$ 0	$ 4800
意外开支	$ 5000	$ 20000	（ $ 15000 ）
总支出	$ 358070	$ 381850	（ $ 23780 ）
净现金流量	$ 6430	$ 6150	

表 5　预算（场馆 2 ）

该场馆利用第一年运营的实际收入和支出数据来预测场馆第二年期望实现的收入和支出。

	决算	预算
收入	第一年	第二年
门票	$ 117800	$ 132000
会员	$ 41175	$ 46850
礼品店	$ 53931	$ 63600
筹资	$ 23950	$ 30400
活动	$ 5426	$ 10000
特别活动	$ 1400	$ 2800
总运营收入	$ 243682	$ 285650
总捐赠收入	$ 35743	$ 28350
总收入	$ 279425	$ 314000

支出		
薪资	$ 153079	$ 153471
福利	$ 8910	$ 17050
仓储	$ 8100	$ 8220
水电费	$ 3450	$ 2785
建筑维修 / 耗材	$ 8203	$ 4070
展项维护	$ 4438	$ 6496
活动 / 工作坊	$ 5894	$ 6230
筹资	$ 4356	$ 7565
广告	$ 6394	$ 7324
办公用品 / 设备	$ 5973	$ 6300
邮资	$ 5029	$ 6000
印刷	$ 9752	$ 11300
礼品店	$ 35622	$ 39400
志愿者	$ 1713	$ 1200
专业服务	$ 4500	$ 3300
订阅和会费	$ 3253	$ 5895
保险	$ 2900	$ 2900
电话费	$ 3000	$ 3000
展项	$ 0	$ 8500
杂费	$ 4716	$ 9100
总运营支出	$ 279282	$ 310106
净现金流量	$ 143	$ 3894

表 6　预算（场馆 3）

这份预算包含场馆开馆前一年（第零年）和第一年的运营。其中收入分为运营收入和捐赠收入。支出分为四类：运营、活动、拓展和薪资。第零年薪资为 0，据此可以推断该阶段场馆还没有负责人，很可能是由一个高度热忱、凡事亲力亲为的初创理事会来运营的。

收入	第零年	第一年
门票	$ 0	$ 250000
会员	$ 50000	$ 100000
礼品店	$ 0	$ 150000
活动	$ 0	$ 10000

生日聚会	$ 0	$ 10000
总运营收入	$ 50000	$ 520000
特别活动	$ 150000	$ 150000
捐款	$ 325000	$ 355000
总捐赠收入	$ 475000	$ 505000
总收入	$ 525000	$ 1025000

支出		
建筑使用成本	$ 20000	$ 250000
水电费	$ 10000	$ 25000
保险	$ 1000	$ 6000
建筑维护	$ 4000	$ 6000
办公用品	$ 3000	$ 12000
家具和设备	$ 40000	$ 0
印刷和复印	$ 20000	$ 15000
电话费	$ 3000	$ 2000
邮资	$ 2000	$ 2000
差旅和会议费	$ 1000	$ 1000
订阅和会费	$ 1000	$ 1000
总运营支出	$ 105000	$ 320000
展项	$ 120000	$ 200000
教育活动	$ 25000	$ 200000
资源中心	$ 75000	$ 75000
展项租用	$ 2000	$ 10000
礼品店	$ 50000	$ 50000
总活动支出	$ 272000	$ 535000
会员	$ 5000	$ 20000
志愿者	$ 5000	$ 20000
公共关系	$ 10000	$ 10000
筹资活动	$ 20000	$ 45000

续表

总拓展支出	$ 40000	$ 95000
薪资	$ 0	$ 100000
总支出	$ 417000	$ 1050000
初始现金头寸	$ 0	$ 108000
净现金流量	$ 108000	$ 83000

表 7　业务报表（场馆 4）

这份报表以前叫作损益表，现在按照美国《财务会计准则第 117 号公告》的要求命名为业务报表。第一年使用年化数据是因为场馆在第一年只运营了 6 个月，下面的数据是根据 6 个月运营折算而成的年度运营数据。场馆第二年将运营 12 个月，这一年的预算是基于第一年的年化数据制定的。

	年化数据	预算
收入	第一年	第二年
门票	$ 424564	$ 372073
会员	$ 58899	$ 57252
生日聚会	$ 14606	$ 23720
租金	$ 6989	$ 12360
工作坊	$ 4381	$ 14250
纪念品	$ 3456	$ 7200
利息	$ 8151	$ 0
特别活动	$ 0	$ 21500
其他	$ 9341	$ 14500
总运营收入	$ 530387	$ 522855
现金捐款	$ 259737	$ 350000
承诺捐赠	$ 473485	$ 0
展项和活动捐款	$ 67029	$ 317000
总捐赠支持	$ 800251	$ 667000
总收入	$ 1330638	$ 1189855

支出		
展项	$ 217796	$ 121098
展项折旧	$ 162000	$ 162000

活动	$ 228323	$ 225327
建筑使用成本	$ 173071	$ 180083
营销、会员和公共关系	$ 214820	$ 203505
日常行政管理	$ 208387	$ 207224
拓展	$ 132822	$ 139673
总支出	$ 1337219	$ 1238910
净现金流量	（$ 6581）	（$ 49055）

第十章
人力资源和团队管理

————

儿童博物馆如何聘请首任馆长

艺术管理顾问公司

琳达·斯威特（Linda Sweet）

在过去的两年里，有30多家儿童博物馆经历了寻找新馆长的过程。这其中有一家场馆是全美第一批成立的儿童博物馆，还有一家虽然已开馆8年，但直到最近才有了可以长期使用的固定场地，另外还有家新近成立的场馆，刚刚启动，还没有硬件设施和正式活动。尽管这三家场馆处于截然不同的发展阶段，预算规模也大相径庭，但他们在招聘时对馆长的要求却高度一致——都希望（新馆长）是经验丰富的儿童博物馆从业人员，具有强大的领导力、人格魅力和创新思维。

尽管各场馆之间差异很大，但大多数场馆都理所当然地认为他们的新馆长需要是个勤勉认真的管理者，这个人不仅要能做好预算管理工作，还要能搭建合理的组织结构，确保场馆顺利运营。他们期望新馆长有丰富的筹资经验，懂市场和观众拓展，同时还希望他沟通能力强，在大大小小的公开和私人场合都能谈吐自如、令人信服，他不仅能打造积极进取的员工团队，还能带领团队一起努力工作。大多数场馆都想找到高瞻远瞩、具有创新思维的馆长，希望其不仅能解决各种复杂的问题，还能带领场馆策划全新的活动。这些场馆一开始对新馆长的要求都过于理想化了，他们很快就发现自己的期望不切实际。这时他们会重新审视这些要求的优先级，仔细研究场馆要做的事情，并考虑理事会、志愿者团队、现有员工以及将来入职的员工中有哪些人可以弥补馆长的不足。对于新馆长的招聘要求必须经过深思熟虑，同时也应该像工作计划一样便于执行，既要考虑场馆近期要做的事，也要考虑一个人的实际能力。此外，还应结合场馆未来的需求考虑新馆长应具备的素质。

新建场馆的理事会对首任馆长的期望往往更难做到切合实际。一个正在成长的机构有太多需求，有太多工作需要完成，理事会往往感觉招架不住，因此希望新馆长无所不能。在确定馆长的招聘要求之前，新建场馆的理事会要完成一项很重要的工作——搞清楚理事会和馆长之间的关系。场馆要想顺利开展运营工作，不仅需要经验丰富、乐于奉献、专业达标的领导者，还要与其他机构或个人紧密合作。因此，要想找到合适的馆长，理事会首先要表现出自己已经准备好履行管理职责，包括筹资和配合馆长完成场馆的工作。如果理事会在物色馆长人选的过程中能展现自己的奉献精神，将会对这一过程非常有帮助。同时，理事会也应主动表现出对自身职责、优缺点的全面了解，以及与新馆长通力合作的意愿。

优秀的理事会能够利用寻找馆长这段时间进行自省和分析，这样最后不仅找到了新馆长，还对场馆有了更深的理解，同时也更清楚自身在塑造场馆和保证场馆持续运营方面的重要作用。在这一过程中，这些理事会以正式或非正式的方式开展了自我评估，这样做对新建场馆来说尤为重要，因为新建场馆可能一直有意控制理事会的规模，或者理事会本身缺乏将场馆带入下一发展阶段所必需的专业能力。对这样的场馆来说，聘请首任专业馆长往往意味着筹资活动即将开始，而理事会的规模也需要扩大。理事会吸纳新成员与聘请馆长一样，需要经过深思熟虑，也需要确定招聘要求以及未来的工作计划。

聘请馆长的时机没有统一的标准，要具体情况具体分析。在开始招聘馆长之前，理事会应该确立场馆的使命和目标，大体上勾勒出未来2～3年的战略计划，通过开展可行性研究确定社区对场馆的需求和支持，并且已经开始筹资。大部分馆长候选人都期待场馆的账户里已经准备好至少一年、最好两年的运营资金。同时，他们也希望场馆还没有确定合作的建筑师、没有敲定展项方案的细节，因为只有这样，等他们加入场馆团队后才有机会参与这些重要问题的决策。

当理事会完成了自我评估，决定聘请馆长并确定了现实可行的招聘要求之后，仍然可能存在期望过高的情况。大多数新建场馆想要聘请有过儿童博物馆运营或从业经验的人，希望这个人口碑良好、全国知名、有能力针对场馆的所有问题提出并实施解决方案。好的理事会能够意识到这一目标过于理想化，并准备好在寻找馆长的过程中做出妥协。有些场馆已经发展得比较成熟，也能出得起高薪吸引经验丰富的候选人，对于这样的场馆来说，要求候选人兼具较强的管理能力和项目拓展能力并不为过，优秀的馆长也确实都具备这两种素质。但对于新建场馆来说，这样的期待或许太高了。新建场馆的理事会和志愿者要清楚自己擅长什么、未来希望专注于哪个领域以及想要做什么。他们要能针对新馆长不太擅长的工作领域找到解决方案，并且准备好另外聘请员工。如果幸运的话，未来的新馆长能和场馆一起成长。理事会还要认识到，要与场馆共同成长，新馆长将需要额外的培训，因此要将培训列入年度工作计划并留出相应的预算。不过，开馆后场馆日常管理工作会随着员工和预算的增加而大幅增长，有些新馆长可能擅长策划展项和教育活动，对场馆日常的运营管理工作没什么兴趣；也有些馆长擅长建设或改造场馆，但却对市场拓展和公共关系等工作不太擅长或毫无兴趣。新建场馆必须认识到，相对于成熟场馆，他们聘请的馆长可能任期并不长，因为场馆很有可能在短时间内发生巨大变化，而成功带领场馆开馆的馆长不一定具备继续领导场馆运营的才能或气质。理事会需要注意的是，为了保证馆长在其任期内卓有成效地工作，理事会需要清楚自身的能力，对新馆长寄予合理的期望，为新馆长加入做好充足的准备，并且具备与新馆长密切配合的意愿与能力。

儿童博物馆领域可谓人才济济。目前儿童博物馆吸引了一批最具创造力的博物馆从业人员。他们不仅渴望与公众对话，还能策划出兼具趣味性和挑战性的教育活动和展项。不过，寻找馆长是儿童博物馆各类招聘工作中最难、通常也是最耗时的。儿童博物馆目前还属于新兴行业，很多场馆仍是小小的"夫妻店"，员工人数很少，而这些人也没有准备好承担起管理者的角色或组建一个正式的机构。为了找到合适的人选，馆长的招聘工作应该面向整个博物馆界，而不仅仅是儿童博物馆领域，同时场馆也要关注教育机构和类似的非营利组织，做好多条战线同时推进的准备。场馆一旦确定了招聘要求，就应该把它发给其他博物馆以及相关服务机构和培训项目的从业人员。招聘团队应通过电话等方式与候选人和推荐人直接交流，并且把招聘广告发布在美国青少年博物馆协会、美国科技馆协会等专业机构的刊物以及相关地区博物馆协会的出版物上。此外，也可以考虑刊登在《高等教育记事报》和《公益记事报》上。如果场馆本身位于或毗邻某个较大的都市区，也可以考虑将招聘广告刊登在当地报纸上。要注意的是，你把招聘广告发给某些刊物之后，它们可能需要几周甚至几个月的时间才能发布出来。在发布招聘广告之后，场馆无法预估会收到多少回复，也不知道回复的人中有多少是符合要求的，因此场馆需要积极主动地联系候选人，而不是坐等他们来应聘。不管应聘的人是否符合要求，场馆都应给予回复。对于收到的简历，场馆应该建立一套完整的评估流程。不管是主动联系场馆的人，还是场馆主动联系的候选人，场馆都要记录他们的信息以及后续进展。尽管最终只有少数人能成为真正的候选人，但其他人也可能会对场馆有所帮助，所以尽量让每个和场馆打过交道的人都对场馆及其未来充满期待。

在收到简历之后，场馆应该选择优秀的应聘者打电话详聊，之后再进行一次更加正式的电话面试和背景调查，最后再确定面试人选。建议场馆直接打电话联系推荐人，不必要求他们提供推荐信，特别是那种千篇一律的推荐信。最重要的是尽可能获取更多关于应聘者的信息，了解他们的优缺点，看他们是否适合馆长的职位。场馆应事先咨询法律顾问，面试过程中有哪些问题可以问、哪些问题不能问。招聘团队里最好能有一位专业的人力资源管理从业人员，如果没有，场馆也可以聘请一位专业的顾问，以便随时咨询各种问题以及寻求建议。因为场馆需要支付候选人前来参加面试产生的所有费用，所以在确定面试之前一定要尽量全面了解候选人的情况。在安排面试日程时，要充分利用与候选人交流的时间，特别是在候选人长途跋涉来参加面试的情况下。场馆应选择至少3～5位候选人来参加第一轮面试，再从中挑选出1或2人进行第二轮面试。第二轮面试一般会持续更长时间，理事会成员、场馆员工、社区里的"大人物"以及任何对场馆发展可能产生重要影响的人都要参与进来。第二轮面试可能持续2～3天，期间可以安排社交的机会，或者邀请候选人的配偶一同前来熟悉当地的工作环境。在正式发出工作邀请之前，场馆应对候选人开展全面细致的背景调查，包括其现同事、前同事以及其他此前因为保密原则而无法联系的人。大多数招聘团队所做的背景调查都不够全面，他们没有通过更多渠道来了解候选人，问的问题也不够深入。

薪资和福利待遇是应聘者求职时考虑的关键因素。很多理事会还没有意识到，随着"儿童博物馆馆长"的工作复杂程度和要求越来越高，这个职位的薪资也增长了。尽管很多公司和非营利组织正在逐步缩减员工的福利，但不少儿童博物馆才刚开始为员工提供适度的福利计划。在大多数情况下，为了吸引更加接近期望值的优秀人才，理事会会为馆长准备超出原定计划的薪资和福利。场馆可以通过美国青少年博物馆协会（及其薪资调查项目）、其他儿童博物馆、州立和地区博物馆协会以及所在社区内的相关组织来确定合适的薪资和福利待遇。最重要的是，理事会应根据工作内容、候选人的需求以及候选人将给机构带来的贡献来确定合理的薪酬。为了锁定合适的（馆长）人选，场馆可能需要支付比该领域其他非营利组织以及本地政府机构更高的薪资。

工作地点也是候选人要考虑的重要因素。尽管招聘团队通常会在一开始就说明工作地点，但直到候选人拒绝参加面试或面试通过的人开始纠结工作地点变化将给其生活带来的影响时，大家才开始意识到这个问题的重要性。举个例子，当场馆位于一个管理相对混乱的城区时，不仅意味着场馆的工作量更大——一边要履行教育职能，一边还要提供社会服务，而且也指望不上所在社区提供经济支持，同时也意味着，在合理的通勤范围内很可能没有便宜住房和好学校。如果场馆位于富人社区，也会存在周边是否有便宜住房的问题。如果候选人有配偶，那么场馆所在区域的其他特点，尤其是本地的经济状况和工作机会就会成为影响候选人最终决定的关键因素。即便是理事会愿意并且有能力帮助候选人的配偶牵线搭桥，安排面试（很多理事会也的确是这么做的），也不能保证候选人的配偶就能找到合适的工作。配偶的工作问题使得候选人很难甚至不太可能变换工作地点，这种情况越来越普遍。另外，孩子也是决定候选人能否变换工作地点的关键因素。如果只在本地招聘，那么选择会很少，但也可能因此使得招聘过程比较顺利，同时也能节省需要由场馆承担的候选人搬迁和面试的费用。

当今社会唯一不变的就是变化本身。如果新馆长的能力、运气和得到的支持足以应对各种变化，那么未来就很有可能取得成功。目前儿童博物馆馆长的任期一般为8～10年。如果时间再长，一个人很难继续保持激情迎接挑战，其实，能在5～6年的时间里保持这种状态已属不易。儿童博物馆的馆长是份苦差事，特别是当场馆刚落成、面临大规模扩建或理事会没有履行其职责时。要想场馆在新馆长的领导下取得成功，馆长和理事会就要定期对场馆开展全面评估，就像每年或每两年做一次体检一样；另外，理事会要定期开展自我评估，同时也要每年考核馆长的绩效；最后，场馆要对未来有规划，还要每年重新审视和评估已制定的规划，并根据实际情况做出适当的调整。

琳达·斯威特是艺术管理顾问公司的合伙人，她主要为博物馆和其他文化组织提供猎头、组织分析等专业服务。在加入这家已有12年历史的公司之前，她曾在布鲁克林博物馆和波士顿美术馆从事教育工作。

一个坚定的乐观主义者对于"领导力"的思考

圣何塞儿童探索博物馆

莎莉·奥斯博格（Sally Osberg）

　　我对领导力的理解，主要源自以下三种渠道。首先，作为一家 9 个孩子中的老大，我从很小的时候就已经知道承担责任和受到尊重的重要性——父母信任我，弟弟妹妹仰慕我，我因此建立了自信和判断力。此外，我从很多优秀的文学作品，尤其是查尔斯·狄更斯（Charles Dickens）的作品中了解到人性的优缺点以及戏剧所呈现的社会环境。而领导力本质上就是一种人性的艺术，即便最后事情的结果可能与你预想的不同，你还是渴望把事情做到最好，渴望做对的事。最后，感谢这些年来遇到的优秀合作伙伴，他们的智慧、我们共同努力时的坚持不懈和彼此欣赏都让我获益良多。当然，最宝贵的经验还是从我自己所犯的错误中学到的。

　　这些年来，我总结出了一系列生活和领导原则。为了经得起顺境和逆境的考验，我努力做到约翰·加德纳（John Gardner）所说的"坚定的乐观主义"；在做决策时，我冷静从容地分析问题，扪心自问哪条路更具挑战，然后告诉自己比较艰难的那条才是对的路。在我的世界观里，大多数事情就像中国的阴阳理论中所说的，都需要辩证地去看待，比如一个人的优点往往也是他的缺点；弃之不用的想法中往往孕育着伟大的点子；紧张和压力既是挫败的来源，也是发挥创造力的关键。

　　我认为领导者既是学生也是老师。在全面探讨人类的思维模式时，彼得·圣吉（Peter Senge）曾分析过领导者发挥自身作用的方式，即一边阐释和挑战人们现有的思维模式，一边代之以更令人信服的新模式。以儿童博物馆为例，在场馆里，关于团队领导的经验教训比比皆是，但不管怎么说，儿童博物馆是个尊重人类情感和认知发展的地方。场馆里充满无数的观点想法、积极的社会交往以及丰富的学习体验。我们努力在场馆里营造出一种学习环境。我坚信儿童博物馆归根结底是学习的地方。多年前，我总结出了一套基本原则——"在儿童博物馆里工作和生活意味着什么"，并把它分享给了我的员工团队。这套包含了我们信奉的价值观——好奇心、探究、参与、快乐的原则，同时也是我们生活的信条。用一句古谚来总结，就是"言行一致"。有时我们必须提醒自己，最重要的不是"我们是谁"，而是"我们是怎样的人"。

我的偶像之一是已故的文艺复兴学者巴特·加玛提（Bart Giamatti），他曾是大学校长，后来成为全美棒球联赛委员。他在关于棒球的优秀著作《花点时间享受生活》一书中曾写道，想要深入了解一个社会，不要去看人们如何工作，而要看人们如何玩（如何度过休闲时光）。我喜欢把儿童博物馆的蓬勃发展看作"教育即工作"的另一种体现。儿童博物馆再一次提醒我们，学习可以是令人激动和快乐的体验，尽管有时它也有单调乏味的一面，比如当馆长！

最后我想说的是，教科书喜欢把制订愿景归为领导者的责任，而将日常管理工作归为管理者的责任。坦白讲，我相信如果没有日常管理工作的支持，任何愿景都会变得毫无价值；同样地，如果领导者本身不具备管理技能或没有优秀的管理者提供支持，领导者也无法做好领导工作。领导者，尤其是我们这些面向孩子、家庭和社区或者代表这些群体的领导者，必须把眼光放长远，短期的、治标不治本的解决方案是行不通的。愿景不像运营计划，不是你坐下来执行就能实现的，它是关于未来的一幅图画。它形象、引人入胜，能够激励作为领导的你、你的同事以及你们的服务对象。它描述的是未来的某种可能性。最重要的是，正因为它无法轻易实现，所以才值得渴望。

近期我读到了马修·阿诺德（Matthew Arnold）的一句话，"（当领导最重要的）不是拥有什么和得到什么，而是正在做什么和将成为什么"。这句话很好地总结了我个人对"领导力"的理解。

本文原载于《手牵手》1995 年冬季刊。

莎莉·奥斯博格于 1969 年加入波士顿儿童博物馆，自此开始从事博物馆工作，后来机缘巧合之下，他于 1985 年开始担任圣何塞儿童探索博物馆的馆长。她是美国青少年博物馆协会主席，也是美国领导力论坛全国委员会的成员。

多元文化与团队建设

吉姆·拉维拉－哈维琳（Jim LaVilla-Havelin）

俗话说，养育一个孩子需要"全村"的力量，而创建一家场馆需要"真正的信徒"，儿童博物馆的员工所扮演的正是"全村"和"真正的信徒"的角色。初创阶段是场馆确立各种岗位和组织架构的好机会。在此期间，场馆要聘用和培训员工，并通过一项项具体决策来构建场馆文化；另外还要营造开放包容的整体氛围，允许大家表达自己的意见，重视并尊重每个人的不同特点以及为场馆做出的贡献。有了这样的整体环境后，场馆需要讨论多元文化与团队建设的问题。

把门敞开些

在《哈佛商业评论》1990 年 3-4 月双月刊上发表的一篇题为《从平权行动到肯定多样性》的文章中，小托马斯·罗斯福（Roosevelt Thomas，Jr.）探讨了为什么要努力组建多元化的员工团队。他所做的观察和研究如下：

管理多元化的员工团队并不意味着控制或减少多样性，而是要让团队中的每个成员都有机会发挥自己的潜能……

据我所知，迄今为止还没有哪家大公司对自己在管理多元化员工团队方面所做的工作感到满意，但是很多公司已经开始朝这个方向努力了……

很多管理者并不清楚为什么要学习管理多元化的员工团队。为了符合相关法律的要求，或为了维护社区关系，似乎都是不错的理由。很多管理者认为雇用少数族裔和女性是他们的社会和道德责任。另外一些管理者则是为了安抚机构内部的某个群体，或是为了与某个外部组织搞好关系。这些理由都不错，但却都不是商业逻辑。考虑到当今社会残酷的竞争环境，我认为只有从商业角度去考量，才能使机构走得更远……

多元化的员工团队不是企业"应该"有的，而是"必须"具备的。如果还不具备，就要采取行动尽快组建。学会管理多元化的员工团队将使机构更具竞争力。

在这篇文章中，作者还列举了机构应遵循的一些其他原则，包括审视"企业文化"和适时调整"运营假设、制度和模式"。对于新建机构来说，重点不在"审视"和"调整"，而是需要"从零创建"。在创建的过程中，机构成了开拓者。为了开启一段伟大而艰难的旅程（带着真心和梦想上路），新建机构在组建团队时要勇于改变，拒绝简单的答案，大胆走出舒适区，与朋友圈和同行以外的人交流。要通过探索和挑战，建立起一个具有探究精神和创造力的机构。

我注意到了一个很奇怪的差异。在博物馆领域，当谈到多样性和多元文化时，教育和观众拓展相关的著作往往把重点放在了包容性、舒适度、方式方法和基层工作上，而展项相关的著作则侧重不同文化之间的差异、思维方式的转变以及展览背后的文化内涵。只有在员工招聘和发展相关的著作中，当谈到多样性和多元文化时，关键词才不是"舒适"，而是"变化"。

为新场馆组建员工团队是个很好的机会，可以尝试打破现有的思维模式，从一开始就让所有人认识到，团队里的每个人都是平等的，每个人都有各自的背景和想法，每个人对机构、对自己的岗位、对彼此之间都有不同的认识。新建场馆可以营造一种氛围，鼓励员工提出疑问、倾听他人和做出改变。

矛盾的是，在鼓励提问、倾听和做出改变的同时，手头的第一要务还是开馆。首先要把优秀的人才聚集起来，一起动手、动脑、用心把场馆开起来。但是要牢记，在这个过程中所经历的一切、参与的人、秉持的理念以及做事的方法在开馆后都会呈现出来。一旦完成了第一步，未来的日子就需要团队所有成员在错综复杂的现实面前发出不同的声音，提供各式解决方案。场馆不能只为一部分员工，比如负责展项和活动的人员提供发挥创造力的机会，而让剩下的人继续在陈旧的预设和过时的模式下工作。变革要贯穿整个机构，需要所有人发挥创造力。

在组建并保持多元化员工团队、鼓励员工发出不同声音的过程中，最重要的是搞清楚为什么要这么做。这不是说要明确背后的动机或者从道德的角度摆出高姿态，而是要思考场馆、社区和我们自己真正的角色。场馆要体现社区里的不同声音、经验和需求。想要真正做到这一点，就要把这些声音、经验和需求全面融入场馆的各个方面，包括员工、理事会、志愿者、展项、活动、规划、语言、组织结构和未来。为什么？因为场馆所秉承的核心教育理念，如探索式学习、多元智能、建构主义教育理论和跨代际的学习方式，如果缺乏多元文化的内涵，将不会对观众产生任何影响。在飞速发展的教育和培训领域，有很多需要我们进一步挖掘的技能和愿景。学习者已经以全新的方式（或一些古老、已经被人们遗忘的方式）成为解决问题的人，他们能够帮助我们成长。

为什么多元文化对新建场馆尤为重要？因为场馆的每个决定、每次选择和每项计划都可能对构建场馆文化起到至关重要的作用。如果想要帮助儿童和家庭准备好迈入 21 世纪，我们就不能错过这个创建新型场馆的大好时机。而相对成熟的场馆在寻求改变的突破口时，往往会面临难以想象的艰辛。他们的运营假设、管理方式、理事会以及与社区之间的联系都是建立在已有的特权或善良的初衷基础之上。当这些场馆想要做出改变时，有时需要先一砖一瓦地重塑自己，但他们往往半途而废，然后安慰自己说，"我已经努力尝试过了"。

新建场馆有机会从一开始就树立起全新的标准，了解更多运营场馆所需的技能。他们不仅能更加深入地理解自身在推动行业变革方面的重要作用，而且在做每个决定时都可以认真思考自身的角色。首先看一下，哪些人参加了场馆组织的讨论会？哪些人没有来？社区中的哪些人没有参加本次会议或者从来没有参加过场馆组织的会议？在这个会议场地以及周边区域，哪些人会感到不自在，是否因此需要换个场地？哪些人能给你牵线搭桥？哪些人能帮你联系上没来的人？不要坐等别人联系你，主动去寻求帮助。对场馆来说，相对于因缺席会议而屡屡向场馆道歉，从一开始就出席场馆组织的会议更有价值。但要记住——你所邀请到的人只能代表他们自己，不能代表他们的种族、民族或其他社区群体。他们所说的只是个人意见。

场馆只是"把门敞开些"还不行，也就是说，只有良好的意愿是不够的。如果只是一味地抱怨符合要求的应聘者没有"来找你"，那么这种状况不会有任何改变。在我给出一些具体案例、想法和招聘策略之前，你得知道招人有多难。我们经常会转而求助朋友、朋友的朋友、自己的小圈子以及少数有志投身于这项事业的人。这样做主要有两个原因：一是更容易招到人；二是创建新场馆的过程非常艰辛，充满挫败感，因此能与真正的同志和亲密的朋友为伴就显得尤为重要。从建馆初期就要牢记，你是在为所有儿童和他们的未来创建场馆。从一开始就得到广泛的支持，会对场馆非常有帮助。如果场馆能从组建团队起就让每个人都具有主人翁意识，将会为场馆的未来奠定坚实的基础。

聘用多元化的员工团队

1978年，我作为《全面教育和培训法案》（一项联邦就业计划）的工作人员开始涉足博物馆领域。当时一家艺术博物馆向我敞开了大门，这家场馆抓住机会开展基层艺术教育，为所在社区策划和组织活动。我在场馆里的培训费用是由这项联邦就业计划的经费承担的。这家场馆不仅让我能够运用自己的已有技能，还教会了我一些新技能。在接下来的几年里，"专业人才"成了博物馆界的热点话题。因为我曾在美国最专业的博物馆培训课程里学习、任教，并参与过招聘工作，所以我一直反对所谓的"专业人才"。我记得自己当初是如何进入这个领域的，即便我运用的是"外行"的技能，大家还是非常愿意让我学习。

几年前在克利夫兰儿童博物馆，我们翻阅了众多简历，发现应聘者中很少有非裔美国人，这让我们感到很失望（因为克利夫兰的大部分人口为非裔美国人，而且我们刚刚通过全国会议开启了一个以"倡导多元和减少偏见"为主题的展览合作项目，同时我们已经从博物馆领域开展的"增强多元文化意识"项目中成功申请到了资金支持）。于是我们决定改变原来的招聘方法，去非裔美国人社区招人。此前，我们只是在本地报纸上刊登招聘广告，坐等应聘者来联系我们；现在，我们开始主动联系非裔美国人的艺术和文化组织，与他们的工作人员一起张贴广告，邀请这些组织的负责人给我们推荐人才。我们深入城市，探访社会服务机构、职业培训机构、我们的合作伙伴以及非裔学生聚集的高校。这种方法虽然比较耗时，但它彻底改变了我们的场馆，使我们的招聘工作有了更多可能性。

去哪里寻找人才？

在克利夫兰，我们接触了一家非裔美国人的戏剧组织和一些社会组织，联系了非裔美国人里对社区发展感兴趣的专业人才，也考虑了他们推荐的年轻人。

后来在圣安东尼奥儿童博物馆，我们的各个项目充分利用了本地资源，包括建筑师、设计师、承包商、制造商以及艺术家。我们期待在开馆时，员工和我们同样渴望聘用本地人才。然而，最初寻找墨西哥裔候选人的过程让我们有些失望。我们找遍了这座城市的艺术文化管理局、高校、墨西哥裔美国人社区里的艺术和文化组织、德克萨斯博物馆协会，也咨询了全州各地的儿童博物馆同行。我们一直坚持着，不愿放弃。一部分墨西哥裔的应聘者申请了一些要求较低的职位，但其实他们的能力足以申请中级职位。这让我们意识到，若要实现我们所期望的改变，不仅要开放场馆的招聘工作，还要改变社区对场馆的认识和态度。

哪些技能可以被灵活运用？

旅游产业（包括酒店和餐厅）、小型创业公司、教育和医疗保健行业需要的技能往往都是可以被灵活运用到博物馆领域的。我们要学会鉴别这些技能，消除行业壁垒，在招聘时对不同技能保持开放的心态，在坚持追求卓越人才的同时保持灵活性。要做到这些并不容易。当你重新思考场馆员工需要具备哪些特质时，想想下面这些问题。

（1）博物馆教育和剧院里的工作有哪些相似之处？

（2）博物馆访客服务工作与酒店、会议中心、航空公司或公园的接待工作有什么相似之处？

（3）活动策划与学生生活委员会的工作有哪些共同点？

（4）会员拓展工作与电话营销或销售有哪些共同点？

（5）展项团队的项目管理与小型创业公司的管理运营有哪些类似的地方？

"即使看到职位要求与自身条件不符，有些人还是会申请该职位"，这话说起来容易，但事实上很多时候并非如此。只有那些熟知这个领域的规则，同时知道另外一些技能和背景也将被认可的人才会这样做。对其他很多人来说，严苛的要求只能让他们望而却步。在招聘要求中，可以尝试加上"或类似经验（技能）"这样的表述。参考高校一些学科院系的做法——他们的招聘要求是什么，如何保证人员素质，如何评估绩效。他们有太多东西值得我们学习。在博物馆这个非正式的学习环境里，我们既要为观众提供非正式的学习体验，也要为员工提供同样的学习机会。

寻找什么样的人才？

聘请到具有创新思维，且从容自信而富有远见的优秀人才，是一件非常难能可贵的事。同样地，能够根据具体情况灵活应变、善于解决问题的实干家，也是可遇而不可求的。场馆在招聘时要去找最聪明、最优秀的人才，但也要更加开放地定义什么是"优秀"和"聪明"，具体可以参考多元智能理论。敢于冒险、从未想过会从事博物馆工作、能灵活应变并快速成长的候选人，对场馆来说也是个不错的选择。新建场馆需要的是经得起风浪而不迷失方向的人，因为初创阶段的每一天都不是风平浪静的。对于初创团队来说，重要的是努力的过程，而不是结果。对那些注重结果和成果、在意规则和细节的人来说，相对开放、充满变化的建馆过程可能会让他们感到很痛苦。在不同文化之间来回切换、灵活应变的能力，恰恰是新建场馆所需要的。

保持多元化的员工团队

1．人事制度

对于新建场馆来说，一切都要从零开始。人事制度从某种意义上体现了场馆对公平和平等的渴望和认识。如果场馆能够认识到，人事制度是一个说明权力关系的文件，则会对后续开展工作非常有帮助。如果场馆的人事制度依然沿用传统的上下级不平等关系，漠视员工团队中个人和群体的需求和信仰，就会出问题。可以参考其他儿童博物馆以及场馆所在区域的非营利组织的人事手册。律师在帮助场馆审核这份文件的措辞时会尽全力保护场馆。

如果场馆在树立公众形象和建设公关关系方面做的只是表面文章，人事制度会直接面临传统的组织架构问题——权力不平等。邀请员工参与人事制度的制定既耗时，风险又高，甚至还有可能造成员工不和，进而将你置于尴尬、被动、站不住脚的境地，尤其当有些事情超出了你的控制范围时。但这么做确实开启了场馆与员工之间的对话，而且可能从某种意义上真正改变场馆的权力结构。

2．员工培训

聘用多元化的员工团队很难，而保持和促进这种多元化则更难。需要对多元化的员工团队进行多元化相关的培训吗？当然需要。其实从多元化员工团队的各种基础假设和角色［谁有权表达意见，如何表达；谁负责执行，执行者如何表达自己的需求；谁比较受重视（被听取），为什么；谁会被忽视或遗忘，为什么］中就能看出很多问题。

结论

请注意，我上面提到的两个例子是克利夫兰和圣安东尼奥。在这两座城市，所谓的"多元文化"其实就是二元文化。克利夫兰的大部分人口为非裔美国人，而圣安东尼奥的大部分人口为墨西哥裔美国人，这是这两座城市中的所有公共机构都必须面对的现实。试想，在洛杉矶、旧金山、纽约、芝加哥这样多元化程度极高的国际化大都市，想要创建多元化的场馆会有多难？而在族群比较单一的小城镇，又该怎么办？是否正因为克利夫兰和圣安东尼奥的人口特点（某一族群人口占绝大多数），场馆才必需打造多元化的员工团队？如果主要族群的人口占比较低，又该如何？

我们希望帮助孩子准备好进入未来的社会。未来 50 年里，世界将由多元文化组成。每个地方的人都要与其他族群的人打交道。在全球化的大社区里，我们有着不同的语言、肤色、宗教和家庭结构。如果我们能在场馆里创造认识彼此和相互学习的机会，让员工、志愿者和访客都能分享彼此的异同，也就为此贡献了自己的绵薄之力。

吉姆·拉维拉－哈维琳是圣安东尼奥儿童博物馆的首任馆长，该馆于 1995 年 9 月正式对公众开放。此前，他曾供职于克利夫兰儿童博物馆和史坦顿岛儿童博物馆，并曾是银行街学院博物馆教育和博物馆领导力专业的教职人员。

如何更好地服务场馆客服人员

博物馆服务咨询

凯瑟琳·希尔（Kathryn Hill）

在不同的组织架构下，博物馆的访客服务工作由不同的部门来承担。有些场馆将访客服务作为教育部、运营部或市场部的下级部门，而另外一些场馆则将访客服务作为一个单独的部门。在后一种情况中，有些场馆会将所有与场馆环境直接相关的工作都归到访客服务部，比如礼品店、餐饮服务、特别活动、场馆活动、一线服务工作等；而有些场馆则把这些职能中的一部分划归到访客服务部。无论场馆采用哪种组织架构，访客服务经理都应该算是中层管理人员。无论场馆的规模是大是小，中层往往都是比较尴尬的位置。而作为访客服务人员，位于中层可能尤其尴尬。一方面，他需要关注访客体验，向场馆传达访客的意见；另一方面，他又没有权力直接解决这些问题。即便在一些小馆中，馆长非常重视访客服务，访客服务经理也可能因为场馆的维护、标签的尺寸、椅子的摆放等问题的重要程度，而与同事发生冲突。

当一个人知道自己的权力非常有限时，最好把精力集中在那些自己能够掌控的事情上。尽管在大多数场馆，访客服务经理无法决定场馆的服务理念，但他们至少对一部分一线员工的招聘、培训和管理工作有一定的控制权。这是件好事，因为一线员工的管理或许是访客服务工作中最重要也最有价值的部分。只有访客服务经理具备卓越的创造力和管理技能，才能培养出高效的服务团队。

一线员工

博物馆的一线员工包括保洁员、安保人员、维护人员、接线员、礼品店店员、售票人员、客服代表、讲解员等。在规模较大的场馆里，这些岗位可能由不同的人来担任；而在规模较小的场馆里，一个人可能要身兼数职。不管场馆规模大小、员工数量多少，一线员工通常都是场馆中薪资待遇和参与程度最低的一群人。

但在构成场馆服务环境的众多细节中，毫无疑问，直接面向公众的一线员工才是场馆最重要的代表。访客也许不会在意场馆里不清楚的标识牌或者烧坏的灯泡，但却非常看重工作人员的态度。如果工作人员举止粗鲁，脾气再好的访客也不会容忍。哪怕因场馆工作人员带来的不愉快经历只发生了一次，访客都有可能再也不来场馆了。客户服务相关的研究表明，如果一家博物馆收到一位访客的投诉，意味着已经有10位访客（因为同样的原因）愤然离馆。他们没有告诉场馆离开的原因，但他们会把不愉快的经历告诉自己的朋友，这将大大增加场馆的损失。另外，相关的研究也表明，管理层对待员工的方式和态度会直接影响员工对待客户的方式和态度。

博物馆将自身定位为教育机构，而且一直非常重视多元文化和服务贫困族群，因此在员工管理工作上，更应该做出表率。尽管并非所有场馆都有提升访客服务的计划，但几乎每家场馆都与其他机构建立了合作。当合作项目的访客来馆时，谁来服务他们？在场馆里，一线员工很可能是最多元化的一个群体，他们代表了那些我们特别想要服务的群体。如果我们对待员工的方式和态度真的会影响到他们对待访客的方式和态度，而我们又真心想要服务贫困群体，那么我们就必须注意自己对待访客服务人员的方式和态度。想想看，访客每年和我们在一起的时间不过几个小时，而访客服务人员每年有50周、每周有40个小时与我们在一起。作为教育机构，我们有着大把的机会可以用来服务自己的员工。

更好地与员工沟通

"管理者乃公仆"的说法似乎有点极端，但想要培养高效的访客服务团队，确实要先保证团队成员自身得到很好的服务。如果你的任务是营造良好的服务环境，那么首先要做的就是服务好你的员工。和其他人一样，一线员工希望自己在工作中有知情权，在学习技能的同时有机会发挥自己的潜力，希望工作中有明确的目标，取得的成绩能得到认可。

在那些老牌博物馆里，一线员工对场馆的了解程度可能会让人瞠目结舌。他们了解场馆建筑的特点、访客的喜好、哪些系统不好用、为什么某个展项每一两天就坏一次。但对于那些管理层认为一线员工理所当然应该知道的东西，他们却知之甚少。例如，他们可能不太清楚场馆的使命宣言，或者可能感觉到访客量在下降，但却不知目标访客量是多少。如果你不告诉他们，他们或许也不知道自己的工作是某项长期计划的一部分。作为管理者，我们知道，自己了解的信息越全面，决策就越准确。这一点对一线员工来说也是如此。让一线员工了解更多内部信息，能够提升员工的归属感和对场馆的认同感。从部门内部来说，除了涉及其他团队成员的保密信息以及法律上需要保密的信息，没有什么是访客服务经理需要对一线员工保密的。

当然，有效的沟通应该是双向的。或许你（访客服务经理）已经非常认真地向一线员工传达了场馆的信息，保证他们及时了解场馆的目标和计划，但他们可能没有机会直接参与与访客服务相关的讨论和决策。一线员工即便有发言权，往往也只能通过他们的领导来发声。而我们都知道，仅仅通过别人来传话，很少能准确表达我们想要传递的信息。如果能让某些一线员工加入场馆内部组建的委员会，或邀请他们参加解决问题的讨论会，可能会带来很多意想不到的好处。比如，他们开始了解你每天面对的问题，因此对你和场馆的期望会更切合实际。你的同事和领导也会开始了解一线员工的才华和见解。这不仅会对他们的职业发展有益，对你自身作为管理者的成长有益，也对访客有益——为访客提供了独特而强有力的发声渠道。毕竟，我们所做的一切都是为了访客。

与一线员工沟通有时并不容易。例如，如果场馆每周开馆天数较多，每天开馆时间较长，就很难在工作日把一线员工召集到一起。书面沟通当然也很有必要，但它不能取代人与人之间面对面的互动。另外，还要考虑他们的英文阅读能力，书面沟通可能会使你在不经意间冷落了阅读能力有限的员工。

赋予员工权力

"赋权"这个话题有点老生常谈，很多管理者多少会有些左右为难。我们都知道应该赋予员工权力，但这到底意味着什么？赋予员工权力并不是彻底放手不管，让他们自己想办法解决问题。我们如何评价员工的表现、如何评判员工的行为，对于场馆建立上下一致的服务体系至关重要。我们既要坚持高质量的服务标准，又要让员工有独立决策、掌控自己职业生涯的空间，我们需要在这两者之间找到平衡点。

一旦员工理解了场馆的使命以及自己在实现场馆目标过程中应发挥的作用，访客服务团队就可以一起努力，建立一套工作理念，这一理念将在一定程度上反映你们的价值观。如果能向员工明确传达这些价值观并获得他们的理解，将对员工的服务理念和场馆运营的各个方面产生重要的影响。举个例子，作为面向公众的机构，场馆无法在制定制度时预见所有可能发生的情况。然而，如果访客服务团队的工作理念是带着同理心去服务，那么他们在处理具体情况时就有了指导原则，做事方式也会更加符合场馆的使命和目标。如果场馆的价值观包含团队协作，那么就有办法解决某些员工长期迟到的问题，因为他们的迟到会给那些准时的团队成员带来困扰。员工可以偶尔违反场馆的制度，比如一位母亲在场馆门口因为忘带钱包而显得焦急而疲惫，于是门口的接待人员决定让她和她的孩子免票进馆，但绝不允许背弃场馆的价值观。

价值观不仅可以帮助员工建立以访客为中心的服务标准，还能让员工觉得自己有能力当场解决问题，并在决策时优先考虑访客的利益，这是光靠制度无法实现的。如果场馆向员工明确传递了追求卓越、持续改进的价值观，那么就为员工营造了良好的环境，让他们愿意提出新的想法，在解决老问题时尝试新方法，并勇于承担新的项目。菲尔德自然博物馆的一位访客服务人员利用自己的业余时间开展调研，撰写了一份完整的摆渡车服务需求分析和预算报告。另一位员工则为展区设备和信息服务台摆放的印刷品开发了一套库存管理系统。该系统记录了每一台设备、每一份宣传材料的摆放位置、获取渠道、价格以及需要重新订购的时间。这位员工其实并不具备专业的计算机知识，但他并没有因此退却，而是向场馆内的其他人寻求技术支持，而那些人虽然可能对他的举动感到惊讶，但还是非常慷慨地帮助了他。

这听起来可能有点难以置信——仅凭价值观，我们就能建立起积极、高效的一线员工团队？当然没有这么简单，但一套符合场馆使命且得到员工认同的价值观是团队建设的基础。价值观对于场馆的管理工作也很重要。如果访客服务部的价值观包含团队合作，那么当人手不够时，为了整个团队的效率，访客服务经理就应当机动地承担起需要人手的任何工作。如果同理心是场馆的价值观之一，那么每位员工都应得到关怀和理解，即使场馆处于困难时期也应如此。坚持同理心也意味着访客在场馆看到的第一个标识不应该是"场馆禁止某某行为"的列表。一方面，价值观是访客服务人员的理念基础；另一方面，我们的每个项目、每项管理决策都应该以这些价值观为基础，这样才能使场馆对员工的期望看起来更加合理。

认可员工的工作成果

开放场馆内部的沟通渠道，在访客服务部倡导高质量的服务理念，这些做法或许能大大激励一线员工，进而全面提升场馆的服务质量。然而，如果员工的努力没有得到回报，这个动力就很难保持。场馆往往会疏于认可员工的工作成果，其中部分原因在于很多博物馆从业人员都能从"在博物馆工作"这件事情本身上获得满足感，但最主要的原因还是场馆觉得无力承担相关费用。确实，博物馆员工的薪资涨幅很小，有些年度甚至完全不涨，这导致明星员工和表现一般的员工在涨薪幅度上的差异几乎可以忽略不计，因此根本无法体现对工作成果的认可。即便在规模较大的场馆，员工的职业通道也不长、上升空间也不大。

尽管存在经费上的限制，场馆其实也可以选择一些不怎么花钱的方法来认可员工的工作成果。馆长的一封短笺、在内部通讯或员工会议上的公开表扬，访客服务部全体成员的掌声对一线员工来说都是难得的奖励，这些奖励非常宝贵，也不需任何花费。其他成本不高的奖励形式还包括一天带薪假期、一张午餐券或电影票。如果员工因收银工作准确无误或会员卡销售业绩而受到奖励，那么这些工作给场馆带来的收益很可能远远高于奖励的成本。

场馆可以通过多种方式认可员工的工作成果，在选择具体方式时最好能征求员工本人的意见。毕竟，如果员工本人不喜欢这些奖励形式，建立起一整套复杂的奖励机制也毫无意义。场馆定好大原则之后，具体的奖励机制可以交由一线员工团队来制定，这样最终的结果才能让他们感到满意。

当一天的工作结束时，访客服务经理或许知道，自己没能争取到培训预算的增加。他（她）看见场馆门前褪色的旗帜还在，长凳仍然需要刷漆。尽管自己用尽了全力，但还是没能让场馆员工走出办公室，来到展区里。然而，一名成功的访客服务经理也应该记得，这一天场馆里发生了无数充满善意的举动。同时，他（她）也要知道，一线员工不仅为访客提供了直接的帮助，还通过各种微小但重要的方式提升了场馆的环境质量。或许在这一天工作结束时，这些员工是怀揣着成就感和满足感离开场馆的。最重要的是，访客服务经理和一线员工都知道，今天有许多向他们寻求帮助的人在受到周到服务后满意而归。

本文原载于《手牵手》1993年冬季刊。

凯瑟琳·希尔是位于首都华盛顿的美国大屠杀纪念馆管理团队的创始成员，她曾在芝加哥的菲尔德自然博物馆负责访客服务工作。目前，她负责一家博物馆服务咨询机构的运营管理工作，同时也在博物馆咨询联盟担任主席一职。

一位馆长对访客服务工作的思考

莱尔儿童博物馆

苏珊娜·勒布朗（Suzanne LeBlanc）

六年前，当我在伯克利的博物馆管理研究所学习时，为了完成课程里的一项作业，我去到一家此前从未去过的场馆，对其开展了全面的评估。在那次评估过程中，我把重点放在了访客服务工作上。我提前打电话给场馆询问了路线，到售票处咨询了信息，使用了场馆的洗手间，跟随某个团体一起参观了场馆，试着寻找公用电话和电梯，评估了场馆的无障碍设施，并观察了客流量。然后从一个初次到馆的访客的角度评估了场馆体验，包括场馆是否让我感到舒服、是否欢迎访客来馆、能否让我找到需要的信息、工作人员是否适时提供了帮助。所有博物馆从业人员，尤其是离一线工作最远的馆长都应了解访客第一次来馆的感受。

为了撰写这篇文章，我回顾了自己两年前为拉斯维加斯的莱尔儿童博物馆整理的待改进事项。当时莱尔儿童博物馆刚成立一年，我刚刚接任馆长一职。在这份列表中，与访客服务相关的工作包括大堂、售票处和信息服务台的运营、公共关系、场馆标识、展项维修、宣传材料、公共活动人员培训和应急程序等。在担任该馆馆长之前，我曾在波士顿儿童博物馆负责访客和社区服务工作。当时，波士顿儿童博物馆每年接待的访客超过 50 万人次，另有在场馆外开展的公共活动每年服务超过 25 万儿童和成人。当我开始接任莱尔儿童博物馆馆长一职时，我已经对访客服务的重要性有了深刻体会，并且具备在大型公共机构搭建制度体系并进行管理运营的丰富经验。

作为馆长，我既关心每位访客的体验质量，也很在意访客是否会再次来馆或向其他人推荐我们的场馆。我的团队规模很小，但员工个个才华横溢、勤勉努力。这也促使我思考，想要提升访客体验，馆长可以做些什么？以我个人的经验，馆长的作用主要体现在以下几方面：在树立场馆的工作理念时，着重强调访客服务的意义；在制定场馆制度时，将提升访客服务质量作为场馆使命的重要组成部分；在确立组织架构时，突出访客服务的重要性；针对工作过程和实时评估设定奖励制度；将提升访客服务质量列为长期规划目标；通过多种方式向各级员工强调培训的重要性。

理念和制度——馆长的责任

馆长可以通过发挥自身影响力，在馆内营造重视访客体验的文化。每天，馆长的工作理念和处理事情的优先级都在以各种方式，如预算和人员配备上的决策、员工会议和培训、书面制度以及馆长本人的表率作用传达给员工。因此，馆长在工作中要时刻把访客放在第一位。

举例来说，场馆的预算是否包含用于访客设施和访客服务人员的款项？如果答案是肯定的，那么就向员工传递了一种信息——访客满意度是场馆管理工作重点追求的目标。馆长是否带领大家一起讨论、解决、认真对待访客关心的问题？如果馆长的确是这样做的，那么就营造了一个不断提升访客服务质量的场馆环境。馆长是否参与新员工、访客服务人员和志愿者的定期培训？馆长可以利用这些机会向一线员工传递场馆的理念和政策，让这些与访客直接打交道的人有机会一起讨论自身工作对访客体验的影响。

还要强调的是，馆长必须通过自己的日常决策、讨论、行为以及管理风格来向员工传递场馆理念。真正关注访客需求的馆长会在日常工作的大事小情里，以直接或间接的方式将理念传递给员工。

组织架构

场馆的管理和组织架构很大程度上反映了场馆工作的优先级。莱尔儿童博物馆近期把原有的"运营部部长"一职更名为"访客服务和支持部部长"，突出该职位在访客服务方面的职责。访客服务和支持部部长是该馆四位高级管理者之一，与展项和教育活动部部长、合作发展部部长及财务部部长平级。把一些职位主要负责的工作（访客服务、学校团体服务、早期教育活动、特殊需求等）体现在组织架构里，有助于确保在各种需求出现冲突时，这些职位能够为这些工作的服务对象争取更多的关注、资金和时间。

过程和评估

如果场馆重视促进员工和访客的学习，员工可能更愿意参与评估和改进场馆的工作。营造这样的工作环境和氛围是馆长的职责。如果场馆鼓励员工尝试，对工作过程和结果给予同等的重视，则有助于形成重视自我评估和访客评估的场馆文化，而具备这种文化的场馆通常更能了解和响应访客的需求。

长期规划

不管是理事会还是员工，在讨论长期规划时，除了关注访客量和市场推广的目标及战略外，还要探讨场馆当前的访客服务质量。只有这样，访客服务的相关问题才能引起场馆上下的重视。

在莱尔儿童博物馆的长期规划中，提升访客量的大目标下还包含两个关于访客服务的小目标。

（1）通过提升展项、教育活动和访客服务的质量，吸引访客多次来访；

（2）通过持续评估和访客调查，加深场馆对观众的了解和理解。

员工培训

显然，员工培训是提升访客服务质量的基础。但场馆到底应该为员工提供哪些培训？特别是那些不直接参与活动或服务的幕后工作人员？为接线员、秘书和安保人员等未直接参与活动的员工提供内容深入的培训，同时让所有员工都参与到场馆使命和理念的讨论中来，这么做不仅会让员工培训上升到新的高度，同时也会使场馆多方面受益。

举个例子，在布鲁克林儿童博物馆，安保人员会参加关于新展项的培训，也会通过培训来了解场馆服务周边儿童的理念，以及为什么允许7岁以上儿童在无成人陪同的情况下进入场馆。随着周边儿童可以选择参与的项目越来越多，场馆从"德威特华莱士《读者文摘》基金"获得了"青少年动起来！"领导力基金捐赠，安保人员因此得以参与更多的讨论和培训。如果安保人员没有机会参与这些活动，他们在与访客打交道时很可能只从安全的角度思考问题，这样就可能会违背场馆的初衷和理念。这里，我想再次强调，馆长应发挥自身的作用，确保员工有机会参与更多培训。

困难和阻碍

作为馆长，我会竭尽所能随时关注那些在提升访客服务质量过程中容易遇到的问题。根据我的经验，这些问题主要包括以下几项。

（1）场馆里有太多重要的事情需要我们投入时间、金钱和精力，导致我们很容易对某些事视而不见，或选择暂时搁置，或干脆把问题归为无解。我认为，这是馆长的职业本能，适当加以利用会对场馆大有裨益，但如果肆意滥用则会损失惨重。馆长应明确所有事情的优先级，暂时搁置的事情不能被遗忘，必须有人负责跟进，以免最终的后果由访客来埋单。

（2）信息需要从馆长传递到高级管理者，然后再到中层管理者，最后传到一线员工。场馆的规模越大，信息在传递过程中就越容易被扭曲，事情的优先级和标准也会随之发生改变。只有创建并保持充满活力的组织文化，同时恪守场馆的使命以及对访客的承诺，才能克服上述问题。

（3）就访客服务工作而言，要想做到面面俱到，会非常耗时，就像家务活一样，永远没有做完的一天。因此，我们很容易会撒手不管、放任自流。如果员工认真负责，避免养成这种坏习惯，对场馆而言，无疑是一件幸事。

（4）访客服务工作很多时候没有那么光鲜亮丽，人们直到最近才意识到，其实大部分工作需要专业技能才能完成。因此，即便是非常出色的访客服务人员，往往也不认为自己所具备的技能有什么了不起。在儿童博物馆里，新展项和活动更容易获得赞誉、喝彩和关注，而那些微小但却重要的细节，如高效运转的售票处、清晰友好的标识、充足的停车位和善于应对突发状况的员工，好像就不那么容易得到认可。这就要求馆长必须想办法确保访客服务人员有权力、有自信去开展自己的工作。

（5）因为访客服务涉及多个部门的工作，其有效性可能会被淡化。公共关系、教育、维护、安保和行政人员都有机会接触公众访客并影响他们的在馆体验。访客服务部部长在向下属传达工作愿景时，要清晰而富有感染力，并领导大家实现良好的跨部门合作。

下面我将通过一个具体事例，大堂和售票处的运营来说明我们场馆是如何处理访客服务工作的。莱尔儿童博物馆和拉斯维加斯图书馆位于同一座建筑，该建筑在设计之初就考虑了两家机构的需求，并且最初的资助也涵盖了这两家机构。但是，这两家机构是相互独立的，儿童博物馆是民办非营利组织，而图书馆则归政府所有。很多人在到达场馆时都以为场馆是图书馆的一部分，所以对需要买票进馆这件事感到非常困惑和不满。

同时，大堂的设计和标识也没有明确区分这两家机构，使得这一情况更加复杂。有时人们会带着书来我们的售票处，或者去图书馆的售票处询问关于我们场馆的信息。这两家机构也都会利用大堂的空间来举办特别活动（比如我们场馆举办的"印第安人丰收节"活动）。同时，大堂还存在标识摆放位置不当或不够清晰友好、售票处有时无人值守、访客信息系统不完善等问题。场馆为了省钱，大堂和售票处的运营都由志愿者负责，并执行半天倒班制。尽管他们的工作非常出色，但要确保每个人都了解工作相关的信息也绝非易事。

想要解决上述问题，需要多方面人员的参与和配合。当时，解决这些问题成了新任访客服务和支持部部长的首要任务。而且，还要让拉斯维加斯图书馆的管理部门也参与进来，因为有些改变会同时影响到两家机构。由于大堂设计不能大动，因此资金只能用于标识、立柱、访客信息公告板和其他设施的改进。我们必须从多个角度优化沟通与培训机制，包括从员工到售票处的志愿者，从志愿者到公众，以及从志愿者到员工。

要想解决场馆大堂和售票处的问题其实并不难，但需要馆长安排投入人力和金钱。另外，还需要指派一名经验丰富的员工在问题解决的过程中负责协调和督促，并赋予他做出更改的权力。

此刻再看我在本文一开始提到的待改进事项清单，很显然，访客服务相关的问题和背后的理念必须融入场馆的血液里。很多具体的工作领域在本文里都被一笔带过甚至没有提及，但它们同样需要场馆员工投入大量的时间和精力。例如，访客评估、多元化的观众及展示说明牌都是与访客服务息息相关的专业领域，同时也是众多研究、著作和会议探讨的主题。只有从馆长的角度不断强调访客体验质量的重要性，促使场馆上下形成共同的工作理念，才有可能提升访客的在馆体验以及对场馆的印象。

本文原载于《手牵手》1993 年冬季刊。

苏珊娜·勒布朗目前是拉斯维加斯莱尔儿童博物馆的馆长。她在儿童博物馆领域已有超过 23 年的工作经历，在此期间，她曾供职于布鲁克林儿童博物馆和波士顿儿童博物馆。另外，她曾担任内华达博物馆协会的主席，现在她是美国青少年博物馆协会的三位副主席之一。

儿童博物馆如何聘用访客服务人员
——对杰莉·罗宾逊（Jeri Robinson）的访谈

采访者：波士顿儿童博物馆艾莉诺·钦（Eleanor Chin）

在波士顿儿童博物馆，杰莉·罗宾逊（Jeri Robinson）曾担任多个职位。在接受本次采访时，她同时兼任该馆的早期教育活动部部长和访客教育部部长。她创建的"游戏空间"，开创了此类展项的先河，被博物馆、监狱和医院等机构争相效仿。艾莉诺·钦（Eleanor Chin）是波士顿儿童博物馆的访客关系部部长。

问：能请您详细说说楼层经理和引导员、教育人员之间的关系吗?

答：场馆的访客服务工作和教育工作是密不可分的，从事这两类工作的员工需要掌握的技能也是相通的。尽管他们的工作可能各有侧重，但要想把工作做好，必须深入理解彼此的合作。对我来说，这两种工作的重要性不分伯仲。活动组织得再好，如果没有好的内容，也无法为访客提供优质的体验。同样地，活动内容再好，但组织混乱，也行不通。只有两者结合，找到平衡点，才能创造出高质量的访客体验。

问：那么，这意味着您在聘用楼层经理时会注意哪些问题呢? 楼层经理的招聘要求是什么?

答：楼层经理的主要职责包括运营和活动两部分，目标都是为场馆的日常运营提供支持。只有精力旺盛、才思敏捷、注重细节、平易近人的人才能胜任这一职位。另外，这个人不仅要有与孩子打交道的工作经验，还要愿意与成年人互动。如果他还能对儿童发展、活动策划和执行有一定的了解，就再好不过了，因为这些有助于评估访客体验的质量。

问：你们能教授这些技能吗? 还是应聘者本身就需要具备这些技能?

答：在招聘时经常遇到的一个问题就是"应聘者需要具备哪些技能，而哪些技能是可以在入职后通过培训习得的? "评估活动质量所需的技能可以在日后实践中不断锻炼，从而达到熟能生巧，所以场馆一般会希望应聘者已经具备了这方面的基本知识。就楼层经理这一职位而言，日托中心、课后班以及教学工作的从业经验都可以派上用场。另外，应聘者应该对儿童发展有最基本的了解，这样他们在看到儿童博物馆里的情况时才能运用已有知识来评估访客体验，而不是惊叹"我的天啊，太吵了"。当然，在课外活动中，"吵"对于孩子来说是很正常的行为，关键在于"我们如何把它变得更有意义"，而不是简单地认定这样的行为不应该出现在场馆里。确实，有些人无须经过任何正式培训，就对这些问题有天然的悟性，但我个人认为还是聘请有一定经验的人比较好，因为这样他就可以把已有经验灵活运用到场馆环境中了。

问：所以说，您愿意聘请那些懂教育的人，同时也愿意聘用那些在麦当劳或迪士尼乐园接受过客户服务培训的人吗？

答：是的。活动除了要有趣、要精心策划，还得具备很强的教育价值，这样访客才会满意。

我们的小访客们往往会通过发挥自己的想象力去创造和演绎一些故事。在此过程中，他们可能没有注意到不同展项之间的界限。举个例子，一个孩子在"印第安人"的厨房里玩耍时，突然决定去旁边的"市场"买点东西，然后带着她买的"水果和蔬菜"再回到"印第安人"的厨房去做晚饭。此时，楼层经理有两种方式应对这种情况：一是告诉孩子不要把某个展项的道具带到另一个展项区域；二是观察并理解孩子是如何通过关联两个展项来支持自己的角色扮演游戏的。如果楼层经理不理解孩子的游戏过程，很可能为了把道具控制在原本的展项区域内而打断孩子。场馆工作人员要能理解孩子的各种表现，预料到孩子的探索过程。在一个没有接受过这方面培训的人眼中，这种探索过程只能用"混乱"二字来形容。

问：这对工作人员来说其实很难，因为他们需要在相互冲突的两种角色之间找到平衡点——既要通过管理工作确保为访客提供舒适的体验环境，又要尽量促进访客的学习。

答：有时的确会产生冲突。但就像教师也要维持课堂秩序一样，展区的工作人员必须具体情况具体分析后再做决定，而不是用一套硬性的死规定草草处理所有状况。

他们需要同时兼顾访客教育和场馆管理。展区的工作人员需要具备良好的沟通能力和积极解决问题的能力，因为我们总是想要找到双赢的解决方案。但考虑到高峰期的访客量，他们很难兼顾两方面的需求。例如，有些访客是第一次玩某个展项，而另外一些访客也想玩，并且试图挤到展项中去获得一些空间，一时间好像所有状况都在同时发生。在这种情况下，我们需要一个能力很强的人，他要能想办法让一些访客走动起来，或者根据访客的需求，将预先只安排了 1 个小时的活动延长至 3 个小时。我们希望楼层经理能根据自己的观察做出决策，促进访客学习。例如，当参加活动策划会时，他们会说，"我们真的需要做更多脸部彩绘活动，因为访客的确乐在其中。对孩子来说，这是非常好的互动方式，他们是真的喜欢"，而不是说"我们不能再做脸部彩绘活动了，因为排队的人很多，又吵又乱，会打乱参观的人流"。虽然后者是事实，但在漫长的队伍和等待之后，孩子们带着全新的彩绘面孔成为新的角色，这会让他们感到兴高采烈。

问：楼层经理还可以通过哪些方式来促进访客安心学习？

答：楼层经理就像蒙特梭利教育中的教师一样，在幕后发挥作用。他们在现场引导协助访客时，要知道什么时候该退到一边观察访客，还要清楚如何通过改变环境来促进访客自主学习。他们要眼观六路耳听八方，为访客营造一个好的学习环境。他们要不时进入展项区域，把散乱的道具整理好。当活动变得难以控制或过于混乱时，他们要悄悄拿走过多的道具。他们一直在观察和评估环境，为展区的工作人员提供帮助和支持。他们还要随时协调各展区的工作人员，看看哪里需要加派人手，或者将某位工作人员从一个暂时不需要他的展区调派到附近的另一个展区，合理安排各展区的工作。

引导员也可以为促进访客安心学习发挥一定的作用。如果引导员在回答访客问题时能引导他们进一步探索，便很好地履行了自己的职责。这让家长能安心地全神贯注于自己和孩子的学习上。如果我们能让家长感觉一切尽在掌握，并且我们能很好地帮助到他们，他们就能放轻松，将注意力集中在自己的孩子身上。最糟的情况莫过于家长在忙着找东西，而无暇顾及孩子在做的事。孩子，尤其是年龄特别小的孩子，他们的学习随时随地都在发生。他们只关心自己在做的事，不会想半小时后会发生什么。如果家长为整个行程而担忧，找不到自己需要的信息，则必然会对孩子的学习过程产生负面影响。

问：是的，家长的焦虑很大程度上取决于场馆的便利程度以及与展项互动的机会。我们观察到的另外一个典型例子是那些需要轮流玩的展项。

答：是的，孩子不是天生就会轮流参与的。虽然孩子的某些行为从社交的角度看不太礼貌，但这些行为对他们来说却是再正常不过的。在公共场合，当孩子出现这些行为时，家长可能会感到焦虑或尴尬，我们试着帮助家长应对这些情况。我们不得不承认，场馆的环境导致了很多冲突的发生，因此才会使孩子变成"小恶魔"。场馆中有很多好玩的活动，但又没有多到比比皆是的程度，所以常常会出现多人等待的情况。与陌生人协商其实很难。我们经常会看到家长虽然尽力尝试，但还是失败了，因为他们不知道该如何协商。我们在设计展项时，可以尽量准备充足的道具和活动，甚至在高峰期尝试使用计时设备，从而帮助家长解决这个问题。场馆工作人员也可以通过示范引导家长完成协商，或者干脆坦诚地告诉家长协商的确很难。这样做可以减轻家长的焦虑和尴尬，让他们感觉到自己并非孤立无援。

问：我们是否应该更加关注家长在孩子学习过程中发挥的作用？

答：这一点很关键，很多时候让家长感到轻松自在比让孩子感到轻松自在更加重要。如果你仔细观察孩子，你会发现即便是在动物园，要玩乐高积木的孩子还是会继续他们的"工程"，他们才不会管周围正在发生什么。在混乱嘈杂的世界中，他们可以自动屏蔽周围的很多事。而恰恰是成年人的焦虑、成年人的问题，才会打断孩子的互动。成年人常常把自己觉得新鲜、独特或令人兴奋的事情告诉孩子。而如果你认真观察孩子则会发现，无论周围正在发生什么，他们大多数时候都很高兴。所以，我们真正要做的是使成年人平静下来，帮助他们理解如何为孩子营造一个好的学习体验。

如何有效开展志愿者管理工作

帕特里克·特罗什卡（Patrick Troska）

　　如今的志愿者管理工作不同以往，传统意义上的志愿者已经很少见了。过去，儿童博物馆的志愿者以女性居多；而现在，职业占据女性越来越多的时间，导致她们很难再参与志愿者工作。除此之外，生活的重担导致很多人不得不优先处理其他事务，这样也就没有多余的时间去做志愿者了。而随着工作竞争越来越激烈，志愿者对志愿工作内容的要求也越来越高。他们希望通过志愿工作发展自身技能、拓展人脉。同时，如今的社会流动性极高，这意味着人们更倾向于短期承诺，并且希望自己所做的事能为机构带来改变，助其实现使命。所有这些因素加在一起，使得志愿者管理工作充满挑战。尽管如此，我们这些儿童博物馆的从业人员都知道，如果没有志愿者的投入和付出，场馆不可能实现每天的正常运营，甚至可能都开不了馆。1993 年，近一半的美国人都做过志愿者工作，平均每人每周服务时间超过 4 小时，这个数量已经相当可观，但与 1989 年 54% 的美国人都从事志愿者工作相比，还是有所降低。1993 年，全美志愿者工作按照平均非农工资（外加 12% 的福利，总计每小时 12.13 美元）计算，其贡献的总价值约为 1820 亿美元。

　　做好志愿者管理工作绝非易事，要一步步脚踏实地开展。欲速则不达，要想吸引更多人来参与志愿者工作，场馆必定要着眼于长期发展，而非短期效益。志愿者的招募和管理没有捷径可走，也没有统一的方案可以直接从一家场馆移植到另一家场馆。不过，有一些关键问题是所有场馆都要仔细考虑的。场馆要根据自身的特定环境和情况灵活处理这些问题。下面我将具体谈谈这些问题以及志愿者管理工作中可以利用的一些资源。

制订合理的计划

　　千万不要因为儿童博物馆对孩子和家庭来说是个好地方，就理所当然地认为当你需要志愿者时，人们就会蜂拥而至。也不要觉得儿童博物馆必须使用志愿者。首先，要确定场馆的需求并为志愿者的加入做好准备。现在的志愿者见多识广，可以提供服务的时间也很少，他们在做决定之前会仔细考察场馆。场馆要准备好接受这样的考察，并花些时间制订一份合理的计划。场馆需要考虑的问题如下。

（1）场馆为什么需要志愿者？为志愿者工作确立使命宣言，并制订一份短期的战略计划。

（2）志愿者将负责哪些工作？

（3）志愿者管理工作由谁负责？

（4）谁来负责协调志愿者的工作？场馆要聘请专职的志愿者协调员吗？

（5）志愿者工作涉及哪些法律问题？需要对志愿者进行犯罪记录调查吗？

（6）志愿者办公区将设在哪里？

（7）为了对志愿者的服务表示感谢，场馆将给他们哪些回报？

（8）是否需要扩大场馆保险的保障范围，把志愿者囊括进来？志愿者能享受工伤保险补偿金吗？

在开始招募志愿者之前，场馆可能需要完成以下工作。

（1）联系其他儿童博物馆，了解他们的志愿者相关信息

（2）联系当地志愿者服务中心，获取更多资源。

（3）购买一些志愿服务资源。可以通过志愿者管理协会获得一份资源列表。

整合各项工作

一份不太正式的志愿者工作计划，短期来看可能无伤大雅，但很快就会出现人员流动、志愿者对场馆不满等各种问题，场馆内部也会缺少对志愿者工作的清晰认识。为志愿者工作制定正式的流程和制度不仅有助于提升志愿者的满意度，还能帮助场馆取得更大的成功。正式不等于僵硬死板，正式意味着要明确相关工作的流程和制度，以便更好地指导志愿者和场馆员工的日常工作。

在为志愿者工作制定正式的流程和制度时，场馆需要考虑以下事项。

（1）编写岗位说明书：为每个志愿者的职位编写岗位说明书。岗位说明书中要明确志愿者的工作职责和权限，同时要列出该职位的必备技能，用于指导志愿者招募工作。享誉全国的志愿服务倡导者玛琳·威尔逊（Marlene Wilson）曾经说过："在确定岗位职责之前招募志愿者，就像在音乐播放前开始跳舞一样。"岗位说明书的篇幅最好不要超过 1 页，格式与正式员工没什么不同。所有志愿者都应拿到一份自己的岗位说明书。

（2）确立工作流程和规章制度：志愿者需要遵守的所有工作流程都要形成书面文件，包括志愿者到岗、离岗、解雇、举报投诉等事项。场馆要明确对正式员工的要求，并将这些要求转换成对志愿者的期望。不要把任何事情看作不言自明的，所有事项都要写进流程和制度里。

（3）制作志愿者手册：手册最好能囊括志愿者需要了解的所有关于场馆和自身工作的信息，包括场馆的使命宣言、战略计划、展项描述、组织结构、馆长欢迎词、志愿者福利介绍、到岗和离岗流程、停车指南、应急程序以及与志愿者相关的工作流程和规章制度。在制作志愿者手册之前，场馆可以找几本其他儿童博物馆的手册来参考。

（4）编制志愿者申请表：志愿者申请表应与场馆其他职位的申请表类似，需要填写申请人的姓名、地址、电话、专业特长、可以工作的时间、感兴趣的职位、推荐人和其他相关信息。场馆最好让律师仔细检查申请表是否存在任何遗漏或违反美国平等就业机会委员会相关法规的地方。这份申请表一方面能帮助场馆了解申请人的相关信息，另一方面也向申请人彰显了场馆认真对待志愿者的态度。

（5）建立信息记录系统：场馆需要全程记录有关志愿者的信息，比如他们对场馆工作的咨询、递交的申请表等。场馆既要保留相关的纸质文件，也要利用计算机数据库来记录这些信息。纸质文件应包括与志愿者相关的书面材料以及场馆与志愿者之间的往来信件。计算机数据库的好处在于，场馆可以快速找到想要的信息，同时可以把同一位志愿者相关的邮件合并起来，跟踪记录相关信息。市面上已经有几种志愿者信息数据库。如需了解更多信息，请联系当地的志愿者服务中心。

（6）制定预算：志愿者工作的预算通常比较少。在制定预算时，需要考虑以下几方面的费用：①表彰活动；②培训期和上岗后每日的餐饮；③编写和印刷志愿者手册；④邮资；⑤卡片、小纸条等；⑥志愿者协调员的业务提升；⑦照片；⑧制作志愿者宣传册及其他形式的宣传材料。

请牢记，相较于某些"奖品"，志愿者更想要的是面对面的交流。

志愿者招募

在众多与志愿者相关的工作中，最具挑战的莫过于志愿者的招募工作。有些志愿者会自己找到场馆来，而大多数志愿者则需要场馆主动去寻找。要想成功招到志愿者，场馆需要根据个人或某一群体的具体需求和动机来制定招募策略。场馆要广泛宣传志愿者招募信息，并请所有与场馆有关的人帮忙宣传。志愿者招募工作要有计划、有组织地开展。场馆一旦完成了志愿者岗位说明书的编写，就要根据每个岗位的必备技能来确定招募对象，联系对场馆感兴趣的团体、组织和其他群体。要想成功招到志愿者，需要做到以下几点。

1．制订年度志愿者招募计划

预估下一年度的需求，并据此制订计划。这份计划要包含志愿者工作的目标以及实现这些目标所要采取的步骤。

2．确定招募对象

在想清楚场馆的工作需求以及未来志愿者需要具备的技能和经验后，场馆对适合的招募对象就会有比较明确的认识。一开始场馆可能觉得每个人都合适，但事实上这并不现实。场馆可以把范围缩小在最能满足场馆需求的某个特定群体。在制订计划时，要考虑所有目标群体——成年人、老人、退休人员、学生、家庭、企业雇员、残障人士、教师等。一旦锁定了目标群体，就可以着手联系，开展具体的招募工作了。

3．尝试不同的方法和技巧

在招募志愿者的过程中，注意多发挥创造力。有些人喜欢电话联系，有些人更喜欢面对面的交流。在潜在志愿者经常出现的地方张贴传单；制作宣传册，寄给目标群体，然后打电话跟进；联系本地的宗教场所，在他们的公告板或内部通讯上刊登招募信息；把新闻稿发给本地和社区报社、电视台；要经常发新闻稿，因为说不定哪天合适的人才就会留意到这些信息；与本地的志愿者组织建立联系；让其他场馆的志愿者协调员也知道场馆的招募信息，并把相关材料送给他们，让他们帮助宣传；经常拍照，在场馆里开辟一个志愿者展示区，让每个来场馆的人都能看到志愿者的工作；拜访学校，让教师和辅导员都知道场馆。最重要的是，要发挥创意，经常尝试不同的方法和途径。

4．让员工准备好与志愿者合作

确保员工清楚如何与志愿者合作，同时也要让他们知道场馆对他们与志愿者之间的合作抱有哪些期望。员工每天都会接触不同的人，所以他们也可以成为志愿者招募的重要渠道。场馆可以为员工组织工作坊和后续的讨论会。另外，要与每位员工单独聊聊，看看他们对与志愿者合作有哪些疑问，针对这些疑问给出建议，帮助他们与志愿者建立更加有效的合作关系。

5．未雨绸缪！！

切记，切记，切记，一定要未雨绸缪。预估场馆的需求，准备好让潜在申请者了解加入场馆后需要从事的工作。当有人提出有兴趣做志愿者时，优秀的协调员总是能立刻给出合理的安排。请随时准备好递上名片和志愿者宣传册。另外，千万不要忘了记下对方的信息。

人员甄选及配置

只有在申请者提交申请表并经过面试、背景调查或犯罪记录调查之后，场馆才能为其安排志愿者工作。面试由志愿者协调员负责，目的是确定候选人的技能、做志愿者的动机和原因，以及最适合的岗位。面试过程中收集到的信息应该记录在一张单独的表里，并与每位志愿者的相关材料一起归档。为每位候选人使用一张单独的表格，并采用统一的面试过程，以确保面试结果更加客观。

场馆要决定是否对志愿者开展背景调查和（或）犯罪记录调查。这里我不会比较两者的利弊，但我们要了解它们各自的优势和不足。如果场馆选择做背景调查，最好请推荐人填写统一的书面表格，并附上回邮信封，在上面写好收信人姓名、地址、贴好邮票，这样推荐人把表格填好寄回的可能性更大。让人力资源部门的同事参与设计背景调查的表格。如果场馆选择做犯罪记录调查，一定要对正式员工也做同样的调查。正式员工和志愿者存在违法犯罪记录的概率相同。如果只针对志愿者做犯罪记录调查，可能会留下隐患，一旦潜在志愿者发现场馆区别对待员工和志愿者，场馆将很难再吸引到志愿者。在准备做犯罪记录调查时，可以联系本地或本州人力资源服务办公室或警察局。

在分配志愿者上岗时，请务必确保其督导已做好相应准备。要给志愿者及其督导留出一段时间互相熟悉，确定合作意向。永远不要指望"他们自己会想办法解决问题"。不当的职位安排是引起志愿者不满的最大原因之一。

入职引导和培训

入职引导和培训是将志愿者"带入"场馆的两项重要工作。入职引导主要是向志愿者介绍场馆的历史、愿景以及必要的工作流程和规章制度，从而帮助他们更好地适应场馆环境。培训则是帮助志愿者学习、发展或强化他们的工作必备技能。入职引导和培训能帮助志愿者充分做好进入场馆工作的准备，两者缺一不可。下面我们看看它们分别包含哪些内容。

1．入职引导

在策划入职引导的内容时，重点注意以下几个方面。

（1）体现儿童博物馆互动参与和动手学习的教育理念。

（2）介绍场馆的历史和愿景。

（3）实地演练到岗、离岗、停车、衣帽间使用等流程。帮助志愿者熟悉场馆环境。

（4）花点时间带志愿者像访客一样体验场馆。

（5）安排时间让他们相互了解，因为有些人做志愿者是为了认识新朋友。

（6）提供食物和饮料。

2．培训

培训最好由督导人员和（或）用人部门负责。培训应简明扼要，帮助志愿者树立信心并准备好上岗。冗长乏味的培训往往会使志愿者感到挫败、失望。在策划培训内容时，需思考下面几个问题。

（1）为了更好地完成工作，志愿者需要知道哪些事？

（2）突出儿童博物馆互动参与和动手学习的教育理念。传递信息的方式有很多种，讲授和阅读只是其中两种，我们可以考虑采用其他方式和方法。

（3）制定培训目标，评估目标是否达成。目标会为你的策划指明方向。

（4）安排实践环节，让志愿者有机会锻炼学到的技能，并收集反馈意见。让志愿者跟随经验丰富的员工在实际工作中模仿学习是非常有效的培训方式。

（5）征询志愿者的意见，看看他们认为自己需要哪些培训才能胜任场馆的工作。

（6）让其他员工参与培训的策划和执行。

（7）提供食物和饮料。

督导

对志愿者的监督和指导是志愿者管理工作中最重要的组成部分。场馆应该为每位志愿者配备一名现场督导。这些督导的职责包括以下几方面。

（1）监督志愿者的工作；

（2）确保志愿者每天都受到欢迎和感谢；

（3）提供必要的资源和材料；

（4）为志愿者的工作提供反馈意见。

场馆需要指派专人负责督导志愿者的工作。这个人最好出自用人部门，因为在大多数情况下，该部门的成员最了解志愿者要做的工作。但请牢记，所有负责督导志愿者的员工都要经过志愿者协调员的培训，以便了解场馆对志愿者管理工作的要求。志愿者协调员的统一培训不仅有助于确保志愿者督导工作的一致性，还能使督导人员在管理志愿者时更加注意遵守相关工作流程和规章制度。

认可与赞誉

成功的志愿者管理工作有一个很重要的标志——给予那些为场馆运营贡献了时间和才能的志愿者适当的认可和奖励。对志愿者的认可是志愿者管理工作中重要的组成部分，它体现了场馆的价值观和对志愿者的态度。场馆在认可志愿者方面投入的精力和努力会得到很好的回报，包括：

（1）留住现有志愿者；

（2）招募到更多志愿者；

（3）积极的工作氛围；

（4）良好的公共关系。

对于志愿者的认可和赞誉是持续性的工作。场馆不能因为举办过一次大型表彰活动就以为完成了这项工作。对于志愿者的认可必须融入日常工作的点滴中。具体可以参考下列方式：

（1）场馆在志愿者来工作之前就要做好相关准备。准备不足会让志愿者觉得场馆不重视志愿者工作。

（2）牢记志愿者的名字，并用名字称呼他们。

（3）给志愿者寄送生日、周年纪念和其他特别日子的贺卡。

（4）给志愿者发送"谢谢你！"或"很高兴你能在这里"的小纸条。

（5）在志愿者办公区准备饼干、爆米花、水果等小零食。

（6）给本地报社发送关于志愿者工作的新闻稿，突出具体志愿者的姓名。

（7）将志愿者为场馆所做的贡献告知其任职公司的社区服务部门。

（8）拍摄志愿者工作时的照片，并在场馆大堂展示。

（9）在场馆通讯稿里介绍"最佳志愿者"。该奖项由员工提名评选，并为获胜者颁发有趣、有创意的奖品。

（10）持续提供培训机会，帮助志愿者温故知新。

（11）对志愿者说"谢谢"！

（12）每年举办一次志愿者表彰活动，选择有趣、互动性强的主题。

上面列举的只是认可志愿者工作的众多方式中的一小部分。花些时间组织员工开展头脑风暴，看看还可以通过哪些方式认可志愿者的工作。最后，追本溯源——问问志愿者本人，看看他们喜欢什么样的认可和奖励方式。他们一般都会直言相告，注意记录他们的想法。

结论

与志愿者一同工作既充满挑战，又有丰厚的回报。如果场馆能预先为志愿者的工作做好规划，则会发现自己收获更多。按照上面的步骤去做并不一定能确保场馆成功开展志愿者管理工作，但有组织、有条理的工作会为成功奠定基础。

帕特里克·特罗什卡具有十多年的非营利组织和志愿者管理经验。他获得了神学和社会工作专业学士学位以及领导力专业硕士学位。他最近的一份工作是在明尼苏达儿童博物馆负责志愿者和实习生管理工作。